„Alles Leben ist gleich,
wir sind alle Gleiche unter Gleichen und
wir sind alle gleich darin, als Individuen nicht identisch zu sein!"

Ulli Bauer

Tagträumerei, die Relativität des Seins

Was ist der Mensch und warum ist er wie er ist?
Versuch einer Bestandsaufnahme und Erörterung von Möglichkeiten.

erschienen bei tredition

www.tredition.de

© 2021 Ulli Bauer

Umschlaggestaltung, Illustration: Ulli Bauer

Verlag & Druck: tredition GmbH, Halenreie 40-44, D-22359 Hamburg

ISBN
Paperback   978-3-347-13046-3
Hardcover   978-3-347-13047-0
e-Book   978-3-347-13048-7

Bibliografische Information der Deutschen Nationalbibliothek: Die Deutsche Nationalbibliothek verzeichnet diese Publikation in der Deutschen Nationalbibliografie; detaillierte bibliografische Daten sind im Internet über http://dnb.dnb.de abrufbar.

Vorwort/Einleitung.

Liebe Freundinnen und Freunde der Philosophie, Freunde von Humanismus und Ethik, diese kleine Abhandlung soll einen positiven Beitrag zum gegenseitigen Verständnis, Respekt, Achtsamkeit (im Umgang mit sich selbst und anderen) und Toleranz leisten. Frei nach dem Grundsatz – Suche primär nach Gemeinsamkeiten, nicht nach dem was trennt. Gemeinsames verbindet, Trennendes als Basis der eigenen Entwicklung und Bereicherung!

Um dieses zu erreichen werden verschiedene Thesen/Theorien und daraus folgende Schlussfolgerungen aufgestellt/abgeleitet. Es ist eine Darstellung meiner ganz persönlichen Sichtweise der Dinge. Das Infragestellen und die Bildung eigener Thesen und Schlussfolgerungen soll dadurch ausdrücklich angeregt werden. Dies ist ein Arbeitspapier. Ich freue mich auf Rückmeldungen (Hinweise, Fragen, Kritik etc.).

Diese Abhandlung beinhaltet und behandelt in über 40 Kapiteln, grundlegende Fragen und Antworten im Zusammenhang mit unserem Mensch-Sein! Diese Abhandlung ist der Versuch ein Gesamtverständnis zum Thema Mensch, zumindest in Bezug auf die Kernfragen/Fundamente seiner Existenz zu erhalten. So werden z. B. folgende Aussagen gemacht, folgende Themen behandelt und folgende Thesen aufgestellt (inklusive Herleitung bzw. Begründung und Beispielen):

Die Frage – was und wie ist der Mensch – wird beantwortet! Unsere Erkenntnisfähigkeit (Sinne/Wahrnehmung und geistige Fähigkeiten/Vernunft) ist Art-spezifisch und Individuum-spezifisch festgelegt – wie bei allen anderen Lebewesen auch! Wir sind alle gleich, ohne wenn und aber und grundlegender, weitreichender gleich als es z. B. die Menschenrechte ausdrücken! Wir sind alle ein Produkt aus den zwei Faktoren Biologie und Umwelt – dies gilt für alles was lebt – deshalb ist alles was lebt gleich! Unser Ich ist „nur" die Kommunikationsoberfläche unseres Seins (von innen nach außen und von außen nach innen usw.)! All unser Handeln basiert auf Emotionen/Gefühlen. Ohne Emotionen/Gefühle, die ein Wollen (oder Nicht-wollen) bewirken, ist Handeln nicht möglich! Nicht unser Wollen an sich bzw. als solches ist also Ursache für Leid und Unzufriedenheit, sondern es ist das was wir wollen!

Wir alle sind perfekt und Vollkommen! Es gibt keine geistige Elite! Unser Sein ist in mehrfacher Beziehung relativ! Jeder lebt seinen subjektiven Tagtraum! Alles ist subjektiv, nichts ist objektiv! Wir sind Gefangene unseres Seins! Tatsachen, Wahrheit, Gerechtigkeit und Objektivität gibt es nicht, weil alles vom Mensch gemachte subjektive Interpretation und Wertung ist! Alle unsere Handlungen sind rein egoistisch, basierend auf Opportunismus (Anpassung) und sind angetrieben vom Willen zum Erfolg bzw. streben nach Erfolg! Den freien Willen gibt es nicht, aber gleichzeitig die grenzenlose Freiheit das zu tun was wir wollen! Freiheit auch in Bezug darauf sein eigener Maßstab zu sein! Als Produkt aus Biologie und Umwelt und ohne freien Willen ist unser Sein u. a. frei von Schuld, Verdienst und Verantwortung (Verantwortung ist, wenn überhaupt, erst auf der wertenden Ebene der Ethik von Interesse) – weil Schuld, Verdienst und Verantwortung einen freien Willen bzw. ein objektives Sein voraussetzen!

Wenn zwei sich streiten haben beide recht! Es ist weder Schuld noch Verdienst der zu sein, der man ist bzw. so zu handeln wie man handelt oder etwas im Leben erreicht zu haben bzw. nicht erreicht zu haben! Man muss sich nicht rechtfertigen für das was man will – jeder hat ein Recht auf seinen eigenen Willen! Ethik als Alltags-Handlungs-Basis! Ethik ist nichts für Weicheier sondern gelebte Alltags-Praxis! Ethik ist von mir eben gerade dann anzuwenden, wenn andere mich z. B. persönlich angreifen oder beleidigen! Diskutieren und streiten, aber ohne sich gegenseitig zu diskreditieren oder respektlos zu behandeln!

Was in meinem Leben Sinn macht bzw. meinem Leben Sinn gibt, ergibt sich individuell aus ganz persönlicher/subjektiver Betrachtung des eigenen Seins!

Mensch und Natur sind eins, der Mensch ist nicht von der Natur getrennt, der Mensch ist nicht der Natur entfremdet oder etwas anderes etc., sondern er ist eine Art unter vielen! Gut und Böse gibt es nicht (dies sind nur subjektive Wertungen bzw. subjektive Konstrukte)! Belohnung oder/und Strafe gibt es nur zu Lebzeiten! Es gibt kein positives oder negatives Karma, Schuldkonto oder dergleichen! Schuld und Verantwortung sind nur Begriffe die in Gesellschaften dafür definiert wurden und verwendet werden um Übergriffe möglichst zu vermeiden und ggf. für Ausgleich und Schutz zu sorgen! Rache ist nicht ethisch, sondern rein destruktiv und hat nichts mit Gerechtigkeit zu tun! Wir leben und sterben und folgen dabei alle den gleichen Strömen wie alles Leben! Einstieg in die Klärung psychologischer Wirkungsweisen und Zusammenhänge! Politisches Manifest für Gleichberechtigung und Teilhabe für ALLE - z. B. Ausgegrenzte, Arme, Minderheiten und Benachteiligte!

Stilistische Hinweise: Diese Abhandlung ist grundsätzlich in 5 Teile unterteilt. Teil A „Grundlagen Allgemeines" stellt dabei den Ist-Zustand bzw. die Ist-Analyse unseres Seins dar – Was und warum wir sind wie wir sind. Teil A ist die Basis auf die Teil B „Umsetzung ..." sich stützt! Teil B ist bzw. entspricht der Umsetzung der aus Teil A gewonnenen Erkenntnisse in die Praxis. Teil C „Politik ..." beinhaltet ein paar politische Einsichten die aus den Teilen A und B resultieren. Teil R beinhaltet eine Referenz der verwendeten, definierten und neuen Thesen/Begriffe. Teil Z beinhaltet Schlussbemerkungen.

Es kommt vor, dass in einem Kapitel auch kurz Themen aus anderen Kapiteln angesprochen werden, da vieles thematisch fließend ineinander übergeht. Deshalb sollen diese Querverweise der Orientierung und nicht der Verwirrung dienen. Jedes Thema wird mit einem kurzen Fazit abgeschlossen. Des öfteren erscheinen im Text mehrere Wörter nacheinander nur getrennt durch eine Schrägstrich (.../.../...) einfach aus dem Grund dass manchmal ein Wort den Sachverhalt nicht angemessen umschreibt/abdeckt, oder/und weil jedes Wort den Sachverhalt aus einer anderen Blickrichtung betrachtet bzw. darstellt, oder/und weil ein Thema auch andere Bereiche betrifft. Themen und Sachverhalte sollen so umfassend, komplett und weitreichend wie möglich dargestellt werden, deshalb habe ich mich für diese Schrägstrichlösung entschieden. Ein Weglassen der Schrägstriche und eine entsprechende Ausformulierung führt hingegen nur zu unnötigen Längen und setzt damit meiner Meinung nach nur die Gesamt-Verständlichkeit herab. Bei Problemen damit bitte einfach nur das erste Wort lesen und alle weiteren Schrägstrich-Wörter ignorieren! Die ganze Abhandlung wird aufgelockert, abgerundet und verdeutlicht durch praktische Beispiele und konkrete Frage- und Antwort-Situationen. Alle Bilder sind von mir selbst gemalt!

Achtung Missverständnis! Hier folgen ein paar hoffentlich unmissverständliche Worte zu dieser Abhandlung. Diese sollen der Klarstellung und der Vorbeugung von Missverständnissen dienen!

1. Dies ist ein Beitrag zum gegenseitigen Verständnis und damit hoffentlich zu positivem/brüderlichem Miteinander. Dies ist also ein rein humanistisches/philosophisches Werk.
2. Dies ist weder eine Religion noch ein Ersatz für eine solche oder eine Pseudo-Religion oder das Werk irgendeiner Art von Guru, oder eines Weisen. Spirituelle/Metaphysische Themen sind grundsätzlich und mit Absicht eben nicht Gegenstand und Zielrichtung dieser Abhandlung bzw. hier enthalten. Der ein oder andere „Ausrutscher" sei mir im Kontext erlaubt und verziehen. Denn es gibt Übergänge und Anknüpfungspunkte die, wo sie meiner Meinung nach sinnvoll erscheinen, auch kurz erwähnt werden. Dies ist aus rein humanistischer Sichtweise als These an sich zu verstehen.
3. Dieses ist kein wissenschaftliches/esoterisches/spirituelles Werk oder pseudo-wissenschaftliches, pseudo-esoterisch/spirituelles Werk, z. B. für ein „erfülltes Leben", „Selbstoptimierung", „Leistungssteigerung", „eine bessere Version seiner selbst zu werden", oder dergleichen, es ist in keinster Weise als solches gedacht oder angelegt – ganz im Gegenteil! Es geht hier nicht um Lebensberatung, Harmonie mit dem Kosmos, oder sonst was!
4. Dies ist keine pauschale Glaubens/Religions-Kritik, Glaubens/Religions-Bestätigung oder Glaubens/Religions-Widerlegung und ist von vornherein nicht als solches angelegt oder beabsichtigt.

5. Diese Abhandlung ist nicht auf eine spezielle Zielgruppe zugeschnitten oder gerichtet, sie ist vielmehr an alle gerichtet, in der Hoffnung, dass das eine oder andere anregend oder/und brauchbar ist.

6. Diese Abhandlung ist kein Waffenarsenal um auf andere zu schießen, sondern vielmehr ein Garten in dem Gemeinsamkeit gepflegt wird. Gemeinschaft zuallererst mit sich selbst (Selbsterkenntnis) und dann mit anderen.

7. Diese Abhandlung ist zwanglos, als Anregung und Vorschlag zum darüber nachdenken gedacht. Diese Abhandlung ist lediglich meine persönliche, subjektive Sicht der Dinge. Diese Abhandlung ist keine Belehrung, Bevormundung, Zurechtweisung und dergleichen, oder als Belehrung etc. gedacht! **Dies ist ein Beitrag eines Gleichen unter Gleichen!**

8. Ich entschuldige mich an dieser Stelle ganz persönlich bei jedem der sich durch diese Abhandlung persönlich gekränkt oder verletzt fühlt! Dies in vollem Bewusstsein dessen, dass Missverständnisse trotzdem auftreten werden.

Vielen Dank.

Nichtsdestotrotz sei ausdrücklich auch zu kontroverser (im gegenseitigen Respekt) Diskussion angeregt und aufgefordert, um gemeinsam und auch jeder ganz individuell für sich, Erkenntnisse insbesondere Selbsterkenntnis zu gewinnen.

Diese philosophische Abhandlung ist gedacht als Anregung und Inspiration, um mich selbst, die anderen – einfach alles - zu betrachten und einen Dialog zu beginnen! Diese Abhandlung soll helfen eigene Gedanken zu erkennen, bzw. diese bewusst/sichtbar werden zu lassen, und sie ist damit ein Mittel zur ganz persönlichen Erkenntnissuche/Erkenntnisfindung/Selbsterkenntnis!

Laut Wikipedia ist Philosophie „die Liebe zur Weisheit"! Für mich ganz persönlich ist es weit mehr als das. Philosophie ist Wahrnehmung, Betrachtung, Nachdenken, Erkenntnissuche und noch sehr viel mehr! Es gibt nichts über das es sich nicht philosophieren lässt – ganz egal ob dabei Liebe/Weisheit im Spiel ist oder Ziel sein soll. Philosophie ist ein ständiger Prozess ohne Anfang und Ende. **Philosophie ist alles und alles ist Philosophie!** Deshalb ist Philosophie nicht nur etwas für weise Leute und Gelehrte die sich (unter Ihresgleichen im „Elfenbeinturm" bzw. in der Komfortzone) nur mit hochgeistigen, schöngeistigen Dingen befassen (wie in einem Wettbewerb), um ganz unverbindlich und zum Selbstzweck, noch mehr Weisheit zu gewinnen! Ganz im Gegenteil, Philosophie ist etwas für alle, für die Praxis, für den Alltag und für die profansten und komplexesten Dinge des Lebens, die uns alle betreffen und angehen!

Ich wünsche spannende Lektüre und viel Freude beim Grübeln!

Herzlichst Ulli Bauer

Inhaltsverzeichnis   **Seite**

Vorwort/Einleitung.. 5

A. Grundlagen Allgemeines.   10

  A1. Erkenntnisfähigkeit.. 13

  A2. Wir sind alle gleich.   19

  A3. Unser Handeln.. 26
     A3a. Wertesystem.   27
     A3b. Unser Ich und Sein.. 33
     A3c. Egoismus.   39
     A3d. Opportunismus... 40
     A3e. Erfolg.   44
     A3f. Individualität, Fanatismus und Hyperreaktivität.................. 47
     A3g. Selbstbeobachtung/Selbstkontrolle.   51
     A3h. Gefühle/Emotionen... 60
     A3i. Der „freie" Wille.   61

  A4. Die Relativität des Seins anhand eines Beispiels.   63

  A5. Alles ist subjektiv nichts ist objektiv................................ 65

B. Umsetzung Allgemeines – die Praxis - Was bleibt bzw. was tun.   67

  B1. Ethik.. 69

  B2. Handeln – Wertung nach Wirkung.   73

  B3. Diskussions- Streit- Kultur... 80

  B4. Textanalyse.   86

  B5. Abgrenzung, Ausgrenzung, Diskriminierung, Fanatismus................. 87

  B6. Wir sind alle eins.   91

  B7. Entfremdung - Mensch ↔ Natur... 92

  B8. Vertrauen.   94

  B9. Freiheit.. 97

  B10. Verantwortung.   99

  B11. Angst.. 105

  B12. Sowohl als auch.   109

  B13. Gut und Böse... 110

  B14. Hierarchie/Rangordnung/Wertigkeit.   111

B15. Unzufriedenheit/Leid... 112

B16. Sinn. 122

B17. Weltbürgerschaft.. 126

B18. Woher – Wohin. 127

B19. Ethik nochmals zum Abschluss als die größte Herausforderung...................... 130

B20. Unser Handeln – die Folgen, metaphysische Zusammenhänge 137

C. Politik – eine neue Perspektive... 142

R. Referenz zu „neuen" Thesen/Begriffen. 150

Z. Schlussbemerkungen.. 159

Z1. Faszination Leben. 161

Z2. Internet, Soziale Medien, digitalisierte Welt – Effekte, Folgen, Konsequenzen..........162

Z3. Künstliche Intelligenz, das „neue" Level der digitalen Welt. 164

Z4. Cancel Culture (Diskriminierung als Ausrede für Diskriminierung).......................... 165

Z5. Reich und Berühmt. 167

Z6. Der Konsum-Tsunami...168

Z7. Kinder und Jugendliche. 170

Z8. Brot und Spiele – Vorsicht Falle...171

Z9. Erkenntnisfähigkeit – Außer-Sinnliche Wahrnehmung. 172

Z10. Mensch und Erde eine vielseitige/vielschichtige Beziehung..................................175

Z11. Das Mensch-Sein – Übersicht, Funktionsweise, Kurzbeschreibung. 177

A. Grundlagen Allgemeines.

Ganz am Anfang steht das Leben selbst und das was in meinem Leben so passiert – mit mir und den anderen. Vieles ist unverständlich und verwirrend. Nach einiger Zeit und einigen Erlebnissen will man wissen, warum das Leben, ich und meine Mitmenschen so sind, wie sie sind. Man stellt sich z. B. folgende Fragen. Wer bin ich? Wie funktioniere ich? Warum erkennt mein Gegenüber nicht die (für mich) offensichtlichen Tatsachen an? Warum ziehen andere Menschen andere Schlüsse aus den Geschehnissen als ich? Warum ziehe ich andere Schlüsse aus den Geschehnissen als andere? Warum bin ich anderer Meinung als mein Lehrer? Wie funktioniere ich? Warum kommt es zu Streit? Wer hat denn nun bei einem Streit wirklich recht?

Beim Versuch diese Fragen zu beantworten (auf der Suche nach Erkenntnis) kann man ganz grob zwei verschiedene Wege gehen bzw. nutzen und zwei verschiedene Richtungen/Lösungsansätze verfolgen.

Die zwei Wege der Erkenntnis:

Der erste Weg beantwortet obige Fragen ganz pauschal gesagt wie folgt: Ich und Gleichgesinnte sind quasi die geistige Elite (wir definieren uns einfach als solche) – wir haben recht (alles auf Tatsachen und Fakten basierend) und sind die Inhaber der objektiven/absoluten/offensichtlichen Wahrheit, welche für alles und alle richtig ist. Alle die dies nicht genauso wie ich sehen (und meine „Verbündeten"/Gemeinschaft), müssen demzufolge dumm, ungebildet etc. oder einfach schlechte Menschen sein, bzw. solche Leute müssen doch endlich mal aus ihrem Wahn bzw. ihrem manipulierten Zustand erwachen. Dann könnten sie klar und deutlich die objektive Wahrheit sehen und meiner Meinung sein. Der Vorteil des ersten Weges ist, dass ich mich hier in meiner Welt/Gruppe/Familie der Gleichgesinnten wohl, sicher und Zuhause fühle – das gibt mir Sicherheit/Halt. Dieser erste Weg führt u.U. zu eigener Frustration (weil die anderen die nicht in meiner „Familie" sind, nicht so funktionieren wollen wie man selbst es will) und zu geistiger oder/und körperlicher Gewalt gegen andere.

Der zweite Weg beantwortet obige Fragen ganz pauschal gesagt wie folgt: Ich versuche mich selbst zu relativieren und stelle dabei fest, dass ich nichts anderes bin als meine Gegenüber/Mitmenschen. Mein Sein ist das eines Menschen genauso wie bei meinem Gegenüber/Mitmenschen – ohne wenn und aber! Das als Ausgangspunkt und konsequent weiterverfolgt einfach deshalb, um zu sehen welche Erkenntnisse sich daraus ergeben. Wenn ich dies voraussetzte muss ich also primär, als erstes versuchen (erst die Grundlagen verstehen und dann erst Inhalte/Wertungen) zu verstehen, wer ich bin, wie ich und mein Sein funktionieren. Sehen was passiert, jenseits einer Wertung/Bewertung. Analyse ohne Wertung, erst mal sehen was passiert. Ich habe auf diesem zweiten Weg nicht Schutz, Orientierung und Sicherheit in einer „Familie" der Gleichgesinnten, sondern ich bin quasi mein eigener Maßstab. Wenn ich auf diesem Weg bin habe ich zumindest die Chance mich und die anderen irgendwann zu verstehen und obige Fragen zu beantworten. Ich werde am „Ende" dieses zweiten Weges verstehen können, warum ich mich oder jemand anderes sich für den ersten oder den zweiten Weg „entschieden" hat.

Die zwei Richtungen der Erkenntnis:

Wesentlichen Einfluss aus gewonnenen Erkenntnisse selbst, hat zusätzlich zum Weg den ich gehe auch die Methode/Richtung in der ich ihn gehe!

Die erste Richtung ist **von oben nach unten** bzw. vom Großen ins Kleine bzw. von außen nach innen. Wenn ich auf der Suche nach Erkenntnis bin, also etwas wissen will, dann gehe ich quasi vom Endergebnis aus und versuche mir den Werdegang, die Vorstufen und Bestandteile, auf Basis des Endergebnisses/Fertigen/Großen zu erklären. Das Ergebnis meiner Erkenntnissuche liegt also im Großen bereits fest, und ich versuche nun die untergeordneten/kleineren Bausteine/Erkenntnisse so zu gestalten (mir so zu erklären), dass sie der großen Erkenntnis (dem Endergebnis) nicht widersprechen. Eine Erkenntnis die der Enderkenntnis widerspricht darf nicht vorkommen, weil ich dann mein ganzes System verwerfen müsste bzw. sogar mein Sein (Basis auf die alles aufbaut) als solches nicht mehr konsistent ist.

Das „Wissen" im Kleinen hat sich dem „Wissen" im Großen zu fügen bzw. wird ggf. passend gemacht!

Die zweite Richtung ist **von unten nach oben** bzw. vom Kleinen zum Großen bzw. von innen nach außen. Ich versuche zuerst kleinste Bausteine/Teile zu verstehen. Anschließend nutze ich diese Erkenntnisse um mir Dinge die eine Ebene höher liegen, zu erklären. Und so weiter und so weiter, bis ich u.U. das große bzw. die letzte/höchste Ebene erreiche. Dieser Prozess geschieht möglichst ergebnisoffen. Gehe ich in dieser zweiten Richtung, dann ist je nach Erkenntnisfortschritt ein Verwerfen/Revidieren früherer Ergebnisse/Erkenntnisse möglich, wobei mein Weltbild nicht bzw. weniger ins Schwanken gerät als bei Richtung eins.

Diese Abhandlung ist selbst ein gutes Beispiel für unterschiedliche Wege und Richtungen der Erkenntnisfindung.

Wege und Richtungen werden unbewusst fall- und themen- spezifisch gewählt, wobei ein ständiger Wechsel von Weg und Richtung, zu dem Weg und der Richtung stattfindet die meinem Sein sinnvoll/richtig erscheint. In Bezug auf Weg 1 und 2 und auch in Bezug auf die jeweils gegangene Richtung gibt es vielerlei ganz persönliche/individuelle Übergangsformen und Mischformen (Mischformen nicht nur der Wege untereinander oder der Richtungen untereinander sondern auch übergreifende Mischformen/Übergänge zwischen Wegen und Richtungen), weil die Art des Weges der gewählt wird auch sehr stark vom jeweiligen Thema um das es geht abhängig sein kann bzw. ist. Egal welchen Weg ich gehe und egal in welcher Richtung, darin liegt keine Wertung dessen welcher Weg bzw. welche Richtung nun richtig oder falsch ist – es sind einfach Möglichkeiten. Wertungen sind hauptsächlich Bestandteil des Kapitel B Umsetzung Allgemeines …, wo Themen wie z. B. Ethik und Wertung nach Wirkung auf mich und andere, hinzukommen.

Diese Abhandlung und insbesondere das gesamte Kapitel A, folgte und folgt in seiner Umsetzung hauptsächlich dem zweiten Weg und der zweiten Richtung. Dazu werden hier als Basis/Fundament die Grundlagen unseres Seins ausführlich beleuchtet. Dabei wird ersichtlich wer wir sind, wozu wir in der Lage sind, wo unsere Grenzen sind und WIE wir sonst so funktionieren! Letztendlich wird die Frage „Was ist der Mensch?" beantwortet.

A1. Erkenntnisfähigkeit.

Eine Erkenntnis ist ein individueller geistiger Wert der uns die Welt zu Verstehen hilft. Sie hilft auch dabei uns selbst zu orientieren/organisieren und mit der Welt umgehen zu können, uns die Welt auf Basis von Erkenntnissen in einem praktischen Sinn, begreifbar und damit greifbar zu machen.

Die Summe unserer Erkenntnisse bildet unser individuelles Wertesystem auf dessen Basis wir handeln. Aber inwieweit sind wir überhaupt in der Lage Erkenntnisse zu gewinnen? Wie funktioniert Erkenntnis, worauf basiert sie und wo sind die Grenzen?

Was uns zu Erkenntnis befähigt und wozu wir sie brauchen.

Was befähigt uns überhaupt zu Erkenntnis? Es sind 2 Dinge, unsere Sinne (Wahrnehmung unserer Umwelt) und unsere geistigen Fähigkeiten (Vernunft etc.). Auf Basis der Sinne und geistigen Fähigkeiten versuchen wir uns und unsere Umwelt zu erkennen, bzw. Erkenntnisse über sie zu gewinnen und sie uns damit/dadurch nutzbar zu machen. Basis der Erkenntnisfähigkeit sind Sinne und geistige Fähigkeiten. Basis der Erkenntnis als solche ist unsere Erkenntnisfähigkeit. Wir benötigen Erkenntnisse weil wir ohne diese nicht/kaum handeln könnten/können. Ohne Erkenntnisse können wir nicht begreifen (z. B. komplexe Zusammenhänge aus Mathematik und Gesellschaft, Wechselwirkungen zwischen verschiedenen Dingen). Basis unserer Handlungen, sind unter anderem unsere Erkenntnisse.

Jedes Leben, jede Form von Leben ist darauf angewiesen, seine Umwelt wahrzunehmen und zu kommunizieren – in irgendeiner Form. Das fängt bei Kleinstlebewesen an die z. B. Temperaturen wahrnehmen, und setzt sich in allen komplexeren Lebensformen entsprechend „weiterentwickelt" fort. Dieses Wahrnehmen bzw. Erkennen der Umwelt bzw. Umweltbedingungen ist sehr spezifisch, weil Art-spezifisch, auf das für die jeweilige Art Lebenswichtige beschränkt/zugeschnitten. Die Wahrnehmung hat sich im Lauf der Evolution Art-spezifisch entwickelt. Selbes gilt auch für die Entwicklung von Verstand, Gefühl und Vernunft – ebenfalls auch sehr Art-spezifisch!

Ein Baum nimmt seine Umwelt anders wahr und kommuniziert, fühlt oder „denkt" auf andere Weise wie eine Fledermaus, ein Mensch oder z. B. ein Hund oder eine Katze. Warum z. B. soll ein Mensch Ultraschall (Fledermaus) hören können oder so fein riechen können wie ein Hund, wenn er es so wie er sich entwickelt hat, nicht braucht! Die Evolution entwickelt das weiter, was je Art lebens- und überlebens- wichtig gebraucht wird. Was hingegen von der Art nicht gebraucht wird, entwickelt sich erst gar nicht oder bildet sich zugunsten anderer Fähigkeiten zurück. Das ist Effizienz!

Wir sind soziale Wesen/Individuen (die in sozialen Gruppen/Gemeinschaften leben) und verfügen damit/daher über die hierzu erforderlichen Eigenschaften/Möglichkeiten, die sich im Laufe einer langen Entwicklungsgeschichte (Evolution) herausgebildet und bewährt haben. Eigenschaften/Möglichkeiten die es ermöglichen, dass die Individuen einer Gemeinschaft zur Gemeinschaftsstärkung ein breites Spektrum an sozialen Interaktionen leben können. Der Gemeinschaftssinn (soziale Wesenheit, soziale Eigenschaften, soziales Sein) führt dazu dass wir uns gegenseitig Beistehen und sogar bereit sind, füreinander bzw. für die Gemeinschaft (unsere „Familie") zu kämpfen oder zu sterben. Dass wir soziale Wesen sind (soziales Sein) prägt sehr stark unsere Erkenntnisfähigkeit, unsere Wahrnehmung und unser Denken (Verstand, Vernunft). Andersherum gesagt; Unsere Erkenntnisse sind wie sie sind, weil wir soziale Wesen sind.

Kampf gegen Feinde, Liebe zu den Unseren, Vergebung, Hass, Suche nach Sinn etc. haben in der Entwicklungsgeschichte des Menschen ihren Platz bzw. entstanden, weil sie erforderlich waren (gebraucht wurden) um das Leben und Überleben der Art Mensch zu ermöglichen/sichern. Solche Gefühle etc. haben spezifisch nach Situation (Aufgaben/Herausforderungen die das Leben an uns stellt) ihre Bedeutung und ihren Sinn und sind dafür gemacht um zu leben/überleben. Dies gilt für die gesamte Bandbreite des Mensch-Seins. Alles daran/darin hat seine Zeit, seine Umstände für die es passend ist bzw. passend sein kann bzw. bestimmt ist.

Somit ist das Mensch-Sein und damit auch Gefühle/Dinge wie Liebe, Hass und Wertungen wie Gut, Böse oder Spiritualität, Sinnsuche, sehr Art-spezifisch und auf sehr spezielle Weise uns eigen – macht uns zu dem was wir sind. Man kann sagen: Liebe, Hass, Gut, Böse, Spiritualität, Sinnsuche etc. sind nicht nur in uns, sondern wir sind Liebe, Hass, Gut, Böse, Spiritualität, Sinnsuche etc., weil wir Mensch sind – untrennbar, ganzheitlich. Liebe, Hass, Spiritualität, Sinnsuche etc. war und ist für unser Mensch-Sein wichtig. Wenn es nicht so wäre gäbe es Liebe, Hass, Spiritualität, Sinnsuche etc. einfach nicht bzw. hätte sich niemals entwickelt. Also sind Gefühle, Wertungen etc. (in anderer/ähnlicher Form auch bei anderen Lebewesen/Arten vorhanden) uns eigen und so Mensch-spezifisch nur/ausschließlich in uns bzw. als unser Wesen/Sein existent! Es gilt zu bedenken/berücksichtigen, dass dieses unserer Erkenntnisfähigkeit viele Möglichkeiten/Ebenen eröffnet, andererseits aber auch mensch-spezifische Grenzen setzt!

Grenzen unserer Sinne bzw. Wahrnehmung.

Unsere Sinne sind sehr wichtig und bestimmen unsere Wahrnehmung und Erkenntnisse wesentlich. Hier stellt sich aber die Frage ob wir in Bezug auf unsere Sinne nicht längst die art/mensch-spezifischen Grenzen überschritten haben? Gemeint sind hier nicht Drogen die unsere Sinne beeinflussen, auch nicht deren Wirkung, die angeblich Tore in andere Welten und Sichtweisen öffnen soll. Was aber ist mit dem technischen Fortschritt, was bewirken Mikroskop, Teleskop, Auto, Sonar, Genmanipulation, Flugzeug, künstliche Intelligenz, die beim Menschen „eingebaut" (zur Leistungssteigerung etc.) wird, und solcherlei? Die Technik macht uns Dinge sichtbar etc. die vorher für unsere Sinne nicht Zugänglich/Existent waren. Die Technik erweitert also unsere Sinne, indem sie das uns nicht Zugängliche, ermittelt und in die „Sprache" unserer Sinne übersetzt, damit wir es verstehen können. Die Wahrnehmung´s/Wahrnehmbarkeit´s-Grenze z. B. unseres Auges muss eingehalten werden, weil das Sehen nun mal über das Auge stattfindet. Also werden Daten die die Technik ermittelt für unsere Wahrnehmungs-Grenze aufbereitet und uns damit eine Wahrnehmung ermöglicht. Dadurch wird z. B. unser Auge „besser" weil es mehr sehen kann. Dies bedeutet, wir verbessern laufend unsere Sinne, gewinnen dadurch aber keine neuen Sinne dazu. Ein weiterer begrenzender Faktor unserer Erkenntnisfähigkeit ist also der jeweilige aktuelle technische Fortschritt. Auch der technische Fortschritt ist geprägt durch ständige Veränderung. Man kann also sagen, dass es auch auf der Ebene der Technik/Wissenschaft eine Evolution (des Wissens etc.) gibt, wobei auch diese nicht geradlinig verläuft bzw. verlaufen muss.

Jedes Lebewesen/Lebensform, jede Art lebt also in ihrem Art-spezifischen Kosmos. Jedes Lebewesen, jede Art kann immer nur ein kleines Stück von allem Wahrzunehmenden/Erkennbaren für sich wahrnehmen/erkennen/nutzen und ist also dadurch zwangsläufig begrenzt! Auch ist eine unmittelbare Wahrnehmung, ohne dass Sinne bereits vorselektieren/begrenzen, und das Gehirn Art-spezifisch interpretiert, nicht möglich! Wahrnehmung und Verstand/Vernunft (Interpretation der Wahrnehmung) bilden die Art-spezifische Grundlage/Basis und damit auch Grenze unserer Erkenntnisfähigkeit! Ein Baum hat eine andere Erkenntnisfähigkeit als z. B. ein Mensch oder ein Hund. Andersherum heißt das aber auch, der Mensch kann nicht Wahrnehmen/Erkennen/Denken etc. wie ein Baum, ein Hund, ein Wal usw.!

Individuelle Wahrnehmung und Erkenntnisfähigkeit.

Bezogen auf ein einzelnes Individuum/Lebewesen ist unsere Wahrnehmung (und damit Erkenntnisfähigkeit) außerdem individuell verschieden (Aufgrund individueller Biologie und Umwelt), also subjektiv und selektiv. Eine objektive Wahrnehmung, Erkenntnisfähigkeit, und Erkenntnis gibt es demnach nicht! Unser Gehirn/Sein filtert aus der Fülle der Umwelteindrücke das für uns Wichtige heraus, und dieses wird letztlich wahrgenommen. Was wiederum zu dem Schluss führt, dass individuelle Erkenntnisse eine sehr persönliche Sache sind und je Individuum dementsprechend/zwangsläufig/natürlich sehr verschieden sein können.

Beispiel 1: Erkenntnisfähigkeit.

Frage: Wie sieht/erkennt/interpretiert ein Vogel die Welt, seine Umwelt? Antwort: Natürlich Vogel-spezifisch! Frage: Wie sieht/erkennt/interpretiert ein Fisch die Welt, seine Umwelt? Antwort: Natürlich Fisch-spezifisch! Frage: Sieht ein Vogel die Welt wie ein Fisch? Antwort: Natürlich nicht! Und doch gibt es Gemeinsamkeiten, z. B. beide haben Augen (wenn auch mit unterschiedlichen Fähigkeiten), pflanzen sich fort (wenn auch auf unterschiedliche Art und Weise) usw.! Beide können, Vogel- und Fisch- spezifisch die Welt (in der sie leben, Lebensraum) erkennen, aber nicht die Natur der Dinge bzw. keine objektive/absolute/unspezifische (weder aus Sicht von Vogel noch Fisch etc.) Erkenntnis. Erkenntnis also nur Art-spezifisch und innerhalb der Art auch je nach Lebensumständen bzw. Umgebung/Umwelt/Biologie individuell verschieden. Es gilt also, Erkenntnis ist Art-spezifisch und Individuum-spezifisch! Letzte Frage: Wie sieht ein Mensch die Welt? Antwort: Natürlich Mensch-spezifisch! Es gilt also das zuvor für Vogel und Fisch gesagte in vollem Umfang und uneingeschränkt auch für den Menschen! Dies gilt uneingeschränkt auch für die durch menschliche Wissenschaft gewonnen Erkenntnisse – es sind spezifische/typische Mensch-Erkenntnisse, wie sie die Art Mensch spezifisch generiert/produziert. Alle Wissenschaft (insbesondere auch die Darstellung/Form wissenschaftlicher Erkenntnis in Wort und Schrift etc.) passiert auf Basis unseres Mensch-Seins, ist also nicht absolut/objektiv oder entspricht der Natur der Dinge oder dergleichen. Wir blicken durch die Brille unseres Mensch-Seins auf die Welt. Jeder einzelnen Erkenntnis sieht man das menschliche an, bzw. das Mensch-gemachte an. Es gibt also mindestens 2 Faktoren die Erkenntnis begrenzen. Erkenntnisfähigkeit/Erkenntnis ist begrenzt durch Art-spezifische und Individuum-spezifische (Biologie und Umwelt) Faktoren. Nur innerhalb dieser begrenzenden Faktoren ist Erkenntnisfähigkeit/Erkenntnis möglich! Demzufolge unterliegt auch diese Kapitel sowie die gesamte Abhandlung dieser Begrenzung!

Beispiel 2: Erkenntnisfähigkeit.

Versuchen wir einmal folgende Sätze zu vervollständigen: Die Welt ist …! Der Mensch ist …! Egal welche Antwort/Vervollständigung wir angeben, du kannst immer sagen/fragen – und was noch – und was bedeutet/heißt, meinst du mit deiner Antwort/Vervollständigung? In unserem Beispiel lassen sich also die Welt und der Mensch nicht erfassen, egal wie viele Begriffe du als Antwort/Vervollständigung verwendest. Können wir diese Sätze also überhaupt vervollständigen bzw. muss man diese Sätze überhaupt vervollständigen? Können wir das Wesen der Dinge bzw. von der Welt oder dem Menschen überhaupt erfassen? Die Bitte, diese Sätze zu vervollständigen ist Unsinn, denn die Sätze sind schon vollständig! Die Sätze sagen das aus, was wir wissen, wir haben den Dingen einen Namen gegeben, damit wir mit ihnen umgehen können und diesen Namen wissen wir. Ob oder/und was die Welt oder/und der Mensch überhaupt ist/sind entzieht sich unserer Erkenntnis – ist nicht Teil unserer Erkenntnisfähigkeit. Alles weitere ist individuelle/subjektive Sichtweise/Interpretation! Beim Versuch zu Vervollständigungen kann man auch noch leicht vom „100sten ins 1000ste" kommen. Beispiel: Der Mensch ist GUT -> gut ist HILFSBEREIT -> hilfsbereit ist … und so weiter! Es muss also die Erklärung selbst auch wiederum erklärt werden, und so weiter und so fort, bzw. ab irgendeinem Punkt fängt alles wieder von vorne an (Wiederholungen, Schleifen).

Teile/Teilaspekte können endlos aufgezählt werden, in allen Höhen, Tiefen und Verschachtelungen. Wie man z. B. Zeit endlos unterteilen kann, aber deren Wesen nicht erfassen kann.

Der Werdegang der Erkenntnisse in unserem Sein.

Erkenntnisse, Schlussfolgerungen bzw. Bewertungen etc. werden in unserem Sein mehr oder weniger unbewusst generiert und uns später durch bzw. in Form einer Erkenntnis (Idee, Gedanke, Inspiration, Eingebung) bewusst, bzw. kommen schließlich in unserem Bewusstsein/Ich an. Diese bewusst gewordenen Erkenntnisse/Ideen etc., werden selbst wiederum weiter innerhalb unseres Seins permanent hin und her projiziert/bewertet/eingeordnet und führen so wiederum zu veränderten/neuen Erkenntnissen. Dies bedeutet zum ersten, dass in unserem Sein, Dinge die über unsere Sinne dorthin gelangen, so wie auch die vom Sein selbst generierten, bewusst gewordenen Gedanken/Eindrücke/Ideen nicht voneinander getrennt, der Verarbeitung/Erkenntnisgewinnung unterzogen werden, sondern gleichrangig/gleichwertig bzw. ohne dass unser Sein einen Unterschied macht oder unser Sein dies unterschiedlich behandelt.

Und dies bedeutet zum zweiten, dass von unserem Sein selbst generierte „Wahrnehmungen"/Dinge/Erkenntnisse etc. nicht von Wahrnehmungen/Dingen/Erkenntnissen etc. unterschieden werden können, die auf Basis unserer „äußeren" Sinne (auf Basis von Sinneswahrnehmungen) generiert/erlangt wurden. Dies aus dem einfachen Grund, weil die Verknüpfung der beiden Erkenntniswelten (Sinne und Sein) sehr stark bzw. untrennbar ist und etwaige Grenzen im Lauf von Denkprozessen verschwimmen/verlöschen. So kann es dazu kommen, dass ich eine von meinem Sein generierte Erkenntnis/Idee etc. als etwas bewerte/erkenne das von außen kommt – direkt/wie durch meine Sinne wahrgenommen. So kann es auch dazu kommen, dass ich eine Erkenntnis/Idee/Eingebung/Inspiration etc. als etwas empfinde/bewerte, das nicht von mir ist, sondern als etwas, das ganz von außerhalb meiner Wahrnehmung durch meine Sinne und damit von außerhalb dessen, was mein Sein zu „generieren" in der Lage ist, stammt. Unser gesamtes Sein ist weit mehr als unser Ich-Bewusstsein. Diese Funktionsweise unseres Seins bewirkt bzw. ermöglicht uns, dadurch z. B. Künstler jeglicher Art zu sein.

Eine Erkenntnis wird uns also als solche erst durch das bzw. im Ich-Bewusstsein verfügbar, dies am Ende eines mehr oder weniger langen Denkprozesses, der sich in unserem Sein (limbisches System etc.) ohne unser bewusstes zutun/steuern/beobachten abspielt. So ist es also nur logisch, dass uns etwas, das uns im Ich bewusst wird, manchmal so neu/überraschend/untypisch/großartig und zutiefst logisch vorkommt/ist, dass wir unsere selbst generierten eigenen Gedanken/Einfälle für Gedanken/"Eingebungen" von außen/anderen halten können. Dies, je nachdem wie wir z. B. gegenüber spirituellen Dingen konditioniert/eingestellt sind, bzw. was wir von spirituellen Dingen halten. Es stellt sich also diesbezüglich die Frage – was akzeptiert mein Sein aufgrund seiner bisherigen Erkenntnisse bzw. seines bisherigen Seins, als Quelle einer neuen Erkenntnis (Idee, Inspiration etc.)? Wir denken über etwas nach (bewusst oder/und unbewusst) und zwangsläufig macht unser Gehirn/Sein aufgrund der bisherigen Erkenntnisse, passende Lösungsvorschläge. Unser Sein/Gehirn bietet uns ständig hausgemachte/selbstgemachte Konstrukte/Erkenntnisse an, die wir (im Teil unseres Seins, den wir Ich-Bewusstsein nennen) in der Regel und logischerweise (weil ja aufgrund interner/eigener Seins-Logik produziert – also quasi mit dem OK-Prüf-Siegel „CopyRight Made von MIR") als Erkenntnis gerne/freudig/zufrieden annehmen, weil es einfach passt! Warum also etwas hinterfragen oder nochmals prüfen, das doch extra passend für mich gemacht wurde? **Alle Erkenntnisse sind speziell/individuell und passend von uns, in uns und für uns hausgemacht/selbstgemacht!**

Subjektives Sein bedeutet begrenzte und subjektive Erkenntnisse.
Jede Erkenntnis ist so wahr oder falsch wie jede beliebige andere Erkenntnis (ohne wenn und aber also egal aus/für welchen Bereich), weil die Erlangung von Erkenntnissen auf das gleiche Fundament baut. Dies ist z. B. die Gleichwertigkeit von Erkenntnissen als solche, wobei der nächste Schritt die Wertung von Erkenntnissen (ob falsch oder richtig), ebenfalls subjektiv und nicht objektiv erfolgt! Das Fundament ist der Mensch bzw. sein individuelles/subjektives Sein. Dies wird um so deutlicher, je weniger es sich um Dinge aus dem Bereich Wissenschaft (Mathematik etc.) handelt und um so mehr, wenn es um Dinge geht, die wir vermuten oder glauben. Egal ob es um Dinge geht die wir wissen (laut Wissenschaft etc.), oder/und um Dinge die wir glauben, oder/und um Dinge die wir glauben zu wissen, grundsätzlich kommen alle unsere Erkenntnisse etc. aus unserem individuellen Sein und sind deshalb rein subjektiv und nichts davon hat mit objektivem Wissen etc. zu tun.

So bastelt sich also der Mensch eine Erkenntnistheorie und Erkenntniswelt über das gesamte Universum und nimmt seine Sicht der Dinge all zu oft als die wahre/absolute/objektive, einzig gültige Sicht. Er vergisst dabei, dass auch er begrenzt ist, auf die Art-spezifische Sichtweise Mensch und dass auch er nur einen kleinen Art-spezifischen Teil der Welt erkennen kann. Der Mensch, erkennt nur, was innerhalb des Mensch-Seins möglich ist – er ist blind gegenüber dem Rest (allem das seine Sinne/Wahrnehmung übersteigt)! So existieren viele (je Art/Lebewesen) Erkenntniswelten parallel zu unserer in jedem Lebewesen und wenn auch anders ausgeformt, so doch gleich! Was macht der Mensch? Er verhält sich manchmal so, als wolle der Vogel dem Wal die Welt erklären, weil er seine Erkenntnisse für allumfassend/objektiv/absolut/wahrhaftig hält.

Suche nach Erkenntnis außerhalb unserer Erkenntnisfähigkeit.

Da wir aber auch nach Erkenntnis von Bereichen suchen, für die wir keine Sinne/Wahrnehmung und Verstand/Vernunft haben, gelangen wir automatisch in die Bereiche Theorie, Spekulation, Glauben, Metaphysik, Spiritualität, Esoterik etc.. Gerade hier kommt dann zum Tragen, wie unsere biologische und soziale/kulturelle Prägung ganz individuell aussieht bzw. ausgefallen ist. Diese spezifische Prägung (siehe auch Wertesystem) bewertet Theorien etc. und erklärt sie damit für das Individuum als gültig oder ungültig. Oder anders gesagt, als glaubwürdig, unglaubwürdig oder sogar als Wissen oder reine Spekulation, alles ist möglich. Gerade in diesem Bereich wird es aber auch besonders problematisch wenn sich Wissenschaft und Glauben begegnen/gegenüberstehen. Für Dinge die naturwissenschaftlich noch nicht geklärt sind (offene Fragen) werden dann Theorien etc., als Wahrheit und Wissen proklamiert, obwohl weder unsere Sinne, noch die Naturwissenschaft solches hergeben/belegen/beweisen/ermöglichen etc.! Solcherlei Theorien scheinen unangreifbar, weil sie wissenschaftlich nicht widerlegt werden können. Sie sind aber andererseits auch durch wissenschaftliche Methoden nicht beweisbar - also alles reine Spekulationen die buchstäblich in der Luft hängen, weil sie außerhalb unserer Sinne/Wahrnehmung/Erkenntnisfähigkeit liegen!

Hierzu noch **einige Zitate**, die mehr oder weniger bekannt sind. Diese Zitate sagen bereits viel aus über unsere Erkenntnisfähigkeit und darüber, wer wir sind. Diese Zitate bzw. deren Aussagen decken sich mit meinen Erkenntnissen in Bezug auf Wahrnehmung, Erkenntnisfähigkeit und Erkenntnis, wonach es keine objektive Wahrnehmung, Erkenntnisfähigkeit und Erkenntnis gibt (bzw. diese uns nicht möglich sind), sondern nur eine Subjektive. Somit gibt es kein absolutes/objektives Wissen!

„**Ich weiß, dass ich n i c h t s– weiß.**" bzw. „**Ich weiß als Nicht-Wissender".** Zitat von Sokrates (Cicero, Platon), gemeint als stete Hinterfragung dessen, was man zu wissen meint, ein Fehlen von objektivem Wissen, das über jeden Zweifel erhaben ist. Über jeden Zweifel erhaben ist nicht einmal das Wissen über die eigene Unwissenheit.

„**Ich weiß, dass ich nichts weiß.**" Zitat von Sokrates (Cicero, Platon), falsch übersetzt. Aber auch in dieser Formulierung durchaus treffend.
und „**Je mehr ich weiß, desto mehr erkenne ich, dass ich nichts weiß".** Zitat von Albert Einstein. Beide Zitate beziehen sich auf folgende Erkenntnis: Die Erkenntnis über das Fehlen von objektivem Wissen bzw. Erkenntnissen! Und, je größer mein „Wissen" wird, um so mehr erkenne ich mein bisheriges „Wissen" als falsch oder/und unzureichend bzw. ich erkenne, wie gewaltig die Menge dessen sein muss, was ich noch nicht weiß. Hierdurch, erscheint die Menge dessen, was ich weiß (auch wenn es ständig mehr wird) im Verhältnis zu dem, was es noch zu wissen gibt, ständig kleiner zu werden! Also wird durch den Umstand, dass mein Wissen ständig mehr wird, mein Wissen aber auch gleichzeitig ständig kleiner! Alles klar?
„**Die größte Leistung unseres Verstandes ist es zu Erkennen, dass es Dinge gibt, die den Verstand übersteigen (durch diesen nicht fassbar sind)!**"
„**Der Mensch sieht die Welt nicht so wie sie ist, sondern so wie er ist!**"
„**Man sollte wissen, dass man glaubt und nicht glauben, dass man weiß!**"

Transzendenz, gibt es eine Erfahrungsebene außerhalb unseres Seins?

Hier noch ein paar Worte zum Thema Transzendenz (übersteigen der möglichen/endlichen Erfahrungswelt unserer Sinne als zusätzliche Erfahrungs- Erkenntnis- Ebene, die über uns (unser Sein) hinausgeht) und Immanenz (das in den Dingen bzw. in uns vorhandene und daher ohne Transzendenz erfahrbare). Grenzen werden von innen nach außen verschoben (Evolution). Das Vorhandene bzw. bereits Bestehende verändert sich. Nichts (kein Lebewesen – also auch nicht der Mensch) kann etwas, das es übertrifft bzw. nicht Bestandteil seiner selbst ist, also im Außen liegt, erreichen bzw. darauf zugreifen, und so zu Erkenntnissen über sich selbst hinaus gelangen. Erst im Laufe einer langen Entwicklung (gilt im übrigen auch für Technik, Wissenschaft und Kultur) des bereits vorhandenen (durch Evolution), kann dieses sich in neue, vormals äußere Bereiche vorarbeiten und einarbeiten und diese schließlich integrieren. Siehe z. B. die Entwicklung des Auges.

Transzendenz ist also nur im Rahmen von Evolution möglich bzw. kann rückblickend (auf ein früheres Entwicklungsstadium einer Lebensform) als solche betrachtet werden. Alles was wir wahrnehmen, erkennen etc. ist also nur auf Basis dessen, was in uns bereits vorhanden ist möglich – also ist unsere Erkenntnisfähigkeit stets immanent. Erkenntnisse gewonnen mit Bezug auf Transzendenz (außersinnliche, übersinnlich Wahrnehmung etc.), bzw. durch Übersteigen unseres Seins gewonnen, ist demnach nicht möglich und bestenfalls als eine Quellen/Ursprungs-Fehldeutung, rein immanent gewonnener Erkenntnisse zu betrachten. Reflexion und Abstraktion sind grundsätzlich möglich, aber Transzendenz nur in dem eben abgegrenzten Verständnisbereich. Hinweis: Immanent vorhandenes und erklärbares, wird gerne als transzendente und damit spirituelle/metaphysische/esoterische also außersinnliche/übersinnliche/unerklärliche Erkenntnis wahrgenommen, fehlinterpretiert oder/und ausgegeben.

Es wurde bisher viel gesagt, auch die Frage, wozu wir Erkenntnisse brauchen, wurde beantwortet. Die Frage, warum wir hier überhaupt über Erkenntnisfähigkeit gesprochen haben, sei hier am Schluss beantwortet - meine Erkenntnisfähigkeit ist das Fundament meiner Selbsterkenntnis etc.! Auf der Suche nach Erkenntnis und damit nach Selbsterkenntnis und vieles mehr, nach Antwort auf Fragen, die uns täglich beschäftigen, ist es wesentlich erst einmal zu klären auf welchem Fundament diese Suche stattfindet. Dies, damit ich Ergebnisse/Erkenntnisse meiner Suche werten, bzw. aus diesem Fundament/Kontext/Zusammenhang heraus betrachten/beurteilen/werten und begreifen/verstehen kann. Das Fundament meiner Suche ist die Erkenntnisfähigkeit.

Abschluss-Frage: Kann ich trotz selektiver/relativer/subjektiver Wahrnehmung, selektiver/relativer/subjektiver Erkenntnisfähigkeit und selektivem/relativem/subjektivem Sein (Wertesystem etc.) objektive, absolute, universelle Erkenntnisse/Wahrheiten gewinnen bzw. bin ich dazu überhaupt fähig? **Antwort:** Nein! Die Gewinnung objektiver, absoluter, universeller Erkenntnisse/Wahrheiten ist nicht möglich!

Begründung: Siehe Fragestellung. Zur Gewinnung objektiver etc. Erkenntnisse müsste ich mich davon lösen/"befreien", ein Individuum bzw. ich selbst zu sein. Aber dieses ist ebenfalls nicht möglich! Dass meine und die Erkenntnisse/Wahrheiten/Tatsachen etc. anderer, die Gleichen sind, oder ich mich mit anderen auf Erkenntnisse/Wahrheiten etc. (Konsens z. B. auf Ebene Kultur, Gesellschaft) einigen kann, beweist nicht die Objektivität/Absolutheit oder universelle Gültigkeit dieser Erkenntnisse etc. (oder dass es solche wirklich gibt), sondern lediglich das Vorhandensein ähnlicher Denkmuster, Wertesysteme, kultureller Prägungen etc. innerhalb einer Art – der Art Mensch! Alles basiert und passiert innerhalb der Grenzen unseres Mensch-Seins.

Fazit: Wir brauchen Erkenntnisse zur Orientierung in der Welt. Unsere Erkenntnisfähigkeit ist die Basis jeder menschlichen Erkenntnis. Der Mensch sieht die Welt durch die Art-spezifische „Brille"/Grenze Mensch. Er ist durch Sinne (Wahrnehmung) und geistige Fähigkeiten (Vernunft etc.), auf das Menschen mögliche begrenzt, dies ist die Basis der Erkenntnisfähigkeit und dies begrenzt gleichzeitig unserer Erkenntnisfähigkeit. Unsere Erkenntnisfähigkeit ist wiederum die Basis der gewonnenen Erkenntnisse. Alle menschlichen Erkenntnisse/Erkenntnisfähigkeit ist Art-spezifisch und Individuum-spezifisch und dies gilt uneingeschränkt, also auch für die Wissenschaft. Eine Wahrnehmung darüber hinaus ist dem Menschen daher nicht möglich. Wir haben keine Erkenntnis über die sog. Natur der Dinge, also keine absolute/objektive Erkenntnis. Begrenzender Faktor der Erkenntnis ist das Mensch-Sein. Unser Mensch-Sein basiert auf Biologie und Umwelt. Die Faktoren Biologie und Umwelt sind zudem nicht nur Art-spezifisch sondern hierin auch noch je Individuum verschieden/spezifisch. Es gibt keine absolute/objektive Wahrnehmung, Erkenntnisfähigkeit und Erkenntnis, sondern nur eine subjektive! Siehe hierzu auch obige Abschluss-Frage! Wissenschaft und Technik machen es möglich mit unseren Art-spezifischen Sinnen Dinge wahrzunehmen die normalerweise über unsere Art-spezifischen Sinne hinausgehen, bzw. für diese nicht wahrnehmbar wären. Die Technik übersetzt letztlich aber nur Dinge außerhalb unserer Sinne/Wahrnehmung, in eine „Sprache" die der Leistungsfähigkeit unserer Sinne entspricht und durch diese dann wahrgenommen werden können. Wissenschaft und Technik sind also ein weiterer begrenzender Faktor unserer Erkenntnisfähigkeit.

A2. Wir sind alle gleich.

Wir sind also alle gleich? Soweit klar und logisch in Bezug auf die Menschenrechte (Artikel 1) und dass wir eben alle Menschen sind. Aber ich meine hier etwas anderes, noch tiefer, noch grundlegender und vor/jenseits von Rechten, Pflichten und Wertungen unseres Seins!

Begriffsklärung – was heißt gleich, bzw. ist gemeint mit gleich, bzw. meine ich mit gleich?
Laut Google und Duden (hier auszugsweise wiedergegeben) gibt es viele unterschiedliche Verwendungen für das Wort „gleich". Wird „gleich" z. B. als Adjektiv verwendet, kommt dies dem was ich damit ausdrücken will wohl am nächsten.

Gleich ist demnach, Fall 1: Wenn etwas in ALLEN Merkmalen, in JEDER Hinsicht übereinstimmend ist! Z. B. „die gleiche Anzahl". → Ich verwende in solchen Fällen (der Eindeutigkeit halber) lieber das Wort „identisch" = völlig übereinstimmend, dasselbe! Identisch sagt mit anderen Worten genau das aus, was hier dem Fall 1 entspricht!
Gleich, Fall 2: Wenn etwas miteinander oder mit einem Vergleichsobjekt in BESTIMMTEN Merkmalen, in der Art, im Typ übereinstimmend; sich GLEICHEND; VERGLEICHBAR ist! Z. B. „das gleiche Kleid tragen", „sie hat die gleiche Figur wie ihre Schwester", „die gleichen Schwierigkeiten haben", „seinem Vorbild gleich zu werden versuchen", „gleich geartete, gleich beschaffene Verhältnisse", „gleich gerichtete Interessen", „in gleich gelagerten Fällen", Verwendung als Wendungen, Redensarten, Sprichwörter z. B. „alle Menschen sind gleich [(ironisch:) nur einige sind gleicher (nach einer satirischen Fabel von George Orwell)]", „<substantiviert:> [man soll nicht] Gleiches mit Gleichem vergelten", „Gleich und Gleich gesellt sich gern (Menschen mit gleicher Gesinnung, gleichen Absichten schließen sich gern zusammen)". → Das entspricht weitestgehend meinem Verständnis und meiner Verwendung des Wortes „gleich". Allerdings verwende ich „gleich" für alles, was Teil einer gemeinsamen Basis ist bzw. sich unter einem gemeinsamen Merkmal/"Über"-Begriff zusammenfassen lässt! Beispiele: Wir sind alle gleich, weil unsere gemeinsame Basis ist es, Mensch zu sein! Jegliches Leben hat die gleiche Basis bzw. die gleichen Kriterien/Grundlagen und viele gleiche Merkmale, also ist alles Leben gleich! Siehe hierzu im Folgenden, weitere Verwendungen, verschiedene Herleitungen, Begründungen und Beispiele!

Wir sind alle gleich, Beispiel mit Anna und Boris.
Also „a = b" oder „Anna = Boris"! Wobei die Basis von Anna und auch von Boris „Mensch" ist! Anna und Boris sind also gleich! Und dies obwohl Anna eine Frau mit 60 Jahren ist und Boris ein Mann mit 35 Jahren! Aber, wird jetzt jemand sagen, weil sich beide in Geschlecht und Alter unterscheiden, sind beide doch ungleich! Aber, laut obiger Begriffsklärung für das Wort „gleich" stimmt meine Aussage dass Anna und Boris gleich sind – beide sind lediglich nicht identisch! Alles weitere in Bezug auf Anna und Boris wie, Geschlecht, Alter, etc. beschreibt nur das jeweilige Individuum näher bzw. macht sie unterscheidbar. Basis ist aber, dass beide Menschen sind (und vieles andere mehr). In Bezug auf die Basis „Mensch" bzw. das „Attribut" „Mensch" welches beide haben, sind sie beide sogar identisch! Deshalb sage ich Anna und Boris sind GLEICH! Ich kann mit der Aussage „gleich" sogar noch sehr viel weiter gehen, indem ich das „="-Zeichen noch sehr viel früher setze! Weil alles was lebt, Mensch, Tier und Pflanze ist gleich! Basis ist hier „Leben"! Hierzu folgende Beispiele: „Mensch = Wal" (Basis: Leben, Säugetier etc.), „Vogel = Pferd" (Basis: Leben, Blut etc.), „Mensch = Pflanze" (Basis: Leben, Stoffwechsel, Atmen etc.). Also ist alles Leben gleich!

Fragen: Haben wir gelernt, uns viel zu sehr, an Äußerlichkeiten wie Geschlecht, Alter, Hautfarbe, politische Einstellung etc. festzuhalten und uns auch viel zu sehr angewöhnt uns an Äußerlichkeiten zu orientieren? Siehe Schubladendenken, Freund-Feind-Erkennung etc., auf Basis von Äußerlichkeiten? Gehen wir damit nicht vorbei, an tieferen Zusammenhängen, Hintergründen und dem „Wesen" des Lebens, also dem Leben selbst?

Es folgen besonders in diesem Kapitel, aber auch in anderen Kapiteln, noch viele weitere Herleitungen, Sichtweisen/Blickwinkel, Begründungen, Erläuterungen und Beispiele zum Thema „Wir sind alle gleich"! Also bitte weiterlesen, auch wenn es schwerfallen sollte, es lohnt sich!

Die Kriterien/Grundlagen des Lebens und damit unseres Seins.

Leben wird nach/durch 2 Kriterien definiert (Grundlage des Lebens): 1. Die Biologie (Genetik etc.) 2. Der Ort bzw. die Umwelt (Umgebungs-Bedingungen, Sozialisation etc.)

Diese 2 Kriterien sind bei allem Lebenden als Grundlage/Bedingung gegeben/vorhanden und dadurch machen sie alles Leben gleich. Erst durch diese 2 Kriterien ist Leben möglich, sie sind Voraussetzung für alles was lebt! Somit ist alles Leben gleich (weil gleiche Grundlage/Basis) und dies nicht „nur" in Bezug auf Freiheit, Gleichheit, Brüderlichkeit und sonstige Wertigkeiten, die durch die Ethik definiert werden, sondern von Anfang an und grundlegend also quasi von Natur aus – zwangsläufig! Grundlage/Grundbedingung wodurch Leben erst möglich wird, ist diese Gleichheit! Immanent in Bezug auf das Leben ist es, dass alles Leben gleich ist.

Biologie und Umwelt sind grundsätzlich ein riesiges Spektrum bzw. eine riesige Ansammlung/Reservoir von Möglichkeiten, Anlagen, Horizonten und Wegen.

Erst viel später auf der Ebene der Ausdifferenzierung/Ausprägung/Manifestation der Kriterien entstehen Unterschiede bzw. werden Unterschiede sichtbar (bzw. entsteht/entfaltet/manifestiert sich das Leben) indem durch Wirkung der Kriterien, individuelle Lebewesen also Individuen entstehen. Ebene 1 der Existenz bzw. des Seins sind die Kriterien des Lebens, also die Gleichheit, und Ebene 2 ist die Manifestation der Lebens-Kriterien, wodurch Individuen entstehen, die sich z. B. in Gattung, Art, Hautfarbe, Größe, Geschlecht, Intelligenz und Kompetenz unterscheiden. Viele spezifische Fähigkeiten machen z. B. den Menschen einmalig und zeichnen ihn aus. Das gilt auch für alles andere Leben. So gesehen sind wir einfach eine weitere Art (Homo sapiens) von Leben.

Gleiche Kriterien/Grundlagen des Lebens = alles Leben ist gleich.

Man kann also sagen, alles was lebt ist gleich einfach dadurch/zwangsläufig, weil es Leben ist. Wir alle sind gleich. Unterschiede die das Individuum zum Individuum machen sind nur „oberflächlich". Wir alle sind gleich, weil wir Leben sind – weil wir das sind was wir sind! Es bedarf im Grunde keiner ethischen Begründung.

Artikel 1 der „Allgemeinen Erklärung der Menschenrechte" (Originaltitel: „Universal Declaration of Human Rights") von 1948, sei hier dennoch (weil wichtige Errungenschaft der Menschheit) als ethisch, humanistische Basis zitiert: Alle Menschen sind frei und gleich an Würde und Rechten geboren. Sie sind mit Vernunft und Gewissen begabt und sollen einander im Geist der Brüderlichkeit/Solidarität begegnen!

„Gleiche" Biologie aber anderer Ort hat Wirkung auf das Wachstum/Heranwachsen und Werden. Der Ort entscheidet also mit, wie das Leben/Individuum heranwächst. Der Ort/Umwelt/Umgebung hat definierende Wirkung auf die Biologie, und die Biologie bedingt die grundlegenden Möglichkeiten/Lebenschancen, die ein Individuum an einem bestimmten Ort hat. Es ist also ein ständiges Wechselspiel (Koevolution) Biologie ↔ Umwelt! Dieses Wechselspiel wird Evolution genannt. Wir sind also das Ergebnis/Resultat bzw. Produkt von unserer individuellen Biologie und unserer individuellen Umwelt. Dies beinhaltet keine Wertung, sondern ist nur der Sachverhalt an sich. Aus Wertungs- bzw. Bewertungs- Sicht gesehen gibt es viel Positives, Destruktives usw. das uns geprägt/beeinflusst hat und damit zu dem gemacht hat, was wir sind. Wir haben gelernt, uns entwickelt, um in der vorgefundenen Umwelt überleben zu können. Hier geht es nicht um Schuldzuweisung/Verurteilung unserer Umwelt in Form von Eltern, Gesellschaft etc. sondern es geht darum, dieses Geschehen und damit die Ursache dessen, warum wir sind wie wir sind, zu verstehen.

Auch wir wirken zwangsläufig in ständig wechselnder Form auf unsere Umwelt und beeinflussen das Geschehen. Als Produkt (von Biologie und Umwelt) handeln wir stets als solches, behandeln andere so, wie es unserem Sein (unserer Sicht der Dinge, unserem Wertesystem) als Produkt entspricht. Und so wie es uns jetzt ging und geht, ging es bereits den Generationen vor uns in gleicher Weise.

Innerhalb der Grenzen unseres persönlichen Produkt-Seins findet Lernen und Veränderung statt, aber aus unserem individuellen Sein kommen wir deshalb dennoch nicht heraus. Jeden Augenblick geschehen viele Dinge, die das Leben allgemein und unser individuelles Leben beeinflussen. Dieses Geschehen wirkt wiederum zurück auf Biologie und Umwelt. So findet das Geschehen im ständigen hin und her, in ständiger Wechselwirkung zwischen Biologie, Umwelt und unserem Werden und Sein statt. Von außen gesehen (individuelle Bewertungsebene) bilden sich positive und negative Dinge heraus bzw. entstehen und vergehen neu. Genauso verändern sich positive und negative Dinge in ihr Gegenteil. Eine Wertung/Beurteilung dessen, was nun als positiv oder negativ anzusehen ist, erfolgt individuell/spezifisch und ist damit also rein subjektiv. Die subjektive Sichtweise des Individuums kann also niemals unabhängig/neutral/absolut/objektiv sein, also vom eigenen Sein losgelöst sein, sondern ist ganz im Gegenteil eine Sichtweise die ganz und gar dem eigenen Sein entspricht!

Wir sind gleich aber nicht identisch (identisch = völlig übereinstimmend, dasselbe). Wir sind gleich und gleichzeitig individuell verschieden bzw. nicht identisch!

Jeder ist somit wie Er oder Sie ist. Darin, dass ich bin, wie ich bin, liegt weder Belohnung noch Strafe, denn ich kann nichts dafür, dass ich eben bin, wie ich bin. Ich kann mein Ich nicht durch ein anderes („besseres"?) ersetzen. Ich kann zwar lernen, aber eben nur in den Grenzen meines individuellen, subjektiven Seins. Insbesondere nach dem Tod erscheint mir daher eine (weitere) Belohnung oder Strafe, nur dafür, weil ich ich bin (ein „hilfreicher" oder „schlechter" Mensch), als unlogisch, unnötig, unangemessen, sinnlos und unangebracht!

Was uns unterscheidet macht uns gleich – alle „oberflächlichen" Unterschiede basieren auf der gleichen Basis nämlich dem Leben selbst. **Ich bin (wie) Du und Du bist (wie) ich** – nicht austauschbar weil einmalig/individuell, aber gleich und eins im Leben.

Zum besseren Verständnis und zur Auflockerung folgt hier ein Beispiel mit Fragen und Antworten, wie sie bei einem Gespräch vorgekommen sein könnten!

Wir sind alle gleich, Beispiel mit „These + Antithese + Synthese" zum besseren Verständnis. Jemand sagt „These": Aber das mit gleich stimmt doch nicht, weil ich habe doch eine andere/ungleiche Hautfarbe, ich habe eine andere/ungleiche Nase, ich denke anders bei politischen Themen, ich habe einen anderen Charakter, usw.! Das ist doch der Beweis dafür, dass wir eben nicht alle gleich sind!
Ich sage 1 „Antithese": Man braucht in deiner Aufzählung nur das Wort andere/ungleiche etc. überall zu streichen und schon sind wir alle gleich. Deine Aussage hat sich dabei kaum verändert. Denn wir haben doch alle eine Hautfarbe, Nase, denken über politische Themen nach und haben einen Charakter! Wir sind also alle gleich! Das Wort andere/ungleiche etc. sagt doch lediglich aus, dass wir nicht identisch sind. Dies ist ganz einfach und zwangsläufig der Fall, weil wir Individuen sind! Die Begriffe Gleich und Identisch beziehen sich auf unterschiedliche Sachverhalte – deshalb verwendet man auch zwei unterschiedliche Worte!
Ich sage 2 „Synthese": Lass uns doch versuchen noch einen Schritt weiterzugehen!? Belassen wir das Wort andere/ungleiche etc., einfach in deiner obigen Aufstellung und betrachten wir die Sache nochmal von einer anderen Seite! Dass ich also eine andere/ungleiche Hautfarbe, Nase etc. habe, bedeutet gleichzeitig – im selben Moment in dem ich das Wort andere/ungleiche etc. verwende – zwangsläufig auch, dass dieses Wort für uns beide gilt bzw. gültig ist bzw. gleich ist! Sowohl aus meiner wie auch aus deiner Sichtweise kann das Wort andere/ungleiche etc. angewendet werden. Dies bedeutet in der Schlussfolgerung, doch auch wiederum dass wir gleich sind! Ganz einfach weil das Wort andere/ungleiche etc. bei uns beiden vorkommt, gültig/richtig ist bzw. Verwendung findet! Darin, nämlich in der Aussage dieses Wortes sind wir genauso gleich wie in allen anderen Aussagen!

Eben dadurch, dass wir alle Nasen etc. haben, sind wir alle gleich, weil jede Nase etc. anders etc. oder besser ausgedrückt, weil es uns gemeinsam ist, dass Nasen etc. nicht identisch (bzw. nicht völlig übereinstimmend) sind! Nicht identisch zu sein ist eine Eigenschaft die für uns alle und jedes Lebewesen gilt - also sind wir darin gleich nicht identisch zu sein! **Deshalb komme ich zu der Aussage: Was uns unterscheidet macht uns gleich – ohne wenn und aber!**

Daraus ergibt sich folgendes in letzter Konsequenz!
Dies bedeutet, wenn ich deine Biologie und deine Umwelt gehabt hätte bzw. haben würde, dass ich denken und handeln würde wie du – ich wäre du! Dies gilt natürlich auch umgekehrt, also du wärst ich! Ich oder/und du könnten also sowohl eine Mutter von drei Kindern sein oder ein Massenmörder! Das ist nur abhängig vom „Standpunkt", der bestimmt ist durch Biologie und Umwelt! Dies bedeutet wiederum, dass ich ganz egal, wem ich begegne, wem ich in die Augen schaue, mit wem ich rede, wen ich lobe, über wen ich urteile usw., ich begegne immer mir selbst, ich schaue immer mir selbst in die Augen, ich rede immer mit mir selbst, ich lobe immer mich selbst, ich urteile immer über mich selbst usw.! Ganz egal wem ich begegne etc., Erwachsenen oder Kindern. Sogar ganz egal um welche Art von Leben es sich handelt! Ich begegne etc. immer mir selbst – ich stehe immer mir selbst gegenüber!

Definition von mir - insbesondere im Folgenden - verwendeter wichtiger Begriffe abgeleitet aus Wikipedia!

Abstraktion (lateinisch abstractus = „abgezogen", „entfernen", „trennen"):
Denkprozess unter/mit Weglassen von Einzelheiten und Überführung auf/in etwas Allgemeineres, Einfacheres oder Prinzip. Schlussfolgerung aus beobachteten Phänomenen, auf eine allgemeine Erkenntnis, etwa allgemeiner Begriff oder z. B. Naturgesetz.
Abstraktion ist also das Erkennen eines allgemeinen/vereinfachenden/zugrundeliegenden Prinzips. Abstraktion = Unabhängigkeit, Vereinfachung!

Relativität (lateinisch relatus, PPP referre = „sich beziehen auf", „beurteilen nach", „zurücktragen" davon abgeleitet relativus - sich beziehend auf etwas, bezüglich):
Abhängigkeit bestimmter Eigenschaften (Größen, Begriffe etc.) von anderen Eigenschaften (Größen, Begriffen etc.) bzw. Bezugssystemen, Situationen oder Gegebenheiten. Diese Abhängigkeit kann entweder bedeuten, dass die relativen (also abhängigen) Eigenschaften und Begriffe durch andere Eigenschaften oder Begriffe bestimmt, oder in Bezug auf ein zugrunde gelegtes System definiert sind, dass deren Bewertung von einem bestimmten Wertesystem oder Perspektive abhängt (Bewertungsrelativität), oder dass ihre Existenz, oder die Existenz der Objekte, die die relativen Merkmale tragen, selbst von der Existenz anderer Gegebenheiten abhängig ist (existentielle Relativität).
Relativität ist also das Erkennen von Beziehungen/Abhängigkeiten bzw. sich gegenseitig bedingenden Zusammenhängen. Relativität = Abhängigkeit, Komplexität!

Die 3 fache Relativität des Seins bzw. unserer Existenz an sich, in Kurzform.
Unser Sein ist also von den Kriterien Biologe und Umwelt anhängig (dies ist eine Abstraktion). Diese 2 Kriterien sind in ständiger, dynamischer Veränderung und somit variabel/veränderlich, diese 2 Kriterien wirken außerdem auch noch aufeinander ein, bzw. stehen miteinander in Wechselwirkung – bedingen einander (dies ist eine Relativierung).

Erstens, also ist unser Sein nicht absolut/fix sondern ebenfalls variabel/veränderlich/bedingt – oder wie ich sage relativ (abhängig von Biologie und Umwelt) in seiner Entstehung.

Zweitens, da unser Sein zu Lebzeiten, Tag für Tag ebenfalls dynamisch bzw. Veränderungen unterworfen ist, bleibt unser Sein auch hier nicht absolut/fix, sondern ist auch auf dieser Ebene ebenfalls relativ! Also, ist unser Sein relativ/bedingt in seiner Entstehung und in sich selbst, also zu Lebzeiten ebenfalls relativ/bedingt und veränderlich. Unser Sein ist also AN SICH RELATIV und IN SICH selbst nochmals/ebenfalls RELATIV – also sogar doppelt/verschachtelt relativ!

Drittens, wenn wir neben Biologie und Umwelt auch noch das Sein an sich (unsere Existenz als solche) als drittes Kriterium des Lebens in unsere Überlegungen hinzunehmen, dann ergibt sich das folgende Bild. Biologie, Umwelt und unser Sein bedingen einander (sind relativ zueinander), sind alle 3 in einem dynamischen Zustand (für sich selbst und untereinander) bzw. verändern sich ständig. Sie (alle 3) stehen in ständiger Wechselwirkung miteinander/untereinander, ohne Anfang und ohne Ende. Sie sind voneinander abhängig, sich gegenseitig bedingend/definierend und untrennbar. Dies ist Evolution, dies ist die Relativität von allem (bis auf universelle Konstanten) an sich!

Dies ist also die **Relativität des Seins**, der/unserer Existenz an sich.

Die 3 fache Abstraktion meines individuellen Seins.

Ich abstrahiere mich selbst bereits dann, wenn ich der Erkenntnis zustimme, dass ich gleich bin wie die anderen (Menschen etc.). Ich spreche mir selbst ganz persönlich die Absolutheit/Objektivität ab. Ich ziehe mich selbst in Zweifel, ich sehe mich als Produkt meiner Biologie und meiner Umwelt. Ich abstrahiere mich selbst, wenn ich erkenne, dass unabhängig von aller Individualität von allem Lebenden, doch alles Leben gleich ist bzw. auf den gleichen Grundprinzipien/Ursachen und Zusammenhängen (eben Biologie und Umwelt an sich) beruht.

Erstens, ich abstrahiere mich selbst bzw. mein Sein durch die Erkenntnis, dass ich gleich bin wie die anderen – ich abstrahiere mich selbst bzw. mein Sein!

Zweitens, ich abstrahiere alles, was meine Sinne wahrnehmen bzw. meine gesamte Wahrnehmung. Denn was ich wahrnehme, ist nicht das, wie die Dinge sind, sondern das, was meine individuelle Wahrnehmung zulässt. Ich mache mich „unabhängig" (abstrahiere mich) von meiner, von mir als relativ/bedingt erkannten Wahrnehmung – ich abstrahiere meine Wahrnehmung!.

Drittens, ich abstrahiere meine geistigen Fähigkeiten (Vernunft etc.), alles, was ich persönlich denke/fühle, mein gesamtes Wertesystem und meine Weltanschauung. Denn mein gesamtes Weltbild ist eine individuelle Interpretation von mir bzw. meines Seins bzw. von meinem Sein bewirkt/erzeugt. Ich mache mich „unabhängig" (abstrahiere mich) von meiner, von mir als relativ/bedingt erkannten Vernunft – ich abstrahiere meine geistigen Fähigkeiten bzw. meine Vernunft etc.!

Obiges ist durch ständigen Wechsel des Blickwinkels bzw. der Denkrichtung von Abstraktion zu Relativität und von Relativität zu Abstraktion entstanden. Man könnte also sagen, es handelt sich hier um die Abstraktion der Relativität oder/und die Relativität der Abstraktion! So gesehen gibt es also nichts objektives, letztlich absolutes (wahres, richtiges, falsches und dergleichen etc.) in meinem Sein, bei mir als Individuum! Alles ist eine rein subjektive Interpretation (auch meine Sinne interpretieren) meines Seins. Wenn ich dies akzeptiere, habe ich mich bzw. mein Sein, also mein komplettes individuelles Sein, abstrahiert und relativiert!

Wir sind alle gleich, in der Praxis, bzw. Ethik.

In der Praxis unseres Handelns können obige Erkenntnisse zum Beispiel zu folgendem beitragen: Gekoppelt mit dem Vertrauen darauf (bzw. mit der Basis), dass diese Relativität und Abstraktion meines Seins erst einmal OK ist – eben weil mein Sein so ist – führt dieses weg davon, andere belehren zu wollen. Es führt auch dazu, dass ich mich nicht mehr über falsch oder richtig streite, sondern nur noch darüber, welche Wirkung, einzelne Individuen, die subjektiv Dinge, Thesen, Ideologien etc. für sich definieren/auslegen/interpretieren (und entsprechend handeln) bzw. für sich einspannen, auf mich, andere und die Umwelt als Gesamtes haben! Dies als meine Handlungs-Basis, ohne die für mich ein sinnvolles Handeln nicht möglich erscheint. Wirkungen in positiv oder/und destruktiv zu interpretieren/unterscheiden/werten und entsprechend zu handeln, scheint mir ein gangbarer möglicher Weg. Wobei die Feststellung dessen, was nun als positiv oder negativ/destruktiv zu sehen ist, auch wieder individuell verschieden ist – abhängig vom individuellen Sein/Wertesystem. Alles also nicht so einfach!

Ich bin mir durchaus darüber bewusst, dass 3-fach-Relativität und 3-fach-Abstraktion ebenfalls/auch eine individuelle/subjektive Interpretation/Erkenntnis/"Wahrheit"/Wertung von mir ist und dto. in Bezug auf die darauf basierenden Schlussfolgerungen. Dieser Sachverhalt entwertet aber nicht das gesagte/geschriebene, sondern stellt es ganz im Gegenteil gleichrangig/gleichwertig auf eine Ebene mit allem, was je gesagt/geschrieben wurde – dies gilt auch in Bezug auf alles in dieser Abhandlung gesagte/geschriebene!

Wir sind alle gleich – um zu verdeutlichen, wie weitreichend dies These ist, bzw. wie weit sie reicht/gilt, folgen hier weitere Beispiele, Fragen und Antworten!

Wie weit reicht/gilt also die These – Wir sind alle gleich? Als Antwort folgt an dieser Stelle noch ein Ausflug in den Bereich Diskussion und Streit etc., weil auch dort gilt - wir sind alle gleich! Wenn sich zwei oder mehr Leute streiten, stellt sich die Frage: Wer hat recht? Antwort: Beide/Jeder hat recht, weil alle aufgrund ihres individuellen Seins, aus sich heraus und für sich logisch richtig argumentieren. Keiner wieder-spricht sich selbst (seinem eigenen Sein), jeder hat also aus seiner individuellen Sicht heraus recht.

Was aber, wenn sich eine Diskussion auf metaphysische Themen erstreckt und sich z. B. Glaubende und Nicht-Glaubende über spirituelle, esoterische, metaphysische Themen unterhalten. Wer hat dann recht. Auch hier hat uneingeschränkt jeder recht. Auch hierin sind wir alle gleich! Aber es stellt sich bei Metaphysischen/Glaubens-Dingen noch eine zusätzliche Frage: Wer ist in seiner geistigen Stellung/Entwicklung höher/weiter? Ist der Glaubende oder der Nicht-Glaubende weiter, bzw. auf einer höheren Existenzebene, oder/und steht über den anderen? Hintergrund-Info: Sowohl der Glaubende wie auch der Nicht-Glaubende hält sich für einen objektiven, befreiten Geist bzw. bewertet sich selbst/subjektiv als solchen! Der Glaubende denkt weil er die Welt des Glaubens für sich erschlossen/erkannt hat, sei er weiter bzw. sieht/weiß er mehr als der Nicht-Glaubende und stehe deshalb über dem Nicht-Glaubenden. Der Nicht-Glaubende denkt, weil er Realist ist und auf dem Boden der Tatsachen und nicht an Unwissenschaftliches glaubt, sei er weiter und stehe über dem Glaubenden. Alle denken sie seien im Besitz der Wahrheit, und da der andere diese Wahrheit nicht sieht, ist er automatisch geringer in der Rangfolge geistiger Entwicklung etc. **Frage 1:** Wer ist nun also weiter, bzw. auf einer höheren Existenzebene bzw. steht über dem anderen? **Antwort 1:** Beide/Alle sind gleich, keiner ist weiter oder höher/besser oder steht über dem anderen! Keiner liegt vor oder hinter dem anderen oder hinter den anderen zurück! Es gibt keine höhere Existenzebene! Beide sind gleich und auf gleicher Ebene sozusagen Kopf an Kopf auf gleicher Höhe, weil jeder nur seinem eigenen Weg, bzw. seinem eigenen individuellen Sein folgt und folgen kann. Jeder wertet und interpretiert das ganze Geschehen rein subjektiv. Eine objektive Sichtweise ist nicht machbar. Auch in Bezug auf eine spirituelle/geistige Entwicklungs-Ebene sind wir alle gleich und haben wir folglich alle recht! Dieses gilt für alle Bereiche, nicht nur für den Bereich Glauben/Nicht-Glauben, sondern z. B. auch für die Bereiche Politik, Ernährung, Wissenschaft!

Betrachten wir z. B. etwas genauer das Geschehen wenn Kinder und Erwachsene über ein Thema diskutieren bzw. sich streiten. Der Erwachsene weiß in der Regel seinen Standpunkt besser zu begründen, weil er im Laufe seines (längeren) Lebens einfach/lediglich mehr Informationen gesammelt hat, die seinen Standpunkt/Willen unterstützen/stärken! Das Kind wird aber im Lauf der Zeit bzw. seines Lebens seinen Standpunkt vermutlich nicht ändern, sondern ebenfalls nur weitere Infos sammeln, die seine individuellen Vorlieben, Neigungen, Wertungen und Standpunkte untermauern. Dies passiert auf Basis selektiver Wahrnehmung.

Frage 2: Wer ist also weiter/objektiver etc. - das Kind oder der Erwachsene? **Antwort 2:** Beide/Alle sind gleich! Siehe obige Antwort! Der Erwachsene hat lediglich mehr Informationen gesammelt und als Wissen anerkannt/bewertet, weil er mehr Zeit dazu hatte, aber er ist nicht weiter/objektiver/höher etc.! Es stellen sich hierbei auch weitere Fragen. Was empfinden/werten wir individuell als weiter? Haben wir als Erwachsene nicht längst Unbefangenheit, Vertrauen, Zuversicht und die Möglichkeiten des Kindes hinter uns gelassen und fahren nur noch auf eingefahrenen/eingeschränkten/verhärteten Bahnen? Wer soll hier also weiter sein? Keiner!

Hinweis/Achtung:
Die Ansicht, dass man selbst weiter/objektiver, weiser, hellsichtiger, realistischer und geistig höher stehend als andere ist, oder sein will, führt dazu, dass man sich selbst für „erwacht" hält, man also das Gefühl hat, dass doch alles so logisch, klar und offensichtlich ist – dass dies doch für jeden offensichtlich sein muss! Genau diese Ansicht führt zu Problemen im Zusammenleben mit anderen, vor allem dann, wenn man versucht, die anderen ständig zu belehren, oder man sie „nur" für dumm hält. Das Problem ist also nicht, dass die anderen nicht aufwachen bzw. erwacht sind, sondern das Problem ist, dass ich glaube selbst ein „Erwachter" zu sein!

Wir alle sind, unabhängig von jeder subjektiven Interpretation und Bewertung dessen was wir sind, gleich! Und dies gilt grundsätzlich, also auch auf geistiger Ebene, ohne wenn und aber! Subjektive Interpretationen und Bewertungen, egal ob von mir oder anderen, sind lediglich bzw. nur aufgesetzt, also in keiner weise objektiv und realistisch! Auch diese Aussage ist natürlich wieder eine rein subjektive Erkenntnis/Interpretation und Wertung, von mir!

„Billige" Gleichmacherei?
Wir sind alle gleich. Und dies ist KEINE „billige" Gleichmacherei, sondern das genaue Gegenteil, weil es u.a. die Einzigartigkeit (Gleichberechtigung etc.) des Individuums stärkt/hervorhebt! Billige Gleichmacherei ist es dann, wenn man das individuelle, subjektive und einzigartige jeden Individuums (also das, was uns ausmacht und auszeichnet), durch Gleichschaltung, Vereinheitlichung und Normierung, GLEICH machen will! Alle sollen das gleiche denken, das gleiche glauben, das gleiche richtig oder falsch finden, die gleiche Partei wählen, sich gleich anziehen, einem gleichen Schönheitsideal entsprechen, sich gleich verhalten etc.!

Siehe auch unter A4 Die Relativität des Seins anhand eines Beispiels. Weiteres zum Thema Streit siehe unter B3 Diskussions- Streit- Kultur etc.

Fazit: Alles Leben wird durch zwei Kriterien bestimmt. Diese sind Biologie und Umwelt. Dies ist für alles, was lebt, die Voraussetzung/Basis – so ist Leben definiert! Also ist alles Leben gleich! Wir alle sind Lebende unter Lebenden also gleich (Abstraktion) – wir alle sind Leben! Erst viel später auf der Ebene der Ausdifferenzierung/Ausprägung/Manifestation der Kriterien entstehen Unterschiede bzw. werden Unterschiede sichtbar (bzw. entsteht/entfaltet/manifestiert sich das Leben), indem durch Wirkung der Kriterien individuelle Lebewesen also Individuen entstehen. Daraus folgt: Wir sind gleich und dies gilt grundsätzlich auch auf geistiger Ebene ohne wenn und aber, aber wir sind nicht identisch! Alles Sein ist relativ und abstrakt, und dies sogar jeweils in dreifacher Hinsicht. **Von diesen Grundprinzipien (Kriterien des Lebens, Abstraktionen, Relativitäten) lässt sich alles andere VERSTEHEN und ABLEITEN (Ethik etc.), was das Leben betrifft.**

A3. Unser Handeln.

Mit Handeln ist hier jede Art Kommunikation (Interaktion) oder Nicht-Kommunikation mit unserer Umwelt, zu verstehen. Es wird die Frage - Wie funktioniert unser Handeln, warum handeln wir wie wir handeln – geklärt. Praktische Umsetzung siehe z. B. im Kapitel über Ethik.

Mein Handeln und Denken wird u. a. wesentlich von meiner Befindlichkeit bestimmt. Dabei gilt: Wenn ich mich schlecht fühle, wenn es mir nicht gut geht, ich leide, oder wenn es mir zu gut geht, ich mich als besser als die anderen empfinde (Überheblichkeit etc.), dann beurteile/urteile und handle ich entsprechend – die Welt ist schlecht bzw. die anderen sollen mir dienen! Geht es mir gut etc. dann bin ich ausgeglichen (in meiner „Mitte") und die Welt ist schön/friedvoll! Warum denke und fühle ich wie ich denke und fühle? Warum handeln wir also wie wir handeln? Dazu mehr in den nächsten Abschnitten. Zusammenfassend lässt sich sagen, ich handle wie ich handle, weil ich (mein Sein) es so will (bewusst oder/und unbewusst, aber nie frei) auf der Basis meines Seins! Weil ich halt so bin wie ich bin! Auch mein Handeln ist relativ und subjektiv!

Alle im folgenden aufgeführten Punkte, sind vielfach und auf vielfältigste Weise miteinander vernetzt/verbunden!. Alle Punkte sind deshalb z. B. voneinander abhängig und bedingen und beeinflussen sich gegenseitig, bzw. sind so wie sie in unserem Mensch-Sein vorliegen, durch Wechselwirkungen und Übergänge gekennzeichnet – die unser handeln bestimmen!

Funktionsweise unseres Seins - Kurzfassung.
Das Fundament unseres Seins, bestehend aus Art-spezifischer und Individuum-spezifischer Erkenntnisfähigkeit, Individualität, Subjektivität, Opportunismus, Egoismus, Fanatismus, Wertesystem, Emotion als solches (als Grund/Auslöser/Antrieb zur Ermöglichung unseres Wollens) und das Wollen als solches (als Grund/Auslöser/Antrieb zur Ermöglichung unseres Handelns), ist auf Erfolg, Sinn und Selbstverwirklichung ausgerichtet/fixiert und findet seinen Ausdruck/Umsetzung/Verwirklichung in unserem handeln (incl. nicht handeln)!

A3a. Wertesystem.

Neben unserer Biologie bestimmt unsere Umwelt (soziale Prägung etc.) unser Sein und damit also wer wir sind. Wir bekommen ein Wertesystem vermittelt (gelehrt und vorgelebt (Familie, Fernsehen etc.)). Dabei entsteht durch das von außen auf uns Einwirkende in Wechselwirkung/Dialog mit der Umwelt, in uns ein individuelles eigenes Wertesystem/Rahmenprogramm. Dieses Wertesystem wächst in uns und bildet die Grundlage für unsere Wahrnehmung (was ist uns wichtig, individuelle Wahrnehmung, selektive Wahrnehmung). Das Wertesystem kann man sich als eine Liste von individuell wichtigen Dingen/Erkenntnissen und Anschauungen, inklusive deren Priorisierung vorstellen. Die Liste kann z. B. aus Dingen/Anschauungen wie Toleranz, Besitz/Geld, Ethik, Egoismus, Meinung anderer, was denken die anderen über mich, meine Selbstdarstellung etc. und vielem mehr bestehen. Das Interessante dabei ist aber nicht, welche Dinge auf der Liste stehen, sondern welche Dinge hohe und höchste Priorität haben. Ist also z. B. Toleranz für mich wichtiger als das, was andere über mich denken? Wie werde ich auf dieser Basis handeln?

Umwelt, Sein und Wertesystem, die Wechselwirkungen.

Zusätzlich zu meiner Biologie, ist mein Sein der Spiegel und das Produkt meiner Umwelt! Je länger ich einer bestimmten Umwelt (Familie, Umgebung, Kultur etc.) ausgesetzt bin, um so mehr werde ich durch diese und auf diese geprägt und damit Spiegelbild dieser Umwelt. Ich erlerne (durch Nachahmung) die vorgelebten Regeln dieser Umwelt einfach und automatisch. So kann ich in eben dieser Umwelt nicht nur einfach überleben, sondern passe in diese Umwelt, ohne von dieser Umwelt (Familie, Gesellschaft etc.) als Fremdkörper empfunden und abgelehnt zu werden. Als Fremdkörper werde ich ggf. erst in einer anderen Umwelt (Kultur etc.) empfunden/wahrgenommen, weil dort z. B. andere Regeln gelten. Dies gilt insbesondere auch in Bezug auf soziales Verhalten und gesellschaftliche „Normen" je nach Gesellschaft, Gruppe bzw. Umwelt. Diese Prägung unseres Seins durch unsere Umwelt hat z. B. folgenden Zweck und folgende Wirkungen:
- Definition/Selbstfindung der eigenen sozial/kulturellen Zugehörigkeit und Identität!
- Manifestation/Stärkung der eigenen sozial/kulturellen Struktur, Gruppe; Gesellschaft etc.!
- Abgrenzung gegenüber anderen sozial/kulturellen Strukturen, Gruppen, Gesellschaften etc.!
Im Extremfall als Ausgrenzung und Diskriminierung anderer sozial/kultureller Strukturen, Gruppen, Gesellschaften etc.!

Ein Austausch und ein Hin und Her wechseln zwischen sozial/kulturellen Strukturen (z. B. Familie, Arbeitsumgebung, sozialem Umfeld) findet im Alltag laufend in alle Richtungen statt. Neuanpassung an neue Umgebungen und an neue Spielregeln findet zumindest oberflächlich statt und wird von Mensch zu Mensch unterschiedlich gelebt, bzw. führt je nach individuellen Voraussetzungen zu verschiedenen Ergebnissen.

Das Wertesystem - Aufbau und Funktionsweise.

Differenzen die z. B. bei einem Streit entstehen/basieren nicht auf sog. Fakten, sondern auf der unterschiedlichen Wertung (Einordnung, Relativierung etc.) der Fakten, bzw. der unterschiedlichen Wertung meiner ganz individuellen/subjektiven als Fakten anerkannten Werte. Was ist für mich ganz persönlich überhaupt ein FAKT und was ist wichtig, was ist vernachlässigbar!? Hier streiten also NICHT Fakten, sondern es kollidieren Weltanschauungen/Wertesysteme. Beispiel: Bei einem Thema/Fakt entscheidend, ist dessen Position im Wertesystem, diese Position (=Wichtigkeit) sagt aus bzw. bestimmt, ob das was ich zu einem Thema/Fakt denke, lediglich eine Meinung ist, oder ob es sich um eine Überzeugung handelt! Meinung und Überzeugung sind also das gleiche – bis auf ihre Positionen im Wertesystem! Die Positionierung im Wertesystem wird durch entsprechend starke oder schwache Wichtigkeit/Wertigkeit bestimmt. Die Wichtigkeit/Wertigkeit entspricht/basiert auf einer mehr oder weniger starken Emotion. Was ist mir wichtig, bzw. was ist mir wichtiger als etwas anderes, bzw. was ist mir am wichtigsten? Ich erkenne dies an dem/der Sachverhalt-spezifischen Gefühl/Emotion. Das Wertesystem besteht damit nicht nur aus Fakten/Sachverhalten sondern wird erst ermöglicht durch Emotion und ist damit auch selbst Emotion. Das führt dazu, dass alles, was z. B. an die Gefühle/Emotionen Angst, Liebe, Hass, Müssen etc. gebunden/gekoppelt/assoziiert ist, entsprechend der Stärke dieser Gefühle/Emotionen in der Rangfolge des Wertesystems platziert ist.

Bin ich z. B. ein eher ängstlicher Mensch, dann werden Sachverhalte, die mit Schutz und Sicherheit zu tun haben, in meinem Wertesystem einen sehr hohen Stellenwert haben, da diese ja helfen sollen Angst zu vermeiden. So „regieren" dann letztlich die Emotionen/Gefühle unser Wertesystem und damit unser Sein/Leben. Daraus ergeben sich die Fragen: Welche Emotionen/Gefühle sind bei mir persönlich besonders stark bzw. überwiegend vertreten? Welche Emotionen regieren/beherrschen mich? Ist es eher Vertrauen oder eher Angst oder ...? Was regiert mich, also mein Sein?

Was will ich glauben (auch ohne wissenschaftlichen Beweis, bzw. ich suche mir einfach irgendwelche passenden „Beweise"), weil es zu meinem persönlichen Wertesystem passt (wie ein fehlendes Puzzleteil) und dieses also/damit stärkt!? **Was will ich nicht glauben**, weil es meine Weltanschauung, mein Wertesystem (und damit mein Sein) schwächt und damit mein Selbstverständnis bedroht/schwächt!? Der tiefere Grund, die eigentliche Ursache, warum man also an etwas glaubt oder nicht glaubt, sind nicht oberflächliche Fakten, sondern eine mögliche Stärkung oder Schwächung unserer Position bzw. unseres Seins. Die gleichen Fakten, das gleiche Geschehen wird von jedem Menschen anders/individuell wahrgenommen und bewertet, weil subjektiv, individuell interpretiert. Jeder einzelne Mensch nimmt wahr, ordnet ein, bewertet/urteilt, rein subjektiv/individuell/spezifisch (Basis ist das individuell/spezifische Wertesystem), so wie nur das/dieses jeweilige Individuum es kann. Der/Die Fakt/Fakten bzw. das Geschehen spielt dabei eine Nebenrolle.

Erwartungshaltung gegenüber meiner Umwelt.

Mein Wertesystem/Weltanschauung/Sein ist Ausgangspunkt für mein Handeln und damit für den Umgang mit meiner Umwelt. Der Umgang mit meiner Umwelt bzw. mein Verhalten gegenüber meiner Umwelt, ist wiederum grundlegend abhängig von meiner Erwartungshaltung. Die Basis meiner Erwartungshaltung wurde per Vorleben/Prägung durch meine Umwelt an mich vermittelt! Man kann sagen, mein Sein generiert auf Basis meines Wertesystems meine permanent und ständig anwesende Erwartungshaltung! Diese Erwartungshaltung ist an erster Stelle, wenn neue Informationen/Sachverhalte und Nachrichten etc. erfahren werden - gleich nach der Reizankunft über unsere Sinne. Dabei wird von der Erwartungshaltung die erhaltene Information bereits in wahrscheinlich wahr, glaubwürdig und wahrscheinlich falsch, unglaubwürdig, gesplittet und selektiert! Als nächstes versucht mein Sein alle Informationen entsprechend meiner Erwartungshaltung und entsprechend meines Wertesystems, so lange einzuordnen bzw. zu bearbeiten bzw. zu referenzieren, bis die erhaltenen Informationen entsprechend eingeordnet und passend gemacht sind, für mein Sein – oder anders gesagt, bis meine Sein verstanden hat, also die Informationen verstehen/akzeptieren kann! Dies nennt man auch die konditionierte Wahrnehmung!

Mein Sein sucht also nach passenden Antworten etc., so lange bis es passende findet! Hat es eine passende gefunden, werden Informationen vom Sein als verstanden registriert! Da mein Sein subjektiv ist, können in meinem Sein bei einer subjektiven Suche auch nur subjektive Antworten gefunden werden. Dies bedeutet, dass dadurch die Antworten/Einordnungen etc. bereits grundsätzlich vorbestimmt bzw. konditioniert sind! Wenn ich also jemanden gut kenne, dann kann ich praktisch vorhersagen wie mein Gegenüber über diese oder jene, vorher nicht angesprochene Information denkt bzw. denken wird! Siehe auch unter A3i Der „freie" Wille. Gedanken und Äußerungen wie „das ist ja wiedermal typisch ...", „das war von ... nicht anders zu erwarten", „selber schuld", weisen auf diese Funktionsweise unseres Seins hin. Deshalb kann man auch sagen Erwartungshaltung = Voreingenommenheit!

Daraus ergeben sich in der Praxis folgende Fragen: Was erwarte ich von meiner Umwelt bzw. von den anderen? Erwarte ich grundsätzlich Konstruktives oder eher Destruktives von anderen? Gehe ich eher auf die anderen zu, oder bin ich eher vorsichtig? Meine Erwartungshaltung (Selbstkonditionierung) führt dazu, dass ich entsprechend auf meine Umwelt bzw. die anderen reagiere und handle. Wodurch die anderen (bzw. meine Umwelt) wiederum ihrerseits entsprechend reagieren und handeln. Und so weiter im ständigen Wechselspiel zwischen mir und meiner Umwelt.

Dies bedeutet, dass ich mit meiner Erwartungshaltung als Ausgangsbasis meine Umwelt in das Verhalten hineinzwinge/nötige, das ich laut meinem Sein unbewusst haben will! Dies bedeutet: Ich konditioniere/"forme" meine Umwelt durch meine Erwartungshaltung, Wertung und mein Handeln so, wie ich sie haben will – ich mache mir also wirklich die Welt (zumindest teilweise) so, wie sie mir gefällt und dies gilt selbst dann, wenn ich mit dem Ergebnis bzw. dieser Welt nicht zufrieden bin oder/und ich sogar darunter leide, wie diese meine individuelle Welt ist.

Es ist auch so, dass mein Handeln dazu führt, dass Gleichgesinnte zu meinen Freunden werden und Andersdenkende eher Leute sind, mit denen ich mich nicht so gut verstehe. Meine Erwartungshaltung führt automatisch zu einer Fokussierung/Festlegung meiner Wahrnehmung. Meine Wahrnehmung ist entsprechend meiner Erwartungshaltung voreingenommen! So sehr, dass ich vermehrt das wahrnehme was meiner Erwartungshaltung entspricht. Selbst-bestätigende und selbst-verstärkende Erwartungen durch meine konditionierte Wahrnehmung. Zusätzlich wird in Wahrnehmung und Wertesystem dann auch noch das, was der Erwartungshaltung entspricht als wichtiger/höherwertiger eingestuft/bewertet - dies zum Nachteil bzw. auf Kosten der anderen wahrgenommenen bzw. wahrzunehmenden Dinge.

Dies ist Teil der Funktionsweise der selektiven Wahrnehmung! Was wurde mir also von Familie/Umwelt vorgelebt, wie sieht mein Sein aus? Bei allem was passiert z. B. Streit, Auseinandersetzungen, Zustimmung und Harmonie, ganz egal wie wir irgendetwas bewerten/werten, das „Problem" sind nicht die anderen oder deren Handeln, sondern es ist das, was in mir (in meinem Sein) getriggert wird! Und wie mein Sein aussieht, hängt wesentlich von meinem Wertesystem ab. Das was getriggert wird/wurde und als Emotion etc. passiert/hochkommt, macht mich z. B. glücklich oder lässt mich leiden. Zum Thema Leid etc. siehe auch unter B15 Unzufriedenheit/Leid.

Individuelle, subjektive Weltsicht.
Die individuelle Weltsicht eines Menschen steht in ständiger Wechselwirkung/Entwicklung bzw. Anpassung. Zum einen mit/in sich selbst (Innenwirkung) und zum anderen in seiner Wirkung nach außen, auf andere Menschen etc., wobei im Baby/Kindes-Alter primär das Außen nach innen wirkt und uns dadurch unsere Umwelt formt. Die individuelle Weltsicht wirkt nach innen und außen. Es kommt daher entscheidend darauf an, wie konstruktive und destruktive Bestandteile/Anteile in/dieser Weltsicht verteilt sind. Also wie z. B. Toleranz, Respekt, Intoleranz, Rücksichtslosigkeit in einer individuellen Weltsicht vorkommen, bzw. welche Anteile sie haben. Diese Bestandteile/Komponenten der Weltsicht sind entscheidend, in Bezug auf mein eigenes Selbstverständnis – meinen Umgang mit mir selbst und anderen bzw. mit der Umwelt - und ob ich ein „zufriedener", „glücklicher", „ausgeglichener" oder eher „unzufriedener", „unglücklicher" Mensch bin.

Andererseits ist die Gefangenschaft im eigenen Weltbild auch wiederum relativ. Es gibt nicht nur eine Wirkung des Inneren nach außen, sondern auch eine Wirkung des Äußeren nach innen. Diese Wirkung des Äußeren fängt bereist im Mutterleib an. Das Sein lernt ständig – verbringe ich z. B. 2 Jahre in einem tibetanischen Kloster, in der kanadischen Wildnis oder im Gefängnis, dementsprechend wird sich auch mein Sein verändern/anpassen bzw. ein „anderes" sein.

Mein Sein entwickelt sich in Anpassung an meine individuelle Umwelt! Je nachdem wo und wie ich lebe (Soziales Umfeld, Umwelt etc.), werden sich die Anlagen/Facetten meines Seins und damit mein gesamtes Sein anders entwickeln bzw. weiterentwickeln. Lebe ich auf der Straße oder bin ich Erbe eines Unternehmens – das Ergebnis sind 2 verschiedene Personen. Mein Sein steht also in permanenter Wechselwirkung/Dialog mit der Welt/Umwelt. Kann ich also mein Sein bzw. dessen Entwicklung durch die Auswahl meiner Umgebung/Umwelt beeinflussen/steuern? Wenn ich versuche mich in Welten zu bewegen, die mir gut tun, wo ich mich wohlfühle, wird mein Weltbild eher ein „einseitiges" Wohlfühl-Weltbild werden.

Die Dynamik des Lebens stürzt und konfrontiert einen positiver weise, immer wieder mit unerwarteten neuen Personen, Ereignissen und Weltanschauungen, sodass wir automatisch gezwungen sind, immer weiter zu lernen (auch das, was wir gar nicht wissen wollten) und unser eigenes Weltbild/Wertesystem zu relativieren und zu ergänzen oder gar zu revidieren bzw. neu auszurichten. Es ist keine/kein Revolution/Paradigmawechsel die/der da stattfindet, sondern ein lebenslanger langsamer manchmal auch schneller Prozess, dem wir bzw. unser Sein ausgeliefert/unterworfen sind!

Was aber, wenn sich meine Empathie im Kindesalter nie richtig entwickeln konnte (Vorbild etc. fehlte), bzw. nie eine Chance dazu hatte? Was wenn mir Toleranz, Respekt etc. nie vorgelebt wurden? Was wenn diese Seiten meines Seins nie gefördert und benutzt wurden? Aber es gibt Hoffnung. Man kann alles Verschüttete durch die richtige Förderung und Lebensumstände aktivieren und zum Leben erwecken – auch wenn dies ein langer mit Rückschlägen gepflasterter Weg ist.

Es erfolgt also eine permanente und automatische Selbstdefinition des Seins. Dies erfolgt auf unbewusster Ebene ganz nebenbei, ohne dass wir es normalerweise im Alltag merken oder dass es uns bewusst ist.

Selbstoptimierung des Wertesystems.
Das Wertesystem optimiert sich also permanent, automatisch (unbewusst) selbst, indem es sich weiterentwickelt/ergänzt, aber nur Sachverhalte/Dinge, die bereits ins vorhandene Wertesystem passen, werden anerkannt und damit letztlich integriert.

Es entstehen individuelle/eigene ganz persönliche Dogmen, die Teil unseres Wertesystems sind. Jeder ist in seinem eigenen individuellen Weltbild/Wertesystem gefangen, jeder ist/lebt seinen individuellen Tagtraum.

Demzufolge ist es auch nicht verwunderlich, dass man je älter man wird, sich um so mehr in sich selbst zuhause fühlt und man bzw. unser Sein, uns selbst immer mehr recht gibt, in unserer individuellen Weltsicht. Unser Sein ist bestrebt zu optimieren/komplettieren und es sucht (im „außen" und im „innen") entsprechende, in unser individuelles Weltbild passende Antworten/Puzzle-Stücke bzw. generiert diese sogar selbst! Man verliert sich dadurch sozusagen immer mehr in sich selbst. Eine permanente/laufende Selbstdefinition, die alles so interpretiert/abstimmt dass/bis es passend ist. Grund hierfür ist die Notwendigkeit unseres Seins sich selbst zu stabilisieren! Diese Stabilisierung erfolgt durch/als Selbstbestätigung. Diese Abhandlung selbst ist in Bezug auf mich, insofern ein Beispiel für das eben Gesagte.

Streiten wir uns also weiter über sogenannte Fakten/Realitäten, wohl wissend dass bereits die Benennung eines Sachverhaltes als Fakt/Realität, subjektive Interpretation/Konstruktion ist, sowie im weiteren deren Darstellung, eine individuelle Interpretation/Konstruktion. Ganz zu schweigen davon, was wir individuell/subjektiv als Fakten/Realität akzeptieren/anerkennen.

So gesehen hat auch jeder ganz individuell recht, weil es für ihn (aus sich bzw. seinem Sein heraus) logisch und richtig ist – jeder hat also recht bzw. alle haben recht! Jeder beurteilt/wertet die Sachlage auf Basis seiner ganz eigenen/persönlichen Fakten.

Vermeidung Verknüpfung (Analogien) getrennter Dinge/Sachverhalte.
Achtung/Hinweis zur Verknüpfung von Dingen/Sachverhalten, die über unsere Erkenntnisfähigkeit erkennbar/zugänglich sind, mit Dingen/Sachverhalten die außerhalb unserer Erkenntnisfähigkeit liegen!

Achtung/Hinweis zur Verknüpfung von Dingen/Sachverhalten unserer jetzigen Lebenszeit/Wahrnehmung (erlebbare Dinge) mit Dingen/Sachverhalten die außerhalb (davor oder danach) unserer Lebenszeit liegen!

Achtung/Hinweis zur Verknüpfung von Dingen/Sachverhalten die passiert sind, bzw. von dem, was passiert ist, mit dem wie wir es interpretieren bzw. bewerten – Wahrnehmung, Interpretation und Bewertung sind immer rein subjektiv und niemals objektiv! Aber Achtung, auch bzw. bereits die Feststellung dessen was passiert ist, ist subjektiv und beinhaltet somit zumindest im Kern bereits eine Wertung!

Beispiele solcher Verknüpfungen bzw. Bereiche in denen solche Verknüpfungen stattfinden, sind Glaubens- und/oder Esoterik- Dinge. Verknüpfung´s/Analogie Beispiele: Weltlicher König also auch metaphysischer König, Verbrechen also auch Sünde, Lohn für Wohlverhalten auf Erden also auch Lohn im „Himmel", konstruktiv/destruktiv also auch gut/böse auf einer „höheren" Ebene. Das ist eine Vermenschlichung metaphysischer Dinge, die von uns getrennt sind und außerhalb unserer Erkenntnisfähigkeit liegen!

Dass solche Verknüpfungen bzw. Analogien, bei uns nahezu automatisch stattfinden, ist Mensch-spezifisch und hat viele Gründe und Wirkungen. Solche Verknüpfungen können aber genauso automatisch und aus vielen Gründen konstruktive und auch destruktive Wirkungen (für mich selbst und andere), entwickeln/entfalten. Hier an dieser Stelle also ein paar Worte zur Verknüpfung getrennter Dinge/Sachverhalte. Dinge/Sachverhalte innerhalb unserer Erkenntnisfähigkeit und außerhalb unserer Erkenntnisfähigkeit und/oder innerhalb unserer Lebzeiten (erlebbare Dinge) und außerhalb unserer Lebzeiten und/oder Dinge/Sachverhalte, die passiert sind und das, wie wir es im Sein interpretieren bzw. bewerten, sind alles GETRENNTE Dinge/Sachverhalte! Dies besagen/dokumentieren bereits die Worte „innerhalb", „außerhalb", „passiert" und „interpretieren"!

Es ist hilfreich, obige Verknüpfung´s - Elemente getrennt zu betrachten bzw. getrennt zu analysieren, oder sich zumindest bewusst zu sein, dass es sich um voneinander getrennte Dinge, handelt die ich hier zu einem zusammenführe/verknüpfe (z. B. durch Analogien)! Oder auch nur um sich bewusst zu sein, dass unser Sein eben dazu neigt, getrennte Dinge und Sachverhalte wie oben erwähnt, willkührlich/subjektiv zu verknüpfen. Unser Sein zieht scheinbar irgendeine Antwort, dem offenbleiben von Fragen vor!? Alles auch für den Fall, dass Produkte solcher Verknüpfungen (siehe obige Beispiele) zu noch mehr und komplexeren Fragen etc. führen!

Gefangener meiner Selbst, meines individuellen Seins.
Jeder Mensch lebt in seiner eigenen Welt, ja ist geradezu ein Gefangener seiner eigenen/individuellen Welt. Ein Gefangener seiner Selbst! Jeder Mensch sieht die Welt nicht so wie SIE ist, sondern so wie ER ist. Jeder Mensch hat sein individuelles Wertesystem, ist Gefangener seiner eigenen individuellen Welt. Gefangener ist hier nicht positiv oder negativ gemeint, sondern soll nur deutlich machen, dass man sich nicht von sich selbst lösen kann. Das Individuelle ist gerade das, was mich ausmacht, was ich bin. Jedes Individuum (und damit Wertesysteme/Welten) basiert auf den gleichen Möglichkeiten und Begrenztheiten der menschlichen Erkenntnisfähigkeit (Sinne/Wahrnehmung und Vernunft). Alle Menschen sind grundsätzlich mit den gleichen Sinnen (zur Wahrnehmung/Kommunikation der Umwelt) und Vernunft/Verstand/Geist ausgestattet. Keiner kann für sich z. B. einen Sinn reklamieren (und damit „übermenschliches", „übersinnliches", „außersinnliches" Wissen und Erkenntnis), den andere nicht haben. Jeder Mensch ist in seiner Weltanschauung zuhause, für ihn ist das logisch und stimmig – auch in Bezug auf Glaubensfragen. Es gibt keine richtigen oder falschen Weltsichten, es gibt nur individuelle Weltsichten von Individuen der Art Mensch – erstellt auf der Basis des Mensch-Seins!

Bewertung von Wertesystem und Weltanschauung.
Verschiedene Weltanschauungen sind immer/grundsätzlich gleichwertig, weil durch die gleichen Möglichkeiten erworben bzw. auf der gleichen Basis aufgebaut. Es gibt keine richtige oder falsche Weltanschauung bzw. Wertesystem, weil wir die Welt etc. durch unsere begrenzte Erkenntnisfähigkeit gar nicht wirklich/objektiv/wahrhaftig wahrnehmen/erkennen/"sehen" können. Durch unsere Begrenztheit (als Mensch an sich) und weitere individuelle Einschränkungen/Prägungen können wir nicht einmal feststellen/entscheiden, wer oder was von irgendeiner Theorie mehr oder weniger nahe an dem ist, wie die Dinge tatsächlich/objektiv sind.

Ein Aufgeben meiner individuellen Weltsicht/Wertesystem würde das Ende meines Ich-Seins/Seins bedeuten/gleichkommen. Es ist also jeder in seinem eigenen Weltbild/Tagtraum so emotional, authentisch, unnachgiebig, kompromisslos, leidenschaftlich und glühend verhaftet/verwurzelt, wie jeder andere auch wiederum in seinem Weltbild/Tagtraum verwurzelt ist! Also ganz egal was wir glauben/wissen oder nicht glauben/wissen, wie unsere Weltsicht auch aussieht, diese individuelle Weltsicht ist gleichwertig mit den Weltsichten aller anderen.

Daraus entwickelt/ergibt sich der sog. Minimal-Konsens: Was ich für mich in Anspruch nehme (Freiheit, Wahrheit etc.) muss ich auch anderen zugestehen!

Es geht also definitiv nicht darum, sich zu streiten wer Recht hat und wer Unrecht, oder festzustellen, wer falsch liegt und wer richtig liegt. Es geht auch gar nicht darum, festzustellen wer ein „guter" Mensch und wer ein „schlechter" Mensch ist, oder wer gar ein „besserer" Mensch ist als ein anderer. Es geht vielmehr darum zu verstehen, dass alles aus der gleichen Quelle kommt bzw. aus unserem Mensch-Sein resultiert. Wir sind eben Menschen und dies begründet, wie wir sind und handeln. Wir sind - wie wir sind. Hierin sind wir alle gleich. Insofern stellt sich die Frage nach richtig/falsch bzw. schlechter/guter/besserer Mensch nicht – **so etwas wie gute/schlechte/bessere Menschen gibt es nicht.** Erst auf der aufgesetzten Ebene der Wertungen/Bewertungen (die nur in unserem Wertesystem bestehen) kommen Begriffe wie Richtig oder Falsch etc. ins Spiel.

Wie bereits beschrieben sind diese Wertungen sehr persönlich, subjektiv also individuell verschieden (und haben daher keinen Anspruch auf Allgemeingültigkeit/Objektivität), auch wenn es innerhalb von Familie und Gesellschaft (die uns als Kind geprägt haben) einen gewissen Konsens/Übereinstimmung gibt.

Fazit: Letztlich gilt, nicht du bestimmst (frei oder/und unabhängig) was du glauben oder wissen willst oder nicht, oder was du als richtig oder falsch definierst. Es ist dein innerstes Selbst, dein Sein, was die Einordnung und somit Entscheidung in dir und für dich trifft. Berücksichtigung (und damit gesteuert davon) findet dabei dein bisheriges Sein und Wertesystem sowie alle (die für dich wichtigen Erlebnisse im Sinne der selektiven Wahrnehmung) bisher gemachten Lebenserfahrungen im jeweiligen Zusammenhang.

Letztlich gilt weiterhin, die Dinge geschehen wie sie geschehen im Laufe der Zeit. Erst der Mensch (der Mensch hier beispielhaft) macht eine Interpretation/Analyse eine Einordnung und fügt eine Wertung hinzu, um die Welt zu „verstehen" und um dadurch mit der Welt in Interaktion/Kommunikation zu treten, auf eine zwangsläufig Menschen-spezifische und Individuum-spezifische Art und Weise. Die/Alle Dinge geschehen grundsätzlich wertneutral!

Wie der Mensch die Dinge sieht, hat mit den Dingen/Vorkommnissen an sich nichts zu tun, sondern ist nur der Versuch unseres Seins, mit seiner Existenz an sich klarzukommen und diese zu organisieren – also primär der Versuch zu überleben und ggf. für eine neue Generation zu sorgen.

A3b. Unser Ich und Sein.

Unser Sein ist das eines sozialen Wesens/Individuums (soziale Wesenheit). Unser Sein „will", dass wir innerhalb einer/unserer Familie/Gemeinschaft entsprechend „funktionieren". Um dies zu gewährleisten haben wir entsprechende Bedürfnisse (Liebe, Respekt, Achtsamkeit, Ethik usw.), und wollen also unsere soziale Wesenheit (unser soziales Sein), ausleben/verwirklichen (Selbstverwirklichung)! Dies hat weitreichenden Einfluss/Folgen auf/für unsere Interaktion, auf/für uns selbst und auf/für andere bzw. unsere Umwelt. Insbesondere auch dann, wenn wir unsere soziale Identität nur eingeschränkt leben können.

Die Entstehung unseres Seins bzw. meine Definition des Seins-Begriffes.

Unser Sein ist primär biologisch angelegt (siehe 2 Kriterien des Leben: Biologie und Umwelt) und wird im weiteren durch unsere Umwelt beeinflusst und geprägt. Biologie und Umwelt machen unser Sein. Mit biologisch angelegtem Sein, meine ich nicht nur unser Gehirn, sondern unsere gesamte Körperlichkeit und alle permanent stattfindenden Wechselwirkungen, Abläufe und Prozesse wie z. B. auch das, was wir als Denken bezeichnen. Unser Sein ist ein Ganzes, also mehr als die Summe seiner Teile. Unser individuelles Sein wächst, passt sich an und verändert sich permanent, bzw. entsteht permanent aus allem, was es vorgelebt bekommen hat (Umwelt) bzw. erlernt hat (durch Nachahmung), erlebt hat und getan hat, zusammen mit dem, was sich daraus im Sein ganz individuell durch ständige Selbst-Reflexion und Selbst-Definition entwickelt. Bekommt mein Sein z. B. Toleranz und Hass nicht vorgelebt und werden diese nicht durch weitere individuelle biologische und sonstige Einflüsse auf mein Sein getriggert, dann bedeutet dies letztlich, dass diese für mein Leben nicht gebraucht werden bzw. nicht oder wenig in meinem Leben stattfinden! Toleranz und Hass bleiben in meinem Sein also nur in reduzierter Form, sozusagen in der Ausgangsform vorhanden. Ausgangsformen können aber bei späterem Bedarf (durch veränderte Lebensumstände, div. Einschnitte, traumatische Erlebnisse, man bekommt jetzt Toleranz und Hass vorgelebt, etc.) aktiviert und weiter ausgebildet werden - ob und wie viel von Toleranz und Hass bei späterem Bedarf, aktiviert und ausgebildet werden, ist aber außerdem wesentlich abhängig von der dann bereits im Sein vorhandenen Stabilität, Charakterfestigkeit oder/und Bereitschaft, Fähigkeit, Flexibilität!

Mein Sein ist also ein Ganzes, das sich nicht in Körper und Geist trennen lässt! Mein gesamtes Handeln etc. sowie das, was mit mir passiert, beeinflusst mein Sein, aber nie nur das Körperliche und nie nur das Geistige, sondern immer mein ganzes Sein!

Allerdings ist das Sein hochkomplex und das Sein kann auch an sich selbst leiden. Weil das Sein insbesondere als Kind (wo das Rahmenprogramm des Seins erst gebildet wird), seine Umwelt einfach nachahmt bzw. übernimmt, ohne die Möglichkeit zu haben, eine Auswahl durch entsprechende Bewertung (die auch vom Sein erst erlernt werden muss) zu treffen bzw. in „gut" oder „schlecht" unterscheiden zu können. Das Sein kann also nicht selbst bestimmen, wie es sein will! Es ist - wie es ist - und es muss primär mit sich selbst klarkommen!

Was das Sein will bzw. die Funktionsweise unseres Seins.

Man will seine ganz persönliche, individuelle Art und Weise des Seins - die man vorgelebt bekommen hat (Umwelt) bzw. erlernt hat (durch Nachahmung) - zusammen mit dem, was daraus in unserem Sein entstanden ist, nun wiederum selbst seiner Umwelt zurückspiegeln bzw. vorleben. Dies als Teil der eigenen Selbstverwirklichung. Man lebt also sein eigenes gewachsenes und gewordenes Sein und damit das eigene Repertoire seiner Umwelt vor. Und man will dieses individuelle Repertoire/Sein im Weiteren auch von der Umwelt berücksichtigt, akzeptiert und gewürdigt sehen/wissen, um sich selbst als erfolgreich etc. zu empfinden.

Findet eine Akzeptanz und Würdigung meines individuellen Repertoire/Seins durch meine Umwelt (z. B. Freunde) nicht statt, dann leide ich und im weiteren führt dies zur Frustration meines Seins. Mein Sein versucht dann, durch entsprechende Strategien gegenzusteuern. Ob diese Strategien erfolgreich sind, ist aber auch wiederum stark davon abhängig, was für Strategien ich von meiner Umwelt vorgelebt bekommen habe bzw. erlernt habe.

Dass man auf andere die eigene Frustration, Hass etc. projizieren will, bzw. andere unbedingt daran teilhaben lassen will bzw. damit konfrontieren will, liegt primär nicht daran, dass man sich selbst nicht liebt, weil man selbst nie geliebt wurde (das kommt als weiteres u.U. erschwerend hinzu), oder dergleichen. Es liegt primär daran, dass alle verinnerlichten/erlernten Dinge einfach ein Bestandteil/Wesenszug des eigenen Seins sind (genau wie z. B. Empathie, Toleranz) und sich das Sein selbstverwirklichen bzw. ausleben will!

Dies gilt grundsätzlich für all unser Denken und Handeln, gegenüber uns selbst und gegenüber unserer Umwelt. Alles ist einfach Teil unseres Seins - unabhängig von einer Wertung - also egal, ob es sich um Dinge handelt, die wir als Hass oder Liebe werten. Unser Sein versucht lediglich sich selbst zu festigen, sich selbst zu verwirklichen, sich selbst stimmig zu halten und mit sich selbst in Einklang zu sein. Alles was mein Sein tut, ist für meine Sein wichtig und richtig, es tut es weil es erforderlich ist. Es bedarf keiner Rechtfertigung, es ist Selbsterhaltung/Selbstverwirklichung!

Auf der tiefen Ebene meines Seins gibt es deshalb auch kein Gut und Böse, es gibt nur den Willen sich selbst zu erhalten und zu stärken! Das ist auch der Grund warum Hass, Intoleranz etc. individuell (von mir selbst) nicht als Probleme empfunden werden (bzw. nicht als Hass, Intoleranz etc. wahrgenommen/empfunden werden), da meine Sein nur sich Selbst im Blick hat und mein Sein wichtiger ist als jede Wertung!

Das oberste Prinzip des Seins.
Unser Sein funktioniert immer gleich. Welche Dinge/Sachverhalte als solche vom Sein behandelt werden (bzw. womit sich unser Sein beschäftigt), ist dem Sein selbst egal! Also ob sich das Sein z. B. mit Liebe oder Hass auseinandersetzt. Alles wird im Sein behandelt, wobei von unserem Sein ganz selbstständig und selbstverständlich, auf Basis seines aktuellen Zustandes z. B. bewertet, zurechtgebogen, angepasst, verdreht, eingeordnet, umdefiniert, verdrängt, umgeformt und manipuliert wird. Alle Dinge und jeder Sachverhalt, wird dabei dem obersten Prinzip des Seins untergeordnet, bzw. alles in unserem Sein findet nur auf Basis des obersten Prinzips des Seins statt!

Oberstes Prinzip des Seins:
Bedingungslose Selbst-Konsistenz ohne Rücksicht auf Verluste!

Dieses oberste Prinzip verhindert, dass sich unser Sein selbst widerspricht – damit wird also sozusagen ein zweites Sein im Sein verhindert! Ein Sein, in dem ein Widerspruch entsteht, würde im selben Augenblick der Entstehung dieses Widerspruches (Inkonsistenz) aufhören zu existieren! Die Entstehung einer Seins-Inkonsistenz muss also unter allen Umständen vom Sein vermieden werden! Das ist der Grund für scheinbar unlogische, unsinnige sich scheinbar widersprechende Denkweisen und Ansichten, die unser Sein in Folge als Ergebnis produziert. Diese Bewertung als unlogisch, unsinnig etc. ergibt sich insbesondere erst bei einer Betrachtung von Außen, wenn also z. B. eine andere Person (und damit ein anderes Sein) die Ergebnisse meines Seins betrachtet und bewertet! Der Überlebenswille meines Seins geht sogar soweit, dass es vorzieht mit der Umwelt im Krieg zu sein, anstatt sich selbst zu widersprechen, anstatt sich selbst zu gefährden etc. Das oberste Prinzip der Selbst-Konsistenz ist Bestandteil der Eigendynamik bzw. des Wesens unseres Seins!

Eine alte Frage lautet: Bin nun ich verrückt, oder sind alle anderen auf der Welt verrückt? Diese Frage wird das Sein vorzugsweise damit beantworten, dass ich OK bin aber, dass alle anderen verrückt sind. Nach reiflicher Überlegung hat sich mein Sein aber letztlich zu folgender Antwort entschlossen: Wir sind alle Verrückte unter Verrückten! Wobei es zwei Arten von Verrückten gibt: Erstens harmlose Verrückte wie mich, bzw. wozu ich mich selbst gerne zähle, zweitens gefährliche Verrückte, die sich übergriffig, destruktiv oder/und fanatisch gegenüber anderen verhalten bzw. deren Handeln in seiner Wirkung destruktiv ist!

Das Ich als Kommunikations-Plattform.

Unser Gehirn bzw. mein Selbst/Sein ist fast ausschließlich mit sich selbst beschäftigt, um sich selbst im „Gleichgewicht" (am Funktionieren) zu halten. Die Verarbeitung von Sinneswahrnehmungen und die entsprechende Integration/Reaktion etc. laufen automatisch „nebenher". Auch die Selbstbeschäftigung unseres Gehirns/Seins läuft fast ausschließlich neben her bzw. automatisch, in tieferen Schichten (Limbisches System) unseres Seins.

Das, was mir bewusst wird, sind „nur" die Ergebnisse, Erkenntnisse, Schlussfolgerungen, Schlüsse und Bewertungen (weil ich das zum ggf. schnellen Handeln benötige), die jenseits meines Willens bereits in tieferen Schichten meines Seins beschlossene Sache sind. Das, was ich als mein Ich wahrnehme, ist nur die Oberfläche meines eigentlichen/gesamtem Seins. Diese Oberfläche bzw. mein Ich, ist eine aus der ganzen Tiefe meines Seins generierte Kommunikations-Plattform, die mir ermöglicht zu handeln/kommunizieren bzw. im Dialog zu sein. Diese Kommunikations-Oberfläche/Plattform (also mein Ich) ermöglicht „nur" Informationen bewusst zu machen, bzw. Informationen bewusst werden zu lassen, um handeln zu können.

Die Oberfläche/Plattform, also mein Ich, hat die Aufgabe Äußeres (jenseits meines Körpers Befindliches) nach Innen zu bringen und Inneres (von meinem Sein/Körper Erzeugtes) nach außen zu bringen. So gesehen ist mein Ich „nur" eine Kommunikations-Plattform, die einfach nur als Mittler zwischen mir und meiner Umwelt funktioniert/dient bzw. da ist. Die Verarbeitung dessen, was über die Plattform nach Innen gelangt erfolgt durch mein tiefes Sein, jenseits meines Willens. Ergebnisse der Verarbeitung erhält die Plattform bzw. mein Ich (es werden mir Dinge bewusst) um diese (als Reaktion/Handlung) nach außen zu bringen bzw. oder/und zuerst mir selbst bewusst (in meinem Ich) werden zu lassen.

Für das Ich als Kommunikationsplattform, ist jeglicher Erinnerungsvorgang ein gutes Beispiel. Wenn ich mich an einen Namen erinnern möchte („Auftrag" an das Gedächtnis) dann erinnert sich mein Gedächtnis auf Anfrage (dadurch dass ich z. B. einen Bekannten sehe) an den Namen dieser Person. Dieser Name wird mir dann bewusst zur Verfügung gestellt in meinem Ich, in einer Form, die mein Ich versteht, nachdem es zuvor vom Sein entsprechend aufbereitet wurde. Dies gilt auch für Teilergebnisse etc. auf der Suche nach diesem Namen.

Mein Ich (mein bewusstes Ich) ist also keineswegs mein komplettes Sein, sondern nur ein Teil davon, nämlich die/eine Kommunikations-Plattform/Oberfläche. Die Oberfläche, mein Ich, ist dem Wesen bzw. der Funktion nach, neutral. Dinge die mir in meinem Ich bewusst werden, also für mein Ich damit greifbar/ausdrückbar werden (noch bevor ich handle), sind Dinge die eine Kommunikation des Ich mit dem Ich darstellen (z. B. Gedankenspiele). Hier kommuniziere ich auf Basis meines Seins, mit mir selbst, also von Ich zu Ich. Es handelt sich hierbei statt einer Wahrnehmung (der Sinne) die von außen kommt, um eine Wahrnehmung (im Sein) die von innen kommt. Die Plattform, das Ich ist also auch entscheidend (ermöglicht diese überhaupt) zur Selbstwahrnehmung/Selbsterkenntnis bzw. zum Umgang mit sich selbst. Beide Arten der Wahrnehmung werden vom Ich (ursprungs-neutral) in mein inneres Sein gebracht, um dort „verarbeitet" zu werden.

So wird z. B. Selbst-Wahrnehmung, Selbst-Kontrolle, Selbst-Reflexion möglich. Mein Ich will also z. B. nicht irgendwelche Dinge, sondern es kommuniziert nur dieses Wollen oder nicht Wollen, das aus meinem Sein kommt bzw. im Sein seinen Ursprung hat, mit mir selbst und meiner Umwelt.

Der Ort meines Wollens sind die tiefen Schichten meines Seins. Hier wird etwas ohne Beeinflussung durch mein Ich entschieden und anschließend meinem Ich „als Ergebnis" übergeben/präsentiert. Dies geschieht permanent im rasanten/ständigen Dialog meines gesamten Seins mit sich selbst.

Unser Ich bzw. Ich-Bewusstsein ist ein zusätzlicher Sinn.
Unser Ich ist die Kommunikationsplattform unseres Seins und besonders wichtig für die Selbst/Interne-Kommunikation unseres Seins – also die Kommunikation unseres Seins mit unserem Sein! Dabei stellt das Ich bzw. Ich-Bewusstsein einen zusätzlichen Sinn dar bzw. funktioniert wie ein solcher.

Wie z. B. durch das Auge ein Sinneseindruck in unser Sein gelangt, genauso gelangt eine Erkenntnis (Idee, Gedanke, Inspiration etc.) welche ursprünglich bereits latent in unserem Sein vorlag (wie ein „Päckchen") und zur Bewusstwerdung („öffnen des Päckchens") an unser Ich geschickt wurde, wiederum über unser Ich (das hier quasi als „Auge" fungiert) das „sieht"/erkennt bzw. dem dieses bewusst wird, wieder zurück (wie durch einen Spiegel) in unser Sein und löst damit hier wieder weiteres Nachdenken aus, bzw. das Spiel beginnt von neuem.

Diese permanente Spiegelung/Reflexion von Erkenntnissen (Gedanken, Ideen etc.) unseres Seins über eine Bewusstwerdung durch unser Ich als ständige Wechselwirkung bzw. ständigen Dialog zwischen dem tieferen Sein und dem Ich-Sinn/Bewusstsein, ist elementar wichtig bzw. unerlässlich und notwendig, damit Erkenntnisse (Gedanken, Ideen etc.) als solche erkannt (bewusst werden) und wiederum neu bewertet und damit vom Sein weiterentwickelt werden können - zu neuen Erkenntnissen etc.. Siehe hierzu auch weitere Einzelheiten in Kapitel A1 Erkenntnisfähigkeit.

Unser Sein wird definiert auf Basis von Anschauungen (Empirismus) und Überlegungen (Rationalismus). Durch Interpretieren, Bewerten/Urteilen (Zustimmung und Ablehnung) entsteht ein individuelles Wertesystem. Da unser Sein so speziell ist, erfolgt dadurch automatisch (bzw. ergibt sich daraus) eine Abgrenzung zu anderen. Ohne die Individualität des Seins, gäbe es die Abgrenzung zu anderen und die anderen nicht.

Vollkommenheit.
Es gibt kein vollkommenes Individuum, alle sind wir perfekt im Unperfekt sein. Also nicht vollkommen, aber doch perfekt, auch wenn es „nur" im Unperfekt sein ist? Was versteht man unter vollkommen, perfekt oder unperfekt? Wer entscheidet wer/was vollkommen ist oder wer/was unvollkommen ist? Ich entscheide ganz egoistisch und subjektiv! Zum Thema Vollkommenheit folgt hier als Antwort und zum besseren Verständnis eine Begriffsklärung. **Die Seins-Vollkommenheit: Wir alle (hier und jetzt) sind, alles Leben ist, ja das ganze Universum ist vollkommen bzw. perfekt! Alles ist vollkommen/perfekt, ohne Ausnahme und ohne wenn und aber!** Z.B. können wir nicht anders als Mensch zu sein, also sind wir immer vollkommen Mensch bzw. vollkommene Menschen. Ganz unabhängig/frei von einer Wertung dessen, was wir denken, tun oder dessen, wer wir sind etc.! Ein Mensch kann nur im Rahmen des Mensch-Seins handeln und dies immer zu 100%. Ein Sein z. B. zu 80% als Mensch und zu 20% als Vogel oder Schaf ist nicht möglich, also ist unser Sein und Handeln immer 100% vollkommen menschlich! Dieses vollkommene Mensch-Sein besagt/bedeutet im Umkehrschluss auch, dass wir ganz und gar vollkommen/vollständig Mensch sind und vollkommene Menschen sind! Dies gilt für alles Leben etc.!

Die Wertungs-Vollkommenheit:
Eine Vollkommenheit, die ein Idealbild von uns selbst in Bezug auf einzelne Dinge, sowie in Bezug auf unsere gesamte Existenz als Einzelne oder/und Gemeinschaft bedeutet/meint – dass keinerlei Rest zur weiteren Verbesserung bzw. Vervollkommnung bleibt – bedeutet aber etwas ganz anderes! Dieses Verständnis bzw. diese Art der Vollkommenheit ist Bestandteil der Wertungs/Bewertungs-Ebene und somit u. a. rein subjektiv und relativ, wobei es dabei z. B. auf wandelbare gesellschaftliche Normen und Denkgewohnheiten ankommt. Wenn ich z. B. etwas als vollkommen empfinde, dann meine ich es wirklich so, auch wenn dieses Empfinden vollkommen subjektiv, relativ und in keiner Weise objektiv ist.

Die Wertungs-Vollkommenheit meine ich nicht, wenn ich von Vollkommenheit rede, sondern ich meine Vollkommenheit im Sinne der Seins-Vollkommenheit, wenn ich sage: **Wir alle sind vollkommen, hier und jetzt, ohne Ausnahme, ohne wenn und aber!**

Das Sein als Relativ und Subjektiv.

Unser Sein ist relativ, weil unser Sein subjektiv (weil wir Individuen sind) und nicht objektiv ist. Das ist die Relativität des Seins. Mein eigenes Sein als relativ zu erkennen und alle anderen Sein"s als absolut gleich und gleichwertig zu erkennen, ist eine der größten Herausforderungen unseres Seins. Warum bin ich, wie ich bin? Es stellen sich Fragen wie z. B.: Wie verlief mein Leben? Welche Dinge sind u. a. in meiner Kindheit passiert, die nicht hätten passieren dürfen und welche Dinge sind nicht passiert, die hätten passieren sollen!? Welche meiner Anlagen wurden gefördert, welche unterdrückt? Was für ein Mensch sollte/durfte/konnte ich werden (aus Sicht der Gesellschaft)? Welcher Mensch wollte ich werden/sein (aus meiner Sicht, Wünsche), und welcher Mensch bin ich letztendlich geworden!?

Ich bin nicht absichtlich (in der Regel) respektlos oder rücksichtslos, sondern ich habe es (durch Sozialisierung, meine Umwelt) gelernt/erlernt/abgeschaut als Kind. Empathie wurde mir „nie" vorgelebt. Ich spule mein erlerntes Programm/Muster ab. Dass es auch anders geht, entzieht sich nicht nur meinem Handeln sondern auch meiner Wahrnehmung (ich finde mein Handeln OK). Dass ich so bin, wie ich bin (und so handle) ist meine Natur (ich kann „nicht" anders), weil ich so bin, wie ich bin. Ich bzw. mein Sein kann aber lernen und mein Verhalten/Handeln ändern (wenn mein Sein bereits grundsätzlich in diese Richtung konditioniert ist etc.) – nicht grundlegend und nicht ohne Willen, nur wenn mein Sein es wirklich kann/will (bzw. individuell dazu ausgelegt ist) und nach entsprechend langem Lernprozess. Eine Verhaltens-Änderung ist also grundsätzlich ein vielschichtiger/langer Prozess, der meist nur zusammen mit einer vorherigen Umgebung´s/Umfeld-Änderung, überhaupt erst Erfolgsaussichten haben kann! Selbst wenn wir in unserem aktuellen Umfeld leiden, sind wir oft nicht in der Lage uns selbstständig aus diesem Leid zu lösen. Wir verharren in unserem Sein, suchen sogar Gründe, warum ein Lösen aus der „Umklammerung" nicht möglich ist – fixiert/"gefangen" in der aktuellen Situation, mein Sein kann nicht anders! Gute Ratschläge und Schuldzuweisungen von Außenstehenden erreichen nur das Gegenteil! Alles ist in unserem Sein begründet – alles in unser Mensch-Sein ist da (bzw. macht „Sinn"), weil es sich per Evolution über viele Generationen so herausgebildet hat! Alles in unserem Mensch-Sein (auch das Verharren) hat das Potential sowohl Konstruktive als auch destruktive Wirkungen in einer spezifischen Umwelt oder/und in einem spezifischen Individuum oder/und unter spezifischen Umständen/Bedingungen, zu entfalten!

Körper und Geist sind eins.

Manchmal wird unser Sein als getrennt in Körper und Geist (und ggf. Ich, Seele etc.) betrachtet. Dies ist z. B. zur Abgrenzung von körperlichen oder geistig/seelischen Befindlichkeiten/Erkrankungen etc. sinnvoll, um Dinge spezifischer benennen zu können. Körper und Geist (etc.?) sind aber eins und getrennt voneinander, zumindest in der vorliegenden Form unserer Existenz, nicht denkbar. Ein Individuum ist ein spezifischer/individueller Organismus. Genauso wenig wie das Herz ohne Lunge funktioniert bzw. sein kann, genauso wenig kann der individuelle Geist ohne Körper sein. Körper und Geist stehen in ständigem wechselseitigen Kontakt/Dialog, prägen und beeinflussen einander wechselseitig, permanent und unmittelbar, so sehr, bzw. sind so sehr miteinander verwoben, dass sie als ein Organismus zu sehen sind. Körper und Geist (etc.?) sind im Prinzip zwei Namen (aus verschiedenen Blickwinkeln) für das Gleiche, man kann sie nicht trennen, man kann nicht sagen wo das eine anfängt und das andere aufhört etc.! Körper und Geist (etc. ?) sind eine Einheit (auf Gedeih und Verderb) und das ist unser Sein. **Unser Sein ist ein Ganzes!** Der Geist steht/wurzelt im körperlichen bzw. es handelt sich um biologische/körperliche Vorgänge, die als Geist etc. bezeichnet/empfunden werden. Nur im Bereich spezifischer Begrifflichkeiten (wie bereits erwähnt) kann die Trennung zu begrifflicher/oberflächlicher Abgrenzung verwendet werden. Deshalb verwende ich, um dies zu verdeutlichen statt Körper und Geist (etc.?) den Begriff Sein! Jeder Mensch ist ein individueller Teil des Lebens als solches. Körper und Geist sind genauso wenig von einander getrennt bzw. unabhängig, wie Mensch und Natur, bzw. eine Vorstellung von seiner solchen Trennung. Der Mensch ist primär und grundsätzlich nicht getrennt von der Natur, sondern als Mensch eins mit dieser, bzw. er selbst ist Natur (biologische Körperlichkeit wie alles Leben, also keine Sonderstellung) als spezifische Person, als individuelles Sein!

All unser Wollen und Handeln passiert nur, weil es für unser Sein als sinnvoll (notwendig, wichtig usw.) eingestuft wird! Somit ist sinnloses Wollen und Handeln für unser Sein bzw. für uns nicht möglich!

Fazit: Mein Ich ist „nur" eine Kommunikations-Plattform/Oberfläche um Eindrücke von außen wahrzunehmen und Reaktionen/Erkenntnisse/etc. von innen (meinem tiefen Sein) in mein Ich zu bringen (und damit „mir" bewusst werden zu lassen) um handeln zu können. Mein Sein beinhaltet das Ich und erstreckt sich aber zusätzlich auf die tieferen (unbewussten) Schichten (Limbisches System etc.) meines Gehirns. Mein Sein umfasst also meine komplette Existenz, während mein Ich „nur" eine Kommunikations-Plattform darstellt.

Ich bin der, der ich bin - ich habe mir das nicht ausgesucht - mich hat keiner gefragt - ich hatte keinen Einfluss darauf! Und ich muss mich nicht dafür entschuldigen, oder Rechenschaft darüber ablegen, wer ich bin oder warum ich bin, wie ich bin. Ich bin ein natürlicher Organismus, der ganzheitlich als solcher zu sehen/verstehen ist und nicht als getrennt von der Natur (ohne Sonderstellung!) zu sehen/verstehen ist.

Außerdem sind wir alle vollkommen (siehe Seins-Vollkommenheit) - hier und jetzt, ohne Ausnahme, ohne wenn und aber! Ein Trennung meines Seins in Körper, Geist (etc.?) widerspricht ebenfalls dieser ganzheitlichen Sicht und ist in Betracht der gegenseitigen Bedingtheit von Körper und Geist unzweckmäßig. Alles Wollen und Handeln passiert nur aufgrund dessen, dass es für unser Sein als sinnvoll erachtet wird – sinnloses Wollen etc., ist uns deshalb grundsätzlich nicht möglich!

A3c. Egoismus.

Wir sind soziale Wesen, deren Handeln auf das Erreichen einer für das jeweilige Individuum zufriedenstellenden/angestrebten Position/Stellung (Ansehen, Respekt, Erfolg, Macht etc.) innerhalb von sozialen Gruppen bzw. der Gesellschaft, ausgerichtet ist. Das ist Teil der Selbstverwirklichung!

Sinn und Zweck und Funktionsweise von Egoismus.

Das Erreichen einer möglichst hohen Stellung innerhalb einer Gruppe, ist Grundvoraussetzung zur Ermöglichung bzw. zum Erreichen nachfolgender Ziele, auch wenn uns dies nicht immer bewusst sein mag.

Durch eine höhere Stellung erreiche ich z. B. die Ziele: Mehr Macht, mehr Attraktivität, Vorrang bei der Partnerfindung und Vermehrung, mehr Sicherheit für meine Nachkommen, mehr Wohlstand für die Familie und vieles mehr.

Hat man eine Stellung einmal erreicht, wird man diese absichern und ggf. mit „allen Mitteln" gegen Konkurrenz verteidigen. Das geht in der rücksichtslosen Variante sogar so weit, dass man alles um sich herum unterdrückt, selbst die Ärmsten der Armen - auch wenn diese keine Konkurrenz sind. Alles wird unterdrückt, denn da könnte ja in Zukunft irgendwas als Konkurrenz heranwachsen.

Biologischer Zweck des Egoismus (bzw. was uns unbewusst antreibt bzw. dazu treibt) ist es, ganz grundsätzlich, überhaupt erst einmal Sein zu können, sich selbst durchzusetzen, Erfolg zu haben, sich selbst zu verwirklichen und damit verbunden, bzw. mit dem Ziel, der möglichst vorrangigen Weitergabe, speziell der eigenen Gene/Erbinformationen usw.!

Es gibt kein Wollen und kein Handeln, das nicht egoistisch ist, alles erfolgt aus eigenen Antrieb, also aus egoistischem Antrieb. Wir können uns von unserem Sein nicht lösen. Dieses Sein bestimmt unser Handeln. Auch ein noch so selbstloses Handeln, oder selbstlos handeln zu wollen, ist egoistisch! Denn wir handeln „selbstlos", weil wir uns letztlich besser/gut dabei fühlen, bzw. dieses wollen, bzw. weil wir uns schlecht fühlen wenn wir es nicht machen, bzw. wir dabei unserem Sein treu bleiben, bzw. unser Sein es für sinnvoll hält, bzw. wir unser Sein stärken, anstatt unserem Sein zu widersprechen. Egoismus ist also nichts Schlechtes. Erst wenn zum Egoismus noch die Rücksichtslosigkeit dazukommt, wird es kritisch. So ist also im allgemeinen Sprachgebrauch selbstloses Handeln (Altruismus), lediglich als egoistisches Handeln, welches NICHT rücksichtslos ist, zu verstehen.

Alles Handeln (und Nicht Handeln) ist egoistisch. So betrachtet ist der Altruismus nur/lediglich die Beschreibung/Definition einer bestimmten Art (uneigennütziges, selbstloses und rücksichtsvolles Handeln) von Egoismus. Altruismus ist nur eine Beschreibung/Definition, die bestimmte Verhaltensmuster bewertet/feststellt und diese in einem Begriff zusammenfasst bzw. diesem Verhalten einfach nur einen Namen gibt. Ein Handeln ohne Nutzen für mich (z. B. es tut mir gut, so zu handeln, ich fühle mich schlecht, wenn ich anders handle) und losgelöst von meinem Selbst/Sein, also „selbst-los", gibt es nicht. Zumal hinter meinem Handeln, ja mein Wille/Wollen steht (wobei es zwar einen eigenen Willen gibt, aber dieser Wille ist nicht frei – siehe auch entsprechendes Kapitel), ganz unabhängig davon, ob ich mich nun rücksichtslos oder rücksichtsvoll verhalte. Der Egoismus beinhaltet also den Altruismus. Altruismus ist ein Teil bzw. eine Seite/Facette/Form des Egoismus!

Fazit: Alles Handeln und Nicht Handeln ist egoistisch und dient damit nur dem eigenen Sein, bzw. nur dem eigenen Wohlbefinden. Man kann also sagen: Alles/Jegliches Handeln ist eitel, dient der eigenen Eitelkeit. Alles Handeln ist reiner „Selbstzweck" (man tut es für sich selbst), um das eigene Sein zu ermöglichen etc. und zur Selbstverwirklichung!

A3d. Opportunismus.

Opportunismus ist (laut Wikipedia verkürzt wiedergegeben) die Anpassung an die jeweilige Situation bzw. Lage!

Hierzu passt auch ein Zitat des italienischen Malers und Schriftstellers Carlo Manzoni. „Opportunismus ist die Kunst, mit dem Wind zu segeln, den andere machen".

Ein Opportunist ist jemand, der den Opportunismus nutzt (also sich anpasst), um Vorteile/Erfolg zu haben, selbst wenn er dabei seinen eigenen Wertvorstellungen und Weltanschauungen wieder spricht! Opportunistisch sein, bedeutet zu handeln wie ein Opportunist!

Opportunismus und insbesondere die Begriffe, Opportunist und opportunistisch, sind und werden mit moralischer Wertungen verknüpft – siehe „Vorteile/Erfolg und dabei eigenen Wertvorstellungen, Weltanschauungen „bewusst" widersprechen". Dies soll bedeuten, dass jemand der Opportunist ist oder opportunistisch handelt, wider besserem Wissen (sich selbst widersprechend) also unethisch oder unmoralisch handelt! Dies sehe ich keineswegs so, weil, ganz egal was ich tue, ich handle immer aus Egoismus (ich tue was ich tue, weil es für mich richtig/sinnvoll ist) und welcher Wert in meinem Wertesystem mehr Priorität hat als ein anderer Wert spielt keine Rolle, weil entsprechend meinem Sein, passend und richtig! Bei jeder meiner Entscheidungen findet ganz individuell ein Prüfung statt, was für mich wichtiger ist, als etwas anderes.

So gesehen möchte ich die Begriffe Opportunismus, Opportunist und opportunistisch in dieser Abhandlung ganz OHNE aufgesetzte Wertung und moralischen Zeigefinder etc. gemeint und verstanden sehen!

Opportunismus, erweiterte Definition.

Opportunismus ist die individuelle Anpassung, an die jeweilige Umwelt, wobei bereits vorhandene Möglichkeiten und Ressourcen wahrgenommen, genutzt bzw. integriert werden! Ich muss keine eigenen Ressourcen bauen/erfinden, sondern kann die vorhandenen Ressourcen mitbenutzen. Das hat viele Vorteile in Bezug auf Energieaufwand und Risiko/Erfolgsaussichten. Dabei sind nicht nur die anderen und unsere Umwelt, Möglichkeit und Ressource für uns, sondern wir selbst sind ebenfalls/gleichzeitig Möglichkeit und Ressource für die anderen und unsere Umwelt. Ich verhalte mich nicht nur selbst (unbewusst und bewusst) opportunistisch, sondern mein Sein will auch, dass sich die anderen mir gegenüber opportunistisch verhalten. Dies drückt sich im streben nach Erfolg aus, denn je mehr Erfolg ich habe, um so opportunistischer verhalten sich die anderen mir gegenüber. Der Wille zum Erfolg, basiert auf Opportunismus. Opportunismus hat noch eine weitere Seite. Opportunismus ist vielfach verbunden mit dem oft unbewussten Bedürfnis, als angepasst, gleich, besser, gleichwertig und dazugehörend (nicht als rückständig oder „hinter dem Mond lebend"), von den anderen (Familie, Gruppe etc.) empfunden zu werden! Opportunismus ist vielfach auch mit der Angst verbunden, von den anderen abgehängt zu werden, etc.. Wer also mithalten will und nicht hinter seinen aktuellen Status zurückfallen will, verhält sich opportunistisch, indem er die anderen „kopiert" und wenn möglich dabei auch noch übertrifft (indem man z. B. ein noch teureres Elektro-Fahrrad kauft)! **Opportunismus ist also im Grunde ein anderes Wort für Evolution!** Opportunismus ist eine der Grundlagen unseres Mensch-Seins und damit, von all unserem wollen und handeln - Opportunismus ist „Geist" gewordene Evolution! Für soziale Wesen wie uns Menschen, ist Opportunismus ein wesentlicher Teil unseres Seins, der insbesondere soziale Interaktionen erst möglich macht!

Opportunismus, Gravitation unseres Mensch-Seins.

Opportunismus ist eine vielgestaltige und vielfach verwobene Kraft, die bei uns (als soziale Wesen) in vielfacher Hinsicht, für gegenseitige Anziehung und Bindung sorgt! Opportunismus ist die Gravitation unseres Seins, Opportunismus ist das, was uns „auf Gedeih und Verderb" zusammenhält! Oder anders ausgerückt, wie in einem Songtext (Gruppe: Cheap Trick von 1979) "ich brauche dich, damit du mich brauchst, ich liebe dich damit du mich liebst, ...". Gebraucht und geliebt werden sind Beispiele für Gefühle/Dinge, deren Existenz in unserem Sein erst durch die Grundlage Opportunismus, in der vorliegenden Form, möglich und vorhanden sind!

Ich selbst brauche und liebe also, weil ich selbst gebraucht und geliebt werden will! Opportunismus in meinem persönlichen Sein, beginnt bereits vor meinem ersten Herzschlag und vor meinem ersten Atemzug!

Wenn Opportunismus eine der Grundlagen unseres Mensch-Seins ist, dann sind z. B. die folgende Gefühle/Dinge, durch Opportunismus gekennzeichnet, geprägt, „eingefärbt" und deshalb in der vorliegenden Form in unserem Mensch-Sein so angelegt und so vorhanden, wie es aktuell der Fall ist: Kooperation, Solidarität, Attraktivität, Akzeptanz, Brüderlichkeit, Toleranz, Intoleranz, Gruppendynamik, Fanatismus, Hass, Unterwerfung, Zusammengehörigkeitsgefühl, Ethik, Sexualität, Liebe, Gerechtigkeit, Ungerechtigkeit, Bequemlichkeit, Verrat. Ohne Opportunismus sind z. B. diese aufgeführten Dinge, so wie sie sind, nicht möglich/denkbar. Bin ich also z. B. solidarisch gegenüber meiner Gruppe, so bin ich dadurch „automatisch" (bewusst oder unbewusst), bzw. tendenziell unsolidarisch gegenüber einer anderen Gruppe, der ich mich nicht zugehörig fühle! Dies kommt vor, z. B. bei Gruppen wie Familien, Sportvereinen, Landeszugehörigkeiten, Glaubens-Gemeinschaften.

Ich werde in Bezug auf meine Gruppe etc., immer automatisch bzw. unbewusst, besonders/nur die positiven Dinge herausstellen wollen und gleichzeitig in Bezug auf andere Gruppen, kein Problem damit haben negative Dinge hervorzuheben! Ich kann also gleichzeitig je nach Bezugsgröße/Thema etc., solidarisch und unsolidarisch sein. Gruppendynamik zeigt Wirkung. Selbstbeobachtung und Selbstkontrolle sind hier gefragt und wesentlich um nicht zu sehr in Richtung Fanatismus abzugleiten! Wir alle sind also opportunistisch, wir alle nehmen vorhandene Möglichkeiten war – darin sind wir alle gleich! Wir alle sind opportunistisch gegenüber uns selbst (Selbsterhaltung) und opportunistisch gegenüber den anderen und unserer Umwelt – unser Sein ist opportunistisch! Opportunismus ist nicht nur das Feld des „klassischen" Opportunisten. Es bleibt in Bezug auf Opportunismus und damit in Bezug auf meine Handlungen, immer eine Frage - wie weit bin ich, ganz persönlich (subjektive Sichtweise) bereit, in Bezug auf Konsequenzen für mich selbst und andere, zu gehen? Etwas an das ich mich angepasst habe, bzw. etwas das ich brauche werde ich nicht zerstören oder vernichten, weil dies auch mich „vernichtet" würde – außer ich habe eine (bessere) Alternative!?

Wie allerdings der individuelle Opportunismus ausgeprägt ist und ausgelebt wird, ist sehr subjektiv und individuell verschieden. Es kommt auch hierbei sehr darauf an, was wir in Bezug auf Opportunismus bzw. soziale Interaktionen von unserer Umwelt vorgelebt bekommen haben! Dabei reicht der individuelle Opportunismus (mit vielen Übergangsformen und Mischformen) von Fall zu Fall (um was es geht), in etwa von „leben und leben lassen" bis „fressen und gefressen werden"

Opportunismus in der Praxis – Konsum.
Warum kaufe ich z. B. eine Kaffeemaschine, ein Elektro-Fahrrad, einen Elektro-Roller, die neueste Mode, einen Sprache erkennenden Computer für Zuhause, Bitcoins, Aktien oder eine bestimmte Aktie? Warum fühle ich mich gut wenn ich z.B. Lachs und Spargel esse? Wenn man die Leute fragt, die eine Kaffeemaschine etc. kaufen etc., bekommt man meist Antworten wie, „geht schneller, deshalb Zeitersparnis", „dabei kann man gerade viel Geld verdienen", „Elektro-Fahrzeuge sind CO2-Neutral", „Fische etc. sind doch gesund, das weiß doch jeder", „den Film … muss man gesehen haben weil …" oder „das ist zur Zeit angesagt und liegt im Trend!". Die letzte Aussage trifft den eigentlichen, „verborgenen" Grund, warum wir das alles kaufen und konsumieren, noch am besten. Der Grund, warum wir all das tun, ist ganz einfach die Tatsache, dass wir indem wir die anderen kopieren (Gruppe etc. zu denen wir uns zugehörig fühlen und an denen wir uns orientieren), uns selbst weiterhin als im Trend, im Gespräch (als Wissend und Aufgeklärt) und Erfolgreich empfinden/fühlen. Konsum ist gelebter Opportunismus! Wir müssen keine Angst haben, dass uns andere überholen! Durch Konsum (auch Medien) verteidigen wir gewissermaßen unseren aktuellen Status und können ihn im Idealfall sogar ausbauen. Wir fallen nicht hinter die anderen zurück und keiner wird sagen „Mensch du lebst ja hinter dem Mond"! Indem ich die anderen kopiere, zeige ich Leistung (den Grad meiner Leistungsfähigkeit, durch die Menge und Art der Produkte, die ich kaufe und konsumiere) bzw., dass ich das auch kann und ein Gewinner bin und ich bleibe somit erfolgreich und sexy!

Mit Werbung wird unser Konsum mehr und mehr angeheizt. Unsere Konsumgesellschaft hat viele Nebenwirkungen, siehe Konsumzwang (Gefangenschaft statt Freiheit), Konsumbeziehungen (ermögliche mir den Konsum den ich will, damit ich weiß, dass du mich liebst) und Wohlstandverwahrlosung (Konsum statt persönliche Zuwendung), um nur einige zu nennen!

Opportunismus in der Praxis – Gerechtigkeit/Ungerechtigkeit.
Wenn jemand etwas bekommt (Geld oder sonstige Leistungen) insbesondere dann, wenn es „keinen Grund" dafür gibt, es also „unverdient" ist, dann wird das meist – aus Sicht der nicht Beschenkten - als ungerecht empfunden, weil der Beschenkte ja nichts dafür getan hat, bzw. nicht dafür gearbeitet hat. Dieses empfinden von Ungerechtigkeit wird meist dadurch verstärkt, dass man ja selbst etwas getan hat, bzw. gearbeitet hat (opportunistisch ist) und deshalb doch viel mehr Anspruch auf dieses Geschenk habe – das Geschenk wurde quasi mir „weggenommen" und ungerechtfertigt jemand anderem gegeben! Es wäre also aus Sicht der nicht-Beschenkten gerecht, wenn der Beschenkte nichts bekommt, aber dafür bekommen die nicht-Beschenkten etwas! Die Gründe „unverdient", „nichts dafür getan und nicht erarbeitet", „ich selbst habe etwas getan und gearbeitet", weisen auf den eigentlichen tieferliegenden Grund bzw. den Hintergrund für die Empfindung von Gerechtigkeit/Ungerechtigkeit hin. Der Grund ist Opportunismus, bzw. das Empfinden für meinen persönlichen Opportunismus, den ich durch meine „Anwesenheit/Zugehörigkeit", meine tägliche Arbeit und durch mein angepasstes Verhalten, gezeigt/bewiesen habe, nicht entsprechend belohnt, berücksichtigt, respektiert und beachtet zu werden – zumal der Beschenkte seinen Opportunismus erst beweisen muss! Wenn dann jemand anderes etwas UNVERDIENT bekommt, dann empfinde ich mich ungerechtfertigt übergangen und geradezu bestohlen, um mein vorrangiges Recht auf Belohnung! Opportunismus will belohnt werden! Grundsätzlich gilt also, alles was man bekommt, wird durch opportunistisches bzw. angepasstes Verhalten begründet, bzw. muss durch opportunistisches Verhalten „verdient" werden, bzw. es ist ohne opportunistisches Verhalten nahezu „unmöglich" etwas zu bekommen – bekomme ich doch etwas, besteht eine hohe Wahrscheinlichkeit, dass andere dies als ungerecht empfinden!

Opportunismus - Vorteile, Nachteile und Grenzen.
Im Opportunismus wähle und gehe ich den Weg des geringsten Energieaufwandes und des geringsten Wiederstandes. Vorteile: Ich brauche weder eigene Energie noch eigenes Risiko einzugehen. Ich habe dadurch mehr Energie für andere Dinge, ich befinde mich dadurch auf Kurs mit den anderen und meine Erfolg ist zusätzlich durch die anderen bzw. die Gruppe abgesichert und deshalb relativ sicher! Nachteil, aus der Sicht des Opportunisten, wenn er beim Opportunismus sein eigenes Weltbild „verleugnet", also sich quasi selbst widerspricht. Seine individuellen Ansichten, Bedenken und Meinungen, spielen dann „keine" (nur eine untergeordnete) Rolle weil er diese den Vorteilen und dem „höheren" Nutzen seiner Handlungen unterordnet. Das kann zu Problemen führen, z. B. durch Gewissensbisse, Selbstzweifel und Selbst-Entfremdung.

Situationen/Dinge bei den ich beteiligt bin, können sich nachträglich so stark verändern, dass diese absolut nicht mehr mit meinem Weltbild übereinstimmen – etwas anderes ist wichtiger als opportunistisch zu handeln. Ändere ich diese Situationen/Dinge nicht, dann bin ich sozusagen nachträglich und vor mir selbst, zu einem Teil des Problems geworden! Mache ich etwas neues und sehe große Probleme und ich beteilige mich sogar, anstatt etwas dagegen zu tun, dann bin ich von Anfang an ein Teil des Problems! Merke und empfinde ich etwas als falsch in meinem Umfeld (Familie, Arbeitsplatz etc.) bzw. Umwelt, dann sollte ich etwas unternehmen, um eine Änderung herbeizuführen, die diesen Missstand beendet! Aber allein der Versuch (Anregungen, konstruktiver Dialog, Verbesserungsvorschläge etc.) wird bereits Konsequenzen haben, die mich, meine Position und meinen aktuellen Status, gefährden.

Auch Schuldzuweisungen und abschieben von Verantwortung auf andere - egal ob berechtigt oder nicht - ändern noch nichts an der Situation und sind keine Rechtfertigung dafür, so weiterzumachen wie bisher. Erst wenn ich meine eigene Verantwortung für meine Handlungen erkenne, akzeptiere und ernst nehme, um dann entsprechend zu handele, erst dann ändert sich etwas. Will ich also wirklich etwas ändern?

Es muss mir etwas also sehr wichtig sein, damit ich Aufwand, Konsequenzen bzw. Nachteile für mich in kauf nehme! Auch die Solidarisierung mit anderen (Leidensgenossen) bringt nicht automatisch eine eine Lösung, sondern kann sogar zu weiteren negativen Konsequenzen führen. Ich selbst muss also etwas tun, auch wenn ich der erste oder einzige bin. „Egal" ob andere helfen oder nicht, ich selbst muss etwas tun. In unserer Gesellschaft hängt alles mit allem zusammen (Globalisierung, Abhängigkeiten etc.). Versuche ich also etwas zu ändern, dann gerate ich oft von vielen Positionen (Interessengemeinschaften) aus, unter Beschuss. Alltägliche Abhängigkeiten in kleinen und großen Dingen lassen sich nicht nicht einfach auflösen. Alles ist vernetzt und durchdrungen, alles läuft wie ein Uhrwerk. Dies ist so innerhalb von Familien und kleinen oder großen Gruppen, bis hin zu weltweiten Organisationen. Wer will sich mit diesen anlegen, oder diesen sogar entgegenstellen? Leute, Gruppen und Länder mit der Möglichkeit (Geld, Macht und Einfluss) Änderungen herbeizuführen, tun dies ebenfalls aus opportunistischen Gründen (Machterhalt und Ausbau ist „wichtiger" etc.) nicht!

Ich, ganz persönlich bin Gewinner und Verlierer des Opportunismus – dies gilt auch in Bezug auf die Folgen des Opportunismus! Grund hierfür ist, weil ich nicht nur Teil beliebiger Mensch gemachter Systeme bin, sondern weil ich ganz grundsätzlich und elementar eins mit der Umwelt und dem gesamten Planeten Erde bin! Ganz egal was auch immer passiert und wie ich handle, ich bin immer betroffen – egal ob direkt (sofort) oder indirekt (in der Zukunft)! Ich habe immer Vorteile und Nachteile. Sich entziehen bzw. heraushalten geht nicht, einfach aufgrund meiner Existenz/Anwesenheit, als solches. Es bleibt also nur Schadenbegrenzung durch mein handeln (incl. nicht handeln)!?

Fazit: Opportunismus ist Anpassung an meine Umwelt – ganz ohne aufgesetzte Wertung und moralischen Zeigefinger etc.! Wie bei all unserem handeln, geht es auch bei Opportunismus etc. lediglich um eine Abwägung, inwieweit eine Handlung für mich/uns OK ist oder nicht. Opportunismus ist die individuelle Anpassung, an die jeweilige Umwelt, wobei bereits vorhandene Möglichkeiten und Ressourcen wahrgenommen, genutzt bzw. integriert werden! Ich muss keine eigenen Ressourcen bauen/erfinden, sondern kann die vorhandenen Ressourcen mitbenutzen. Das hat viele Vorteile! Opportunismus hat aber auch Nachteile und Grenzen.

Opportunismus ist die Gravitation unseres Mensch-Seins. Opportunismus hält uns zusammen. Wir brauchen und lieben die anderen, um selbst gebraucht und geliebt zu werden. Opportunismus ist eine der Grundlagen unseres Mensch-Seins, so sind z. B. die folgende Gefühle/Dinge, durch Opportunismus gekennzeichnet, geprägt, „eingefärbt" und deshalb in der vorliegenden Form in unserem Mensch-Sein so angelegt und so vorhanden, wie es aktuell der Fall ist: Kooperation, Solidarität, Attraktivität, Akzeptanz, Brüderlichkeit, Toleranz, Intoleranz, Gruppendynamik, Fanatismus, Hass, Unterwerfung, Zusammengehörigkeitsgefühl, Ethik, Sexualität, Liebe, Gerechtigkeit, Ungerechtigkeit, Bequemlichkeit, Verrat. Ohne Opportunismus sind z. B. diese aufgeführten Dinge, so wie sie sind, nicht möglich/denkbar. Opportunismus ist also das, was uns zusammenhält und aneinander bindet – Opportunismus ist die Gravitation unseres Seins!

Der Grund für Konsum bzw., der Grund, warum wir konsumieren, ist ganz einfach die Tatsache, dass wir indem wir die anderen kopieren (Gruppe etc. zu denen wir uns zugehörig fühlen und an denen wir uns orientieren), uns selbst weiterhin als im Trend, im Gespräch (als Wissend und Aufgeklärt) und Erfolgreich empfinden/fühlen. Konsum ist gelebter Opportunismus!

Opportunismus will belohnt werden. Verhalte ich mich opportunistisch und bekomme etwas (als Belohnung) dann empfinde ich das meistens als gerecht, bekommt jemand etwas, der sich meiner Meinung nach nicht opportunistisch verhält (z. B. nicht dazugehört etc.), dann empfinde ich das eher als Ungerecht! Grundsätzlich gilt, alles was man bekommt, wird durch opportunistisches bzw. angepasstes Verhalten begründet, bzw. muss durch opportunistisches Verhalten „verdient" werden, bzw. es ist ohne opportunistisches Verhalten nahezu „unmöglich" etwas zu bekommen – bekomme ich doch etwas, besteht eine hohe Wahrscheinlichkeit, dass andere dies als ungerecht empfinden!

A3e. Erfolg.

Erfolgreich sein wollen bzw. Erfolg haben wollen, - das Streben nach Erfolg - ganz egal auf welchem Bereich (in kleinen, alltäglichen Dingen und in großen Dingen, Geld/Aktien, Arbeit, Kunst, Liebe etc.), das ist sehr wichtig für uns und bestimmt unser Wollen und Handeln! Es ist der Wille zum Erfolg der uns antreibt – das streben nach Erfolg! Warum ist das so? Auf einem Bereich bzw. mit etwas Erfolg zu haben, gibt uns das Gefühl etwas gutes/sinnvolles zu tun – mit diesem Gefühl belohne ich mich selbst wenn mir etwas gelingt, ich also mit etwas Erfolg habe. Hat mein handeln Erfolg, aus der Sicht meines eigenen Seins, in der Selbstbetrachtung, dann belohne ich mich selbst damit, dass ich mein handeln als Gut, Richtig und Sinnvoll empfinde. Andererseits, wenn ich mein handeln als gut, richtig und sinnvoll (egal ob das jeweilige handeln erfolgreich ist bzw., ich damit Erfolg habe oder nicht) empfinde, dann empfinde ich mich selbst als Erfolgreich! Mein Selbstbelohnungssystem funktioniert also in zwei Richtungen – Erfolg wird belohnt mit dem empfinden von Sinn und Sinn wird belohnt mit dem empfinden von Erfolg! Auf jeden Fall wird mein Selbstwertgefühl gesteigert! Habe ich Erfolg bedeutet dies, dass mein Empfinden mich selbst verwirklichen zu können hoch ist. Dies gilt auch umgekehrt. Funktioniert meine Selbstverwirklichung, dann empfinde ich mich als erfolgreich. Erfolg, Sinn und Selbstverwirklichung sind eng miteinander verflochten und sind in permanenter Wechselwirkung und Bedingtheit! Mein Selbstbelohnungssystem funktioniert noch besser und mein Selbstwertgefühl lässt sich noch weiter steigern, wenn auch die anderen auf meine handeln entsprechend reagieren (Anerkennung, Belohnung, opportunistisches Verhalten mir gegenüber) und es damit zu einem noch größeren Erfolg für mich machen. Auch der Umfang/Grad in dem ich mich selbst verwirklichen kann bzw., ob ich mein Sein verwirklichen kann, hat Wechselwirkungen damit, ob ich mich als erfolgreich bzw. als Gewinner oder als „Verlierer" sehe/empfinde (siehe B16 Sinn: Sinn, Selbstverwirklichung, Erfolg und Zufriedenheit – Zusammenhänge).

Erfolg wird zum Sinn unserer Existenz – Erfolg als Synonym für Sinn und als Weg ins „Glück"! Egal was ich tue, solange ich nur damit erfolgreich bin, oder ich das Gefühl habe etwas sinnvolles zu tun, dann geht es mir gut. Wichtiger als das womit ich Erfolg habe, ist also das was Erfolg für mich bzw. mein ganzes Leben bedeutet/bewirkt – Erfolg bewirkt dass es mir gut geht! Will ich also, dass es mir gut geht, dann muss ich Erfolg (in kleinen oder/und großen Dingen) haben. Dass es mir gut geht erkenne ich z. B. an folgenden Dingen – positive Rückmeldung von mir Selbst an mich Selbst - positive Rückmeldungen von anderen - ich wirke anziehend auf andere - ich bin bekannt und werde gefragt – Zufriedenheit - ich bin glücklich – Aufmerksamkeit der anderen – Anerkennung durch andere - Wohlstand (Establishment) - Attraktivität und mehr Auswahl bei potenziellen geschäftlichen und privaten Kontakten - mehr Chancen und vieles mehr - dies alles bedeutet, bewirkt und beinhaltet Erfolg!

Wir alle wollen unser Leben als erfolgreich/gelungen empfinden, bzw. es als Erfolg sehen. Das schafft/bewirkt in uns ein Gefühl von Zufriedenheit. Da wir Individuen sind, definieren wir Erfolg - was er für uns beinhaltet, ausmacht und wie wir Erfolg leben - ganz individuell! Es kommt auch hierbei darauf an, was ich von meiner Umwelt vorgelebt bekommen habe. Ganz individuell verschieden ist, ob und wie sehr man Erfolg mit Sinn oder/und Glück verknüpft etc.! Ganz individuell unterschiedlich ist, wie sehr wir das Bedürfnis haben anderen unsere Erfolge mitzuteilen. Ganz individuell unterschiedlich ist auch der Grad, in dem wir unseren Erfolg von den positiven/negativen Rückmeldungen bzw. der Beachtung durch die anderen, bzw. unserer Umwelt, abhängig machen. Ganz individuell unterschiedlich ist auch, wie weit wir bereit sind zu gehen, um erfolgreich zu sein, bzw. unseren Erfolg durchzusetzen zu verteidigen oder zu „erzwingen".

Eigenwerbung – Erfolg für andere sichtbar machen.

Egal ob ich wirklich zu den Gewinnern der Gesellschaft gehöre, also ein Teil des Establishment bin, oder ob ich nur den Anschein erwecke erfolgreich zu sein und dazuzugehören. Das Wichtigste ist es, meinen Erfolg nach außen für alle anderen sichtbar zu machen. Mein Erfolg ist die beste Werbung für mich. Dadurch, dass man meinen Erfolg sieht, errege ich Aufmerksamkeit und dadurch werde ich für andere erst sichtbar, interessant, „sexy" und „lohnenswert"! Ich bin erfolgreich (ich bin „reich"), wenn die anderen meinen Reichtum sehen und entsprechend handeln.

Indem die anderen Kontakt zu mir suchen und aufnehmen (Opportunismus), können sie sich durch meine Anwesenheit, oder besser durch die Anwesenheit von Erfolg, selbst aufwerten und sich auch ein wenig mehr als erfolgreich und interessant fühlen und darstellen, bzw. dadurch zum Teil des Erfolgs werden. Und vielleicht fällt ja von meinem Erfolg etwas für sie ab (durch weitere und neue Chancen) – z. B. durch neue Geschäftsbeziehungen.

Um meinen Erfolg sichtbar zu machen, kann ich mir z. B. einfach die Dinge leisten die man sich leistet, wenn man zum Establishment gehört. Also z. B. das neueste Smartfone, schicke Markenkleidung, Schmuck, ein neues Auto, Elektronik-Schnikschnak und viele weitere „Kleinigkeiten" die gerade im Trend liegen und deshalb entsprechend von den anderen beachtet und gewürdigt werden können. Aber auch weniger sichtbar Dinge gehören dazu, wie z. B. Aktien, Geld, Anlagen und Gold, eine lukrative Arbeit, eine toll gelegene und große Wohnung. Die nach außen sichtbaren Dinge wirken durch sich selbst und machen so Werbung für mich. Über die weniger sichtbaren Dinge kann ich z. B. einfach entsprechend viel und oft erzählen, damit es die anderen auch mitbekommen und meine Eigenwerbung Früchte trägt. Früchte trägt mein Erfolg und die entsprechende Werbung dann, wenn sich daraus Kontakte zu, am besten, noch erfolgreicheren Leuten ergeben oder/und Kontakte zu interessanten Sexualpartnern etc., die mir weitere und neue Chancen eröffnen. Wichtigkeit und Nutzung weiterer und neuer Chancen (Opportunismus), einfach aus dem Grund, um meinen Erfolg noch mehr zu steigern und um damit das nächste Erfolgslevel zu erreichen!

Erfolgsmaximierung.
Meinen Erfolg kann ich weiter maximieren, indem ich am Erfolg anderer teilhabe, bzw. den Erfolg anderer für mich nutze. Dies funktioniert besonders effektiv, wenn ich den Erfolg von etwas das größer (möglichst groß) ist als ich, ganz einfach dadurch auf mich übertrage, indem ich mich mit dem größeren solidarisiere (mich anpasse, mich opportunistisch verhalte) und dadurch zu einem Teil des größeren und seines Erfolges werde! Dies funktioniert um so besser, je mehr ich dies nach außen sichtbar mache. Beispiele sind Fußballverein, Landeszugehörigkeit, Glaube, Partei, Firma/Konzern, Filme/Serien. Hier gibt es vielerlei Fanartikel und Möglichkeiten zum Treffen mit Gleichgesinnten (dies bedeutet weitere neue Chancen). Dies hat allerdings Nachteile, wenn mein „größeres", Kritik oder/und sonstigen Angriffen ausgesetzt ist, also z. B. mein Fußballverein absteigt. Den dann gilt nicht mehr „deren Erfolg ist mein Erfolg", sondern „deren Problem/Misserfolg ist mein Problem/Misserfolg". In diesem Zusammenhang kommt es besonders auf den Grad der Abhängigkeit meines Erfolgs und Wohlbefindens vom Erfolg des „größeren" an, ob ein Misserfolg z. B. meines Fußballvereins, ein Drama für mich ist oder nicht! Wird also z. B. mein Fußballverein, mein Land oder mein Glaube, kritisiert und angegriffen, dann werde ich meinen Fußballverein etc., verteidigen, weil ich diesen Angriff auch als Angriff auf mich betrachte – mein persönlicher Erfolg und damit meinen Wert bzw. Selbstwert, wird angegriffen! Mein Erfolgswille kann also zu Abhängigkeiten in Bezug auf meinen eigenen Erfolg führen, wenn ich den Erfolg von anderen (Gruppen, Gemeinschaften etc.) für die Steigerung meines Erfolgs einspanne/nutze. Diese Abhängigkeit wird spätestens dann sichtbar, wenn die anderen keinen Erfolg mehr haben und dadurch der Misserfolg der anderen auch auf mich zurückfällt und meinen Erfolg schmälert.

Übertriebenes Streben nach Erfolg - Erfolgsstreben in der Leistungsgesellschaft.
Meinen Erfolg ständig mitzuteilen und exhibitionistisch zu bewerben ist doppelt wichtig. Zum einen als Werbung für mich und zum zweiten, weil ich mich ständig im Wettbewerb mit anderen befinde, gegen die ich mich behaupten muss und die ich übertrumpfen will. Diese Wettbewerbssituation puscht mein Verhalten noch mehr in Richtung erfolgreich sein und Erfolg haben wollen. Dadurch werden alle anderen, die dieses Spiel vom Erfolg nicht mitmachen wollen oder können etc., von mir automatisch als weniger Wert, Schwächlinge oder Verlierer eingestuft (die sich keine Mühe geben oder Dumm sind etc.), weil sie ja offensichtlich keinen Erfolg haben! Erfolgreich sein wollen und das Streben nach Erfolg ist ein ständiger Wettbewerb in dem es darum geht besser zu sein als andere, andere zu verdrängen, andere zu überholen und andere zu „schlagen"! In diesem Wettbewerb wird wie in einem Krieg, mit (fast) allen Mitteln gekämpft. Propaganda, psychologische Kriegsführung, Diffamierung, Lügen, Mobbing usw.!

Alles um die anderen, die Konkurrenz, als möglichst klein darzustellen und um die anderen möglichst klein zu machen und zu halten! Selbstdarstellung als „ich bin gut" und „die anderen, die Konkurrenz ist schlecht/böse". Je mehr sich mein Sein auf diesen Erfolgs-Wettbewerb (auf das was ich sein will) fokussiert, um so mehr treten alle anderen Facetten meines Seins in den Hintergrund.

Zusammenbruch der Erfolgsleiter.

Kommt es zu einem Bruch in meinem Leben (z. B. Arbeitslosigkeit, Unfall/Krankheit, Scheidung) bedeutet dies oft das Ende des Erfolgs-Wettbewerbs, weil ich finanziell oder/und körperlich nicht mehr dazu in der Lage bin. Wie sehr mich der Erfolgs-Wettbewerb vereinnahmt hat, wird mir oft erst durch einen Bruch in meinem Leben bewusst. Der Sinn meiner Existenz – erfolgreich sein etc. – ist plötzlich nicht mehr da. Ich sehe mich vielleicht jetzt selbst als einen „Verlierer" und mein Leben als sinnlos. „Freunde" und Partner (geschäftlich und privat) ziehen sich zurück. Ein Fall ins „bodenlose"! Aber selbst wenn es kein Zurück in mein altes Leben geben sollte, so gibt es doch Möglichkeiten, das was Erfolg ist, bzw. meinem Leben Sinn gibt, für mich ganz neu zu definieren – das braucht viel Zeit und Kraft, die jetzt neuen Wege zu gehen die mir vom „Schicksal" aufgezwungen wurden – um mich aus Unzufriedenheit und Leid zu befreien!

Der schnelle Weg zum Erfolg.

Schnell Erfolg haben, mit weniger Energieaufwand z. B. durch: „Abkürzungen" (Auto etc. von einem Freund leihen und damit angeben als würde es mir gehören, Plastik verbrennen statt den langen und aufwendigen Weg des Recycling nehmen), Missachtung und Umgehung von Verboten (Produktion im Ausland etc.), vollendete Tatsachen schaffen (einfach machen statt fragen – Bäume fällen und sich anschließend dumm stellen), gesetzeskonform handeln (auch wenn es unethisch ist – Massentierhaltung, Auto-Abgasskandal)! Diese Liste könnte noch sehr viel länger sein. Es geht schließlich um Erfolg! Und bei so etwas wichtigem entwickeln sich automatisch auch Schleichwege, Umwege und „tarnen und täuschen" gehören ebenfalls dazu. Alles mit dem Ziel, mit möglichst wenig Aufwand, möglichst schnell und möglichst große und viele Vorzüge des Erfolgs zu genießen! Hierbei wirken sich auch z. B. Zusammenhänge von Erfolg, Opportunismus und Egoismus aus.

Fazit: Es ist der Wille zum Erfolg der uns antreibt – das streben nach Erfolg! Warum ist das so? Auf einem Bereich bzw. mit etwas Erfolg zu haben, gibt uns das Gefühl etwas gutes/sinnvolles zu tun – mit diesem Gefühl belohne ich mich selbst wenn mir etwas gelingt, ich also mit etwas Erfolg habe. Hat mein handeln Erfolg, aus der Sicht meines eigenen Seins, in der Selbstbetrachtung, dann belohne ich mich selbst damit, dass ich mein handeln als Gut, Richtig und Sinnvoll empfinde. Andererseits, wenn ich mein handeln als gut, richtig und sinnvoll (egal ob das jeweilige handeln erfolgreich ist bzw., ich damit Erfolg habe oder nicht) empfinde, dann empfinde ich mich selbst als Erfolgreich! Wichtiger als das womit ich Erfolg habe, ist das was Erfolg für mich bzw. mein ganzes Leben bedeutet/bewirkt – Erfolg bewirkt, dass es mir gut geht! Will ich also, dass es mir gut geht, dann muss ich Erfolg (in kleinen oder/und großen Dingen) haben. Dass es mir gut geht erkenne ich z. B. an folgenden Dingen – positive Rückmeldung von mir Selbst an mich Selbst - positive Rückmeldungen von anderen - ich wirke anziehend auf andere - ich bin bekannt und werde gefragt – Zufriedenheit - ich bin glücklich – Aufmerksamkeit der anderen – Anerkennung durch andere - Wohlstand (Establishment) - Attraktivität und mehr Auswahl bei potenziellen geschäftlichen und privaten Kontakten - mehr Chancen und vieles mehr - dies alles bedeutet, bewirkt und beinhaltet Erfolg! Egal ob ich wirklich zu den Gewinnern der Gesellschaft gehöre, also ein Teil des Establishment bin, oder ob ich nur den Anschein erwecke erfolgreich zu sein und dazuzugehören. Das Wichtigste ist es, meinen Erfolg nach außen für alle anderen sichtbar zu machen. Mein Erfolg ist die beste Werbung für mich. Dadurch, dass man meinen Erfolg sieht, errege ich Aufmerksamkeit und dadurch werde ich für andere erst sichtbar, interessant, „sexy" und „lohnenswert"! Meinen Erfolg kann ich weiter maximieren, indem ich am Erfolg anderer teilhabe bzw. den Erfolg anderer für mich nutze. Dies funktioniert besonders effektiv, wenn ich den Erfolg von etwas das größer (möglichst groß) ist als ich, ganz einfach dadurch auf mich übertrage, indem ich mich mit dem größeren solidarisiere (mich anpasse, mich opportunistisch verhalte) und dadurch zu einem Teil des größeren und seines Erfolges werde!

A3f. Individualität, Fanatismus und Hyperreaktivität.

Dass wir als Individuen alle gleich, aber nicht identisch sind, ist ein Bonus der Natur. Je mehr unterschiedliche Individuen (und damit Blickwinkel, Sichtweisen, Erfahrungen, Weltanschauungen etc.), um so höher sind die Überlebenschancen und Überlebensmöglichkeiten der jeweiligen Art! Individualität ist geradezu eine Überlebensgarantie für die Art! Also, z. B. „Lasse ich mich impfen oder nicht?", „Bei wem kaufe ich Milch?", „Gehe ich bei Rot über die Straße?", „Vor was habe ich Angst?", „Welchen Weg gehe ich, oder fahre ich lieber?". All diese Fragen werden in der Folge ganz individuell/subjektiv bewertet und beantwortet. Viele hunderte Entscheidungen jeden Tag und daraus resultierend hundertfaches handeln (incl. nicht handeln). Jedes handeln könnte dabei eine Entscheidung über Erfolg/Leben oder Misserfolg/Tod sein! Auch die Tatsache, dass viele Menschen (je nach Kultur, Gruppenzugehörigkeit etc.) gleich handeln, bedarf im ersten Schritt, der Entscheidung (von der Umwelt vorgelebt und konditioniert) des Individuums (bewusst oder unbewusst), ob ich der Mehrheit (als Orientierung) folgen will oder nicht. Grundsätzlich kann meine Entscheidung immer die falsche sein, bzw. negative Folgen haben. Würden wir alle gleich bewerten und handeln, dann könnte eine falsche Bewertung bzw. Handlung, das Ende meiner ganzen Familie, Gruppe oder der gesamten Menschheit bedeuten! Dass viele (oder eine Mehrheit) Menschen das gleiche tun, ist nicht im geringsten ein Beleg dafür, dass das was die Mehrheit tut richtiger, richtig, oder objektiv ist! Alles denken und handeln ist rein subjektiv und nicht objektiv. Daran ändert auch die Anzahl derer, die etwas tun oder nicht tun, nicht das geringste! Es ist nur ein Beweis dafür, dass die Art Mensch, eine auf zusammenleben mit Seinesgleichen geprägte Art ist. Individuen handeln immer individuell also subjektiv, ganz einfach, weil sie Individuen sind!

Entwicklung individueller Fähigkeiten/Gefühle.

Welche Fähigkeiten/Gefühle wir individuell in unserem Sein entwickeln, bzw. welche individuellen Fähigkeiten gefördert werden, hängt von dem ab, was wir von unserer Umwelt vorgelebt bekommen, oder auch nicht vorgelebt bekommen! Dies kann z. B. folgendes bewirken. Je WENIGER wir die Fähigkeiten/Gefühle entwickeln, uns gegenseitig auszuhalten, uns gegenseitig als gleich bzw. vollwertig zu achten (Achtsamkeit) und uns gerade dann miteinander zu unterhalten, wenn wir NICHT der gleichen Meinung sind, um so MEHR kommt es zu Fanatismus, um so mehr kommst es zu Intoleranz und um so mehr kommt es zu Denk- und Rede-Verboten!

Individualität und Subjektivität sind grundlegende Dinge, auf denen unser Leben, bzw. das Leben als solches basiert und abhängt! Individualität und Subjektivität werden gebraucht und sind gewollt, bzw. haben sich durch evolutionäre Prozesse herausgebildet, weil sie zum überleben unabdingbar waren! Die Tatsache, dass Individualität und Subjektivität existieren, ist gleichzeitig der durch die Evolution erbrachte Beweis dafür, dass sie gebracht werden!

Warum also versuchen Individualität und Subjektivität „abzuschaffen" oder/und alle Menschen „gleichzuschalten"? Sind Individualität und Subjektivität neuerdings „gefährlich" oder destruktiv etc.? Nein, keineswegs! Problematisch sind nicht Individualität und Subjektivität, sondern es ist einzig und alleine die Art und Weise, wie ich meine ganz persönliche Individualität und Subjektivität auslebe! Was ist für mich wichtig, was will ich und wie weit bin ich bereit dafür zu gehen!? Ich lebe meine Individualität und Subjektivität, dafür braucht es keine Begründung oder Rechtfertigung – ich darf das, es ist Teil meiner Selbstverwirklichung! Dies gestehe ich mir und allen anderen, ohne wenn und aber, zu!

Fanatismus, extrovertierte und introvertierte Formen.

Fanatismus (extrovertierte Formen) z. B. in Form von Diskreditierung, Diskriminierung, Ausgrenzung und Hass sind keine geeigneten Mittel, um meine Individualität und Subjektivität auszuleben, bzw. genauso ungeeignet um Gruppen/Länder-Identitäten auszuleben! Fanatismus in diesen Formen blockiert und emotionalisiert nicht nur mich, sondern auch andere – ganz unabhängig davon welcher Meinung die anderen sind! Einen gewissen Grad an Fanatismus brauche ich aber innerhalb einer Gruppe/Gemeinschaft/Gesellschaft etc., um mich durchsetzen zu können, bzw. um das zu bekommen was ich will – sonst gehe ich „unter" bzw. bekommen immer nur die anderen was sie wollen!

Durchsetzung und Selbstbehauptung muss aber nicht in Form von Diskreditierung, Diskriminierung etc. der anderen, destruktive Wirkungen entfalten, da dies der Gruppe/Gemeinschaft/Gesellschaft etc. (und letztlich mir selbst) Schaden zufügt!

Fanatismus (introvertierte Formen) z. B. in Form von Beharrlichkeit, Dickköpfigkeit, Unnachgiebigkeit und Unbeugsamkeit, ist nicht darauf gerichtet anderen auch noch zusätzlich/primär, aktiv/direkt zu schaden, oder sie zu „vernichten", sondern diese Formen des Fanatismus bestimmen/definieren meine „Standfestigkeit" und mein Durchsetzungsvermögen etc., und bestimmen damit, ob ich bekomme was ich will etc.!

Fanatismus, wozu?

Auch alle Formen des Fanatismus haben sich evolutionär entwickelt etc.! Fanatismus basiert auf tiefsitzenden Ängsten wie z. B., die Angst zu kurz zu kommen (in Bezug auf Nahrung, Geld, Partner/in, Ansehen etc.), die Angst unterdrückt/verdrängt zu werden, die Angst nicht zu bekommen was man zum Leben braucht, die Angst nicht zu bekommen was einem „zusteht", usw.!

Wozu brauche ich extrovertierten Fanatismus? Sicher ist, dass extrovertierter Fanatismus vorkommen kann/muss, bzw. „gebraucht" wird, wenn es um Gruppenbildung, Krieg, das töten von anderen, etc. geht. Extrovertierter Fanatismus wird gebraucht um aus einem Einzelkämpfer, ein eingeschworenes, „rücksichtsloses" also fanatisches Team zu machen. Je größer und fanatischer das Team, um so größer die Aussicht auf Erfolg!? Extrovertierter Fanatismus wird also „gebraucht" für „extrovertierte" Spezialaufgaben, Sonderfälle und Extremsituationen wie z. B. Krieg, aber hat im miteinander des Alltags wegen seiner diskriminierenden etc. Wirkungen, nichts zu suchen!

Heutzutage sind alle Kriege global und die Folgen für alle beteiligten, also auch die Kriegführenden selbst, sind katastrophal! Was wollen wir uns noch gegenseitig wegnehmen, was wollen wir noch erobern? Es sind doch überall Menschen, Menschen zum Teil mit dem Rücken zur Wand. Ein ausweichen ist nicht mehr möglich – wohin auch!

Und es gibt noch viel mehr Gründe warum uns allen extrovertierter Fanatismus schadet! Warum also nicht versuchen, weitestgehend auf die extrovertierten Formen des Fanatismus - der für Spezialaufgaben gedacht/"reserviert" ist - zu verzichten und sich mehr den introvertierten Formen zuwenden!?

Hyperreaktivität (Überempfindlichkeit und Überreaktion).

Alles, insbesondere auch Angst und Fanatismus haben ihre spezifischen Momente, Fälle bzw. „Anwendungen" wofür sie gedacht/gemacht sind und gebraucht werden und sogar überlebenswichtig sind! Aber die Verknüpfung von „Werkzeug" (Angst, Fanatismus" etc.) und „Fall" (Wolf greift an, Krankheit, Krieg) und damit das Gefühl für den Einsatz des passenden Werkzeugs zum passenden Fall, scheint irgendwie verloren, verschoben, konfus oder/und nicht mehr synchron zu sein! Dies gilt auch für die individuell empfundene schwere bzw. Intensität eines „Falles", sowie für die Intensität mit der ich ein „Werkzeug" einsetze um „zurückzuschlagen" – zunehmende Emotionalisierung!

Gelebt wir „überwiegend" nur noch in zwei Emotionen/Zuständen – Angst oder/und Fanatismus? Angst (ich fühle mich permanent bedroht und in Gefahr) und Fanatismus (ich bin ständig im Krieg) bestimmen mein Leben, mehr als ihnen zusteht! Angst und Fanatismus sind für Extremsituationen und Sonderfälle gedacht! So wird das Extreme bzw. der Sonderfall zum Dauerzustand und Regelfall! Daher auch die zwanghafte Suche nach „Verbündeten" mit denen man gemeinsam gegen die anderen Krieg führen kann, usw.!?

Ein wichtiger Punkt, der Hyperreaktivität begünstigt und fördert, sind digitale Medien, (a)soziale Netzwerke und künstliche Intelligenz, weil sie Angst und Fanatismus verstärken! Verstärken, indem sie uns entsprechend unserer Erwartungshaltung, in Bezug auf Angst und Fanatismus, mehr und mehr Nahrung geben – wir bekommen dadurch geliefert und bestätigt, was wir erwarten bzw. wollen!

Ein weiterer wichtiger Punkt der Hyperreaktivität begünstigt, ist die Tatsache, dass mein Sein in gewisser Weise bereits dafür konditioniert bzw. empfänglich sein kann! Hierbei sind verschiedene Eigenschaften, Ausprägungen meines Seins wichtig, bzw. können sich entscheidend auswirken! Bin ich z. B. eine eher optimistische, stabile, selbstbewusste, „geerdete", charakterfeste Person mit vertrauender, positiver Lebenseinstellung? Oder bin ich z. B. eher unsicher, bin ich eher misstrauisch, suche ich eher nach anderen, um mich an ihnen zu orientieren, bin ich eher der Meinung nicht das zu bekommen was mir zusteht, fühle ich mich eher als Opfer/Verlierer, empfinde ich das Leben eher als ständigen Kampf, bin ich eher Pessimist? Also, welche Eigenschaften treffen auf mich zu? Es geht hier nicht im geringsten um irgendeine Bewertung von Eigenschaften meines Seins, in gut oder schlecht etc.! Außerdem gibt es in Bezug auf diese Eigenschaften vielerlei Mischformen und Überschneidungen, so dass eine eindeutige Beantwortung obiger Fragen schwerfällt.

Noch ein wichtiger Punkt ist, inwieweit möglichst vielfältige (möglichst viele verschiedene Menschen, Weltanschauungen, und Meinungen), direkte/unverfälschte/analoge Kontakte bestehen. Es kommt hier auf meine analogen Gespräche/Kontakte mit „echten" Menschen an, gerade deshalb weil sie nicht immer meiner Meinung sind etc., und weil sie in der Lage sind Dinge mit anderen Augen zu sehen! Dadurch kann eine Erdung stattfinden und überzogene Spitzen von Angst und Fanatismus können vermieden werden. Je weniger analoge Kontakte, um so mehr wird Hyperreaktivität begünstigt!

Auch die Eigenschaften meines Seins, sind Ergebnis von Biologie und Umwelt, also auch von dem was uns vorgelebt und erlernt wurde. Darauf hatten wir keinen Einfluss, niemand hat uns gefragt, ob wir so sein wollen wie wir sind, etc.! Jetzt können wir nur noch versuchen, uns mit uns selbst zu arrangieren und das „beste" daraus zu machen! Und ein Schritt in diese Richtung ist für mich, der Versuch zu verstehen wie wir funktionieren, bzw. zu verstehen wie die Zusammenhänge sind!

Je mehr ich Angst und Fanatismus auslebe und je mehr ich mich mit Themen beschäftige, die mich noch mehr mit Angst und Fanatismus aufladen und emotionalisieren (selbstverstärkender Mechanismus), um so weniger Zeit/Platz bleibt für andere Dinge, um so kleiner und grauer wird meine Welt, um so weniger Möglichkeiten bleiben mir, um so einsilbiger werde ich, um so mehr schade und „vernichte" ich mich selbst! Digitale Medien und Netzwerke etc. haben hier einen erheblichen Einfluss! Wie kann ich also zunehmender Angst, zunehmendes Sicherheitsbedürfnis und zunehmendem Fanatismus begegnen, bzw. was kann ich tun, um selbst nicht noch ängstlicher und noch fanatischer zu werden, bzw. was kann ich tun, um mich zu befreien, aus dem Würgegriff von Angst und Fanatismus?

Damit es zu einer Hyperreaktivität kommt, braucht es Angst und Fanatismus, Digitale Medien, förderliche Eigenschaften des Seins und wenige oder/und zu einseitige analoge Kontakte zu echten Menschen! Hyperreaktivität ist eine Überempfindlichkeit und Überreaktion auf äußere Reize (z. B. andere Meinungen) und bedeutet, dass ich mich ständig im Krieg befinde! Dabei sehe ich mich selbst zunehmend als Opfer, das um Gerechtigkeit etc. kämpft, oder/und ich sehe mich als jemand, der die Opfer von Ungerechtigkeit verteidigen muss! Siehe auch unter Z4 Cancel Culture (Diskriminierung als Ausrede für Diskriminierung).

Die Einteilung in extrovertierten und introvertierten Fanatismus ist von mir rein subjektiv. Auch alles in Bezug auf Angst und Fanatismus ist individuell und subjektiv! Ein wesentlicher Punkt ist auch, das was wir in Bezug auf Angst und Fanatismus, von unserer Umwelt vorgelebt bekommen haben und bekommen – in der Regel werden wir das Vorgelebte/Erlernte ausleben „wollen"!

Werkzeugkiste, ein Gedankenexperiment.
Als erstes stelle ich mir vor, dass ich selbst eine Werkzeugkiste bin. Ich stelle mir vor, dass z. B. Egoismus, Opportunismus und Fanatismus, verschiedene Werkzeuge und Materialien in dieser Werkzeugkiste sind. Egoismus ist ein Hammer, Opportunismus das sind Schrauben und Nägel und Fanatismus ist eine Säge!

Frage: Ist die gesamte Werkzeugkiste oder/und ein Teil ihres Inhaltes (z. B. der Hammer), grundsätzlich als gut, oder schlecht, unnütz, gefährlich etc. zu betrachten? Antwort: Alles, also die gesamte Werkzeugkiste incl. Inhalt, ist weder gut noch schlecht etc.! Gut und schlecht etc. sind Zuordnungen auf der Ebene der subjektiven Wertung. Diese Ebene der Wertung wird von uns individuell/subjektiv/spezifisch gebildet und den Dingen, die in unserer Umwelt sind und passieren, aufgesetzt/hinzugefügt, um beurteilen zu können, ob etwas gut oder schlecht etc. für uns ist, oder sein könnte. Das wiederum ermöglicht erst, unser zielgerichtetes und subjektiv sinnvolles handeln. Mit einem Hammer kann ich z. B. jemanden verletzen (Wertung als schlecht/gefährlich) oder/und Nägel einschlagen um ein Haus zu bauen (Wertung als gut etc.). Soll ich den Hammer verbieten bzw. aus der Werkzeugkiste entfernen, weil er Wertungen als schlecht/gefährlich hat? Wenn ich das tue, dann ist die Werkzeugkiste nicht mehr komplett und ich werde hilflos sein, wenn ich einen Hammer brauche, dieser aber nicht mehr in der Werkzeugkiste ist! Ich sollte also doch besser lernen mit meinen Werkzeugen richtig umzugehen und lernen diese für die passende Aufgabe, Fragestellung etc. anzuwenden, für die sie auch gemacht sind, um das volle Potential meiner Werkzeugkiste nutzen zu können!

Fazit: Dass wir als Individuen alle gleich, aber nicht identisch sind, ist ein Bonus der Natur. Je mehr unterschiedliche Individuen (und damit Blickwinkel, Sichtweisen, Erfahrungen, Weltanschauungen etc.), um so höher sind die Überlebenschancen und Überlebensmöglichkeiten der jeweiligen Art! Individualität ist geradezu eine Überlebensgarantie für die Art! Welche Fähigkeiten/Gefühle wir individuell in unserem Sein entwickeln, bzw. welche individuellen Fähigkeiten gefördert werden, hängt von dem ab, was wir von unserer Umwelt vorgelebt bekommen, oder auch nicht vorgelebt bekommen!

Dass viele (oder eine Mehrheit) Menschen das Gleiche tun, ist nicht im geringsten ein Beleg dafür, dass das was die Mehrheit tut richtiger, richtig oder objektiv ist! Alles denken und handeln ist rein subjektiv und nicht objektiv. Daran ändert auch die Anzahl derer die etwas tun oder nicht tun, nicht das geringste! Es ist nur ein Beweis dafür, dass die Art Mensch, eine auf zusammenleben mit Seinesgleichen geprägte Art ist. Individuen handeln immer individuell also subjektiv, ganz einfach, weil sie Individuen sind! Individualität und Subjektivität sind grundlegende Dinge, auf denen unser Leben bzw. das Leben als solches basiert! Individualität und Subjektivität werden gebraucht und sind gewollt, bzw. haben sich durch evolutionäre Prozesse herausgebildet, weil sie zum überleben unabdingbar waren! Die Tatsache, dass Individualität und Subjektivität existieren, ist gleichzeitig der durch die Evolution erbrachte Beweis, dafür dass sie gebracht werden!

Fanatismus basiert auf tiefsitzenden Ängsten wie z. B. die Angst zu kurz zu kommen (in Bezug auf Nahrung, Geld, Partner/in, Ansehen etc.), die Angst unterdrückt/verdrängt zu werden, die Angst nicht zu bekommen was einem „zusteht", usw.! Fanatismus lässt sich trennen in extrovertierten Fanatismus für Spezialaufgaben, Sonderfälle und Extremsituationen wie z. B. Krieg. Extrovertierter Fanatismus hat aber im miteinander des Alltags wegen seiner destruktiven Wirkungen, nichts zu suchen! Introvertierter Fanatismus in Form von Beharrlichkeit, Dickköpfigkeit, Unnachgiebigkeit und Unbeugsamkeit, ist nicht darauf gerichtet anderen auch noch zusätzlich/primär, aktiv/direkt zu schaden, oder sie zu „vernichten", sondern diese Formen des Fanatismus bestimmen/definieren meine „Standfestigkeit" und mein Durchsetzungsvermögen etc., und bestimmen damit, ob ich bekomme was ich will etc.!

Hyperreaktivität (Überempfindlichkeit und Überreaktion) bedeutet, dass wir auf alles was uns aus irgendwelchen Gründen nicht gefällt – selbst die profansten Dinge (Aussehen der anderen, eine andere Meinung usw.) mit „Krieg" reagieren! Den Alltags-Level gibt es nicht mehr, denn alles greift mich an, ich fühle mich ständig angegriffen, ich muss mich ständig verteidigen und ich kämpfe und zerstöre andere, in einem „gerechten" Krieg. Damit es zu Hyperreaktivität kommt braucht es z. B. Angst, Fanatismus etc. und das Gefühl ein Opfer von Ungerechtigkeit zu sein oder das Gefühl die Opfer von Ungerechtigkeit verteidigen zu müssen!

A3g. Selbstbeobachtung/Selbstkontrolle.

Es geht hier um die Eigen-Reflexion, Selbst-Reflexion, Eigen-Beobachtung und Selbstkritik als Kontrolle für das eigene Sein, bzw. als Kontrolle für das eigene Denken und Handeln. Zweck: Kontrolle, dessen was in/mit mir passiert, verbunden mit der Frage, ob/inwieweit ich das zulassen will. Diese Kontrolle ermöglicht es mir, Fehl-Entwicklungen, die mein Sein nimmt, also Entwicklungen in eine Richtung, die ich ganz persönlich nicht will, zu erkennen. Durch das Erkennen habe ich wiederum die Möglichkeit steuernd einzugreifen. Klärung der Frage, was tut mir gut und was schadet mir, bzw. in welche Richtung entwickle ich mich und in welche Richtung will ich eigentlich!?

Selbstbeobachtung/Selbstkontrolle in der Praxis.

Folgende Fragen können bei der Selbstbeobachtung helfen:
-   Projiziere ich gerade meine persönlichen Vorurteile/Ängste etc. auf andere, bzw. bewerte ich andere und irgendwelche Geschehnisse also vorschnell und oberflächlich etc.?
-   Finde ich etwas OK - nur weil andere oder eine Mehrheit es so macht?
- Bin ich bereit den Preis zu bezahlen? Z. B. Katzenjammer nach einem gedankenlosen „Vergnügen".
- Tut mir das gut, was ich gerade tue? Auch langfristig in seiner Wirkung auf mich (Veränderung meines Denkens durch Gewöhnungseffekt). Z. B. Modezeitschriften, Pornos anschauen. Mit anderen nur über Luxus (tolle Autos etc.) reden?
- Wie geht es mir, wie fühle ich mich gerade?
- Was hat mein Gegenüber gerade (durch sein Handeln) bei mir getriggert?
- Suche ich vielleicht nur einen Schuldigen oder Schuldige, für irgendwas?
- Fühle ich mich aus irgendwelchen Gründen (welche Gründe?) gerade als Opfer? Warum, bloß weil andere nicht meiner Meinung sind, bzw. meine Meinung nicht akzeptiert wird? Mache ich mich selbst zum Opfer weil es dadurch viel einfacher ist, die anderen zu verunglimpfen/beschimpfen?
- Bin ich gerade überheblich, arrogant oder rechthaberisch?
- und viele Fragen mehr!

Was tue ich da gerade, tut mir das Gut und wenn ja, auch langfristig?

An dieser Stelle will ich insbesondere auf die langsame, fast unmerkliche Verschiebung/Erhöhung von Reizschwellen und Empfindungsschwellen, aufmerksam machen. Wenn sich Reizschwellen etc. verschieben, dann kann das Folgen für mein gesamtes Sein haben.

Reize und Empfindungen laufen über unsere Wahrnehmung! Es kommt also auf das an was wir wahrnehmen bzw. konsumieren! Die Art (z. B. Sex, Fanatismus) und die Weise (z. B. Reiz-Intensität (Hardcore-Pornos), Häufigkeit) unseres Konsums beeinflusst unser gesamtes Sein! Als Art-Beispiele seien hier Sex, Gewalt, Fanatismus, Medienkonsum/Videospiele, Alkohol und Süß/Salzig genannt! Unser Sein will von etwas, das ihm/uns gefällt, verständlicherweise immer mehr! Je mehr wir von dem bekommen was uns gefällt, umso wohler fühlen wir uns und um so zufriedener sind wir! Aber leider führt eine Erhöhung der Häufigkeit des Konsums auch dazu, dass die Reize stärker werden müssen um noch den gleichen Zufriedenheit´s-Effekt zu haben! Was also ganz langsam anfängt mit z. B. einem Glas Alkohol in der Woche, kann unbeobachtet und unkontrolliert (Gewöhnungseffekt), schnell zu mehr führen (dto. Gewaltvideos usw.)!

Die Häufigkeit (Weise) mit der ich bestimmte Reize konsumiere, ist ein entscheidender Faktor und deshalb gleichzeitig auch eine Möglichkeit, Kontrolle auszuüben! Will ich eingreifen, muss ich also die Häufigkeit reduzieren, oder sogar eine Zeitlang enthaltsam sein. Hierdurch werden meine Sinne bzw. wird meine Wahrnehmung, wieder geschärft und sensibilisiert!

Mögliche destruktive Folgen als Langzeitwirkung meines Über-Konsums:
1. Abstumpfung/Wahrnehmungsveränderung. Abstumpfung gegenüber niederschwelligen Reizen und Empfindungen. Reize und Empfindungen werden nur noch, ab einer sich stets steigernden Intensität wahrgenommen!
2. Verrohung. Starke Gewaltdarstellungen empfinde ich als „normal". Hardcore-Pornos sind bereist langweilig.

3. Konditionierung/Erwartungshaltungs-Veränderung. Mein tägliche Konsum verändert meine Erwartungshaltung/Erwartungen. Gutes Beispiel hierfür sind meine Erwartungen vom anderen Geschlecht in einer realen Beziehung, wenn ich bereits durch harte Pornos konditioniert bin!

4. Suchtgefahr. Bestimmte Dinge gewinnen mehr und mehr Anteil an meinem Leben - so dass diese bereits meine Lebensqualität beeinträchtigen - weil ich diese immer öfter mache und die Reize immer stärker werden!

Selbstbeobachtung und Selbstkontrolle, damit mögliche negativen Folgen vermieden werden können und damit ich selbst feststellen kann, in welche Richtung ich mich, durch mein eigenes handeln, entwickle! Will ich mich stetig/andauernd durch immer mehr und stärkere „Super-Reize" selbst stimulieren, weil das „normale" bereits nicht mehr reicht, um bei mir noch ein Wohlfühlen zu erreichen? Will ich also wirklich immer schneller (höher, schneller, weiter) auf dem Weg zum nächsten Kick sein? Komme ich mit meiner persönlichen Art und Weise von Konsum zurecht? Wie auch immer, jeder mag hier ganz für sich selbst und an sich selbst, seine individuellen Beobachtungen machen! Jeder mag für sich selbst ganz individuell und an sich selbst, kontrollierend eingreifen oder nicht!

Die eigene Befindlichkeit und deren Wirkung.

Wie ich mit der Umwelt interagiere, hängt essentiell von meinem eigenen Befinden ab! Die Selbstbeobachtung lässt mich erkennen, dass ich auf die gleichen Sachverhalte unterschiedlich reagiere, abhängig von meinem aktuellen Befinden! Wenn es mir gerade schlecht geht, dann reagiere ich eher gereizt und aggressiv. Geht es mir zu gut und ich empfinde mich als besser als die anderen, bin ich überheblich etc., bzw. ich will, dass die anderen mir „dienen" sollen und sich mir unterordnen! Geht es mir gut und ich bin im reinen mit mir selbst (ich bin in meiner „Mitte"), dann stehe ich über den Dingen und bleibe locker. Mein eigenes Befinden hat also eine direkte/unmittelbare Wirkung auf meine Umgebung/Umwelt! Wenn ich also erkenne, dass es mir gerade nicht gut geht oder es mir gerade zu gut geht, dann kann ich steuernd eingreifen und mich bewusst zurückhalten, um Unsachlichkeiten, persönliche Angriffe etc., auf andere zu vermeiden. Das ist gut für mich und die anderen.

Die Befindlichkeit der anderen.

Das geht sogar noch weiter! Erkenne in dir den anderen und umgekehrt. Wenn jemand kurz angebunden, gereizt oder/und aggressiv oder/und unsachlich ist, dann liegt es daran, dass es ihm schlecht geht – er einfach nur unzufrieden ist bzw. Probleme (z. B. Minderwertigkeitskomplex etc.) mit sich selbst (bzw. mit seinem Selbstverständnis) hat, oder dass es ihm gerade zu gut geht und er deshalb überheblich/rücksichtslos ist. Aggression kommt also davon, dass man nicht im Einklang mit seinem Inneren, mit sich selbst ist – seine innere Mitte verlassen bzw. nicht gefunden hat. Tritt Aggressivität nach außen (= ich reagiere mich an anderen ab, benutze sie), dann ist das Problem scheinbar so groß, dass auch die Selbstkontrolle nicht mehr wirksam ist.

Der Türsteher.

Mein „Über"-Ich als Türsteher meines Seins. Beobachte dich selbst! Stelle dich neben dich und beobachte! Steuerndes Eingreifen als „Geistespflege"/Reinigung für den Geist. Das „Über"-Ich als Türsteher meines Seins funktioniert nicht nur für Reize/Eindrücke, die von außerhalb bzw. von anderen kommen, sondern der Türsteher funktioniert auch für Reize/Empfindungen etc., die von innen (also direkt aus meinem Sein) kommen. Hier fungiert der Türsteher als Impulskontrolleur, z. B. bei der Frage, lebe ich die gerade in mir aufsteigende Emotion aus, bzw. lebe ich das in mir aufsteigende Wollen/Denken einfach direkt aus (lasse ich es sozusagen durch), oder halte ich es erst einmal zurück (zumindest soweit wie noch möglich)? Also einfach Entscheidungen darüber, was für mich sinnvoller ist um möglichst wiederum, das für mich sinnvollere/richtige zu tun! Der „Zwischenschritt" des Türstehers führt zu einer veränderten Selbstwahrnehmung! Es soll z. B. folgendes Ziel durch Selbstbeobachtung und Selbstkontrolle erreicht werde: Ich will weiterhin, offen für alles sein, möglichst wenig dogmatisch sein, unvoreingenommen/vorurteilslos sein, nicht vorschnell Werten/Beurteilen sondern mich erst auf Dinge einlassen, Dinge aushalten/ertragen können, intensiver wahrnehmen was passiert, usw.!

.

Reden, hetzen bzw. schimpfen über andere.

Zum Thema Selbstkontrolle und Selbstbeobachtung möchte ich hier noch ein spezielles Thema beleuchten. Dieses Thema beginnt mit den Fragen: Warum denken und reden wir so schnell/leichtfertig und scheinbar gerne (wenn man von der Häufigkeit in der wir dies tun Rückschlüsse zieht), negativ/schlecht über andere? Warum suchen wir immer scheinbar selbstverständlich und zwanghaft, nach Schuld und Unfähigkeit bei den anderen, um ihnen die Schuld zu geben, für unseren persönlichen Frust (weil wir uns im Grunde nur übergangen fühlen etc.)? Reden etc. insbesondere über andere, im Sinne von Leuten aus/in anderen Ländern, Minderheiten, gesellschaftlichen Gruppen, Nachbarn und sogar Freunden. Es wird geredet, geschimpft und verunglimpft, Vorurteile/Ängste/Neid etc. werden von der „Leine" gelassen. Betroffen sind ganze Länder, generell Andersdenkende und auch einzelne Personen. Es gibt keine Grenze, kein halten. Ist für uns als soziale Art, die Konkurrenzsituation so erdrückend und übergroß in seiner Auswirkung, dass wir uns ständig gegenseitig kleinhalten/"beharken" müssen? Ich sage zu dieser Frage eine entschiedenes NEIN! Auch was wir als Konkurrenz wahrnehmen/erkennen und wie wir ggf. mit Konkurrenz umgehen, ist relativ, also individuell verschieden und abhängig von Biologie und der Prägung durch meine Umwelt. Aber steigen wir jetzt noch tiefer in diese Fragestellung ein.

Stärkt es mich oder/und meine Gruppe/Verbündeten/Gleichgesinnten, wenn wir schimpfen und hetzen, also andere kleinmachen und uns selbst quasi damit größer? Wenn wir uns als Gruppe bzw. in einer Gruppe einig sind – auch in dem, was wir nicht mögen – auch in destruktiven Dingen - dann stärkt diese Einigkeit (egal um welches Thema es geht bzw. positiv oder negativ) die Gruppenbildung, Gruppenzusammengehörigkeit, also das individuelle Zugehörigkeitsgefühl bzw. Zusammengehörigkeitsgefühl – Hauptsache sich einig sein und gemeinsame Themen haben, sich in der Gemeinschaft Gleichgesinnter sicher und geborgen fühlen. Dass dies im Fall von Hetze etc. destruktive Wirkungen insbesondere dann hat, wenn Hetze und davon ausgelöste/verstärkte Ängste, oder/und Ängste die Hetze auslösen/verstärken, zu destruktiven Handlungen (Ausgrenzung, Diskriminierung und sonstige Übergriffigkeiten auf andere) führt, ist dabei zweitrangig. Aber auch innerhalb der Gruppe und für jeden einzelnen in dieser Gruppe hat Hetze, Verachtung und das Schüren von Ängsten etc. in Gedanken, Worten und Handeln destruktive/negative Folgen. Verachtung anderer und die damit einhergehende Verrohung der eigenen Gedankenwelt und des eigenen Handelns sind die Folge! Das Destruktive wird zum Selbstläufer, weil solche destruktiven Themen immer häufiger besprochen/behandelt werden und sich dadurch (allein durch die Häufigkeit = Selbstaufwertung) immer wichtiger machen, sich selbst immer mehr aufwerten und in den Vordergrund treten. So wird Ausgrenzung und Diskriminierung (Fanatismus) anderer immer wichtiger bzw. wird geradezu zu einer gemeinschaftlichen Droge!

Schimpfen und Hetzen bzw. schlecht reden über andere funktioniert also für den Einzelnen genauso wie für die gesamte Gruppe - wie eine Droge! Wie eine Alltagsdroge, die genommen wird ohne, dass es noch jemand besonders auffällt etc. - es ist Normalität! Hetze ich, oder rede ich schlecht über andere (nehme ich also die Droge) dann fühle ich nicht währenddessen und auch anschließend zumindest kurzzeitig besser! Ich habe andere erniedrigt und mich selbst erhöht, weil ich ja recht habe! Aber ich brauche immer mehr von der Droge (Gewöhnungseffekt), um mich gut zu fühlen bzw. damit es mir gut geht! Geht es mir gut, dann habe ich mit Hilfe der Droge (Hetze etc.) den Zustand erreicht („Zufriedenheit"), den andere auch ganz ohne Droge als ihren Normalzustand kennen – das ist Sucht! So muss z. B. mein Selbstwertgefühl sehr gering sein, wenn ich so oft die Droge nehmen muss, dass es zur Sucht wird!

Eine Droge ist aber immer nur Ersatz/Kompensation (u.U. erlernte, vorgelebte Art und Weise (Art der Droge und Weise des Konsums) der Kompensation) bzw. Verdrängung´s-Hilfsmittel, von und für irgendwelche Probleme! Probleme, die Unzufriedenheiten und Leid verursachen, weil sie Teil meines Seins sind – Probleme und Art und Weise der Kompensation/Droge sind in meinem Sein vorhanden! Siehe auch unter B15 Unzufriedenheit/Leid! Aber auch Toleranz, Respekt etc. funktionieren so. Alles was unser Sein stärkt wird in handeln umgesetzt weil es dazu führt, dass wir uns besser/gut (Zufrieden) fühlen.

Es gibt allerdings einen wesentlichen Unterschied zwischen Hetze (und dergleichen) und Toleranz (und dergleichen). Bei Hetze wird/führt die Droge bzw. deren Anwendung zu Sucht, wogegen es bei Toleranz nicht zu Sucht wird/führt. Dies liegt an den unterschiedlichen Hintergründen von Hetze (Probleme+Kompensationen) und Toleranz (weder Probleme noch Kompensation) in unserem Sein! Wir alle sind also sozusagen ständig auf Droge - von uns selbst „berauscht"! Auch darin sind wir alle gleich!

Egal welche Probleme/Frustrationen in meinem Sein existieren und in der Folge zu Sucht führen, entscheidend für mein Leben ist die Art der Droge, bzw. welche Droge mein Sein verwendet! Statt der Drogen Hass und Intoleranz - wie wäre es z. B. mit den Drogen Malerei und Musik!? Auch Malerei und Musik sind dazu geeignet für Kompensation und Wohlgefühl zu sorgen (und Selbst-Therapie) – auch/selbst wenn die Probleme/Frustrationen weiter in meinem Sein vorhanden sind! Malerei und Musik können auch zur Sucht werden, wobei ihnen aber der destruktive selbst und andere zerstörende Charakter fehlt, den Hass und Intoleranz haben. Malerei und Musik können sogar bei Menschen mit Problemen in neue, unbekannte, einzigartige Bereiche vordringen, eben dadurch dass Malerei und Musik zur Sucht werden! Dies bedeutet, dass Probleme/Frustrationen meines Seins zu etwas Positivem beitragen können – also nicht einfach nur als Defizit zu bewerten sind. Es stellt sich also die Frage: Gibt es Möglichkeiten die Droge zu wechseln? Wenn ja, dann ist solch ein Wechsel sicher ein langer und schwieriger Weg mit entsprechender Förderung und Begleitung. Je tiefer und je mehr Dinge in meinem Sein verankert/bestätigt/referenziert sind, um so unmöglicher ist/wird eine Einflussnahme auf diese Dinge, bzw. eine Veränderung dieser Dinge. Was bei der einen Person funktionieren mag, geht bei einer anderen Person unter Umständen überhaupt nicht. Aber bitte ganz grundsätzlich nicht entmutigen lassen!

Siehe auch unter B5 Abgrenzung, Ausgrenzung, Diskriminierung, Fanatismus! Alles was uns bleibt ist die Wertung unseres Handelns nach dessen Wirkung - also ob die Wirkung eher destruktiv oder eher konstruktiv ist. Siehe auch unter B2 Handeln – Wertung nach Wirkung!

Je mehr nun Signale von anderen (den Beschimpften etc.) bzw. von außen in Form von Hinweisen, Kritik, Angriffen (persönliche verbale etc. Angriffe), Relativierung´s-Versuchen etc. kommen, kann dies unter Umständen dazu führen, dass sich der destruktive/negative Kurs einzelner oder/und der gesamten Gruppe weiter verstärkt. Grund dafür ist – einzelne oder/und damit die Gruppe werden angegriffen (durch Kritik, Beschimpfung, Ausgrenzung, Diskriminierung) – wir müssen uns solidarisieren und uns verteidigen, bzw. zum Gegenangriff übergehen!

Ich/Wir schalten in den Verteidigungsmodus bzw. den Angriffsmodus! Die welche die anderen diskriminiert haben, fühlen sich nun ihrerseits als Diskriminierung´s-Opfer!

Gruppendynamik, ein paar Gedanken.
Wird von einer Gruppe/Gesellschaft etc., ein als Problem (etwas „Schlechtes", „Böses" und dergleichen) empfundener Sachverhalt, als ursprünglich oder überhaupt von außerhalb der eigenen Gruppe etc. (Selbstverständnis jeder Gruppe, ganz egal welcher, ist in der Regel, wir sind die Guten, wir sind im Besitz der objektiv richtigen Wahrheit) kommend, dargestellt, begründet (von wem auch immer) und letztlich auch so von der eigenen Gruppe etc. so wahrgenommen und empfunden (denn dies entspricht der kollektiven Erwartungshaltung der Gruppe – wie könnte es auch anders sein – denn wir sind ja die Guten!), dann hat dies Gruppen-intern mehrere Wirkungen, wie z. B.:

- Stärkung und Zusammenrücken gegen „Böses" und Feinde von außen!
- Ablenkung von Gruppen-internen Problemen, die dann automatisch nicht mehr im Fokus stehen, bzw. nicht mehr so wichtig sind!

Diese Wirkungen der Gruppendynamik basieren auf den folgenden 2 Prinzipien:

1. Alles „Gute" sind WIR bzw. ist Teil von UNS bzw. muss/müssen zwangsläufig WIR sein!
2. Alles „Böse" muss zwangsläufig von außen kommen bzw. „Böse" sind immer die anderen!

Diese 2 Prinzipien haben natürlich nicht nur Gruppen-interne Wirkungen, sondern mindestens genauso starke Wirkungen auf alles außerhalb der eigenen Gruppe! Das sind die Gründe, warum Dinge, Argumente etc. so gut funktionieren bzw. so gerne angenommen und übernommen werden, wenn sie eines dieser 2 Prinzipien ansprechen bzw. am besten gleich die beiden Prinzipien auf einmal ansprechen! Dadurch werden primär folgende Einstellungen und damit deren Wirkungen gefördert:

Fanatismus, Rassismus, Ignoranz, Arroganz, Intoleranz, Ausgrenzung, Diskriminierung und Faschismus!

Diese Auswirkungen/Punkte der Gruppendynamik können in Gruppen mehr oder weniger (zum Teil latent) vorhanden sein. Betrachtet man einzelne Mitglieder von Gruppen, kann aber nicht vorhergesagt werden, inwieweit oder ob überhaupt solche und andere Auswirkungen vorhanden sind, bzw. wie von diesem Gruppenmitglied, sein Gruppenleben verstanden und gelebt wird!

Es gibt in diesem Zusammenhang auch Menschen, die nur relativ oberflächlich einer oder mehreren Gruppen angehören, sich selbst zugehörig fühlen, oder aufgrund ihres Umfeldes (Freundeskreis etc.) einer oder mehreren Gruppen zugeordnet werden können.

Diese Menschen nutzen die Gruppe aber nicht als Leitbild, sich selbst aufzuwerten, anzugeben, Karriere zu machen, zu führen, bewundert/beneidet zu werden, einen Posten zu ergattern oder dergleichen. Sie werden am wenigsten/selten Täter oder Opfer bei gruppendynamischen Prozessen. Der Grund dafür ist, dass anstatt Gruppen-Zugehörigkeit, für sie Selbst-Zugehörigkeit wichtiger ist bzw., dass sie keine Zugehörigkeit zu einer Gruppe brauchen, weil sie bereits sich selbst (zu)gehören – kein Platz für „Täter-Opfer-Spielereien" und keine Aufwertungen durch Gruppen notwendig, weil sie sozusagen wissen, wer sie sind etc.!

Ich und meine Gruppe - Spirale der Destruktivität.

Abgrenzung gegenüber anderen dient dem Individuum um sich selbst als solches zu erkennen/definieren bzw. zu empfinden. Abgrenzung dient aber auch mehr oder weniger großen Gruppen um sich als Gruppe zu empfinden/definieren. Soweit OK! Aber auch Ausgrenzung und Diskriminierung betreiben nicht nur Einzelpersonen sondern auch Gruppen (Gruppendynamik etc.). Ausgrenzung und Diskriminierung anderer wird dann ein Teil der Gruppen-Identität. Ausgrenzung und Diskriminierung als individuelles Denken und Handeln und Ausgrenzung und Diskriminierung als Gruppen-denken und -handeln! Eine Gruppe denkt und handelt wie ein Individuum. Je mehr eine Gruppe dies tut, umso stärker fühlt sie sich, umso stärker ist die gruppeninterne Solidarität und Verbundenheit. Permanente Selbstbestätigung innerhalb der Gruppe durch gemeinsam zelebriertes „gleicher Meinung sein". Im negativ, destruktiven Kontext wird daraus eine Bildung und Aufwertung von Feindbildern. Das ist die andere „Seite der Medaille" bzw. der Gegenpol.

Diese Spirale der Destruktivität führt letztlich (nach anfänglichen „Höhenflügen") zur Auflösung/Zerstörung und Selbstzerstörung - insbesondere der Einzelnen innerhalb der Gruppe und somit auch der gesamten Gruppe. Das ist dann das Ende des Weges. Von hier aus geht es weder für mich noch für meine Gruppe weiter. Alles an die Wand gefahren.

Ich und meine Gruppe haben uns selbst (unbewusst) in „Isolationshaft" begeben. Um dieses Ende bereits früh zu vermeiden, kann es helfen, ganz am Anfang darüber nachzudenken (im Sinne von Selbstbeobachtung und Selbstkontrolle), warum ich diese oder jene Gedanken habe, die z. B. andere ausgrenzen oder diskriminieren – noch bevor ich diesen Gedanken freien Lauf lasse und ich mich entsprechend äußere oder handle.

Wechselwirkungen zwischen Gruppen und übergeordneten Gruppen/Systemen.

Je mehr Gruppen es gibt (egal innerhalb welcher größeren Gruppen/Systeme) um so mehr kann es dazu kommen, dass die Gruppen so sehr mit Ausgrenzung und Diskriminierung anderer Gruppen „beschäftigt" sind, dass eine Beteiligung/Mitbestimmung bzw. Einflussname/Mitregieren bei übergeordneten/größeren Gruppen nicht mehr, oder nur noch eingeschränkt möglich ist! Beispiel hierfür sind die Beschäftigten in einer Firma und die Firmenleitung, oder die Bürger und die Regierung. Es stellt sich die Frage, inwieweit eine Solidarisierung der verschiedenen Gruppen überhaupt noch möglich ist, bzw. wo noch gemeinsame Ziele verfolgt werden können, um gemeinsam Einfluss auf das übergeordnete System zu nehmen. Je weniger gemeinsame Ziele, Toleranz, und Solidarität, um so mehr wandelt sich der und um so mehr wird der, mitbestimmende Bürger, zu einem verwalteten, „entmündigten/entrechteten" „Namenlosen"! Gruppen von „Namenlosen" die nur noch miteinander im Krieg sind und sich dadurch selbst zu „Opfern" durch Selbst-Ausgrenzung (die andere Gruppe ist „wertlos", dumm und selbst schuld, die sind es nicht Wert, dass man mit ihnen reden, etc.), machen! Selbst-Ausgrenzung kann auch bei Einzelpersonen vorkommen. So kann es kommen – muss aber nicht!

Siehe herzu auch z. B. bei Wikipedia unter: „Herrsche und Teile" bzw. „Divide et impera (lateinisch)" bzw. „Rule and divide", „destroy harmony„ (englisch)! Alle diese Redewendungen zielen darauf ab, eine zu „beherrschende" Gemeinschaft in möglichst viele Gruppen mit gegenläufigen Interessen aufzuteilen. Hierdurch soll primär eine Ablenkung der Aufmerksamkeit, dadurch erreicht werden, dass sich die Gruppen gegeneinander wenden, anstatt sich im gemeinsamen Interesse zu solidarisieren (dadurch höhere „Schlagkraft" etc.), um sich gegen einen/den gemeinsamen „Feind" zu wenden! So könnten also die Effekte von „destroy harmony" für manche Leute/Gruppen durchaus nützlich erscheinen. Fragt sich nur für wie lange und welche langfristigen destruktiven Folgen das für alle hat!?

Je weniger Gemeinsamkeiten wir haben, je weniger wir zumindest eine gewisse, gemeinsame Basis haben, um so höher die Wahrscheinlichkeit, dass wir andere als krank, zurückgeblieben etc. bezeichnen, wahrnehmen und erkennen - um so höher die Wahrscheinlichkeit, dass wir uns selbst und unsere Gruppe als objektiv, gerecht, überlegen, erwacht, realistisch, vernünftig etc. bezeichnen, wahrnehmen und erkennen – um so höher die Wahrscheinlichkeit dass wir miteinander im Krieg sind!

Selbstbeobachtung – weitere Fragen.

Warum denke oder/und rede ich gerade abfällig über andere, die ich doch gar nicht persönlich kenne? Warum denke und rede ich schlecht über Bekannte und Freunde? Was bzw. welche Seite meines Seins, meines Wertesystems etc. will das? Habe ich das in meiner Kindheit so vorgelebt bekommen – zuhause wurde halt öfter über andere gelästert und geschimpft, das ist doch normal bzw. machten doch alle, da ist doch nichts dabei!? Beantworte ich mir dieses Fragen (als Teil der Selbstbeobachtung) dann weiß ich, was da in mir, in meinem Sein von anderen getriggert wird. Dann sehe ich, dass die Schlechtigkeit etc. (der anderen oder/und der Welt), die ich anderen vorwerfe bzw. überall sehe, etwas ist das ich aus meinem Sein in die Welt projiziere/interpretiere etc., etwas ist, das aus mir kommt, also in mir in meinem Sein seinen Ursprung hat. Dies gilt für jeden, darin sind wir alle gleich, jeder lebt eben in seiner individuellen Welt. Unser Sein/Denken wirkt über unsere Handlungen nach außen ganz wertungsunabhängig, weil dies eben unsere Gedanken etc. sind. Also Bewertung´s-Neutral und egal ob Denken oder Handeln konstruktiv oder destruktiv sind. Insofern ist dies auch jedem zuzugestehen, jeder hat ein Recht etc. auf seine Individualität und so zu handeln wie es ihm als logisch, normal und richtig erscheint! Egal um was es dabei geht.

Probleme treten dann auf, wenn destruktives/übergriffiges/zerstörerisches Denken zu Handeln wird und damit andere/andersdenkende ausgrenzt und diskriminiert. Wobei ich mir damit auch selbst erheblich schade, weil ich mir durch mein „eingleisiges" Handeln viele Möglichkeiten zerstöre! Hier haben wir die Ethik als Basis/Hilfe/Wegweiser, um Ausgrenzung und Diskriminierung in Grenzen zu halten bzw. diese zu verhindern und damit zu verhindern, dass wir und andere ausgegrenzt und diskriminiert werden.

Die Ethik um zu verhindern, dass wir selbst als Individuum und ggf. unsere Freunde/Gruppe, oder die Gesellschaft und andere etc., Schaden nehmen und in destruktives/zerstörerisches Verhalten verfallen. Es ist wichtig, dass wir uns selbst als Individuum wenigstens ab und zu wieder etwas herunterbringen/beruhigen/erden und andere genauso wie auch uns selbst ein Leben nach eigenem Sinn/Sein ohne wenn und aber zugestehen. Dies sollte auch innerhalb von Gruppen als „Hygiene"-Maßnahme stattfinden bzw. gegeben sein. Dies, anstatt ein Leben in Misstrauen und Angst vor anderen.

Statt Verachtung anderer verlangt es bereits der Respekt vor mir selbst als Individuum, eben diesen Respekt allen anderen ohne wenn und aber zuzugestehen. Dies als gegenseitige Bereicherung. Mein Vorschlag - schließe dich nicht ein mit Freunden, die nur Freunde sind solange du der gleichen Meinung bist, sondern bleib offen und gehe in die Welt hinaus - egal ob alleine oder/und mit deinen Freunden. Sei und bleibe dabei dein eigener Maßstab – das ist OK!

Position der Abhängigkeit, Position der Unabhängigkeit.

Betrachte verschiedene Entscheidungen, Handlungen und Wege die gegangen werden. Dabei kann man feststellen, dass vielfach aus einer „Position der Abhängigkeit" heraus entschieden und gehandelt wird.

Unter „Position der Abhängigkeit" verstehe ich Handeln (incl. Nicht handeln), das z. B. auf folgenden Umständen/Situationen und Dingen basiert, herrührt oder sogar von diesen diktiert wird und deshalb, nicht eindeutig/unabhängig ist, sondern abhängig ist, von eben diesen Umständen etc.:

Entscheidungen und Handlungen aus Angst (vor Konsequenzen, Verlust von Ansehen/Anerkennung etc.), aus Unsicherheit (weil man nicht weiß was andere darüber denken etc.), aus Rücksichtnahme auf andere oder irgendwelche Umstände, aus Opportunismus, aus Geltungsbedürfnis und dergleichen. Das sind Entscheidungen und Handlungen aus einer Positionen der Abhängigkeit heraus!

Alle Entscheidungen und Handlungen, die ich „alleine"/unabhängig (ohne das wenn und aber, obiger Umstände) anders machen würde, alles was nicht „authentisch" ist, alles was nicht meinem „direkten" Willen entspricht, basiert auf einer Position der Abhängigkeit! Achtung: Entsprechend meinem Sein, ist es natürlich primär mein Wille, diese Position der Abhängigkeit, zuzulassen weil es eben meinem Sein entspricht, ziehe ich dieses Verhalten vor, weil es mir u.U. Vorteile verspricht! Ich delegiere quasi die Verantwortung etc. an die jeweiligen Umstände/Situation einer Entscheidung und Handlung bzw. ich mache Entscheidungen etc., abhängig von manchmal sogar mehreren Umständen/Situationen die gleichzeitig gegeben sind und berücksichtigt werden sollen. **Position der Abhängigkeit = Entscheidungen, Handlungen von den jeweiligen Umständen/Situationen abhängig!** Nicht ich entscheide sondern es entscheiden quasi die Umstände/Situationen.

Entscheidungen etc. können auch aus einer Position der Unabhängigkeit heraus (direkt) getroffen/gemacht werden! Eine Position der Unabhängigkeit ist es, wenn ich direkt/authentisch entscheide und handle, also einfach das Gegenteil der Position der Abhängigkeit! Keine „notgedrungenen/aufgedrängten" Entscheidungen etc. (durch die Umstände/Situation „diktiert") sondern freie, „rücksichtslose" Entscheidungen etc.!

Selbstbewusst und authentisch/frei zu entscheiden und zu handeln - das ist die Position der Unabhängigkeit! Auch wenn dies nicht für jede Entscheidung etc. immer so funktioniert oder möglich ist, wie man das vielleicht möchte, oder machen sollte! **Position der Unabhängigkeit = Entscheidungen, Handlungen von den jeweiligen Umständen/Situationen unabhängig!**

Wenn ich mich aus einer Position der Abhängigkeit (Angst, Vorteile) z. B. dafür entscheide an spirituelle, metaphysische Dinge zu glauben, kann ich mir folgende Fragen stellen: Was ist solch eine Entscheidung wert? Wie tief geht sie?

Hilft mir solch eine Entscheidung wirklich weiter (auf welcher Ebene auch immer)? Hätte ich mich aus einer Position der Unabhängigkeit entschieden, würden sich solche Fragen nicht stellen! Es macht in der Folge bzw. den Wirkungen (auf mich und andere) also Unterschiede, ob ich aus einer Position der Abhängigkeit oder aus einer Position der Unabhängigkeit, entscheide und handle!

Beispiele: Ampel rot, gehen oder stehen? Todesstrafe - Ja oder Nein? Für welche Partei bin ich? Von welcher Fußballmannschaft bin ich ein Fan? Wie denke ich über Fanatismus? Wie entscheide ich mich? Wie handle ich? Welche Ansicht/Meinung werde ich vertreten und auch wie überzeugt/stark werde ich dies tun? Kommt es dabei vielleicht darauf an, mit wem ich unterwegs bin, mit wem ich gerade am Tisch sitze (Mutter, Vater, Freunde (Stammtisch, Partei, Fußball), Feinde), mit wem ich gerade streite (also auf die Umstände/Situation), welche Ansicht/Meinung ich vertrete bzw. wie ich mich entscheide und handle? Wenn „Ja", dann ist dies die Position der Abhängigkeit! Wenn „Nein", dann ist dies die Position der Unabhängigkeit!

Beispiel für Selbstbeobachtung und Selbstkontrolle aus meiner täglichen Praxis:
Mir fiel und fällt auf, dass manche Personen in Bezug auf die Themen über die sie sprechen zwischen 2 Extremen (und dies nahezu ohne Zwischenstufen) hin und her wechseln. Entweder wird in Bezug auf sich selbst angegeben (schöngefärbt, geprotzt und geprahlt etc.) oder in Bezug auf andere gelästert (geschimpft und verächtlich geredet etc.)! Diese Personen praktizieren Selbst-Ausgrenzung! **Selbst-Ausgrenzung = Selbst-Glorifizierung + die anderen sind wertlos, dumm und selbst schuld!** Ursache sind Ausgrenzungserfahrungen (Ablehnung, Zurückweisung, Kränkung, Verletzung, Verachtung, Gefühlskälte usw.) besonders in der Kindheit, die ich selbst als Reaktion/Rache mit der Ausgrenzung/Zurückweisung der anderen beantworte (ihr seid es nicht wert, ihr wollt mich nicht, ihr verletzt mich, also verachte und hasse ich euch dafür, ihr habt es also nicht anders verdient und euch selbst zuzuschreiben)! Auch Gruppen können Selbst-Ausgrenzung betreiben. Soweit meine ersten Gedanken. Wenn ich mich jetzt selbst beobachte, stelle ich fest, dass mir das, was mir da aufgefallen ist nicht gefällt. Ich fühle mich unwohl bei Gesprächen, mit Leuten, die wie oben beschrieben „kommunizieren"/reden.

Meine ganz persönliche Selbstbeobachtung:
Über andere zu schimpfen, gefällt mir grundsätzlich nicht, weil ich es als unfair gegenüber den (meist nicht anwesenden) anderen empfinde. Ich finde es rücksichtslos. Wenn ich nichts positives über einen anderen erzählen kann, warum schweige ich nicht einfach – aus Respekt etc.?

Andere runter zu machen bzw. kleiner zu machen, bedeutet automatisch, ein größer machen von sich selbst. Das ist nicht OK, weil wir doch alle gleich sind und damit Gleiche unter Gleichen! Und dann noch einen drauf zu setzen und sich selbst auch noch zu loben, sich selbst also noch weiter über andere zu stellen das „stinkt" mir – das finde ich alles rücksichtslos und übergriffig! Soviel zum Thema Ursachenforschung, also darüber, warum mir etwas, wie in diesem Fall, unangenehm aufgefallen ist. Soweit also mein ganz persönliches Empfinden/"Problem"!

Beispiel „erste Reaktion":
Betrachten wir als Beispiel einmal meine erste Reaktion auf etwas (eine Handlung eines anderen triggert etwas in mir) das mir nicht in den „Kram" passt: Wenn irgendetwas (Handlung anderer) mein Weltbild/Sein schwächt oder/und verhöhnt und beleidigt etc., dann werde ich als allererstes diesen Angriff (so meine Wahrnehmung) auf mein Sein bzw. meine Person mit einem mindestens ebenso starken Angriff (als Verteidigung = ethische Rechtfertigung) auf den/die anderen beantworten! So schaukeln sich Angriffe und Gewalt weiter und weiter auf. Und jeder empfindet seinen Angriff/Verteidigungsangriff als absolut ethische und gerechtfertigte Verteidigung seines Seins bzw. von idealisierten Teilen seines Seins. Dies gilt auch für ganz profane Dinge des Alltags (z. B. Bio-Lebensmittel, Vegan, Dieselautos), weil auch hinter den scheinbar profanen Dingen des Alltags wichtige/hohe, idealisierte Werte unseres Seins stehen! Die Angriffe (Beleidigungen etc.) werten sich in meinem Sein, gegenseitig immer mehr auf, weil sie immer mehr reflektiert und wahrgenommen werden und dadurch auch immer mehr in unserem Sein vorhanden sind und Thema sind. Denn, das worüber man viel nachdenkt, ist wichtig. Worüber man sehr viel nachdenkt, ist sehr wichtig usw.!

Das ist die Funktionsweise unseres Seins in Bezug auf „erste Reaktion", auf etwas, das uns nicht in den „Kram" passt etc.! Aber dieser Ablauf muss nicht so sein, denn es gibt genug Methoden der Deeskalation wie z. B. erst einmal zuhören und den anderen mit Respekt behandeln – also sich ganz normal verhalten, auch wenn der andere sich aggressiv/übergriffig oder/und beleidigend/respektlos verhält. Beleidigungen etc. nicht noch zusätzlich aufwerten, indem man ebenfalls mit Beleidigungen antwortet. Wer deeskaliert, hört zu und erdet, lässt also den Angriff ins Leere laufen, anstatt im Sinne der „ersten Reaktion" zu eskalieren! Angriffe ins Leere laufen zu lassen, ist in der Praxis um so schwieriger, je persönlicher die Angriffe werden, bzw. „Angriffe" (Handlungen anderer) Dinge in unserem Sein triggern, die uns Angriff, Verletzung und Schmerz fühlen lassen. Wer ist jetzt noch bereit (egal wie begründet und ohne wenn und aber) nicht zurückzuschlagen!? Am besten wenn man dieses deeskalierende Verhalten von seiner Umwelt vorgelebt bekommt bzw. bekommen hat, das vereinfacht die Umsetzung.

Also Dinge/Angriffe etc. relativieren und abstrahieren statt eskalieren. Eigene Verletztheit und das Empfinden eines persönlichen Angriffs seinem Gegenüber mitteilen – eigene Befindlichkeiten kommunizieren und nicht Zurückschlagen!

Selbstkontrolle durch Anwendung von Selbst-Abstraktion/Relativierung.
Also ich fühle mich unwohl – das ist aber nicht objektiv, sondern rein subjektiv von mir, also meine Weltsicht, mein Wertesystem und meine individuellen Gefühle/Betroffenheit etc. Das, was mich stört, ist weder gut noch schlecht - es ist wie es ist. Alle Beteiligten handeln entsprechend ihrer individuellen Sichtweise, bzw. handeln entsprechend ihres Seins, folgerichtig, logisch, richtig und normal.

Ich habe also zuerst Dinge in meiner Umwelt beobachtet und anschließend mich selbst, um zu erkennen, was in mir getriggert wurde, bzw. warum ganz speziell mich als Person, dieses Geschehen stört. Anschließend habe ich mich Selbst abstrahiert/relativiert. Als Ergebnis dieses Ablaufes kann ich nun das was mir auffällt, bzw. das was mich stört, als persönliche Erkenntnis festhalten und dies gleichzeitig ohne das Bedürfnis, oder den Drang andere belehren (oder schulmeistern) zu wollen. Bloß weil mir jetzt etwas aufgefallen ist, muss ich anderen meine Sichtweise nicht aufdrängen - weil ich weiß, dass der andere genauso logisch argumentiert und in seiner Welt/Sichtweise genauso recht hat wie ich. Dadurch halte ich Frieden mit mir und der Welt, ärgere mich nicht und muss nicht (insbesondere über andere) schimpfen.

Diese Vorgehensweise ist auch mindestens genauso interessant und wichtig anzuwenden in Bezug auf Dinge die mir positiv etc. auffallen.

Die Anwendung der Selbstbeobachtung/Selbstkontrolle führt ganz automatisch dazu, dass man andere Menschen, Dinge und Sachverhalte aus mehreren Blickwinkeln zu betrachten beginnt. Wer sich selbst beobachtet/hinterfragt, wird dies auch in Bezug auf seine Umwelt tun! Wer sich selbst abstrahiert und relativiert, der wird das auch in Bezug auf seine Umwelt tun!

Fazit: Ohne Selbstbeobachtung/Selbstkontrolle laufe ich blind durch mein Leben, vergleichbar einem Auto das fährt, aber keiner steuert. Wenn ich mich selbst hinterfrage, abstrahiere und relativiere kann ich mehr über mich selbst (meine Beweggründe und Bedürfnisse) erfahren. Ich kann mir selbst bewusst werden über Ursachen und Wirkungen in meinem Sein und gleichzeitig meine Gegenüber bzw. die anderen so akzeptieren/respektieren wie sie sind. Selbstbeobachtung und Selbstkontrolle sind die Werkzeuge um dies zu erreichen – um mit mir selbst und meiner Umwelt im Reinen zu bleiben und um weiter zu lernen und mehr zu verstehen.

A3h. Gefühle/Emotionen.

Wenn wir die Thesen aus dem Kapitel (A3b) über unser Ich und Sein berücksichtigen, dann ist klar, dass Emotionen in den tieferen unbewussten Schichten/Ebenen unseres Seins entstehen. Anschließend wird meinem ich bewusst bzw. an mein ich übermittelt, was mein Sein „beschlossen" hat. So werden mir Emotionen wie z. B. Glück und Leid bewusst.

Ohne Emotion gibt es kein Wollen. Jeder Wille, alles Wollen und damit jegliches Handeln, basiert auf Emotionen. Ohne Emotion ist Wollen und Handeln nicht möglich! Alles Handeln basiert auf Gefühlen/Emotionen. Jeder Wille basiert auf Emotion. Unmotiviertes Wollen und Handeln, ohne dass eine Emotion als Antrieb/Auslöser vorliegt, gibt es nicht. Der Wille basiert auf Emotionen bzw. wird ausgelöst von Emotion und er wird von Emotion getragen/gestützt. Emotionen werden in den tiefen Schichten/Ebenen unseres Seins (limbisches System, Unterbewusstsein etc.) gebildet, damit daraus Wollen und anschließend Handeln werden kann.

Wie gefühlsbetont/emotional agiert wird, und wie eigene und fremde Emotionen empfunden werden, ist individuell/subjektiv verschieden. In welcher Art und Weise individuelle Emotionen gelebt werden, hängt stark davon ab, ob und wie uns Emotionen, von unsere Umwelt (Familie etc.) vorgelebt wurden/werden.

Ablauf/Abfolge: **Tiefere Schichten des Sein als Quelle/Ursache/Grund → Emotion/Antrieb → Wille/Bewusstwerdung → Handlung/Nicht Handlung**. Wobei uns Emotion und Wille besonders dann bewusst werden, wenn wir mit/bei unserem Verhalten auf Grenzen/Kritik stoßen.

Fazit: Emotionen werden von unserem Sein produziert, weil es ohne Emotionen kein Wollen gibt und ohne Wollen kein Handeln möglich ist! Emotion ist die Basis von allem! Basis allen Handelns ist Emotion. Aus Emotion entsteht der Wille/Bewusstwerdung und aus dem Willen die Handlung/Nicht Handlung. Dieser Ablauf vollzieht sich meinst/größtenteils unbewusst, in unserem Sein.

A3i. Der „freie" Wille.

Wenn hier über den freien Willen gesprochen wird, so sei hier zuerst einmal über die Freiheit gesprochen werden, ohne Zwang und Druck durch andere, den persönlichen Willen ausleben zu können – siehe politische Wahlen, Arbeit, Kaufentscheidungen etc.!

Der freie Wille also gemeint als Freiheit meinen Willen unabhängig von anderen - die einem ihren Willen diktieren wollen und ggf. Sanktionen/Strafen androhen - frei ausüben zu können. Der freie Wille in Bezug auf ein selbstbestimmtes Leben/Entscheiden ohne Zwang von außen. Ein freier Wille ist für diesen begrenzten Bereich/Fall, der persönlichen Freiheit/Wahlfreiheit ohne Zwang von außen (durch andere Personen etc.), als mögliche oder/und ausgeübte Freiheit existent/vorhanden/gegeben.

Der weitere Inhalt dieses Kapitels beschäftigt sich aber mit dem Ursprung, bzw. der Basis unseres Willens/Wollens. Woher kommt das was wir wollen und können wir bestimmen was wir wollen? Der Ursprung unseres Wollens ist unser ganz individuelles Sein. Zu unserem Sein, siehe hier auch die vorhergehenden Kapitel. Es stellt sich u. a. die Frage, inwieweit unsere persönliches Sein unabhängig und frei ist? Erst wenn ich weiß was mein Sein ist, kann ich Schlüsse in Bezug auf den freien Willen ziehen. Wenn mein Sein nicht unabhängig/autark, sondern abhängig/relativ/konditioniert von Biologie und Umwelt ist, wie kann dann mein Wille frei/unabhängig sein?

Der selbstbestimmt Wille.

Auch wenn ich selbstständig und selbstbestimmt/"autark" meinen Willen ausüben kann, so ist doch das, was ich will, ein Produkt dessen, was ich bin. Mein Sein bestimmt/definiert/formuliert mein Wollen. Mein Sein entstanden aus Biologie und Umwelt, die mich prägten und zu einem individuellen Produkt machten/machen, das nur innerhalb dieses individuellen Seins Willensäußerungen, bzw. ein Wollen generieren/haben kann. Damit ist also jeder einzelne Wille, bzw. mein gesamtes Wollen davon abhängig, wer ich bin (von meinem Sein), bedingt von allem was mich zu dem gemacht hat, der ich bin (Biologie und Umwelt). Ich bin also ein Produkt von Faktoren, die jenseits meiner Beeinflussung lagen/liegen und mein Wollen kann deshalb nicht frei sein. Mein Wille ist also stets abhängig/bedingt und niemals frei und unabhängig.

Wenn ich selbstbestimmt/frei will, dann ist dieser Wille doch nicht selbstbestimmt/frei/unabhängig, sondern es ist der Wille von anderen, also der Umwelt (Familie, Gesellschaft etc.), die mich geprägt/konditioniert haben. Mein Wille ist also immer auch der Wille von anderen. Außerdem ist mein Wille/Wollen nie frei, weil er/es nie frei ist von mir selbst, also frei von meinem Sein. Ich kann nicht frei/autark/unabhängig/objektiv von mir selbst wollen/entscheiden! Mein Sein bestimmt unbewusst das, was ich will, ohne, dass ich selbst Einfluss auf das Ergebnis (Ergebnis = etwas das ich will) habe! Mein Wille ist, bzw. entspricht meinem individuellen Sein und kann somit nie frei sein. Ein freies, objektives Wollen, frei/unabhängig von meinem individuellen, subjektiven Sein ist nicht möglich, da es mein Sein (meine Persönlichkeit etc.) getrennt von von meinem Sein (also von mir selbst) nicht geben kann! **Es gibt den freien Willen gerade eben deshalb nicht, weil es mein individueller Wille ist, also der Wille meines subjektiven (unfreien) individuellen Seins!** Ein freier bzw. objektiver Wille würde eine Freiheit von meinem Sein, also eine Nichtexistenz meines subjektiven Seins bzw. meiner Person voraussetzen!

Mein Wille ist außerdem nicht frei von meiner aktuellen Befindlichkeit/Laune/Gesundheitszustand meinem Alter etc. Je nach Laune kann in der gleichen Situation/Sache, mein Wille ein anderer Sein. Mein Wille ist also auch durch Befindlichkeiten bedingt und deshalb nicht frei. Mein Wille/Wollen ist also nie frei, sondern ganz im Gegenteil immer begründet/abhängig/bedingt/gesteuert/konditioniert/relativ von/zu folgenden Punkten:

a. Biologie und Umwelt. Meine biologischen Festlegungen und meine Prägungen, Konditionierungen, und Erfahrungen.
b. Von mir selbst, meinem Sein. Der der ich geworden bin. Mein Sein als subjektiver, individueller, begrenzender Faktor (siehe auch unter Erkenntnisfähigkeit).

c. Aktuelle Befindlichkeiten. Alter, Laune, Gesundheitszustand etc.

Mein Sein ist nicht frei, sondern subjektiv, also kann mein Wille auch nicht frei sein.
Was mein Sein definiert/konditioniert/bestimmt, das bestimmt indirekt/unbewusst etc. meinen Willen. Biologie und Umwelt sind nicht frei (liegen außerhalb meines Einflusses), mein Sein ist nicht frei (ich kann mich von meinem Sein, so wie es eben ist nicht lösen) und mein Wille ist demzufolge ebenso wenig frei! Alles ist Teil einer einmaligen Geschichte. Alles ist meine individuelle Geschichte. Mein Wollen wird bestimmt durch mein subjektives Sein, das außerhalb meiner bewussten Kontrolle - über das was mein Wollen formt und bestimmt – mein Wollen bestimmt und steuert! Mein Sein, das außerhalb meiner Kontrolle bestimmt was ich will, bzw. außerhalb meiner Kontrolle bestimmt was ich zu wollen habe, ist also wie ein Fremder der bestimmt was ich zu wollen und zu tun habe! Mein Wille ist also immer fremdbestimmt (von mir selbst), weil nie unabhängig von mir selbst bzw. meinem Sein, und kann demzufolge niemals frei sein. Mein Wille ist zudem relativ weil abhängig/bedingt von vielen Faktoren. Siehe auch in Bezug auf die Relativität de Seins.

Achtung Missverständnis: Noch ein Hinweis zu Prädestination/Vorbestimmung aus theologischem/spirituellem Kontext/Sicht. Diese Sichtweise kann dazu beitragen, dass es zu einem Missverständnis kommt, wenn ich hier sage es gibt den freien Willen nicht. Kurzform dieser Sichtweise: Kein freier Wille = Prädestination/Vorbestimmung? Ich rede hier aber vom Willen ohne Bezug auf eine theologisch/spirituelle Sichtweise. Wenn ich sage, den freien Willen gibt es nicht, dann meine ich damit **nicht**, dass dies automatisch/gleichfalls Prädestination/Vorbestimmung bedeutet, oder der Wille (frei oder unfrei) in irgendeiner Abhängigkeit/Verbindung zu Prädestination/Vorbestimmung steht! Hinsichtlich Prädestination/Vorbestimmung bin ich ohnehin gegenteiliger Ansicht. Grundsätzlich sind Dinge etc. erst bestimmt, wenn sie passiert sind und nicht vorher!

Fazit: Mein Sein ist von meiner ganz persönlichen/individuellen Biologie und Umwelt definiert. Biologie und Umwelt, die mich geprägt haben, liegen außerhalb meines Einflusses. Ich bin ein Produkt von Biologie und Umwelt, mein gesamtes Sein ist ein Produkt und als solchen bin und handle ich. Ich bin nicht frei/unabhängig, also frei von meinem persönlichen Sein, wenn ich etwas will. All mein Wollen hat einen Grund, meine persönliche, interne Logik, die begründet, warum ich gerade dieses oder jenes will. Das Wollen meines Seins wird sichtbar und wirksam z. B. beim Bewerten, Entscheiden, Urteilen, bei meiner Weltanschauung und bei meinem Wertesystem. Mein Sein beinhaltet meine ganz persönliche, internen Logik, definiert/festgelegt durch Biologie und Umwelt. Was diese „interne Logik" allerdings von mir will (bzw. will dass ich will), liegt außerhalb meines Einflusses/Willens! Das alles macht mich als Individuum aus. Mich davon zu befreien bzw. frei/unabhängig davon zu sein (und damit auch etwas frei zu wollen), würde bedeuten, dass ich als Individuum nicht mehr existiere, bzw. ich also unabhängig von mir selbst sein müsste – und dies geht nicht. So gesehen ist der freie Wille nicht frei. So gesehen gibt es zwar meinen Willen und mein Wollen, aber eben nicht unabhängig/bestimmbar/frei von mir selbst, also frei oder objektiv. Oder das ganze in Kurzform: Den freien Willen gibt es nicht!

A4. Die Relativität des Seins anhand eines Beispiels.

Der Abschnitt A beantwortet viele Fragen, wie z. B. über unsere Erkenntnisfähigkeit und unser Handeln. Letztendlich beantwortet Abschnitt A die Frage: Was ist der Mensch und wie funktioniert er!? Hier folgt jetzt ein einfaches Beispiel aus dem Alltag, auf Basis dessen wir das Wissen aus Abschnitt A anwenden bzw. noch besser verstehen können.

Beispiel Papierchen: Fußgängerzone mit 3 Leuten, die hier unterwegs sind. Die erste Person hat ein Papierchen in der Hand und wirft es direkt weg, bzw. lässt es einfach fallen. Die 2te Person hat das gesehen und hebt das Papierchen auf – ärgert sich und schimpft, um das Papierchen dann in einen Mülleimer zu werfen. Eine 3te Person hat davon nichts mitbekommen. Die 3te Person hat ebenfalls ein Papierchen in der Hand und geht damit zum nächsten Mülleimer und wirft es hinein. Aus diesem Beispiel ergeben sich unter anderem folgende Fragen:

Frage 1: Was unterscheidet (auf geistiger Ebene gesehen) die 3 Leute?
Antwort 1: Nichts! Weil jeder sein individuelles/persönliches „Programm" abspult/lebt, das seinem Wertesystem entspricht. Jede Person hat ihr eigenes Verhalten so erlernt, so vorgelebt bekommen, oder auch nicht vorgelebt bekommen. Das erlernte wurde zu einem Teil des persönlichen Seins, bzw. ist das persönliche/individuelle Sein.

Frage 2: Welche Verhaltensweise/Wertung ist die Richtige?
Antwort 2: Keine! Weil jeder individuell für sich selbst, folgerichtig und OK handelt. Jeder handelt aus individuellem, subjektivem Impuls ohne schlechte Absicht, oder um andere provozieren zu wollen (bis auf Ausnahmen von absichtlicher Provokation). Alle Handlungsweisen sind weder richtig noch falsch, keiner hat mehr recht oder ist gar ein besserer Mensch als der andere! Wertungen passieren ebenfalls individuell nach den gleichen Regeln. Auch eine Wertung der einzelnen Verhaltensweise unterscheidet nichts. Jeder lebt in jeder Beziehung (als Person, durch sein Verhalten, durch seine Wertung), auf jeder Ebene sein individuelles/spezifisches Sein, das seinem Selbstverständnis/Wertesystem entspricht. Von diesem Punkt aus gesehen gibt es kein Richtig und auch kein Falsch. Weder in Bezug auf eine Person, noch in Bezug auf ihr Verhalten und/oder ihre Wertungen. Richtig und Falsch greift erst (wird erst Wirklichkeit, tritt erst auf den Plan) sehr viel später, auf der Ebene gruppenspezifischer (Familie etc.) und gesellschaftlicher Normen, denen das Individuum gerecht wird oder nicht gerecht wird. So gesehen halten wir alle unser individuelles/subjektives Wertesystem von ganzem Herzen für richtig. Es gibt kein richtig oder falsch, es herrscht das Individuum in seiner individuellen ureigensten subjektiven Welt.

Frage 3: Gelten die gemachten Aussagen nur für das Beispiel Papierchen?
Antwort 3: Nein! Es gilt für alle Lebensbereiche bis hin zu jedem Gedanken! Wir „spulen" unser individuelles Programm ab, bzw. agieren gesteuert durch unser individuelles Wertesystem/Sein. Lernen und Optimierung/Relativierung und Änderung durch neue Überlegungen und Erfahrungen, Einblicke etc., ist nicht nur möglich sondern findet zwangsläufig statt – innerhalb individueller Grenzen. Dadurch verändert/"optimiert" sich das Programm/Wertesystem und damit unser Sein lebenslang. Also ist nicht nur unser Sein als solches relativ, sondern weil unser Sein das ganze Leben über nicht fix ist (das Gleiche ist), auch zu unterschiedlichen Lebensabschnitten relativ – also auch noch in sich relativ! Die lebenslange Veränderung und Anpassung an die aktuellen Lebensumstände, ermöglicht unser leben bzw. überleben.

Dieses Beispiel und die Schlussfolgerungen daraus belegen mindestens 4 Dinge, bzw. machen diese greifbar:
1. Die Relativität des Seins (unser Verhalten/Sein ist Relativ, auf individuelle Biologie+Umwelt basierend).
2. Die Evolution des Seins (Lebenslange Veränderung, Lernen etc.).
3. Die Nichtexistenz des freien Willens (jeder spult seine individuelle Verhaltensweise ab).
4. Wir sind alle gleich (wir alle sind Leben, Biologie+Umwelt liegen jedem Individuum zugrunde).

Diese Dinge wirken auf, und prägen alle, Lebensbereiche. Bzw. wirken in diese hinein, bestimmen sie und sind Beweggrund unseres Wollens und damit Handelns/Verhaltens.

Beispielhaft seinen hier die Lebensbereiche Ethik, Freiheit und Verantwortung genannt.

Fazit: Wir leben in einer Welt in der fast alles veränderlich/abhängig/relativ ist. Diese Veränderlichkeit/Bedingtheit/Tagrelativität macht vor uns nicht halt – wir sind Teil des Ganzen, keine Ausnahme. Unser Sein ist von dynamischen Variablen (Umwelt, Lebensalter etc.) abhängig, also in vielfacher Hinsicht relativ. Deshalb gibt es kein objektives richtig und falsch, jedes Individuum handelt auf Basis des eigenen subjektiven Seins/Wertesystems bzw. Weltbildes. Jedes Individuum handelt von sich aus gesehen (aus Sicht des eigenen Seins), logisch, sinnvoll und richtig. Jedes Individuum lebt sein spezifisches Sein/"Programm". Niemand ist ein besserer oder schlechter Mensch, als irgend jemand anderes! Darin sind wir alle gleich!

A5. Alles ist subjektiv nichts ist objektiv.

Wie wir bereits gesehen/gelesen haben und im weiteren noch sehen werden, beinhaltet diese Abhandlung jede Menge kleinere und größere Erkenntnisse. Diese Erkenntnisse etc., sind Teil meines individuellen, persönlichen Seins. Mein Sein hat sie als Erkenntnisse etc. wahrgenommen/interpretiert/gewertet bzw. akzeptiert oder abgelehnt. All diese Erkenntnisse/Wahrheiten etc. sind jedoch nicht objektiv etc., sondern rein subjektiv/persönlich! Warum ist das so? Als Individuum/Subjekt kann ich mich nie/nicht aus meinem subjektiven Sein lösen – alles denken, wollen und handeln, geschieht durch die Brille meiner Subjektivität. Der Mensch ist ein subjektiver Interpretierer. Deshalb ist es mir nicht möglich objektive Erkenntnisse/Wahrheiten etc. zu gewinnen! Der einzige Fixpunkt, bzw. die einzige Ausgangsbasis ist, dass es keinen Fixpunkt bzw. keine Ausgangsbasis gibt, von wo aus sich alles weitere unseres Seins, aufbauen und definieren lässt. Es gibt keine objektiven Fixpunkte bzw. keine objektive Ausgangsbasis! Wir haben vielmehr, die große individuelle Möglichkeit und Freiheit, Fixpunkte bzw. Ausgangsbasen, subjektiv also ganz persönlich auf unser Sein eingestellt, für uns selbst als solche, selbst zu definieren/festzulegen (siehe Wertesystem, Ethik usw.)! Dass es keine objektiven Fixpunkte gibt, kann uns Angst machen, bedeutet aber auch grenzenlose Freiheit! Aufgrund dieser Sichtweise ist diese Abhandlung mit all ihren Erkenntnissen, an keiner Stelle objektiv oder/und unabhängig!

Ein subjektives Individuum kann nicht frei von sich selbst und auch nicht objektiv sein.

Kein Individuum/Subjekt kann objektiv sein oder objektiv erkennen etc., sondern nur subjektiv sein und subjektiv erkennen. Es gibt also folglich keine Objektivität, keine Wahrheit oder absolute/unabhängige Erkenntnis. Alles denken und handeln stammt von Individuen, die entsprechend ihrem individuellen/subjektiven Sein (Produkt aus Biologie und Umwelt) ausschließlich subjektiv denken und handeln können! Also ist alles denken und handeln gleich, also auch gleichwertig weil subjektiv (aus Sicht des Individuums) richtig – alle/jeder haben/hat recht – alles ist niemals objektiv richtig oder falsch!

Alle Erkenntnisse/Wissen/Wahrheiten etc. sind subjektiv und somit „nur" Möglichkeiten und Vorschläge. Wenn diese von anderen akzeptiert werden, macht sie dies dennoch nicht mehr wahr oder objektiv. Egal wie viele andere eine Erkenntnis/Wahrheit/Tatsache etc. als objektiv anerkennen, das beweist nicht dass diese objektiv ist, sondern nur, dass innerhalb der Art Mensch gleiche Denkmuster etc. existieren, die/um einen Konsens innerhalb kleinerer oder größerer Gruppen zu ermöglichen etc.! Innerhalb eines Individuums, einer Person kann es auch zur Koexistenz/Mischung, von subjektiv als objektiv empfundenen Wahrheiten und als subjektiv empfundenen Wahrheiten kommen.

Alles ist subjektiv und nichts ist objektiv! Für diese Erkenntnis gilt auch in vollem Umfang die Aussage dieser Erkenntnis. Diese Erkenntnis ist subjektiv nicht objektiv, sie abstrahiert/relativiert sich damit selbst! Denke ich diese Erkenntnis ist objektiv, dann gilt sie nicht mehr, also muss diese Erkenntnis auch für sich selbst gelten! Diese Abhandlung beinhaltet subjektive Erkenntnisse oder besser, Möglichkeiten/Vorschläge die zur Diskussion etc. stehen. Damit abstrahiert/relativiert sich diese Abhandlung selbst und alle Erkenntnisse die darin enthalten sind. Hier gibt es keine unabdingbaren/objektiven Thesen/Dogmen, Wahrheiten oder Tatsachen. Hier gibt es nur Möglichkeiten, Wege, Sichtweisen, Anregungen, Vorschläge und dergleichen! Alte und neue Möglichkeiten, Wege etc. sichtbar zu machen, bzw. dies als möglich ins Gespräch/Bewusstsein zu bringen also bekannt zu machen, das ist einer der Gründe warum es diese Abhandlung überhaupt gibt. Aber entwertet diese Sichtweise nicht automatisch diese Abhandlung und alle darin enthaltenen Erkenntnisse? Ich meine nein! Es werden Erkenntnisse/Wahrheiten etc. nur anders eingeordnet! Erkenntnisse etc. die u.U. als objektiv gegolten haben sind jetzt unter subjektiv eingeordnet! Diese Einordnung unter Subjektiv hat erhebliche Effekte/Wirkungen auf mein individuelles Denken und Handeln!

Zwei Fragen für dich zum selber denken:

Erste Frage: Machen wir uns z. B. doch einmal Gedanken darüber, welche Auswirkungen, Folgen etc., eine oder mehrere als objektiv/absolut/unumstößlich empfundene Erkenntnisse/Wahrheiten, auf den Einzelnen, die Familie, die Gesellschaft oder/und die gesamte Menschheit bzw. den gesamten Planeten hat/hätte?

Zweite Frage: Machen wir uns z. B. doch einmal Gedanken darüber, welche Auswirkungen/Folgen etc. die Erkenntnis „Alles ist subjektiv und nichts ist objektiv" auf den Einzelnen, die Familie, die Gesellschaft oder/und die gesamte Menschheit bzw. den gesamten Planeten hat/hätte?

Und, zu welchem Ergebnissen/Erkenntnissen bist du gekommen? Gibt es Zusammenhänge und Wechselwirkungen etc., zwischen dem vorhandensein objektiver/subjektiver Erkenntnisse und daraus resultierenden Handlungen und Wirkungen auf und innerhalb der Gesellschaft?

Auch die Erkenntnis, dass es keine objektive/absolute Erkenntnis gibt (dass wir dazu nicht in der Lage sind), belegt wiederum dass wir alle gleich sind – gleich im subjektiv sein!

Wenn ich erkannt habe, dass alles subjektiv ist und nichts objektiv, ja dass selbst diese Aussage subjektiv ist, dann kann ich aufgrund dessen für mich als subjektives Individuum z. B. folgende zwei Wege gehen, bzw. erscheinen mir die folgenden zwei Wege subjektiv als die naheliegenden.

Erster Weg: Handlungen/"Dinge" etc. nur nach ihrer Wirkung auf mich, andere bzw. die Umwelt einordnen, also Einordnung/Bewertung von Handlungen etc. nach ihrer Wirkung, als positiv oder negativ/destruktiv. Abhängig von der Bewertung ihrer Wirkung werde ich dann Handlungen/"Dinge" etc. mit positiver Wirkung unterstützen und die anderen Handlungen etc. ablehnen.

Zweiter Weg: Ich versuche meine „Mitte" zu finden, also ein ausgeglichener/"glücklicher" in sich selbst ruhender Mensch zu werden. Ich versuche mein individuelles Sein zu erkennen und zu leben/verwirklichen. Dies um u. a. zu vermeiden, dass ich aus eigener Frustration/Unzufriedenheit, mir selbst und anderen oder/und meiner Umwelt schade!

Allgemein und damit für beide Wege gilt aber auch, dass die Bewertung von Handlungen, „Dingen" und deren Wirkung als positiv oder/und negativ, ebenfalls sehr subjektiv und damit individuell verschieden ist! Was der eine als negativ bewertet wird von einem anderen u.U. als positiv bewertet werden. Viele Handlungen/Dinge haben auch vielschichtige Wirkungen mit im Einzelnen unterschiedlichen positiven oder/und negativen Wirkungen. Hier kommt es dann auf mein individuelles Wertesystem an, das für mich „festlegt", was als wichtiger einzustufen ist. Auch die Begriffe „eigene Mitte", Frustration etc. werden subjektiv wahrgenommen und bewertet, bzw. können sich auf individuell unterschiedliche Dinge beziehen, wodurch keine objektive Aussage darüber gemacht werden kann, was nun eigentlich meine Mitte etc. ist!

Alles ist subjektiv und nichts ist objektiv!
Subjektive Biologie, subjektive Umwelt, subjektive Wahrnehmung, subjektives Sein, subjektives Wertesystem und subjektive Erkenntnisse/Wahrheiten! Es gibt also z. B. keine objektive Wahrnehmung, es gibt keine objektiven Werte, es gibt kein objektives Wissen, es gibt keine objektiven Wahrheiten, es gibt keine objektiven Tatsachen!

Fazit: Alles ist subjektiv und nichts ist objektiv! Auch dies ist ebenfalls eine subjektive Erkenntnis. Es gibt keine objektiven Fixpunkte bzw. Ausgangsbasen! Ich habe also die Freiheit, solche Fixpunkte etc. für mich ganz persönlich und meinem Sein entsprechend, subjektiv zu definieren und festzulegen.

B. Umsetzung Allgemeines – die Praxis - Was bleibt bzw. was tun.

Alles scheint relativ und vage, ein leben im Tagtraum. Was bleibt, wenn man all die Thesen der Grundlagen berücksichtigt bzw. umzusetzen versucht?

Wie wir durch die Darstellung der Grundlagen in Abschnitt A, feststellen konnten, scheint bzw. ist im Leben alles relativ, offen, unbestimmt, ohne Fixpunkte. Es ist geradezu so, als lebten wir in einem subjektiven Tagtraum, losgelöst ohne Fixpunkte. Die folgenden Kapitel der Umsetzung sollen konkrete Anhaltspunkte/"Fixpunkte" (selbst und bewusst subjektiv/individuell gewählte/definierte Fixpunkte) geben, wie ein Leben auf Basis der dargestellten Grundlagen aussehen kann. Die Umsetzung soll dazu befähigen auch bei „rauer See" Orientierung zu finden. **Hierbei ist die Ethik das direkt/unmittelbar Greifbare, Erfahrbare und direkt Anwendbare.**

Dabei ist es wichtig, sich mit sich selbst und mit der Welt (z. B. im Kapitel Ethik), zumindest auf einen gegenseitigen Minimal-Konsens (und auch ggf. eine Maximal-Toleranz) zu einigen, um möglichst für alle ein positives miteinander zu gestalten. Auch hier ist wiederum die Ethik am greifbarsten, um die Erkenntnisse aus Abschnitt A umzusetzen. Gestalten wir also gemeinsam den Tagtraum!

B1. Ethik.

Der Begriff Ethik (laut Wikipedia, verkürzt dargestellt) kommt aus dem griechischen und bedeutet übersetzt soviel wie „sittliches Verständnis, Charakter, Sitte, Brauch". Primär geht es in der Ethik um Voraussetzungen und Bewertungen, menschlichen Handelns und moralischen Handelns. Ethik wird auch als Teil der Philosophie unter dem Begriff Moralphilosophie eingeordnet/verstanden.

Ethik was ich darunter verstehe.

Nach meinem Verständnis liegt der Ethik ein humanistisches Weltbild und das Streben danach zugrunde. Siehe hier z. B. die Menschenrechte. An erster Stelle steht der einzelne Mensch, das Individuum. Ethik betrachtet (speziell innerhalb dieser Abhandlung) insbesondere die Wirkung des eigenen Denkens und Handelns auf das Individuum selbst, die Wirkung des individuellen Handelns auf die anderen/Umwelt sowie die Wirkung des Handelns der Umwelt bzw. der anderen, auf das Individuum. Ziel soll es dabei sein negative/destruktive und positive/konstruktive Wirkungen des Handelns voneinander unterscheiden zu können. Kann die Wirkung von Handlungen in „überwiegend" negativ/destruktiv oder/und „überwiegend" positiv/konstruktiv bewertet/unterschieden werden, kann dieses Bewertungsergebnis genutzt werden um folgendes festzustellen: Bewertung = positiv/konstruktiv = ethisches handeln! Bewertung = negativ/destruktiv = unethisches handeln! In Bezug auf Wertung und Bewertung von Handlungen gehört es meiner Meinung nach essentiell dazu, bzw. ist es ein essentieller Bestandteil/Basis der Ethik, diese individuelle/subjektive Wertung, eben als solche (nämlich als subjektiv) zu sehen und dementsprechend keinen Absolutheitsanspruch, Objektivität´s-Anspruch oder dergleichen zu stellen, sondern sich der Subjektivität (auch der persönlichen Ethik) stets bewusst zu sein! Ethik ist gemacht für die Anwendung (ohne wenn und aber, bedingungslos, Fall unabhängig, kein außer Kraft setzen von Ethik für Irgendjemand aus irgendwelchen Gründen/Rechtfertigungen), ganz besonders in Momenten/Situationen/Konflikten etc., in denen Ethik nicht zugestanden/anerkannt oder entgegengebracht wird (von mir oder anderen, mir oder anderen gegenüber)!

Ganz einfach ausgedrückt ist Ethik die Umsetzung von: Was du nicht willst, dass man dir tut das füge auch keinem anderen zu, bzw. behandle andere so wie du selbst behandelt werden willst! Die Ethik soll also einen Rahmen, bzw. eine Orientierung für unser handeln sein. Weiter siehe unter Menschenrechte, Grundrechte etc.!

Ethik ist von allem das greifbarste und anwendbarste, weil wir es jeden Tag bzw. permanent, ganz persönlich/individuell, am eigenen Körper und Geist erfahren/spüren können! Ethik beeinflusst mein Leben und das Leben anderer, bzw. der Umwelt in jedem Augenblick – Ethik ist immer erfahrbar!

Es geht nicht um Destruktivität bzw. Zerstörung, auch/speziell nicht im Namen der Ethik oder ethischer Grundsätze/"Wahrheiten". Es geht nicht um das zerstören/abreisen von Brücken, sondern darum alte Brücken wieder zu befestigen und neue zu bauen. Es geht nicht darum Gräben zu vertiefen, sondern darum Gräben zuzuschütten und neue zu verhindern. Es geht nicht um das zufügen/schlagen oder/und vertiefen alter, eitriger Wunden, sondern es geht um Heilung - einer Heilung die bei mir selbst beginnt. Es geht nicht darum auf andere mit dem Finger zu zeigen, sondern es geht darum sich selbst davon zu befreien, auf andere mit dem Finger zeigen zu wollen. Es geht nicht darum Respekt etc. von anderen zu fordern, sondern es geht darum, es selbst (bedingungslos) vorzuleben, bzw. anderen zu gewähren und Beispiel zu geben. Es geht nicht darum Hass und Verachtung von Generation zu Generation weiterzugeben, sondern darum unseren Kindern, Liebe/Respekt und Hoffnung vorzuleben!

Es geht nicht darum anderen mit Vorbehalten/Verdächtigungen/Forderungen und Unterstellungen/Misstrauen oder gar Angst entgegenzutreten, sondern darum seinem nächsten ohne Angst, vorbehaltlos, bedingungslos und mit Achtung/Achtsamkeit/Respekt/Offenheit zu begegnen!

Achtsamkeit ein Grundpfeiler der Ethik.

Achtsamkeit, das ist achtsam sein, das ist Aufmerksamkeit, Geistesgegenwart, der Geist bzw. mein Sein ist mit allen Sinnen im hier und jetzt – ohne zu bewerten, was ist oder/und passiert! Achtsamkeit ist eine spezielle Art und Weise von Wahrnehmung und Umgang, mit mir selbst und der Umwelt! Achtsamkeit schenkt alle Aufmerksamkeit dem Weg und kennt kein Ziel. Ein Ziel würde nur meine Aufmerksamkeit ablenken. Der Weg entsteht beim gehen, Schritt für Schritt – also ist die Art und Weise wie ich den Schritt genau jetzt mache, das allerwichtigste und benötigt somit meine volle und ungeteilte Aufmerksamkeit. Achtsamkeit ist ein öffnen der Wahrnehmung und ein öffnen meines Seins – ohne sich z. B. in voreiligen Wertungen zu verlieren oder dadurch ablenken zu lassen. Je mehr ich auf mich und die Umwelt achte, um so mehr kann ich, darauf basierend, achtsam bewerten und handeln! Achtsamkeit ist Empathie, Hingabe, Mitgefühl, Frieden, Rücksicht, Respekt, Unerschrockenheit, Zivilcourage, Würde, Unbezwingbarkeit, Toleranz und vieles mehr – alles gleichzeitig mir selbst und meiner Umwelt gegenüber! Achtsamkeit will nichts und erwartet nichts (auch das wäre nur Ablenkung), weder von mir noch von meiner Umwelt – dadurch ist alles ein Geschenk. Achtsamkeit ist vorbehaltlos und will nicht besitzen oder/und beherrschen. Achtsamkeit ist schenken und beschenkt werden gleichermaßen, ohne ein Geschenk vorher zu erwarten oder zu erahnen. Achtsamkeit setzt voraus, bzw. erkennt an, dass ich selbst und meine Umwelt einzigartig und vielfältig sind (meine Einzigartigkeit und Vielfältigkeit ist das was mich erst zum Individuum macht und als Individuum auszeichnet) und durch Achtsamkeit in der Praxis (siehe Ethik etc.), zu fördern und zu bewahren sind. Achtsamkeit als gelebte Alltagspraxis lässt meine individuellen, einmaligen und nur speziell bei mir so vorhandenen Facetten, meines Seins leuchten – eine bunte Welt in der jeder seine Farben leuchten lassen kann, soll und darf – ohne wenn und aber und ohne sich dafür rechtfertigen zu sollen oder/und rechtfertigen zu müssen!

Achtung, falsch verstandene und missbrauchte Achtsamkeit. Achtsamkeit ist kein Geschäftsmodell und keine Möglichkeit von/zur: Erreichung eines höheren Bewusstseinszustandes, Selbstoptimierung, Selbstausbeutung, Steigerung meiner Lebensqualität, um eine bessere Version von mir selbst zu werden, Produktivitätssteigerung, Selbstmodifizierung meines Seins, Aufhebung von „Blockaden", Steigerung meines Potenzials, Unterdrückung von „störenden" Facetten meines Seins zur Steigerung meines Potenzials, Erhöhung meiner Stresstoleranz, Ausrichtung auf Erfolg und Glück etc.! Dabei stellen sich viele Fragen wie z. B. die Frage, wer solcherlei als erstrebenswert definiert und propagiert und warum er dies tut!? Solcherlei als Achtsamkeit zu vermarkten ist Etikettenschwindel. Die Nebenwirkungen für mich selbst und meine Umwelt sind z. B. Abstumpfung gegenüber mir selbst und meiner Umwelt, Selbstunterwerfung, Ausbeutung, Tunnelblick/Tunnelwahrnehmung, Unterdrückung und Gleichschaltung meiner Individualität, Kampf/Krieg gegen mich selbst und andere, Rücksichtslosigkeit, falsch verstandene/destruktive Resilienz bis zur Selbstzerstörung (Stress ist ein Warnsignal – Stressursachen also abstellen anstatt Stress-Toleranz zu steigern). Erhöhung der Resilienz als Steigerung der Anpassungsfähigkeit und damit Stresstoleranz, Wiederstandfähigkeit, Selbstausbeutung etc., wird gerne von Mitarbeitern/Untergebenen/Abhängigen erwartet/verlangt, wenn diese über Stress etc. klagen, so muss keiner den Ursachen auf den Grund gehen oder/und diese beheben und das „schwächste" Glied in der Kette, ist jetzt auch noch durch zusätzliche Vorwürfe und Erwartungen belastet – das ist Missbrauch! All das ist die Folge von, falsch verstandenen spirituellen Lehren und spirituellen Praktiken, die vom Leistungs- und Zweck-denken, hauptsächlich der westlichen Gesellschaften, umgedeutet, benutzt und missbraucht werden – und am Ende ist das Ergebnis das genaue Gegenteil, wie hier bei Achtsamkeit! Daran ändern auch trendige Achtsamkeits-Meditationen etc. nicht das geringste! Will ich also wirklich diese Art von Pseudo-Spiritualität und Pseudo-Selbstverwirklichung, die vielleicht eine Zeitlang meinen Geldbeutel dicker macht, bzw. machen soll oder/und mein Lebensglück/Zufriedenheit steigern soll, aber mir ansonsten nachhaltig und langfristig schadet – will ich diesen Preis bezahlen? Je mehr spirituelle Lehren und Praktiken kommerzialisiert werden, um so mehr fliesen Profit steigernde Elemente ganz automatisch, in die spirituellen Themen ein, verdrängen sie und gewinnen mehr und mehr die Oberhand.

Für mich ist Ethik ohne Achtsamkeit nicht vorstellbar! Sinn der Ethik ist u. a., der Mensch bzw. Humanismus, oder besser ausgedrückt, das Leben steht an erster Stelle! Erst weit dahinter folgen Politik, Nationalstolz, Ideologien, Geld/Besitz und andere menschengemachte Konstrukte/Ordnungen oder/und Dinge/Sachverhalte. Unterdrückung von Menschen im Namen ethischer Grundsätze/Werte hat nach meinem Verständnis nichts mit Ethik zu tun. Es ist vielmehr ein Missbrauch von Ethik!

In Kapitel A haben wir erfahren, dass wir unter anderem alle subjektiv und gleich sind. Jeder hat aus seiner individuellen Sichtweise, im denken und handeln recht. Also haben alle recht. Jeder sieht und interpretiert die Welt auf seine weise und handelt entsprechend. Ich sage also (wie bereits an anderer Stelle in Abschnitt A gesagt) es gibt nur 2 Arten von Menschen (ggf. Übergänge/Mischformen). Erstens, harmlose Verrückte (zu denen ich selbst meiner Meinung nach gehöre) und zweitens gefährliche Verrückte! Wobei die gefährlichen Verrückten diejenigen sind die in Bezug auf andere übergriffig und rücksichtslos etc. handeln! Gefährliche Verrückte sind z. B. diejenigen, die ethische Grundsätze (Menschenrechte, etc.) anderen nicht zugestehen wollen, obwohl sie diese für sich selbst in Anspruch nehmen! Wenn ich harmlose und gefährliche Verrückte unterscheiden will, wenn ich wissen will wer mein Gegenüber ist, dann kann ich versuchen ihn, bzw. seine Handlungen und deren Wirkungen auf Grundlage der Ethik einzuordnen. Das ist nicht einfach, denn auch die gefährlichen Verrückten, handeln aus ihrer Sicht, auf Basis von Ethik/Werten, handeln also nach ihrem Verständnis richtig und wollen „nur das Beste", nehmen dabei aber Kollateralschäden durch Anwendung von Nötigung, Druck, Zwang und körperlicher und geistiger Gewalt in kauf – man will die anderen zu „ihrem" Glück zwingen!

Um Aussagen und Handlungen in Bezug auf ethische/humanistische Werte einordnen zu können ist folgende Vorgehensweise hilfreich. Hinterfrage/Bewerte Dinge/Positionen/Aussagen anderer indem du dir z. B. folgende Fragen stellst: Wer ist derjenige der etwas behauptet, bei/für wen arbeitet er? Wie ist derjenige gedanklich orientiert, was für Dogmen hat er und was hält er für objektiv oder/und Wahrheit? Steht hinter der Aussage ein bestimmter Zweck der erreicht werden soll, bzw. welche Aussage, die quasi zwischen den Zeilen steht wird hier gemacht? Leistet die gemachte Aussage einen eher positiven oder eher negativen/destruktiven Beitrag, verbindet oder trennt (Ausgrenzung, Diskriminierung) sie? Was sind die Quellen der geäußerten Position, beruht die Aussage auf imaginären Ängsten etc.? Sei dir dabei auch stets bewusst, dass dein Hinterfragen/Bewerten nicht objektiv ist, sondern subjektiv und ganz individuell von dir. Es gilt: Es ist nur eines Normal, nämlich dass nichts Normal ist! Es gibt nicht nur einen Weg bzw. eine Lösung, sondern es gibt viele Wege (mindestens soviel wie Menschen). Nicht entweder oder, sondern sowohl als auch! Nichts muss, aber alles kann! Nicht schwarz oder weiß, sondern alle Graustufen dazwischen und alle Farben und Farbtöne – und wenn man genau schaut ist selbst das schwärzeste Schwarz eben nicht nur schwarz. Nichts hat nur eine Farbe, nichts ist einseitig bzw. hat nur eine Seite, sondern alles ist multidimensional! Behandle andere so wie du selbst behandelt werden willst.

Wie bereits gesagt in Kapitel A3b Unser Ich und Sein. Seins-Vollkommenheit: Wir alle (hier und jetzt), alles Leben, ja das ganze Universum ist vollkommen bzw. perfekt! Alles ist vollkommen/perfekt, ohne Ausnahme und ohne wenn und aber! Warum also ist, oder muss es überhaupt Ziel eines Individuums sein, eine vollkommene Existenz zu werden (zusätzlich auch noch in Bezug auf die Wertungs-Vollkommenheit), wenn es/diese doch schon vollkommen ist!? Alles nur ein weiterer überzogener Anspruch von Perfektionismus an uns selbst, dem wir weder gerecht werden sollen, sollten noch können (weil wir bereits vollkommen sind in unserem Mensch-Sein bzw. vollkommen Mensch sind!).

Jeder kann etwas besser oder nicht so gut, was ein anderer schlechter oder besser kann – das ist zwangsläufig so und Teil unserer individuellen Vollkommenheit! Man sollte diese Unterschiede zu anderen nicht ausbeuten, oder den anderen versklaven wollen, sondern helfen, so wie der andere uns in unseren „Defiziten" helfen kann. Dann setzen alle ihre Fähigkeiten ein, um ein für alle positives Ganzes schaffen zu können, oder zumindest einmal gemeinsam, auf dieses Ziel hinzuarbeiten. So wie nur alle Puzzleteile zusammen ein ganzes Bild ergeben.

Alles hat 2 Seiten sagt man. Letztendlich sind dies die 2 Seiten einer Medaille. Eine Medaille hat immer 2 Seiten, die eine Seite ist ohne die andere Seite nicht möglich. Als Beispiel hier „Gut" und „Böse". Gäbe es kein „Böse" dann würde auch das „Gut" nicht mehr existieren. Dto. Licht und Schatten. Aber man kann auch sagen – alles hat mindestens 2 Seiten. Den alles hat so viele Seiten wie Standorte, von denen aus man es betrachtet. Wechsle ich den Standort sehe ich auch neue Seiten und erkenne weitere neue Standorte/Standpunkte!

Es ist wesentlich und hilfreich zumindest für sich selbst (und wenn möglich mit dem Gegenüber bzw. der „Welt") einen Minimal-Konsens und eine Maximal-Toleranz zu definieren. Dies als eigene/persönliche Ethik-Eckpunkte für das eigene handeln bzw. nicht handeln.

Minimal-Konsens = Wir sind alle gleich und begegnen uns entsprechend mit Respekt, vorbehaltlos und ohne Misstrauen! Aus dem Bewusstsein heraus, dass ich weder schlechter noch besser bin als andere – also Begegnung ohne zu werten, bzw. sich selbst und den anderen zu bewerten und damit Verzicht auf Vorurteile, persönliches diskreditieren oder persönliches überhöhen. Wir sind alle gleich! Begegnung auf Augenhöhe als Gleiche unter Gleichen.

Maximal-Toleranz = Meine Toleranz anderen (deren Meinungen, Thesen, Taten etc.) gegenüber hört da auf, wo diese in die Rechte/Unversehrtheit dritter eingreifen, bzw. dritten geschadet wird (z. B. Beschimpfung/Diskriminierung/Verunglimpfung von ganzen Menschengruppen/Minderheiten)! Keine Toleranz für Übergriffigkeiten! Dabei aber immer den Minimal-Konsens einhalten!

Für den Minimal-Konsens und die Maximal-Toleranz gibt es kein wenn und kein aber, beide sind unabhängig vom handeln oder nicht handeln anderer! Es ist angebracht sich diese beiden, ab und zu als Orientierung, ins Gedächtnis zu rufen. Siehe auch unter B2 Handeln - Wertung nach Wirkung.

Weiterführende Gedanken zum Thema Ethik in der Praxis siehe unter B19 Ethik nochmals zum Abschluss als die größte Herausforderung!

Fazit: Ethik ist die Umsetzung von: Was du nicht willst dass man dir tut das füge auch keinem anderen zu, bzw. behandle andere so wie du selbst behandelt werden willst! Ethik basiert auf einem humanistisches Weltbild in dem der Mensch, angefangen beim Individuum, an erster Stelle bzw. im Mittelpunkt steht. Das Wohlergehen des Einzelnen als Ausgangspunkt und Ziel der Ethik. Ethik bzw. ethische Werte als Waffe zum Schaden anderer einzusetzen, ist missbrauch! Ethik, das sind „Spielregeln", die das „Spiel" des Lebens einigermaßen „fair" für alle gestalten sollen.

B2. Handeln - Wertung nach Wirkung.

Wir alle wollen und handeln aus unserem individuellen, subjektiven Sein heraus! Wir wollen und handeln aus Sicht unseres Seins immer individuell/subjektiv sinnvoll/richtig! Wir alle wollen und handeln aufgrund unserer individuellen Seins-Ethik! Wir alle haben recht (jeder individuell für sich), unser wollen und handeln ist durch unser Sein gerechtfertigt, ethisch und sinnvoll! Alles ist subjektiv, nichts ist objektiv! Darin sind wir alle gleich! Wenn wir dieses als Ausgangsbasis voraussetzen, dann erkennen wir an, dass es kein objektives Handeln und keine objektive Wertung der Wirkungen von Handlungen gibt! Wenn wir dieses als Ausgangsbasis voraussetzen dann erkennen wir, wie vielschichtig und kompliziert es ist, ohne objektive Fixpunkte/Anhaltspunkte, eine „Wertung nach Wirkung" vorzunehmen, um destruktive/übergriffige Wirkungen erkennen zu können! In diesem Kapitel wollen wir trotzdem versuchen eine „Wertung nach Wirkung" vorzunehmen, einfach deshalb weil Bedarf (siehe im Folgenden) dafür besteht!

Als erstes stellt sich die Frage warum man das eigene Handeln oder/und das Handeln der anderen, bzw. die entsprechenden Wirkungen/Folgen bewerten bzw. werten sollte? In dieser Abhandlung wurde bereits über die Funktionsweise/Wirkung unseres Handelns und einer möglichen Feststellung von Wirkungen bzw. Bewertung/Wertung unserer Handlungen bzw. deren Wirkungen, um positive bzw. destruktive (Übergriffigkeiten) Wirkungen erkennen zu können, berichtet. Um selbst entsprechend reagieren/handeln zu können, ist es für mich essentiell wichtig die Wirkungen von Handlungen (meiner eigenen und die der anderen) feststellen und bewerten zu können. Begriffe wie Handeln, Bewerten/Wertung und Übergriffigkeit etc. werden auch im weiteren noch an vielen Stellen in dieser Abhandlung thematisiert. Deshalb erfolgt an dieser Stelle eine ausführliche Darstellung der Zusammenhänge und Möglichkeiten. Dieses Kapitel will aufzeigen bzw. macht den Versuch aufzuzeigen, wie eine „Wertung nach Wirkung" möglich sein kann und was darunter zu verstehen ist! Dies auch aus dem Grund heraus, die qualifizierte Möglichkeit zu haben, mir selbst und anderen im Handeln Grenzen zu setzen! Siehe auch Maximal-Toleranz.

Dinge an die ich glaube etc. Ideologien usw.

Dinge wie z. B. an was ich glaube, welchen Ideologien/Dogmen ich folge, oder welche Partei mir gefällt ist alles „graue" Theorie und noch keine Handlung. Alle (diese) Dinge sind nicht an sich als destruktiv oder konstruktiv zu werten. Es kommt vielmehr darauf an wie ich diese Dinge individuelle/subjektiv interpretiere und umsetze, also wie ich ganz persönlich diese Dinge entsprechend meinem Sein, lebe und diese Dinge durch mich zu Handlungen werden! Was wird in meinem individuellen/subjektiven Sein durch irgendeine Handlung getriggert (subjektive Wahrnehmung und Interpretation), bzw. wie bewerte (Interpretation der Wahrnehmung durch mein Wertesystem) ich diese Handlung, ist eine der Ausgangsfragen, die ich mir selbst bei jeder Wertung stellen sollte. Dieser Ablauf kommt jeweils zu rein subjektiven Ergebnissen, also Ergebnissen die von Individuum zu Individuum sehr verschieden sind, bzw. sein können. Unterschiedliche Ergebnisse gibt es nicht nur in der Wertung von Handlungen, sondern bereits bei der Wahrnehmung von Handlungen als solche (was für eine Handlung war das überhaupt, war das z. B. ein Angriff/Übergriff oder nicht) – also der Frage was ist eigentlich passiert/vorgefallen?! Das ist die Ausgangsbasis. Alles weitere ist ein Versuch Übergriffe, Zerstörung, Leid und „weitere" Opfer zu vermeiden!

Handlungen bewerten, Wirkungen bewerten.

Handlungen als solche direkt bewerten zu wollen, führt sowieso/automatisch in eine Diskussion über die Folgen/Wirkungen (unmittelbare Wirkungen und/oder erst über längere Zeit erkennbare Wirkungen) dieser Handlungen – also die Frage wie sind die Folgen/Wirkungen von einer Handlung, und einer anschließenden Entscheidung wie ich zu dieser Handlung stehe, also ob ich diese ablehne (weil in der Wirkung überwiegend/primär destruktiv) oder ihr zustimme (weil in der Wirkung überwiegend/primär konstruktiv)!

Wenn also irgendeine Handlung, in einem spezifischen Fall, von einem spezifischen Individuum gemacht, in der Wertung/Folge z. B. zu Rücksichtslosigkeit/Radikalisierung führt oder/und Rücksichtslos ist, dann ist diese Handlung in diesem Fall nicht OK weil in der Wirkung destruktiv!

Ein verstehen der Hintergründe/Ursachen von Handlungen und eine Feststellung und Wertung der Wirkungsweise von Handlungen, hängt von vielen Faktoren ab und ist dementsprechend vielschichtig und kompliziert – lässt sich also nicht einfach in ein Schema pressen! Warum ist das so? Unter der Voraussetzung dass wir gleich sind und wir alle relative, subjektive Individuen sind, die aufgrund eines persönlichen Wertesystems (individuelle Ethik) folgerichtig (jeder hat recht) handeln (und Werten/Bewerten), gibt es kein objektives richtig/gut oder falsch/böse, von Dingen/Handlungen/Wertungen!

Jeder handelt aufgrund seiner individuellen Ethik (jeder handelt ethisch ohne wenn und aber) auch darin sind wir gleich! Unser Handeln als solches ist in jeder Beziehung gleich (also auch gleichwertig), wir handeln einfach – Handlungen stehen für sich ganz unabhängig (also getrennt, noch vor irgendeiner rein individuell, bzw. rein subjektiven Bewertung). Erst auf einer nächsten Ebene bzw. einem nächsten Schritt kommt eine Bewertung durch Individuen hinzu, bzw. wird zur Handlung hinzu interpretiert!

Also sind unsere Feststellungen, Wertung und Bewertung von Handlungen in mehrfacher Weise relativ und subjektiv aber niemals objektiv! Wenn ich mir der eigenen Relativität und Subjektivität in allen Dingen bewusst bin, wie kann ich dann überhaupt Wirkungen feststellen, diese Werten und dann auch noch z. B. Übergriffigkeiten erkennen und ggf., dem in der Wirkung destruktiven Handeln anderer Grenzen setzen?

Vorgehensweise bzw. Ablauf: Zuerst muss ich feststellen/erkennen was die Wirkung/Wirkungen einer Handlung ist/sind. Anschließend bewerte/werte ich diese Wirkung/Wirkungen nach eher positiv/konstruktiv oder/und eher negativ/destruktiv. Das bedeutet, wenn die Wertung der festgestellten Wirkungen zu einem eher negatives/destruktiv Ergebnis kommt, dass es sich hier um eine Übergriffigkeit (Eingriff in die Rechte anderer) handelt! Dies wiederum bedeutet dass ich hier auf Basis und unter Anwendung meiner Ethik, eingreifen darf/kann/sollte/muss! Siehe hier auch Minimal-Konsens und Maximal-Toleranz!

Es folgt eine Aufstellung und Definition der Dinge/Begriffe die im Zusammenhang mit einer Wertung nach Wirkung im weiteren zu berücksichtigen sind:

Handeln: Mit Handeln meine ich das, was in meiner Umwelt Wirkung hat, bzw. meine Umwelt betrifft. Wenn in dieser Abhandlung das Wort Handeln vorkommt ist damit reden, tun/handeln und auch nicht reden, nichts tun bzw. nicht handeln gemeint!

Opfer:
Als Ausgangsbasis geht es hierbei grundsätzlich um tatsächlich bereits passierte Handlungen! Die Wirkung dieser Handlung muss ebenfalls bereits eingetreten sein, bzw. zumindest der Beginn einer Wirkung muss eingetreten sein, wenn es sich dabei um Wirkungen handelt die verzögert wirksam werden, also z. B., je mehr Zeit vergeht um so mehr Wirkungen! Es geht um tatsächliche Wirkungen die von außen auf Betroffene einwirken! Es geht grundsätzlich nicht um Wirkungen, die ich subjektiv in meinem Sein, also in meinem Inneren, als zu erwarten/befürchten empfinde/wahrnehme/prognostiziere!

Grundsätzlich müssen die Wirkungen zumindest überwiegend negativ/destruktiv für den/die Betroffenen sein! Grundsätzlich muss es eine „Person" oder „Personen" (nicht nur Menschen können Opfer werden) geben die/der den Schaden haben/hat (Leidtragende/r) und es muss eine Person oder Personen geben die/der durch ihre/seine Handlungen Schaden verursacht (Gewinner) haben/hat, bzw. Vorteile durch ihre/seine Handlungen haben/hat!

Als Beispiele seien hier ein Faustschlag, Mobbing/Hetze und ein Steuererhöhung (für nächstes Jahr) genannt, alle drei Handlungen sind gerade eingetreten! Die destruktive Wirkung des Faustschlages ist eingetreten, es liegt jemand auf dem Boden und der, welcher den Faustschlag ausgeführt hat ist zufrieden! Ergebnis, es gibt ein Opfer!

Die destruktive Wirkung des Mobbing/Hetze ist eingetreten, der Gemobbte/Beschimpfte wird ausgegrenzt (Ausgegrenzt/Diskriminiert bereits von den Zuhörern) und der Mobber/Hetzer freut sich! Ergebnis es gibt ein Opfer! Die Wirkung der Steuererhöhung ist noch nicht eingetreten, noch musste niemand mehr Steuern bezahlen! Erst wenn der erste die Steuererhöhung bezahlt dann haben wir eine destruktive Wirkung – weniger Geld bei mir und mehr Geld beim Staat! Ergebnis, zur Zeit gibt es kein Opfer (es gibt auch noch keinen Gewinner) – in einem Jahr kann das dann anders aussehen? Aber Achtung, Steuererhöhungen etc. auf Basis von Gesetzen die wiederum von demokratisch gewählten Politikern gemacht wurden/werden, führen nur dann zu Opfern, wenn es zu unverhältnismäßigen Benachteiligungen, Bevorteilungen, Ungleichbehandlungen, Ausgrenzungen und Diskriminierungen bestimmter Gesellschaftsgruppen, Minderheiten usw. kommt! Hier bin ich als Wähler gefragt und im Extremfall ist sogar gewaltfreier ziviler Ungehorsam eine Möglichkeit! Doch was bewerte ich ganz subjektiv als unverhältnismäßige Benachteiligung? „Opfer" von Unfällen sind mit dem hier beschriebenen Opfer-Begriff ebenfalls nicht gemeint! Im Extremfall werde ich sogar selbst zum Opfer (Täter und Opfer in einer Person) ganz einfach dadurch, dass ich andere Mobbe oder/und über andere Hetze – ich konditioniere mich (meine Wahrnehmung) immer mehr in eine Richtung, die von anderen nur noch Schlechtes erwartet und ich kann deshalb nur noch schlechtes wahrnehmen! Ich kann also zum Opfer meines eigenen gedankenlosen Geschwätzes werden!

Also nochmal zusammengefasst: **Opfer = Handlung bereits passiert, Wirkung passiert/entfaltet sich ebenfalls gerade, Wirkung ist überwiegend Destruktiv, es gibt aktuelle Gewinner und Verlierer!**

Destruktiv: Destruktiv bedeutet für mich, insbesondere die Wirkung pauschaler Angriffe, Handlungen/Wirkungen auf Basis von Fanatismus, Diskreditierungen, Ausgrenzungen, Hetze, Diskriminierungen, Verunglimpfung und dergleichen von Gruppen, bzw. pauschal aller Personen mit einer bestimmten Gruppenzugehörigkeit (Minderheiten etc.) und von einzelnen Personen z. B. durch Mobbing und üble Nachrede! Destruktiv im Sinne dieser Abhandlung meint und bezieht sich primär auf die Feststellung destruktiven Handelns bzw. Feststellung der destruktiven Wirkungen einer Handlung, von einzelnen Personen. Inwieweit die Begriffe wie Diskriminierung, Hetze etc. an sich destruktiv sind, wird hier nicht weiter diskutiert bzw. ist hier nicht Thema. Es geht also vielmehr/jeweils um die Handlung einer einzelnen Person und um die Wirkungen dieser Handlung! Wird durch diese Handlung z. B. jemand diskriminiert oder gemobbt, dann ist diese Handlung in ihrer Wirkung destruktiv! Achtung: Destruktives Reden (gemeint ist Reden das in seiner Wirkung destruktiv ist) von mir selbst und anderen (Schimpfen, Lästern) über andere (Einzelpersonen oder Gruppen), führt zu einer permanenten sich selbst verstärkenden Selbst-Konditionierung, die von dem/denen über die destruktiv geredet wird/wurde, nur noch destruktives/schlechtes erwartet (Erwartungshaltung) und wahrnimmt – dies und anderes sind die destruktiven Wirkungen!

All dies führt letztlich zu Angriffen/Gewalt (geistig und körperlich) – einer Gewalt/Destruktivität die mit Worten beginnt und zu gewalttätigem Verhalten führt, bzw. die Hemmschwelle für gewalttätiges Verhalten senkt! Destruktive Wirkungen basieren oft auf Fanatismus und Diskriminierung. Oder in Kurzform ausgedrückt: **Destruktiv/Zerstörerisch = es gibt Opfer (Leidtragende/Verlierer, hiermit sind nicht nur Menschen gemeint) und Gewinner/Profiteure die den anderen etwas vorenthalten, wegnehmen egal ob ideell oder finanziell, oder sich selbst nur aufwerten bzw. besser fühlen oder machen wollen als andere, aus welchen Gründen auch immer!**

Wirkung: Jedes Handeln (Definition siehe oben!) hat Folgen. Mit Folgen sind hier direkte Wirkungen (z. B. aktueller Streit bei einem spezifischen Thema) und bereits beginnende, indirekte/verzögerte Langzeitwirkungen (z. B. soziales etc. Klima in einer/der Gruppe/Gesellschaft, Beeinflussung von Hemmschwellen, der Erwartungshaltung gegenüber anderen und unterschwellige Langzeit-Konditionierung) gemeint, die tatsächlich und aktuell bereits Wirkung zeigen! Es geht hier ausschließlich und ganz unmissverständlich um tatsächliche, eingetretene Wirkungen! Es geht ganz grundsätzlich nicht um Wirkungen, die ich subjektiv in meinem Sein also in meinem Inneren, als zu erwarten/befürchten empfinde/wahrnehme (Imaginäre, Fiktive, Imaginäre und Prognostizierte Wirkungen)!

Idealisierung: Überhöhung von Dingen, Personen, Theorien, Ideologien etc. auf eine Ebene der Unantastbarkeit, auf der nur noch objektive, unzweifelhafte Wahrheiten/Tatsachen etc. existieren.

Verstärkung: Verstärkung meines individuellen Seins (Selbstbestätigung, Selbstverstärkung) auf zwei Wegen. Erstens durch innere Mechanismen des Seins, wie subjektive, selektive Wahrnehmung! Dabei nehme ich bzw. mein Sein, verstärkt das wahr was mich interessiert (mein Weltbild bestätigt) und mein Sein bestätigt/aufwertet, alles andere „existiert" nicht (ist außerhalb meiner Wahrnehmung) bzw. ist unglaubwürdig! Zweitens durch externe/äußere Faktoren, also die Suche/Wollen nach/von Bestätigung, Unterstützung, Integration, Karriere, Erfolg, Macht etc. in bzw. durch die Gesellschaft, oder durch sonstige Gruppen, denen ich anhöre oder angehören will. Je mehr andere mein Weltbild teilen, umso mehr bin ich selbst aufgewertet und um so mehr bin ich in der Gesellschaft oder sonstigen Gruppe erfolgreich und um so mehr habe ich das Gefühl, dass mein Weltbild objektiv ist! Auch hierin sind wir alle gleich!

Mein individuelles Sein als Ursache meines Handelns:

Wie sieht mein Wertesystem/Sein aus, was ist mir wichtig, welche „Weichen" sind gestellt? Es werden hier im folgenden Punkte aufgeführt, die nicht zwangsläufig zu destruktivem Verhalten führen oder an sich destruktiv sind, aber aus meiner Sichtweise (insbesondere bei gleichzeitigem vorkommen mehrerer Punkte), trotzdem zumindest besonderer Aufmerksamkeit, wegen einer Tendenz in destruktive Richtung bedürfen. Diese Punkte sind aber nicht als platte Unterstellungen oder/und Vorwürfe etc. in irgend eine Richtung zu verstehen, sondern sie entspringen dem Wunsch und Versuch, Zusammenhänge verstehen/begreifen zu wollen!

1. Sich selbst NICHT als gleich bzw. gleichwertig (sondern als minderwertig, besser, klüger, intelligenter, weiter etc.) wie alle anderen fühlen!
Mögliche Wirkungen: Intoleranz, Diskriminierung und Rücksichtslosigkeit.

2. Sich im Besitz OBJEKTIVER Wahrheiten/Tatsachen fühlen!
Mögliche Wirkungen: Vorwürfe wie z. B. „die anderen müssen einfach aufwachen oder/und aufgeklärt werden". Ausbeutung der Schwächeren durch die Stärkeren. Permanenter Streit über Gültigkeit und Wertung von Wahrheiten und Tatsachen.

3. Ethik als Handlungsbasis!
Mögliche Wirkung: Wahrheit, Gerechtigkeit, Sicherheit und Schutz von Schwachen werden als hohe ethische Werte meiner Gruppe/Gesellschaft, ganz oben über den Rechten anderer Schwächerer, die sich „außerhalb" meiner Gruppe/Gesellschaft befinden angesiedelt. Grundsatz: Der Zweck rechtfertigt die Mittel, oder/und was ich tue ist ethisch, weil gut gemeint (gut gemeint, gekoppelt mit Übergriffigkeiten wie Zwang und Nötigung)! Wie bei allem kommt es gerade auch bei Ethik auf die individuelle Wahrnehmung und Auslegung an, welche wiederum zu dementsprechenden, im Namen der Ethik als Rechtfertigung, konstruktiven oder destruktiven (in der Wirkung zu wertenden) Handlungen führt! Ethik als solches ist also weder konstruktiv noch destruktiv!

4. Idealisierung von Gesetzen, Obrigkeiten, spirituellen/esoterischen Dinge etc.!
Mögliche Wirkungen: Schuldzuweisung und Verurteilung anderer! Ablehnung von Verantwortung für das eigene Handeln (weil man stellvertretend oder als Vertreter/Bewahrer höherer Werte/Ideale/Personen handelt)! Fanatismus!

5. Unethisches Handeln der anderen als Rechtfertigung von deren Bestrafung etc.!
Mögliche Wirkung: Wer sich nicht ethisch (entsprechend Gruppen- oder/und Gesellschaftsethik) verhält hat alle Rechte (als Mensch) verloren und darf dann entsprechend behandelt werden. Dies alles im Namen der Gerechtigkeit (hohes ethisches Ideal?)! Zurückschlagen/Rache hat nichts mit Gerechtigkeit zu tun und ist Missbrauch von Ethik!

6. Diskussions- und Streit- Kultur!

Wie sieht es aus mit meiner ganz persönlichen Diskussions- und Streit- Kultur? Wie argumentiere ich, wie reagiere ich unter Stress, bzw. auf persönliche Angriffe etc.? Wie reagiere ich auf Kritik? Mögliche Wirkung: Persönliche Angriffe/Diskreditierung anderer, bei Diskussion und/oder Streit etc.! Siehe auch unter B3 Diskussions- Streit- Kultur!

7. Liebe, Hass und Angst als die stärksten Emotionen!

Wenn oder Was, bzw. welche Dinge Liebe oder/und Hasse ich? Was macht mir Angst? Wodurch fühle ich mich gefährdet? Mögliche Wirkung: Diese sind je nach Intensität und Art und Weise des individuellen Auslebens, bzw. wie diese Emotionen individuell gelebt werden zu betrachten. Frage, welche Rechte etc. streiche ich anderen (die ich mir selbst weiterhin zugestehe), um mein Sicherheitsempfinden zu stärken oder/und mein Verständnis von Liebe durchzusetzen bzw. zu leben?

8. Wenn ich mein Sein betrachte, kann ich mir z. B. im weiteren folgende Fragen stellen: Will ich Vergeltung/Rache (bzw. wie wichtig ist mir das) wegen Gerechtigkeit? Wie stark ist mein Geltungsbedürfnis? Wie sehr orientiere ich mich bzw. mache ich mich abhängig von anderen (meiner Umwelt) bzw. der Gesellschaft? Wie stark brauche ich Verstärkung? Wie groß ist mein Sendungsbedürfnis? Will ich herrschen? Auch diese Fragen/Punkte bedeuten/beinhalten nicht grundsätzlich destruktives/negatives oder übergriffiges Verhalten, bedürfen aber erhöhter Aufmerksamkeit in diesem Zusammenhang bzw. sind wichtig in der Ursachenforschung!

Zusammenfassend lässt sich sagen: Je weniger die obigen Punkte in meinem Sein verankert sind und je weniger Verstärkung ich brauche, um so unwahrscheinlicher geht mein Handeln in eine als destruktive zu wertende Richtung. Je mehr ich mich aber als Opfer fühle, je mehr ich mich als objektiv empfinde etc. und je mehr ich anderen dafür die Schuld gebe, um so unzufriedener werde ich sein - mit allen Folgen für mich und mein handeln.

Das Problem bzw. die „Hölle" sind also nicht die anderen (frei nach Jean-Paul Sartre) sondern es ist das was in mir (ganz persönlich), in meinem Sein getriggert wird und passiert, bzw. es ist das was letztlich zu Wollen und Handlungen wird, die Wirkungen in uns, auf uns und unsere Umwelt haben!

Definition der individuellen/inneren Mitte:

Ausgangsbasis ist die Feststellung, dass meine aktuelle persönliche Befindlichkeit (himmelhoch jauchzend oder zu Tode betrübt) mein Handeln stark beeinflusst. Ich kann also mein Handeln nie unabhängig/getrennt von meiner Befindlichkeit sehen, bzw. werten und damit ist in Folge auch die Wirkung meines Handelns nicht unabhängig von meiner Befindlichkeit. Wenn es mir weder schlecht noch zu gut geht, dann bin ich in meiner Mittelpunkt, es geht mir gut! Ich muss andere also nicht kleiner machen um selbst größer/besser zu sein bzw. meine Befindlichkeit von Schlecht in Richtung gut zu verschieben. Und ich muss andere nicht unterordnen, bestimmen, belehren oder/und beherrschen wollen, weil es mir zu gut geht bzw. es mir so gut geht, dass ich überheblich werde.

Wenn ich in meiner Mitte bin, dann ist mir bewusst, dass alle anderen genauso sind wie ich bzw. ich weder schlechter noch besser bin! Sich „schlecht fühlen" und „es geht mir zu gut", sind quasi die Gegenpole meiner individuellen Mitte. Die Herausforderung ist es also, trotz Kritik und Lob erst recht in der eigenen Mitte zu bleiben. Zum Thema Mitte gehört auch noch meine Erwartungshaltung. Was erwarte ich von den anderen? Hier sind die Gegenpole „schlechte Erwartungen" und „zu hohe/gute Erwartungen". Die Herausforderung ist es also NICHTS (im positiven/konstruktiven Sinn, also eine Null mit Plus) von den anderen bzw. meiner Umwelt zu erwarten und alles was ich bekomme, wird ein Geschenk sein! Deine individuelle ganz persönliche Mitte ist der Punkt, bzw. dort wo du dich wohl fühlst, ausgeglichen bist, zufrieden oder sogar glücklich bist, ganz ohne dich abreagieren zu müssen, oder/und „Drogen" (z. B. Hetze) von außen zuführen zu müssen!

Dabei ist es ganz egal, warum du dich an diesem Punkt wohl fühlst etc., es bedarf keiner Begründung. Es ist also der Punkt an dem du mit dir im reinen bist und nicht mit dir selbst und/oder der Welt haderst. Es stellt sich die Frage: Gibt es solch einen Punkt der Mitte in mir, und woran kann ich diesen möglicherweise erkennen? Antwort: Man kommt leider nicht darum herum sich selbst auf die Suche nach der eigenen Mitte zu machen. Wann und ob man diese Mitte findet und wie diese aussieht, ist dabei eine ganz andere Frage. Aber Achtung, auch die eigene Mitte (mein Ruhepunkt) kann z. B. in einer selbstgerechten, überheblichen Ausprägung, zu destruktiven Wirkungen führen! Meine individuelle Mitte kann ich z. B. noch an folgenden Punkten erkennen: Ich weiß wer ich bin und was ich brauche. Ich ruhe in mir selbst. Ich muss mich niemandem gegenüber rechtfertigen. Ich muss nichts mehr und niemandem gegenüber, beweisen. Nicht einmal mir selbst gegenüber! Ich bin mir selbst genug, ich trage Verantwortung für mich (meine Entscheidungen und Handlungen), ich will nicht herrschen, den ich weiß in meinem tiefsten Sein, dass dies kontraproduktiv und sinnlos ist bzw. dadurch nichts zu gewinnen ist etc.!

Ich nehme mir die Freiheit meine individuelle und subjektive Mitte zu leben! Ich will nicht mehr oder besser sein, sondern ich will nur ich sein! Aber Achtung, bitte Missverständnis vermeiden! Meine Mitte gefunden zu haben macht mich nicht besser oder mehr Wert als andere, sondern es entspricht einfach nur meinem subjektiven Sein, bzw. ist die Umsetzung meines subjektiven Willens solch eine Mitte (Ruhepunkt) in mir zu finden und ist eine Annäherung an mich selbst, ich falle deshalb nicht aus der subjektiven Verrücktheit meines Seins (den wir sind alle Verrückte unter Verrückten) heraus, oder überwinde diese/dieses! Dies hat nichts mit Überheblichkeit oder Selbstgefälligkeit zu tun! Die hier angeführten Gedanken zur individuellen Mitte beschreiben die Mitte, ganz persönlich aus meiner individuellen/subjektiven Sicht. Jeder möge seine individuelle Mitte eben ganz individuelle wollen, suchen und definieren. Machen wir uns also auf den Weg in unsere individuelle Mitte. Auch Beziehungen von Mensch zu Mensch oder/und Beziehungen zwischen Gruppen funktionieren dann optimal und langfristig, wenn sie sich in einem ausgewogenem Zustand befinden, also sozusagen eine Mitte haben, wo beide Seiten gleichermaßen in die Beziehung investieren und profitieren!

Zu den Ursachen von Unzufriedenheit und Leid siehe auch unter B15 Unzufriedenheit/Leid.

Ob es also letztlich zu übergriffigem/destruktiven Verhalten kommt hängt im weiteren sehr wesentlich davon ab, bei welcher Person der ein oder andere obige Punkt (oder gleichzeitig mehrere Punkte) auftritt. Die Punkte bzw. alles bisher angeführte als solches führt nicht zu Übergriffigkeit, es kommt vielmehr darauf an, wie diese Punkte individuell gelebt werden, bzw. auf das individuelle Naturell (der betreffenden Person) kommt es an! Entscheidend ist die individuelle Ausprägung des Seins! Thesen, Theorien, Ideologien etc. als Übergriffig/Destruktiv zu bezeichnen/bewerten führt also nicht weiter. Übergriffigkeit/Destruktivität sind Begriffe/Feststellungen die nur auf einzelne Personen anzuwenden sind – weil die Verwendung dieser Begriffe für Gruppen (Minderheiten,Mehrheiten etc.) entsprechend dem bisher angeführten, destruktive Folgen/Wirkungen nach sich zieht, siehe Diskriminierung etc.!

Wertung nach Wirkung – Grund-Voraussetzungen und Ablauf.
Um ein „Wertung nach Wirkung" überhaupt vornehmen zu können braucht es also folgende Grund-Voraussetzungen: **(1)** Es geht grundsätzlich/immer um eine einzige, einzelne/bestimmte Person die handelt (nicht um eine Gruppe etc.)! **(2)** Eine Handlung muss bereits passiert sein! **(3)** Eine Wirkung dieser Handlung muss bereits eingetreten sein bzw. beginnen, also erste Wirkung zeigen! **(4)** Es gibt aktuell/bereits Betroffene! **(5)** Habe ich diese Grund-Voraussetzungen festgestellt, **(6)** dann kann ich davon ausgehend die Wirkungen bewerten (gibt es Opfer etc.) und **(7)** anschließend entsprechend handeln! Es geht also immer um einen tatsächlichen, passierten, aktuellen Fall und die Folgen des Handelns einer einzelnen/einzigen Person!

Versuchen wir also ausgestattet mit den Anhaltspunkten/Informationen aus diesem Kapitel als Rüstzeug, uns selbst und andere zu erkennen und eine „Wertung nach Wirkung" vorzunehmen!

Eine „Wertung nach Wirkung" kann sich nur entwickeln und bewähren in der Tagespraxis, also der täglichen Anwendung! Jeder „Fall" für eine „Wertung nach Wirkung" ist fast wie ein Kriminalfall und nicht einfach in der Umsetzung – aber dass so etwas einfach ist hat ja auch nie jemand behauptet, genauso wenig, wie ich behaupte, selbst eine „Wertung nach Wirkung" immer oder/und perfekt machen zu können – aber ich bin auf dem Weg!

Um es einmal ganz deutlich und hoffentlich unmissverständlich zu sagen, es geht hier und in der gesamten Abhandlung, NIEMALS und in keinster Weise darum Menschen zu bewerten, verurteilen, oder/und über Menschen zu urteilen! Es geht ausschließlich um die Bewertung von Wirkungen die sich aus Handlungen ergeben, OHNE über den/die Handelnden/Verursacher zu urteilen/richten!

Siehe auch unter B19 Ethik nochmals zum Abschluss als die größte Herausforderung!

Fazit: Ausgangsbasis ist der Wille das eigene und das Handeln der anderen bewerten/werten zu wollen, um sich selbst und anderen im Handeln Grenzen zu setzen, also um Opfer zu vermeiden! Unter der Voraussetzung, dass wir alle gleich sind, dass wir relativ sind, dass alles/wir subjektiv sind, nichts objektiv ist, dass jeder recht hat und dass jeder ethisch handelt, fällt es schwer eigene Handlungen und die Handlungen der anderen zu bewerten/werten! Die hier aufgezeigte Möglichkeit nennt sich „Wertung nach Wirkung". Hierbei steht das Handeln der/einer einzelnen Person und die Wirkung dieses Handelns im Fokus. Kommt es durch eine Handlung/Wirkungen zu Opfern/Verlierern+Gewinnern, dann ist diese Handlung/Wirkung als destruktiv zu werten, also abzulehnen! Es geht nicht darum über Dinge/Begriffe, Thesen und Ideologien, oder bestimmte Handlungen als solche zu diskutieren/streiten und diese pauschal als konstruktiv oder destruktiv zu bewerten, es geht direkt und ohne Umwege nur um die Wirkungen von Handlungen einzelner Personen!

Dies aus dem Grund, weil der letztlich entscheidende Faktor nämlich die Wirkungen (konstruktiv oder/und destruktiv) einer Handlung entscheidend davon abhängig ist, welche Person handelt bzw. welche Person Theorien etc., wie (auf welche Art und Weise) lebt und leben will und damit in individuell geprägtes subjektives handeln umsetzt! In diesem Kapitel werden Grundlagen, Zusammenhänge und Möglichkeiten einer „Wertung nach Wirkung" vorgestellt.

B3. Diskussions- Streit- Kultur.

Wenn man eine Theorie, Ideologie oder/und dergleichen ablehnt (vielleicht aus tiefstem Herzen), dann darf man die Freunde, Befürworter (vielleicht aus tiefstem Herzen) nicht mit dieser Theorie, Ideologie gleichsetzen und dadurch diese als Mensch ebenfalls ablehnen, oder gar verachten, oder sie z. B. mit schlimmem Beschimpfungen (z. B. als Unmenschen) niedermachen. Thesen/Dinge/Sachverhalte sollten nicht danach beurteilt werden woher sie kommen (z. B.: Freunde, Feinde, mein Verein, meine Partei), sondern im Idealfall nach deren aktuellen und langfristigen Wirkungen, auf mich und auf andere. Die Wertung nach Wirkung ist Teil der tiefen Analyse und sollte vor jeder Beurteilung und jedem Urteil stehen. Siehe unter B2 Handeln – Wertung nach Wirkung.

Diskussion mit persönlichen Angriffen.

Unsachlichkeit wird besonders dann empfunden, wenn man z. B. bei einer Diskussion persönlich angegriffen/diffamiert etc. wird. Eine Diskussion die sich vom Thema entfernt und auf persönliche Angriffe übergeht ist unsachlich/destruktiv. Also je persönlicher um so unsachlicher! Zur Diskussions- Streit- Kultur gehört es, die Argumente des/der anderen genauso zu respektieren wie die eigenen und nicht mit dem Finger auf den anderen zu zeigen – also ihm Unwissenheit, Naivität, Ignoranz gegenüber (meinen) Fakten oder schlicht Dummheit, oder/und dergleichen vorzuwerfen! Jede Form von Unsachlichkeit, insbesondere das Diskreditieren (per Aussagen wie „du bist zu jung", „du musst erst einmal das geleistet haben was ich leiste", „du bist ein Träumer") von anderen (einzelne oder Gruppen) ist „tödlich" und unangebracht für jede Kommunikation/Diskussion.

Der Mensch kommt an erster Stelle und wir sind alle subjektiv und relativ. Das bedeutet, dass wir alle immer absolut ich-bezogen/subjektiv sind, und dies sowohl in der Interpretation von Theorien etc., sowie in der Art und Weise wie wir diese im Alltag leben. Kennen wir die dunklen Seiten (jede Theorie, Ideologie hat eine dunkle Seite) einer Ideologie, bzw. interpretieren wir diese als weniger Wichtig oder/und Vernachlässigbar? Solcherlei Fragestellungen treten dabei auf. So wie alle Menschen Individuen sind, so leben sie auch Theorien etc. sehr individuell. Wenn du also, z. B. 2 Menschen zu einer bestimmten Idee befragst, dann wirst du immer mindesten 2 abweichende (zumindest in Details) Antworten erhalten. Auch wenn die 2 in der gleichen Partei oder ähnlichem sind.

Pauschalurteile, Theorien, Ideologien etc.

Pauschalurteile über einzelne und ganze Gruppen oder Nationen führen vom Menschen weg und nicht aufeinander zu. Theorien, Ideologien sind also primär nicht das Problem sondern, dass wir bereit sind, andere für das woran wir glauben (was uns u.U. existenziell Wichtig ist/sein mag) zu vernichten! Dass man sich natürlich gegen einen Angriff (auch Verbal) verteidigen muss erscheint logisch. Verteidigen Ja, aber ohne den anderen dabei zu verachten, diskreditieren oder/und vernichten zu wollen. Verteidigen Ja, aber nicht aus eigener Verletzlichkeit den anderen ebenso Verletzen, Strafen etc. wollen. Wir sollten lieber das eigene/persönliche Befinden (eigene Befindlichkeit), das eigene verletzt sein, aus der Ich-Perspektive kommunizieren und ab diesem (Zeit-) Punkt z. B. eine weitere Diskussion (die sowieso zu nichts mehr führen würde außer gegenseitigem gekränkt sein, verletzt sein etc.) beenden, noch bevor unüberwindliche Gräben/Mauern entstehen, die für alle Beteiligten nur von Nachteil sind. Das wichtigste ist, niemals den Respekt vor meinem Gegenüber zu verlieren! Mache lieber deine persönlichen Grenzen deutlich. Zeig dass du die Kontrolle hast. Nicht Köpfe „einschlagen", sondern sich selbst Zeit zum Nachdenken geben und ggf. an einem anderen Tag, über dieses oder andere Themen weiterreden oder dieses spezielle Thema in Zukunft vermeiden, wenn möglich.

Theorien, Ideologien, Dogmen etc. werden individuell manchmal verschärfter/rücksichtsloser (oder umgekehrt) umgesetzt bzw. interpretiert als sie formuliert oder ursprünglich gemeint sind. Jeder interpretiert/füllt den Raum zwischen den Zeilen mit dem was für ihn ganz persönlich naheliegend, logisch und folgerichtig erscheint! Basis für die Interpretation ist hier das individuelle Sein/Wertesystem. Eine Theorie, Ideologie etc., ist also nicht als solche ein „Problem", sondern das Individuum, das diese nach seinem Verständnis interpretiert/auslegt und entsprechend seinem Verständnis handelt. Frage: Welche Teile meines Seins werden „getriggert", was nehme ich wahr?

Bin ich z. B. bestimmten Menschen, Kulturen, Minderheiten etc. gegenüber eher negativ eingestellt/konditioniert, dann werde ich auch aus Theorien, Ideologien etc. diese Teile verstärkt herauslesen/wahrnehmen, die meine Einstellung/Konditionierung bestätigen oder/und weiter verstärken. Dann kann ich diese für mich logischen/passenden (Puzzle-) Teile verwenden und z. B. als Tatsachen zur weiteren Rechtfertigung/Berechtigung meiner Standpunkte und meines Weltbildes z. B. bei Diskussionen verwenden! Auch darin sind wir alle gleich!

Destruktive Richtungen/Tendenzen.
Der Mensch spannt eine Theorie/Ideologie etc. großteils unbewusst (Opportunismus etc.) für seine Zwecke ein. Und wenn dieser eigene Zweck darin besteht, bzw. darauf basiert (in meinem Sein) andere respektlos zu behandeln, also mich selbst als höherwertig darzustellen, dann bewegen wir uns in destruktive Richtungen, Ebenen und Handlungen. Jede Theorie/Ideologie etc. hat auch ihre dunkle/"menschenverachtende" Seite. Manch einem kann diese dunkle Seite, aus seiner eigenen, individuellen Sichtweise, wie ein helles Licht der Erkenntnis sein und er wird diese Erkenntnis/"Wahrheit" als Waffe benutzen.

Eine Theorie/Ideologie etc., dazu zu nutzen sich an anderen abzureagieren oder/und andere belehren zu wollen, aus dem Beweggrund heraus, dass man ja objektiv recht habe und nur mit Tatsachen argumentiere und die Vernunft/Logik sowieso auf seiner Seite habe, führt weg von konstruktiven Gesprächen. Es vernachlässigt, dass nicht nur ich, sondern auch mein Gegenüber aus seiner Sicht entsprechend seinem individuellen Sein, für sich logisch und richtig argumentiert und handelt, genauso wie ich! Darin sind wir gleich. Den/Die anderen sogar auf persönlicher Ebene anzugreifen, oder/und in irgend einer Form (z. B. du bist dumm, hast keine Ahnung, kennst die Fakten nicht, machst dir die Welt wie sie dir gefällt) zu diskreditieren, steht diesem entgegen und führt nur in Richtung gegenseitiger Zerstörung.

Wer zu anderen sagt, sie würden die Realität/Wahrheit/Fakten nicht erkennen (bzw. erkennen wollen) und deshalb in einem Traum leben und diese dann auch noch auffordert, doch endlich aufzuwachen oder sich weiter zu entwickeln (um zu erkennen wie die Dinge „wirklich" sind) vergisst dabei, dass er selbst träumt – sich im Traum seiner eigenen/individuellen Realität/Weltanschauung/Interpretation befindet! Insofern träumen wir alle einen individuellen Tagtraum – wir sind Tagträumer! Auch darin sind wir gleich. Jeder Traum ist wie er ist, es wird geträumt. Eine Wertung dessen was geträumt wird, ist abwegig/unwesentlich. Es wird geträumt (subjektive Sicht) und keiner hat das objektive Wissen, weil dies einen Zustand außerhalb des Träumens, bzw. außerhalb des Träumenden, gleichkäme. Eine Wertung kommt erst auf Ebene der Wirkung von Handlungen, auf mich und andere, in Betracht.

Wenn in Situationen wo destruktives (Rassismus etc.) verbreitet wird, keiner widerspricht bzw. versucht zu Relativieren und damit das gegenüber zu Erden, dann breitet sich Destruktives aus und gewinnt unter Unentschlossenen/Unsicheren/... stets neue Sympathisanten/Anhänger/Mitstreiter – weil mein schweigen als Zustimmung miss-verstanden wird, bzw. weil das vorgefallene durch mein schweigen, als normal und unauffällig wahrgenommen wird!

Wenn sich also 2 oder mehr streiten, kann man sich die Frage stellen – wer hat recht, bzw. wer ist im Recht, bzw. wer handelt richtig und wer falsch, bzw. wer hat nicht recht, bzw. wer ist im Unrecht?

Die Antwort: Beide bzw. alle haben recht etc.! Beide bzw. alle handeln entsprechend ihrem individuellen Sein und damit richtig/folgerichtig, denn sie können nur entsprechend ihrem individuellen Sein handeln. So wie sie sind, so wie es aus ihrer persönlichen Sicht logisch korrekt/richtig/sinnvoll ist. Hier sind die Begriffe „falsch" und „richtig" nicht als „objektiv/absolut" vorhanden/greifbar, „wie" bei einer Rechenaufgabe, sondern ganz individuell/subjektiv verschieden festgelegt. Was kann ich also bei einem Streit, meinem Gegenüber vorwerfen bzw. zum Vorwurf machen? Nichts! Weil aus seiner Sicht macht er/sie alles richtig (genau wie ich es auch für mich selbst empfinde)!

Das ist die subjektive Wahrheit, es gibt keine objektive/sachliche/absolute Wahrheit, weil jedes Sein, an ein Individuum und damit an Subjektivität gebunden ist. Das einzige „Problem" ist, dass wir uns nicht einig sind, weil jeder die Sachverhalte/Fakten etc., anders wahrnimmt/erkennt/wertet/beurteilt, so wie es eben für jeden ganz persönlich richtig ist.

Also helfen hier auch persönliche Vorwürfe/Anfeindungen/Diskreditierungen nicht weiter (ganz im Gegenteil), bzw. sind unangebracht und führen nur dazu, dass ein Streit eskaliert. Auch die Tatsache, dass z. B. die Mehrheitsmeinung der Gesellschaft (der aktuellen sozialen Umgebung), meiner Meinung/Ansicht, oder der meines Gegenübers, entspricht/widerspricht, ändert an dem eben beschriebenen nichts! Dieses zu erkennen, bedeutet sich zu lösen, von persönlichen Vorwürfen und Schuldzuweisungen. Man gewinnt dadurch eine neue Freiheit (und Stärke). U.U. gewinne ich mit diesem Wissen, auch die Freiheit, eigene Ansichten und Standpunkte gleich/genauso nachdrücklich zu verfolgen/vertreten und durchsetzen zu wollen, wie andere Ihre Ansichten/Meinungen vertreten! Weil meine Ansichten etc. genauso wichtig und richtig sind, bzw. auf ethischen/positiven Grundsätzen beruhen, wie die der anderen!

Gibt es die objektive Wahrheit?
Es gibt nur die subjektive Wahrheit. Je mehr ich an objektive Wahrheiten glaube, um so mehr halte ich mich selbst auch für objektiv, absolut, richtig und „unfehlbar". Es wird schwierig werden mit mir über irgendwas zu diskutieren und von mir Toleranz und Respekt zu erwarten. Je mehr ich an objektive Wahrheiten glaube, um so mehr versinke ich in meinem eigenen Absolutismus, in meiner eigenen Unfehlbarkeit. Widerspruch gegen meine Anschauung/Meinung/Weltbild kann demzufolge also nur von Dummen, Verblendeten und dergleichen kommen. Denn ich sehe mich im Besitz der objektiven/absoluten Wahrheit. Eine der Folgen dieser Einstellung (bzw. des glaubens an meine objektive Wahrheit) ist, dass ich einen permanenten Belehrungs-Krieg gegen die anderen führe. Frage ich also z. B. jemanden ob er an objektive Wahrheit glaubt, oder/und sich selbst für objektiv hält, dann kann ich anhand der Antwort darauf schließen, mit was ich bei Diskussionen rechnen muss.

Zum Nachdenken: Wenn also zu irgendeinem Thema die subjektive Wahrheit einer Person das folgende ist „Ich fühle mich bedroht und habe Angst weil ..." und von einer anderen Person „Ich empfinde keinerlei Bedrohung und ich habe keine Angst weil ..." dann wissen wir inzwischen, dass beide recht haben. Wenn ich als Beobachter zu diesem Thema noch keinen Standpunkt bzw. noch keine Meinung habe, warum soll ich dann nicht die subjektive Wahrheit der Person übernehmen deren Wahrheit nicht automatisch meine Lebensqualität durch Gefühle der Bedrohung und Angst reduziert/einschränkt? Insbesondere wenn man bedenkt, dass doch beide recht haben (laut ihrem individuellen Sein) und objektiv gar nicht feststellbar ist (siehe Kapitel A1 Erkenntnisfähigkeit, und deren Grenzen), ob Bedrohung und Angst mehr als subjektive Wahrheiten sind, bzw. Bedrohung und Angst außerhalb unserer subjektiven Wahrheit überhaupt existieren.

Lästern, Hänseln, Beschimpfen, Diskreditierung bzw. persönliche Angriffe jeglicher Art.
Werden wir persönliche also direkt z. B. in Form von Beschimpfungen, Beleidigungen (indem man uns hänselt etc.) angegriffen (egal ob persönlich oder anonym), dann ist dies ein echter/harter Angriff auf unsere gesamte Persönlichkeit, also unser gesamtes Sein. Dies gilt insbesondere wenn wir wegen Kleidung, Aussehen und dergleichen belächelt und gemobbt werden! Um solch einem massiven Angriff auf unser Sein begegnen, aushalten und standhalten zu können, muss man sich einige wesentliche Dinge vor Augen führen und halten, die hier im folgenden behandelt werden!

Betrachtungsweise einseitiger Angriff/Übergriff auf mich.
Ich kann solch einen Angriff grundsätzlich von zwei verschiedene Blickrichtungen aus betrachten:

Erste Blickrichtung. Was bedeutet dieser Angriff für mich? Was wurde in mir getriggert?
- Ich fühle mich verletzt, bedroht etc.!?
- Mein Selbstbewusstsein bzw. mein Selbstwertgefühl schwächelt bzw. ist angegriffen!?
- Ich bin aus dem Gleichgewicht aus meiner „Mitte" geworfen worden!?
- Ich empfinde ein wachsendes Bedürfnis den anderen zu beleidigen bzw. zurückzuschlagen!?

- Ich habe den Mechanismus des Angriffs durchschaut/erkannt!?
Was sagt das alles über mich und mein Sein aus (Siehe Selbstbeobachtung/Selbstkontrolle)!?

Zweite Blickrichtung. Was sagt dies über mein Gegenüber (auch wenn Anonym) bzw. Angreifer aus? Was wurde in meinem Gegenüber getriggert?

- Der Angreifer redet etc. nur über sich selbst und von sich selbst – über nichts anderes (nur seine eigenen Probleme), er breitet sein innersten Befindlichkeiten (Ängste, Schwächen, Probleme etc.) vor mir aus! Dies ist sein Seins-Striptease!
- Niedriges Selbstwertgefühl = Minderwertigkeitsgefühle etc.!?
- Persönlichkeit ist nicht Charakterfest (weis nicht wer sie ist, ruht nicht in sich)!?
- Der Angreifer hält mich für Schwach bzw. er fühlt sich mir überlegen („Opfer" gefunden)!?

Anmerkung: Betrachtungsweise mehrseitige bzw. gegenseitige Angriffe. Wird zurückgeschlagen (diskreditiert, beleidigt etc.), bzw. kommt es zum Gegenangriff (egal aus welchem Grund) und zu verbalem Schlagabtausch, dann verschwinden die Unterschiede zwischen den Blickrichtungen immer mehr und es gibt nur noch eine einzige „Blickrichtung"/Sichtweise, die alle Punkte aus beiden Blickrichtungen beinhaltet und für alle beteiligten gilt!

Schlussfolgerung bei einem Angriff auf mich.
Was passiert hat nichts (nicht das geringste) mit mir zu tun, ich bin nur ein Anlass/Trigger!
Dieser Trigger ist das Gefühl, bzw. die Einschätzung des Angreifers, es mit einem Schwächeren zu tun zu haben etc., über den man das ganze eigene Leiden ausschütten darf, weil man ja über dem anderen steht und dieser sich nicht wehren kann – auch dies kann man am Geschehen ablesen! Man erkennt das innerste des Angreifers – die ganzen Höhen und Tiefen! Der Angreifer macht so zu sagen einen Seins-Striptease! Man sagt „Schönheit liegt im Auge des Betrachters". Aber nicht nur Schönheit (bzw. Empfinden und Wahrnehmung dafür) liegt im Auge des Betrachters! Durch einen Angriff fühlt sich der Angreifer zumindest vorübergehend und oberflächlich etwas besser. Der ganze Angriff bringt also nichts, weil nur eine Auflösung tiefer sitzender persönlicher Gewohnheiten und Probleme, des Angreifers eine langfristige Besserung für den Angreifer bringen kann! Solch ein Angriff kann relativ „gedankenlos"/automatisch (wie selbstverständlich) ablaufen, es können aber auch der Vorsatz und die Absicht dazukommen, andere ganz bewusst verletzen/vernichten zu wollen! Also mit einem Angriff nicht „nur" zu kränken, sondern noch tiefer verletzen und verunsichern zu wollen.

Wie soll man als Betroffener solch einem Angriff begegnen und damit umgehen, ohne selbst Schaden zu nehmen? Wie wehre ich also solche Angriffe ab?

Ganz „einfach" ich wehre solche Angriffe nicht ab, sondern ich lasse sie ins leere laufen, an mir vorbei! So vermeide ich einen Seins-Striptease meinerseits – wenn ich mich z. B. verletzt zeige und reagiere! Mann sollte für solche Fälle eine eigene ganz persönliche Taktik/Methode herausfinden. Klar ist, ich gebe dem Angreifer nur das was er will (ein Opfer haben), wenn ich den Angriff abwehre indem ich Zurückschlage (mit Beleidigungen etc.) oder anfange zu Diskutieren. Dem Angreifer durch Zurückschlagen, also auf eine Art und Weise zu begegnen in der dieser scheinbar Übung hat, ist unklug. Wer sich auf den „Boden" des Angreifers begibt (den Angriff quasi annimmt) folgt damit seinem Willen und seinen Regeln! Reagiere anders als erwartet, mache deine eigenen Regeln auf deinem „Boden" wo du dich auskennst! Gebe ich dem Angreifer was er will, dann erhöhe ich dadurch nur die Wahrscheinlichkeit von Wiederholungs-Angriffen. Dies gilt es ebenfalls zu vermeiden. Wenn ich selbst noch nicht zu „angepisst" war und noch einigermaßen die Kontrolle hatte, dann hat mir persönlich folgende Taktik, Praxis bzw. folgendes Verhalten geholfen.

Praxis der offenen Arme.
Diese Praxis/Taktik hat bei mir geholfen weil es meine Taktik ist, die von mir angewendet wird. Wie gut oder schlecht diese Taktik bei jemand anderem funktioniert oder funktionieren kann, vermag ich nicht festzustellen. Jeder muss da leider seinen eigenen Weg gehen und seine eigene passende Taktik entwickeln. Diese Abhandlung ist ja auch kein „Ratgeber für Lebensfragen".

Aber vielleicht kann meine Taktik doch zumindest einen Hinweis geben aus dem sich was machen lässt. Diese Taktik ist eigentlich keine Taktik, sondern eine/meine Lebenseinstellung. Die Taktik besteht nur darin, meine Lebenseinstellung dem Angreifer vorzuleben und zu verdeutlichen (ich zeige wer ich bin, ohne einen Seins-Striptease zu machen). Das bisher gesagte und auch die Ausführungen insbesondere in Abschnitt A, dieser Abhandlung sollen helfen, zu erkennen was bei einem Angriff passiert.

Hinter jedem Angriff steht ein Mechanismus (ein Ablauf, eine Dramaturgie etc.), stehen grundlegende Abläufe/Regeln, die das geschehen im Hintergrund (in meinem Sein), das bei einem Angriff abläuft, verstehen lassen. Dieser Mechanismus bzw. diese Mechanismen gelten für „jeden" Angriff. Sie sind Bestandteil des Mensch-Seins.

Wenn ich den Mechanismus dessen was gerade passiert durchschaue bzw. erkenne, erreiche ich damit, bzw. gelingen mir damit, bereits im Vorfeld, also noch vor einem Angriff, mehrere Dinge. Dadurch erreiche ich erstens: Abstand, der es mir ermöglicht auf den Angreifer einzugehen (Empathie) und zu abstrahieren/relativieren. Ich löse mich von meiner persönlichen Betroffenheit/Verletztheit als solches und werde zum „Beobachter". Dadurch erreiche ich zweitens: Den Angreifer nicht als Feind zu sehen, sondern als Mitmensch, als jemand der mir gleich ist! Dadurch erreiche ich drittens: Weitgehend die Kontrolle über mich und den Ablauf des Angriffs zu behalten – im Idealfall, funktioniert aber nicht immer so wie erwartet/gedacht!

Diese Einstellung bzw. Lebenseinstellung muss ich also nun bei einem Angriff dem Angreifer vermitteln, vorleben, damit dieser schließlich erkennt, dass sein Angriff ins Leere läuft etc.! Ich versuche also mich nicht zu ärgern oder gekränkt zu fühlen, sondern ich sage/tue z. B. folgende Dinge (aus der Ich-Perspektive, mein Empfinden, keine Schuldzuweisungen an den Angreifer, einen krassen Themawechsel machen, Fragen stellen, das gesagte spiegeln bzw. einfach wiederholen):

„Ich fühle mich verletzt! Ich finde deinen persönlichen Angriff nicht OK! Ich will das nicht hören, das interessiert mich nicht! Das ist für mich nicht wichtig! Fühlst Du dich jetzt besser? Was brauchst Du? Wie geht es Dir? Darüber musst Du dich mit Leuten unterhalten die das interessiert! Was hast Du für ein Problem? Kann ich Dir helfen? Ich helfe Dir gerne! Das liegt alles im Auge des Betrachters! Das ist alles nur subjektiv und nicht objektiv also alleine Dein Problem! Wie kann ich Dir helfen? Du hast recht, aber ich auch, wir haben beide recht, auch wenn ich Dir nicht recht gebe und Du mir nicht recht gibst! Ich mag Dich und wünsche Dir alles was ich mir auch für mich wünsche, auch wenn ich nicht deiner Meinung bin! Magst Du eigentlich Spinat? Welche Pizza ist deine Lieblingspizza? Angreifer sagt – Du bist echt hässlich, ich sage dann – Du bist echt hässlich!?" Und so weiter wobei sich diese Aussagen auch zu mehrfachen Wiederholung eignen, also einfach im Kreis argumentieren, dies wird der Angreifer ab einem gewissen Punkt sowieso auch tun!

Dabei aber bitte beachten, sich nicht in endloses BlaBla verwickeln zu lassen! In vielen Fällen ist es mit Sicherheit besser Gespräche etc. nicht weiter zu vertiefen, und z. B. nur zu sagen: „Das belastet mich, Ich will nichts von Deinen Problemen wissen, das will ich nicht wissen (oder: das interessiert mich nicht)! Ich bin nicht deiner Meinung und ich finde deine Meinung zu diesem Thema nicht OK und ich werde meine Meinung immer deutlich sagen (um klarzustellen, dass ich nicht deiner Meinung bin) und wenn Du mit meiner Meinung etc. ein Problem hast dann musst Du dich mit Leuten unterhalten die Deiner Meinung sind!". Um damit das Gespräch etc. zu beenden und auf den Angreifer nicht weiter zu reagieren!

Das alles funktioniert nur wenn ich das was ich sage etc. auch wirklich so meine bzw. wenn es also authentisch ist! Dies ist die „Praxis der offenen Arme" weil man jemanden quasi wie eine Schwester, oder einen Bruder in die Arme nimmt und damit vorbehaltlose Zuwendung zeigt und spüren lasst! Dies bedeutet in der Praxis auch ganz konkret, dass ich bereit bin mein Gegenüber (den Angreifer) tatsächlich und ganz konkret, physisch in die Arme zu nehmen. Dies ganz unabhängig davon, was mein gegenüber sagt oder tut!

Das alles in die Praxis umzusetzen ist schwer und braucht Übung. Zur Frage ob ich selbst das alles umsetzen kann, sage ich folgendes: Ich empfinde die „Praxis der offenen Arme" als logische und ethische Schlussfolgerung und Umsetzung von Abschnitt A dieser Abhandlung und somit als wichtigen/wesentlichen Teil meines Wertesystems und Seins – ich bin also auf dem Weg dieses umzusetzen – mal mehr und mal weniger erfolgreich! Wichtige Frage hierbei: Inwieweit kann ich die anderen aushalten und inwieweit können die anderen mich aushalten?

Fazit: All mein/meine Wissen/Meinungen/Standpunkte sind innerhalb meinem Wertesystem mit entsprechender Wichtigkeit/Priorisierung hinterlegt. Mein Wertesystem/Sein ist rein individuell/subjektiv und für mich so richtig und logisch. Wenn ist streite (mit meinen Argumenten) etc. handle ich für mich richtig/folgerichtig. Individuen streiten etc. stets subjektiv, nicht objektiv. Das eben gesagte gilt nicht nur für mich, sondern auch für mein(e) gegenüber! Bei einem Streit begegnet man sich also stets auf Augenhöhe, jeder hat recht, weil jeder für sich individuell recht hat, also aufgrund seines Seins folgerichtig handelt. Weil wir hierin alle gleich sind, gibt es keinen Grund einen Streitgegner persönlich anzugreifen/beleidigen oder zu diskreditieren – dies gilt grundsätzlich, ohne wenn und aber, auch gerade dann wenn mein gegenüber mich beleidigt etc.!

B4. Textanalyse.

Einige Gedanken zum Thema Text/Botschaften-Analyse, frei nach dem Prinzip: Ein Text (egal ob gesprochen oder geschrieben) ist mehr als die Summe seiner Worte.

Weil jede Person eine Botschaft, aufgrund ihrer Individualität zwangsläufig eben subjektiv, individuell/anders interpretiert bzw. interpretieren kann, ist es sinnvoll sich bei eigenen Botschaften und speziell auch bei Botschaften von anderen, folgende Fragen als Analyse/Prüf-Hilfsmittel bereitzuhalten und anzuwenden:

Was schreibe/texte ich und was meine ich (Intention)? Was ist die Botschaft – was will ich, dass beim anderen ankommt? Was will ich bewirken mit meiner Botschaft – Wirkung auf andere? Wie wirkt eine Botschaft im psychologisch, sozialen Kontext (auf einzelne, eine Gruppe) z. B. eher konstruktiv oder eher destruktiv? Achtung, besonders bei impliziten Inhalten/Aussagen – Inhalte etc. die „zwischen" den Zeilen/Worten steht!

Ergeben sich aus diesen Fragen weitere Fragen, dann diese klären, bevor ein „Berg" von Missverständnissen entsteht! Zu Streit kommt es gerne, wenn Intention (wie war die Botschaft gemeint) und Interpretation (was ist angekommen) nicht zusammenpassen bzw. zu unterschiedlichen Resultaten kommen.

Man sollte immer daran denken, dass der gleiche Text, von unterschiedlichen Individuen und damit individuellen/spezifischen Wertesystemen/Sichtweisen, auch unterschiedlich beurteilt/interpretiert wird. Deshalb kommt die gleiche Botschaft insbesondere in Bezug auf das was zwischen den Zeilen steht (was soll gesagt werden, was kommt bei mir an und wie ist dessen Wirkung auf mich und andere) individuell sehr unterschiedlich an. Auch bei der aktuellen Abhandlung wird es zwangsläufig genauso ablaufen/geschehen.

Ein Text, eine Botschaft ist nie unabhängig vom persönlichen Sein/Wertesystem (also von dem was man für richtig oder falsch hält) des Verfassers. Das Lesen eines Textes bzw. dessen Interpretation ist ebenso nie frei vom persönlichen Sein/Wertesystem des Lesers/Zuhörers!

Fazit: Ein Text (egal ob gesprochen oder geschrieben) ist mehr als die Summe seiner Worte. Das was zwischen den Zeilen steht ist wichtig. Es werden nicht nur „Tatsachen" aufgezählt, sondern diese sind auch mit einer sehr persönlicher Herleitung, Wertung versehen und in einen sehr persönlichen Zusammenhang (Interpretation, Erkenntnis etc.) gestellt. Erst wenn ich erkenne was zwischen den Zeilen (und Worten) steht, kann ich die Intention (des Verfassers), was bei mir ankommt und auch die Wirkung (auf mich und andere) dieses Textes, besser verstehen und beurteilen.

B5. Abgrenzung, Ausgrenzung, Diskriminierung, Fanatismus.

Es stellen sich Fragen wie: Was bedeuten diese Begriffe und wo sind die Grenzen bzw. geht der eine in den anderen über? Deshalb folgt eine Begriffsklärung und ein Einstieg in die Klärung psychologischer Wirkungsweisen und Zusammenhänge!

Im Zusammenhang mit Abgrenzung etc. ist es im Vorfeld wesentlich zu klären wo meine Rechte/Freiheiten und die Rechte/Freiheiten meines Gegenüber beginnen und enden. Außerdem ist es wesentlich, das was man in diesem Zusammenhang für sich selbst einfordert, auch dem anderen zuzugestehen!

Es besteht Freiheit (für mich und alle anderen) in Bezug auf die Verwirklichung eigener Vorlieben und Konzepte für mein eigenes Leben und für meinen eigenen/individuellen Lebensentwurf – dies muss gegenüber niemandem gerechtfertigt oder begründet werden = Freiheit der Selbstverwirklichung!

Abgrenzung ist das was mich zum Individuum macht. Ganz simpel fängt es damit an, dass ich einen eigenen Namen habe. Abgrenzung ist immer Ich-bezogen bzw. Abgrenzung wirkt nach innen, ich zeige mit dem Finger auf mich (nicht auf andere). Ich, für mich, will dieses oder jenes, oder ich will es eben nicht, oder es interessiert mich nicht. Und dies, weil ich eben ich bin! Keine Rechtfertigung/Begründung erforderlich. Ich grenze mich ab, z. B. gegen Ausgrenzung und Diskriminierung möglichst ohne dabei selbst andere auszugrenzen oder zu diskriminieren!

Ausgrenzung verweigert Individuen oder Gruppen die Zugehörigkeit bzw. den Zugang/Zutritt zu anderen Individuen oder Gruppen. Ich zeige mit meinem Finger auf einen einzelnen anderen. Ist der Grund der Ausgrenzung eines einzelnen, dessen Zugehörigkeit zu einer Gruppe (z. B. wegen Hautfarbe etc.) dann handelt es sich um Diskriminierung! Richtet sich die Ausgrenzung auf eine Gruppe (z. B. wegen Hautfarbe, sozialer Zugehörigkeit etc.) handelt es sich um Diskriminierung! Wenn ein Individuum oder eine Gruppe eine einzelne Person nicht in ihrer Umgebung bzw. Gruppe haben wollen (aufgrund spezifischer Vorkommnisse oder spezifischem Verhalten dieser Person) spricht man von Ausgrenzung. Ausgegrenzt werden Einzelpersonen aufgrund ihres individuellen Handelns. Ausgrenzung ist eine Mauer die sagt „bis hierher und nicht weiter". Dem Ausgegrenzten wird dabei ausdrücklich nicht weiter geschadet oder nachgetreten. Die Mauer/Ausgrenzung als solche setzt den (vorläufigen) Schlusspunkt der Beziehung. Siehe auch Selbst-Ausgrenzung.

Diskriminierung richtet sich pauschal destruktiv/negativ auf alle Menschen die ein bestimmtes Merkmal bzw. Gruppenzugehörigkeit haben. Ich zeige mit meinem Finger auf eine ganze Gruppe anderer. Es wird nicht das Verhalten des einzelnen Individuums betrachtet, sondern ein Individuum ohne weiteres Ansehen der Person, und nur Aufgrund bestimmter Merkmale etc. beschimpft, verunglimpft, gemobbt etc. Diese Merkmale/Gruppenzugehörigkeiten können z. B. Hautfarbe, Glaubenszugehörigkeit, Sozialer Status (Arbeitslosigkeit etc.) und Kleidungsstil sein. Dies sind vom Diskriminierenden, willkürlich festgelegte Kategorien, die er nutzt um andere nicht nur auszugrenzen, sondern um sie (durch die Wirkung der Diskriminierung) letztendlich zu zerstören oder zumindest ihnen nachhaltig Schaden zuzufügen. Hier muss klar gesagt werden, dass meine Rechte/Freiheit dort aufhört, wo in die Rechte/Freiheit anderer eingegriffen wird. Diskriminierung ist ein Akt der rücksichtslosen Übergriffigkeit. Diskriminierung richtet sich meist gegen Schwächere und ist im Diskriminierenden u. a. durch Fanatismus, ein gestörtes Selbstwertgefühl oder/und rücksichtslosen Egoismus gekennzeichnet. Hier wurde Toleranz und vieles andere dem Diskriminierenden nie vorgelebt etc. und deshalb wohl auch nicht erlernt. Diskriminierung ist immer destruktiv/selbstzerstörerisch und führt bei allen Beteiligten dazu, dass sie Opfer werden – Opfer ihrer selbst und Opfer in Bezug auf andere!

Selbst diskriminiert werden ist keine Rechtfertigung, kein Grund andere zu diskriminieren!
Es gibt keinerlei Rechtfertigung diejenigen zu diskriminieren die mich diskriminieren – ohne wenn und aber! Diskriminierung bleibt Diskriminierung, aus welchen Gründen auch immer, es gibt keine Rechtfertigung für Diskriminierung!

Werde ich also von einzelnen oder einer bestimmten Gruppe diskriminiert, weil ich einer anderen gesellschaftlichen Gruppe angehöre, eine andere sexuelle Orientierung habe, oder/und dergleichen, gibt mir dies dennoch nicht das Recht, eben diese Person oder diese Gruppe (oder Teile davon) wegen irgendwelcher Gründe, oder einfach weil sie mich diskriminieren, ebenfalls zu diskriminieren! Beispiel: Werde ich von einem Angehörigen einer Gruppe wegen meiner sexuellen Orientierung diskriminiert (und damit alle mit dieser sexuelle Orientierung), darf ich diese Gruppe (oder Teile davon) auch selbst dann NICHT diskriminieren, wenn ich erfahre dass z. B. 90% dieser Gruppe ebenfalls gegen meine sexuelle Orientierung eingestellt sind und mich demzufolge damit/dadurch ebenfalls diskriminieren (oder vermutlich diskriminieren würden)! Diskriminiere ich andere weil diese mich diskriminieren dann schaffe ich dadurch nur neue und noch mehr Diskriminierung! In solchen Fällen ist Kommunikation/Aufklärung/Toleranz etc. (ganz egal wer den Anfang macht bzw. ob jemand den Anfang macht) jeder Diskriminierung vorzuziehen! Denn Diskriminierung macht auf jeden Fall alles für alle Beteiligten nur noch schlimmer!

Nicht zu diskriminieren bedeutet nicht zu diskriminieren, ganz egal was andere tun oder nicht tun, sozusagen Bedingungslos! Andere zu Diskriminieren weil man sie als Gefahr/gefährlich wahrnimmt/einstuft, funktioniert nicht! Dies gilt auch für das eben gemachte Beispiel einer Diskriminierung wegen einer Diskriminierung! In obigem Beispiel ist der Hintergrund/Auslöser etc. der Diskriminierung unter anderem das Empfinden, dass jeweils Mitlieder der anderen Gruppe bzw. ganz pauschal die anderen, gefährlich und schädlich für den Einzelnen der eigenen Gruppe, die gesamte eigene Gruppe, oder/und die gesamte Gesellschaft sind! So nehmen beide Seiten Wahrheit und Rechtfertigung für sich in Anspruch um andere zu diskriminieren/kriminalisieren etc.! Diskriminierung ist also immer Endstufe und führt zu bzw. bedeutet im weiteren nur Angriffe, Zerstörungen und Krieg! Diskriminierung ist keine Lösung, es gibt für sie keinerlei Rechtfertigung, sie hat nichts mit Sicherheit und Schutz (welcher Seite/Gruppe auch immer) zu tun, sie hat nichts mit Ethik oder Gerechtigkeit und dergleichen zu tun, sie ist motiviert von Ängsten vor dem Unbekannten (Imaginäre Ängste), sie ist motiviert von dem Willen gleiches mit gleichem zu vergelten bzw. heimzuzahlen (Rache), sie basiert auf ganz persönlichen/individuellen Gewohnheiten und Problemen, die zu einem Empfinden/Gefühl eigener Benachteiligung und Gefährdung führen und anschließend zur Kompensation dieser Probleme/Gefühle durch Diskriminierung, Fanatismus und dergleichen! Ähnliche Wirkungsweise und Zusammenhänge bei Diskriminierung, Fanatismus etc.! Diskriminierung und Fanatismus bilden oft eine Einheit, bedingen einander, oder/und bauen auf einander auf!

Ich kann mich also nicht vor Diskriminierung/Fanatismus und deren Folgen dadurch schützen, dass ich selbst zum Diskriminierenden/Fanatiker werde! Ich kann mich und meine Freiheit nicht dadurch schützen, indem ich auf Basis von Argumenten und Rechtfertigungen die mir Diskriminierung und Fanatismus (Bedrohungs-Zenarien, Selbst-Überhöhung, andere sind gefährlich und „Ungeziefer", üble Nachrede, Pseudo-Gerechtigkeit usw.) liefern, die Freiheit und Rechte etc. (die ich mir selbst zugestehe) anderer einschränke! Wenn ich Diskriminierung und Fanatismus und deren Folgen durch eigene Diskriminierung und eigenen Fanatismus beantworte, dann verstärke ich Diskriminierung, Fanatismus und deren Folgen damit nur noch mehr! Dies ist Krieg in mir, gegen mich selbst, gegen andere, also maßlos (Verachtung, Hass etc.) und in seiner Wirkung auf mich und andere destruktiv! Dieser Krieg lässt keinen Raum mehr für Lösungen, Mitmenschlichkeit und dergleichen, sondern ist und führt letzten Endes, bzw. konsequent zu Ende gedacht, zu Selbstzerstörung!

Diskriminierung/Fanatismus als destruktive Umsetzung einer Kompensation von eigenen/individuellen Ängsten, Befürchtungen, Problemen, Frustrationen und Betroffenheiten! Habe ich das unter Umständen so von meiner Umwelt vorgelebt bekommen und so übernommen/erlernt? Oder/und spielen hier noch weitere ganz persönliche Faktoren eine Rolle die noch tiefer in meinem Sein verborgen sind!?

Kompensiere ich eigene Ängste, Frustrationen etc. durch Diskriminierung/Fanatismus, dann bedeutet dies auch als Grund/Ursache für diese Art der Kompensation durch zurückschlagen, dass mein Sein „endlich" Schuldige für meine Ängste und Frustrationen etc. gefunden hat!

Dadurch gerechtfertigt (die anderen sind Schuld) darf ich zurückschlagen, darf ich im Namen der Gerechtigkeit, die Schuldigen bzw. die sich an mir schuldig gemacht haben, vernichten! Alles, Probleme, Frustration, Kompensation, Diskriminierung, Fanatismus, Schuld, Rechtfertigung und Gerechtigkeit kommen zu 100% aus mir, liegen in mir und machen mir und anderen durch meine Handlungen und deren destruktiven Wirkungen, nur noch weitere Probleme! Weitere Probleme auch durch ihren Selbstverstärkenden Effekt insbesondere dann wenn Diskriminierung/Fanatismus/Hass etc. zur Sucht werden (nicht mehr von mir kontrollierbar sind) – umso mehr wenn andere auch so denken und handeln (sich mit mir Solidarisieren/Verbünden) wie ich und um so mehr, wie ich mich unter Gleichgesinnten bewege/aufhalte, bzw. mit diesen Kommuniziere! Um so mehr empfinde ich mich und meine Wahrheit/"Fakten", als objektiv und alternativlos! Dabei ist es doch viel wichtiger im Gespräch zu bleiben und Toleranz zu leben, als Recht zu haben, oder Recht haben zu wollen, oder/und über andere richten/herrschen zu wollen!

Fanatismus.
Fanatismus ist ein Extrembeispiel für Ausgrenzung und Diskriminierung anderer. Was ist Fanatismus und woran erkenne ich Fanatismus? Fanatismus besitzt zwei extreme Seiten, zwischen denen meist ohne Zwischentöne hin und her gesprungen wird. Auf der einen Seite will Fanatismus andere, die nicht zur „Familie" gehören ausgrenzen, diskriminieren, belehren, bestimmen, unterdrücken und schlimmeres! Auf der anderen Seite will Fanatismus die „Familie" stärken bzw. Idealisieren und führt dazu ethische, moralische Werte als Begründungen und Rechtfertigung an. Das Schlimmste an Fanatismus ist es, für sich selbst Toleranz und Verständnis einzufordern (sich teilweise als unverstandenes, diskriminiertes Medien- etc. Opfer zu sehen – wo man doch nur das „Gute" will) aber im nächsten Moment anderen Toleranz und Verständnis brutal zu verweigern/vorzuenthalten! Ein Erkennungsmerkmal für Fanatismus ist es andere belehren zu wollen. Der Wille andere belehren zu wollen und damit als Basis der Glaube, über anderen zu stehen, wird sichtbar in folgenden Äußerungen: „Ihr seid noch nicht soweit! Ihr habt das falsch verstanden! Ihr seht das falsch! Das muss man euch nochmal richtig erklären! Ihr habt davon keine Ahnung! Ihr seid dumm, ungebildet etc. und braucht deshalb jemand der euch sagt was richtig ist! Ihr seid doch nur ferngesteuerte dumme/dumpfe Masse! Ihr müsst mal aufwachen und die Realität sehen! Das muss man doch differenziert betrachten bzw. das kann man doch so nicht sehen! Usw. usw." Der Fanatiker selbst aber hat ja objektiv recht und gehört quasi zur geistigen Elite (die es nicht gibt) bzw. fühlt sich als Mitglied einer solchen. Er leitet hieraus das Recht ab über andere zu „herrschen"!

Fanatismus ist eine zerstörerische Kraft, die schlimmste Form des rücksichtslosen Egoismus! Die Kinder des Fanatismus sind Faschismus, Rassismus, Nationalismus, Homophobie, Diskriminierung, Wut, Hass und Intoleranz in jeder Form – letztendlich Krieg und Terror! Fanatismus führt letzten Endes zu Vernichtung und Untergang seiner eigenen Werte und seiner eigenen Familie, durch Krieg und Terror - Selbstzerstörung.

In Bezug auf Fanatismus wurde hier insbesondere, die Form des extrovertierten Fanatismus gemeint und beschrieben. **Weiteres zu Fanatismus und Beschreibung und Unterscheidung von extrovertiertem und introvertiertem Fanatismus, siehe unter A3f Individualität, Fanatismus und Hyperreaktivität!**

Zwischen Abgrenzung, Ausgrenzung, Diskriminierung und Fanatismus verwischen manchmal die Übergänge und es gibt fließende Übergänge und Übergangsformen. Beobachten was man selbst tut (sich selbst zuhören etc.) und was einem „angetan" wird (Selbstbeobachtung) kann auch hier hilfreich sein.

Eine Betrachtung der Wechselwirkungen/Zusammenhänge mit Schwerpunkt Ausgrenzung und Diskriminierung zwischen Individuum/Minderheiten und Gesellschaft/Mainstream. Die Gesellschaft bestraft einzelne Mitglieder und Minderheiten die außerhalb/entgegen gesellschaftlichen Normen ihren persönlichen Lebensentwurf leben wollen. Ein eigener Lebensentwurf, ein eigenes Wertesystem, wird selten respektiert und toleriert. Solche Menschen werden oft aktiv ausgegrenzt, gemobbt etc., bloß weil sie z. B. nicht die aktuelle Mode der Saison tragen.

Solch eine Bestrafung/Ausgrenzung findet ebenso statt, wenn es um Glaubensdinge geht. Eine weitere Bestrafung/Ausgrenzung soll ja dann ggf. auch noch nach dem Tod (über den Tod hinaus) stattfinden. Weiterhin werden Leute von der Gesellschaft bestraft/aussortiert und an den Rand gestellt die keinen (oder nur geringen) Marktwert haben. Minderheiten wie Arbeitslose etc.!

Das Schlimmste an allem ist, dass man diesen Menschen/Minderheiten zusätzlich zur Bestrafung (Ausgrenzung,Diskriminierung) auch noch die Schuld dafür gibt, dass sie ausgegrenzt und diskriminiert werden, indem man ihnen sagt, „Du bist selbst schuld"! Weil du hast ja einen „freien" Willen und kannst dich ändern, du musst es „nur" wollen – das ist kontraproduktiv. So stiehlt sich die Gesellschaft (bzw. die Mehrheit) aus ihrer Verantwortung. Es findet also eine vielfache aktive Bestrafung/Ausgrenzung/Diskriminierung statt. Und man macht es sich noch bequem indem postuliert wird – ihr habt einen freien Willen und damit seid ihr selbst schuld an eurem Leid/Elend.

Wodurch nochmal eine weitere Bestrafung/Ausgrenzung drauf gesetzt wird. Ein freier Wille existiert aber genauso wenig, wie eine Schuld dafür, die Person zu sein die man ist und dementsprechend zu handeln! Siehe hierzu Kapitel A.

Das perfide an der Sache ist, dass wenn die Ausgegrenzten und Diskriminierten die Denkweise der Gesellschaft/Mehrheit übernehmen (als richtig anerkennen dass sie selbst schuld sind etc.), dann bestrafen sie sich damit auch zusätzlich noch selbst, diskriminieren und grenzen sich selbst aus! Das Ergebnis ist dann, dass sie verzweifeln und sich selbst aufgeben. Muss das so sein? Warum lässt man den anderen nicht nach eigenem Lebensentwurf glücklich sein, sondern man diskriminiert und grenzt ihn aktiv aus? Warum hilft man schwächeren (arbeitslos, obdachlos etc.) nicht, sondern grenzt sie aktiv und aggressiv aus – frei nach der Devise selbst schuld! Warum wird der, der schon am Boden liegt, der durch die Umstände genug bestraft ist, auch noch weiter ausgegrenzt und diskriminiert. Ausgerechnet von denen die es besser haben, wird auch noch der Todesstoß versetzt? Warum versteht man den anderen in seiner Eigenheit und Einzigartigkeit nicht als eine Bereicherung für die Gesellschaft, anstatt ihm zu suggerieren, dass er nichts wert ist? Mögliche Gründe, um Ausgegrenzte weiter klein zu halten sind: Damit sie keine Forderungen stellen, dass man billige Arbeitskräfte hat, um die Verantwortung für gesellschaftliche Systemfehler und Probleme zu verharmlosen und den schwächsten aufzubürden, die sich sowieso nicht wehren können. Man kann viel voneinander lernen. Man verzichtet auf wichtiges Potential, das für jede Gesellschaftsform unermesslich wichtig ist. Wie gesagt, nichts ist normal außer dass nichts normal ist. Jeder Mensch kommt in Lebensphasen wo er ausgegrenzt oder/und diskriminiert wird, bzw. ist einmal Teil einer Minderheit und braucht dann Hilfe. Dies bedeutet, dass wenn wir andere nicht ausgrenzen und diskriminieren grenzen wir uns selbst nicht aus, bzw. diskriminieren uns selbst nicht.

Fazit: Eine Abgrenzung gegenüber anderen ist keine Diskriminierung sondern ein Akt der Persönlichkeitsfindung/Definition des Individuums. Ausgrenzung ist es wenn ich mit dem Finger auf eine einzelne Person zeige und ich diese Person nicht in meiner persönlichen Umgebung oder in meinem Freundeskreis dabei haben will etc.. Ausgrenzung hat spezifische, ganz persönliche Gründe meinerseits gegen diese eine Person. Ausgrenzung bedingt einen persönlichen/direkten Dialog der Beteiligten. Diskriminierung ist eine Ausgrenzung die sich pauschal gegen eine Gruppe von Menschen richtet, die ein gemeinsames Merkmal haben – z. B. Hautfarbe, Glaubenszugehörigkeit. Diskriminierung befindet sich meist jenseits des Dialogs mit den anderen und läuft einseitig (zusammen mit Gleichgesinnten) auf den Ebenen Hetze und Beschimpfungen. Fanatismus ist die Extremform von Diskriminierung, Fanatismus ist rücksichtsloser Egoismus in Reinkultur! Diskriminierung und Fanatismus werden gelebt als Kompensation individueller Probleme, Überheblichkeiten und Frustrationen des Seins, zur Selbst-Stabilisierung/Aufwertung und dergleichen. Durch selbstverstärkende Effekte kann dies zu suchtartigem Verhalten in Bezug auf Hetze, üble Nachrede, Mobbing (ein immer mehr davon) kommen, falls die zugrundeliegenden Probleme/Frustrationen im Sein, nicht zumindest bewusst/erkannt werden, um überhaupt einmal berücksichtigt werden zu können!

B6. Wir sind alle eins.

Wir erkennen/definieren Sachverhalte (und damit die Welt) als Abgrenzung zu anderen Sachverhalten – z. B. Licht und Schatten, Richtig und Falsch. Um über Dinge reden zu können und um mit Dingen umgehen zu können müssen sie definiert sein, also u. a. einen Namen haben. Gäbe es z. B. keine Licht, dann gäbe es auch keinen Schatten. Dies führt manchmal zu einer rein dualen bzw. schwarz und weiß Sichtweise, die Gegensätze als Extreme und Unvereinbar gegenüberstellt. Dies obwohl es nur 2 Seiten EINER „Medaille" sind. Denn es ist eine „Medaille" und die 2 Seiten nur verschiedene Aspekte der selben Sache. Jeder Aspekt der „Medaille" wird allerdings individuell/subjektiv wahrgenommen und bewertet, auch darin sind wir gleich bzw. eins.

Wir, alles lebende und tote, jede Zelle jeder Stein, wir sind alle aus den gleichen Material/Atomen etc. zusammengesetzt bzw. haben die gleiche Basis. Zwar ist die Anordnung/Komposition individuelle anders, aber ungeachtet dessen was daraus zusammengebaut ist, hat alles die gleiche Basis. Also sind wir alle eins, verbunden und vernetzt! Wir sind eins in unserem inneren Wesen (Atome etc.) und eins weil wir ein großer Organismus (Universum, ein Raum, wie ein Körper) sind – das Universum. Die Trennung ist nur oberflächlich, wie z. B. die Wellen des Meeres alle unterschiedlich sind (individuelles aussehen bzw. nicht identisch etc.), so sind sie dies nur für einen kurzen Augenblick – sind also eins, nämlich Meer.

So wie aus Sternenstaub Planeten und Leben wurde, so wird aus Leben Tod und Vergehen und daraus wieder Leben. Wir leben weil vor uns Leben war und wir geben dieses Leben weiter (direkt oder indirekt) an andere. Vergehen und entstehen, das ist Leben. Das gilt für alles und darin sind wir alle gleich bzw. eins, ganz egal an welcher Position wir uns befinden – z. B. vor der Geburt, Baby, oder nach dem Tod.

Wir sind alle Teil eines Organismus (Kosmos, Universum). Alles ist wie die Wellen des Meeres. Jede Welle hat eine andere Form und doch ist sie Meer. Emporgehobene und wieder zurücksinkende Welle. Dieses Getrennt-Sein in der Form ist also nur eine „Illusion" bzw. wird benötigt zur Ermöglichung unserer Existenz, unseres Seins, als Individuum! Keine Form ist autark bzw. getrennt von allem anderen!

Oder nochmal anders gesagt: Wir alle sind Leben/Materie – alles was Lebt/Materie ist. Wir sind wie lebende Zellen eines gigantischen Körpers/Organismus. Wir alle sind eins – ein Körper/Organismus. Wenn wir also ein Organismus sind, dann bedeutet dies: Wenn ich dich verletze, dann verletze ich mich selbst! Wir sind alle eins! Ich bin du und du bist ich!

Ein Körper, dies bedeutet/beinhaltet logischerweise auch, dass jedes handeln (bzw. nicht-handeln) unmittelbar für den Gesamtorganismus wirksam ist bzw. Folgen hat – also den gesamten Körper beeinflusst. Nichts ist ohne Wirkung! Auch wenn diese erst zu einem späteren Zeitpunkt für uns an ihren Aus-Wirkungen sichtbar/offenbar wird.

Um es nochmal mit einem anderen Wort zu sagen, ich gehe vom Monismus aus, da für mich z. B. Körper und Geist eines sind und nicht wie z. B. beim Dualismus wo Körper und Geist als getrennte oder gar gegensätzliche Prinzipien gesehen bzw. verstanden werden!

Fazit: Wir sind alle eins, weil wir sind wie Zellen eines gigantischen lebenden Organismus. Ein Individuum sein bedeutet lediglich, ein „getrenntes" Sein, ein gleich aber nicht identisch sein, in einer individuellen Form, bzw. ein scheinbares Getrennt-Sein durch das Vorhandensein einer individuellen Form.

B7. Entfremdung – Mensch ↔ Natur.

Insbesondere dann, wenn man Natur und Mensch gedanklich voneinander trennt, um sich Natur und Mensch als zweierlei bzw. getrennt voneinander, von außen, betrachten zu können, dann ergibt sich folgendes Bild: Der Mensch baut sich seine eigene Welt die ihm ein immer einfacheres, bequemeres Leben ermöglichen soll – das ist zumindest einer der Gründe, warum wir dies tun. Der Mensch baut sich eine Welt nach seinem Willen, eine Welt die ihm dienen soll, eine Welt die zweckmäßig und ganz speziell und primär für ihn nützlich sein soll! Alles muss einen Zweck (der mir direkt als Mensch nützt) haben, sonst hat es ja keinen Sinn. Alles um uns herum ist Mensch-designt (z. B. Straße, Auto, Wohnung, Fernseher)! Das Vorhandensein von Dingen die nicht von Menschen gemacht sind, fällt uns nur noch auf, wenn sich das Wetter verändert oder es Unwetter und Naturkatastrophen gibt! Ein Rest von Natur wird nur noch als Dekorationsartikel (Blumen etc.), Sportgerät (Pferde etc.), Gefahr (Viren, Bakterien, „Schädlinge") oder dergleichen wahrgenommen oder/und geduldet/bekämpft! Der Mensch lebt in einer von Menschen gemachten Menschenwelt! Strom kommt aus der Steckdose, alles kann man kaufen, usw.! Es wird alles immer einfacher, schneller, leichter und bequemer für uns! So lebt der Mensch immer mehr in seiner ganz eigenen Welt! Es stellen sich in diesem Zusammenhang aber viele Fragen wie z. B.: Was passiert mit unserem Körper, wenn wir in nur noch wenig benutzen/brauchen? Sind wir dabei uns selbst zu domestizieren (wie der Mensch damals den Wolf zum Hund domestiziert hat)? Werden wir immer „dümmer", weil wir bestimmte Teile unseres Seins nicht mehr leben bzw. bestimmte Teile unseres Seins nicht mehr „gefragt"/"notwendig" sind? Machen wir uns selbst überflüssig? Werden wir uns selbst fremd, weil wir uns z. B. nicht mehr als Teil der Natur betrachten, sondern als etwas separates/anderes/höheres!? Die Evolution läuft weiter, was nicht genutzt wird geht verloren und was mehr oder/und neu genutzt wir entwickelt sich bzw. modifiziert sich in die entsprechenden Richtungen! Was/wie werden wir in ein paar Generationen sein?

Wie in vorherigen Kapiteln bereits aus verschiedenen Blickwinkeln betrachtet, ist der Mensch nicht getrennt von der Natur, bzw. es gibt keine Trennung von Mensch und Natur! Der Mensch sollte sich nicht als getrennt von der restlichen Natur wahrnehmen. Er ist eine Bestandteil der Natur weil er selbst Natur ist – der Mensch ist Natur. Unser gesamtes Sein ist Natur, wir sind eins mit der Natur und gleichzeitig ein Individueller Teil davon! Es gibt keine Kluft, Entfremdung, Trennung oder dergleichen, zwischen Selbstverständnis und Weltverständnis, zwischen Geist und Körper, zwischen Existenz und Natur, zwischen Naturwissenschaften und Geisteswissenschaften, usw.! Das eine wurzelt im anderen und umgekehrt usw.! Ein Auseinanderreisen der Wirklichkeit macht ein Gesamtverständnis etc. unmöglich bzw. blockiert Erkenntniswege!

Ein Entfremdung oder ein getrennt sein des Menschen von der Natur, ist weder möglich noch sinnvoll, weil wir nicht nur ein Teil der Natur sind, sondern weil wir selbst Natur sind! Keine Sonderregelung/Sonderstatus/„Extrawurst" für die Art Mensch!

Die Natur (und damit auch wir) ist nicht nur Kampf im Sinne von fressen und gefressen werden. Betrachtet man die Natur nur aus der Sicht von Raubtier/Beutegreifer und Beute, kann sich durchaus dieser Eindruck vermitteln. Aber selbst die Raubtier und Beute Beziehung besteht aus vielschichtigen Wechselwirkungen, bei der beide Seiten profitieren. Ganz allgemein betrachtet handelt es sich also um vielseitige, auf allen Ebenen vorhandenen/verbundenen Beziehungen, Abhängigkeiten, Kooperationen und Gemeinschaften. Alles baut aufeinander auf und ist miteinander vernetzt und dieses passiert ganz automatisch/zwangsläufig, weil alles sich im bereits vorhandenen entwickelt und weiterentwickelt. Dies führt letztendlich zu gegenseitiger Bedingtheit/Abhängigkeit und gegenseitigem Wohlergehen bzw. ermöglicht dieses erst. Der Prozess der Evolution läuft unablässig (auch für uns) und er läuft schon sehr lange Zeit.

Natur ist also eine allgemeine (alle betreffende) gegenseitige/wechselseitige „Optimierung", Entwicklung und Anpassung (selbstverständlich unter Nutzung/Verwendung und Einbeziehung der vorhandenen Ressourcen), wo jeder mit jedem vernetzt ist, wo jeder von jedem abhängig ist, wo alle Lebensgrundlage für alle sind (Nahrungskette etc.), wo alle auf allen aufbauen, wo jedes seinen Platz (z. B. ökologische Nische) und seine Wirkung findet und nichts ungenutzt bleibt. Natur ist permanenter Dialog, Koevolution und alles kommuniziert mit allem!

Alle nutzen Ressourcen und sind gleichzeitig selbst Ressource im Kreislauf von Leben und Tod. Alles Leben stets auf der Suche nach Lebensraum, um als einzelnes Individuum einen Ort zum Leben zu haben, um sich selbst verwirklichen zu können. Dies auch stets im Wettbewerb mit/innerhalb der eigenen Art. Es geht um Selbstverwirklichung, innerhalb und außerhalb der eigenen Art! Wir reden immer wieder von artgerechter Haltung wenn es um Tier geht, aber was ist mit dem Menschen, auch der Mensch ist eine Art, die einer artgerechten Haltung bedarf! **Artgerechte Haltung = das geben der Möglichkeiten, dass eine Art, das ihr innewohnende spezifische Repertoire (spezifische Verhaltensweisen) ihres Seins leben kann, um sich wohl zu fühlen, um glücklich/zufrieden sein zu können = Selbstverwirklichung!** Wie sieht es also beim Menschen mit artgerechter Haltung aus?

Je weniger wir artgerecht leben bzw. uns ausleben können, um so mehr kommt es zu einer Entfremdung des Menschen bzw. unseres Seins, von sich selbst! Es gibt also keine Entfremdung Mensch ↔ Natur, sondern eine Selbst-Entfremdung des Menschen von sich selbst! Unser Mensch-Sein ist komplex und sehr vielgestaltig. Irgendwelche Seiten/Fähigkeiten unseres Seins als unnütz, nutzlos, überflüssig, böse oder dergleichen zu bezeichnen und damit zu diskreditieren führt nur zu einem Kampf in uns und gegen uns selbst und wird dem Mensch-Sein nicht gerecht! Eine Reduzierung unseres Seins auf Funktionen und Ziele wie z. B. Siegen/Gewinnen, Herrschen, Kämpfen, Verbesserung und Optimierung (ganz so wie wir es von uns selbst und auch die anderen von uns erwarten), entsprechen nur einem kleinen Teil unseres Mensch-Seins. All die anderen Facetten unseres Seins werden scheinbar nicht mehr benötigt!? Egal ob wir obige Ziele erreichen oder nicht, der „Rest" unseres Seins wird uns meist unzufrieden/unerfüllt zurücklassen. Unzufrieden und davon getrieben, immer noch mehr Herrschen (über uns selbst und andere) etc. zu wollen – ohne Ende! Als Menschen wollen wir primär die anderen lieben und von den anderen geliebt werden – das gibt uns Selbstwert, Vertrauen und so können wir uns selbst und andere lieben! Wenn wir aber glauben, dass die anderen uns nur lieben wenn wir funktionieren (z. B. Gewinn erwirtschaften), oder/und wir selbst, die anderen nur lieben solange sie funktionieren (z. B. meiner Meinung sind), oder/und wir uns selbst auch nur lieben können, wenn wir funktionieren (z. B. Erfolgreich sind), dann muss man sich folgendes fragen: Was haben wir da gelernt weil so vorgelebt bekommen? Was ist mit uns passiert? Was geben wir hier durch unser gelebtes Beispiel an die folgenden Generationen weiter? Wollen wir das wirklich? Was passiert mit unserem Mensch-Sein? Wird es sich langfristig (über Generationen) verändern und irgendwann, die nicht mehr „nachgefragten" Facetten unseres Seins gar nicht mehr als Möglichkeit/Bestandteil unseres Seins zur Entwicklung anbieten? Werden wir also z. B. Fähigkeiten unseres Seins wie Toleranz, sozusagen verlernen? Werden wir uns selbst fremd werden? Bin ich mir selbst fremd? Kann und darf ich mich selbst zulassen?

Fazit: Wir leben mehr und mehr in einer ganz speziell, von uns und für uns Menschen designeten, künstlichen und technisierten Welt. Wir domestizieren uns selbst – wer weiß wohin! Die Natur ist bloße Rohstoffquelle, die dem unterworfen wird was wir als sinnvoll empfinden! So gesehen könnte man meinen, dass wir nicht nur der Natur als solches, sondern auch geradezu unserer eigenen Natur entfremdet sind. Aber ein getrennt sein von der Natur ist nicht möglich, weil wir nicht nur ein Teil der Natur sind, sondern weil wir selbst Natur sind! Unsere „Natur" ist dass wir Natur sind. Die Natur und wir sind eins und wir sind gleichzeitig ein individueller Teil davon. Wir sind nicht getrennt von der Natur und wir stehen nicht über der Natur, sondern wir (unser komplettes Sein) sind Natur! Jede Zelle und jeder Gedanke beweisen dies in jedem Augenblick unseres Seins! Somit ist eine Entfremdung oder ein getrennt sein von Mensch und Natur nur schwer vorstellbar bzw. nicht möglich! Es kann aber zu einer Selbst-Entfremdung des Menschen von sich Selbst kommen, wenn wir nicht darauf achten ein artgerechtes Leben als Mensch zu führen, ein Leben das unserem Mensch-Sein entspricht – ein Leben in dem wir Mensch sein dürfen und ein Leben das uns Mensch sein lässt – ein Leben das Mensch-Sein will, ermöglicht und zulässt!

B8. Vertrauen.

Vertrauen resultiert aus der möglichst frühen Erfahrung (am eigenen Leib durch andere, meine Umwelt) von Geborgenheit, Verlässlichkeit, bedingungsloser Akzeptanz ohne wenn und aber, Zuhause-Sein/Nestwärme, Zärtlichkeit, Liebe, dass man mir vertraut, sich einlässt auf mich, etc.! Unser Sein lernt durch Erfahrung/Erleben/Vorleben, so weiß unser Sein dass z. B. Vertrauen in der/meiner Umwelt existiert (gefragt ist), dadurch wird wiederum Vertrauen etc. in uns getriggert (vorhandene „schlafende" Anlagen werden zum leben erweckt), entwickelt sich weiter und wird Realität bzw. wirksam in mir und anschließend durch meine Handlungen wirksam bei anderen, also in meiner Umwelt! Vertrauen ist also Geborgenheit, Verlässlichkeit, bedingungslose Akzeptanz ohne wenn und aber, Zuhause-Sein/Nestwärme, Zärtlichkeit, Liebe, mir selbst und anderen (meiner Umwelt, dem Leben) vertrauen, sich einlassen auf mich selbst und andere (meiner Umwelt, dem Leben). Erfahre/Erlebe ich die Vielseitigkeit des Vertrauens ganz persönlich, dann kann das Vertrauen mir bewusst werden und damit Teil meines eigenen, ganz persönlichen Lebens (Denken und Handeln) werden. Zuversicht haben, auch das ist ist Vertrauen – nicht immer nur das schlimmste, destruktive in der Welt und den anderen sehen und von der Welt und den anderen erwarten! Sich mit Vertrauen und Zuversicht und ohne destruktive Vorurteile auf das Leben, die Welt und die anderen einlassen – lieber ab und zu enttäuscht werden (man kann ja z. B. auch durch Enttäuschungen in einem positiven Sinne lernen) als sich selbst von vornherein positiven und konstruktiven Möglichkeiten und positivem Erleben/Erfahren/Wahrnehmen zu verschließen! Offen bleiben für mich selbst und meine Umwelt, einfach mal zuhören! Das ist **Urvertrauen**! So kann ich mir selbst vertrauen (Zuversicht haben) und auch meiner Umwelt – so kann ich also Vertrauen in mir (meinem Sein) nach innen und von innen nach außen leben.

Machen wir uns also gegenseitig das größte aller Geschenke. Vertrauen wir uns, uns selbst und unserem Gegenüber! Vertrauen wirkt, zum einen wenn wir es uns selbst gegenüber anwenden, bzw. wir mit uns selbst vertraulich/vertraut umgehen. Zum anderen wirkt Vertrauen wenn wir es unserer Umwelt (Mitmenschen etc.) gegenüber anwenden! Das ist gelebter Humanismus!

Selbst-Vertrauen – im Sinne von sich selbst Vertrauen, dem eigenen Sein vertrauen.

Habe Vertrauen und Zuversicht! Du bist wie du bist und das ist Gut so. Du bist vollkommen, jetzt und hier! Dein Leben lang bist du auf der Reise zu deinem Selbst, versuchst dich selbst zu Erkennen, zu Verstehen, zu entwickeln und selbst zu verwirklichen. Man hat Wünsche an sich und möchte manches ändern, aber das geht allen so, weil wir halt Menschen sind, es gehört zu unserem Mensch-Sein. Also schließe Frieden mit dir selbst und damit letztendlich auch mit der Welt und habe Vertrauen.

Vertraue darauf dass die eigene Existenz einen Sinn hat, auch wenn wir den Sinn unserer Existenz nicht erkennen können. So ist unsere Existenz schon durch die Tatsache, dass speziell wir existieren/leben sinnvoll. Unsere individuelle Wirkung auf die Welt ist einmalig und unersetzlich und wird gerade deshalb gebraucht.

Mache Frieden mit dir und habe Vertrauen, denn dann wirkt (strahlt) dies durch dein Handeln (incl. nicht Handeln) in die Welt. Alles geht von dir aus, oder besser du bist der Anfang. Vertraue darauf, dass trotz allen Leidens alles Gut wird, einen Sinn hat etc.! Habe dieses „Urvertrauen" das dir Kraft gibt, auch wenn es nicht weiter Definierbar/Greifbar ist und nicht einmal weiter definiert werden muss oder sollte, weil es bereits durch sich selbst wirkt!

Vertraue auf dich, darauf dass vieles/„alles" in dir ist, u.U. verborgen, aber vorhanden. Mach dich auf eine Reise, den Weg zu deinem Selbst/Sein – Erkenne dich selbst bzw. mach dich auf den Weg dazu. Beschreite deinen Weg, Ergebnisoffen (der Weg entsteht beim Gehen) und lass dich (von dir selbst) überraschen! Sei dein eigenes Licht auf dem Weg, sei dein eigener Maßstab!

Der Optimist.

Ein Optimist (ein positiv eingestellter, offener Mensch) ist jemand der Vertrauen hat – Vertrauen in das Leben selbst. Ein Pessimist (ein destruktiv eingestellter, misstrauischer, ängstlicher Mensch) ist jemand der „jegliches" Vertrauen verloren oder nie besessen hat. Er vertraut weder seinen Mitmenschen noch dem Leben, er fühlt sich ausgesetzt/ausgeliefert. Wobei es allerdings viele Mischformen und Übergänge in Bezug auf Optimist und Pessimist gibt.

Grundsätzlich wird ein Pessimist stets versuchen den Mangel an Vertrauen durch vermehrte Kontroll- und Sicherheits- Bestrebungen auszugleichen bzw. zu kompensieren.

Der Pessimist.

Einem Pessimist nutzt als Ersatz für Vertrauen, z. B. Kontrolle/Überwachung und Sicherheit/Mauern/Zäune, um Ängste die durch das fehlende Vertrauen vorhanden sind zu beseitigen. Ohne Vertrauen bleibt trotz aller Kontrolle und Sicherheit aber trotzdem die Angst vorhanden, bzw. wird eher mehr (und damit der Wunsch nach noch mehr Kontrolle und Sicherheit), oder steigert sich sogar bis zur Angst vor der Angst.

Fehlendes Vertrauen in mich selbst und andere (meine Umwelt) führt zu einem Übermaß an Misstrauen und Angst, bzw. an der Stelle wo das Vertrauen fehlt, füllt die Angst (diverse Ängste) dieses Vakuum. Siehe auch Kapitel B11 Angst.

Sterben und Tod.

Alles ist ständige Veränderung, ständiger Übergang! Das betrifft all das, was wir sekündlich und alltäglich in Kleinigkeiten gewohnt sind, bis hin zum Tod. Genauso wie Angst vor dem Unbekannten, liegt Vertrauen, Zuversicht, Hoffnung in jedem Wandel. Denn ohne Vorher kein Übergang und kein Nachher. Alles auch Sterben und Tod sind alltäglich und dies seit Ewigkeiten! Ob dies uns Angst macht oder nicht liegt in unserem ganz individuellen Sein begründet und ist also eine rein subjektive Sichtweise/Empfindung. Der Tod war vor mir und er wird nach mir sein. Das Leben – und ein Teil davon ist der Tod – ist wie es ist, ob mir das nun gefällt oder nicht – ich werde vom Leben nicht gefragt, sondern das Leben nimmt mich mit auf eine große Reise, auf die Reise des Lebens. Aber da ich nun mal hier bin bzw. im/am Leben bin, versuche ich das „Beste" daraus zu machen und das zu machen was ich will (auch wenn es den freien Willen nicht gibt) und das zu machen, was meinem persönlichen Sein entspricht – das ist mein Leben, meine große Möglichkeit und Gelegenheit! Ohne Tod kein Leben! Leben und Tod gehören zusammen! Ich lebe nur weil es den Tod gibt! Die große Frage auf der Reise des Lebens ist also: Wie sieht es bei mir aus mit meinem Vertrauen in mich, in die anderen, in das Leben selbst und damit auch ganz selbstverständlich und automatisch in den Tod?

Vertrauen in das gesamte Leben ist wesentlich! Die Reduzierung des Lebens auf Ungewissheit und ständige Bedrohung durch den Tod, kann im schlimmsten Fall dazu führen, dass das gesamte Leben trostlos/sinnlos erscheint. Das menschliche, ja jegliches Leben ist nicht trostlos aufgrund ständiger Ungewissheit oder/und bloß weil unser Leben „dauernd" durch den Tod „bedroht" ist! Das einzig trostlose ist diese/eine destruktive/hoffnungslose Bewertung/Einstellung zum Leben und zum Tod – wir berauben uns dadurch selbst um unser Leben! Das Leben als trostlos zu diffamieren und quasi mit Trostlosigkeit gleichzusetzen, das ist das eigentlich trostlose! Diese Einstellung verwirft das Leben von vorneherein! Unser Leben ist in keiner Weise eine Situation der Schwäche, bloß wegen Ungewissheit und Tod! Fühle ich mich (dauernd) durch den Tod bedroht? Wenn ja, dann bin ich doch bereits irgendwie Tod!? Ungewissheit und Tod zeichnen unser Leben aus, machen es zu dem was es ist. Ein Leben ohne Ungewissheit und Tod ist langweilig und Stagnation in einem Zustand ohne Anfang und Ende und ohne Veränderung!

Die Vorstellung für immer zu Leben, so wie ich jetzt bin, immer der und das zu sein was ich jetzt bin, finde ich gruselig/beängstigend und wahrhaftig trostlos!

Das Leben, das Mensch-Sein ist weit mehr als die Summe seiner, von unser beschränkten Erkenntnisfähigkeit, definierten Bestandteile! Das Leben, Mensch-Sein das sind alle Facetten des Lebens mit Überraschungen und vielem was uns Freude macht und natürlich auch Dingen die uns Ängstigen. Aber all das ist das Leben, das Leben ist wie es ist und es gibt keinen Grund nur Tod und Ungewissheit (oder dergleichen) herauszugreifen und überzubewerten, als seien Tod und Ungewissheit alles! Das Gegenteil ist der Fall! Alles Leben, also auch das menschliche Leben ist eine Situation der Stärke! Wir Leben und sind Vollkommen und Frei, wobei Ungewissheit und Tod Herausforderungen sind die das Leben erst interessant und spannend machen! Erst Ungewissheit und Tod machen unser Leben komplett und als solches erst möglich!

Was haben Tod und Ungewissheit mit Trostlosigkeit des Lebens bzw. unserer ganzen Existenz zu tun – Absolut Nichts!

Fazit: Vertrauen ist Geborgenheit, Verlässlichkeit, bedingungslose Akzeptanz (ohne wenn und aber), Zuhause-Sein/Nestwärme, Zärtlichkeit, Liebe, mir selbst und anderen (meiner Umwelt, dem Leben) vertrauen, sich einlassen auf mich und andere (meiner Umwelt, dem Leben). Wenn ich mir und meiner Umwelt so vertrauen kann, dann ist das das sog. Urvertrauen. Dieses Urvertrauen reicht auch weit hinaus über die Grenzen unserer Erkenntnisfähigkeit (bzw. über die Fähigkeit aktuelle Situationen zu beurteilen bzw. das Leben selbst zu verstehen). Alles wird „Gut". Jemand mit Vertrauen ist ein Optimist der seiner Umwelt gegenüber offen ist und bleibt – ganz egal was letztlich passiert! Mehr Vertrauen führt zu weniger Angst, weniger Leid und mehr Lebensqualität!

B9. Freiheit.

Gemeint ist die Freiheit zu haben, nach eigenen Wertvorstellungen einer eigenen/persönlichen Ethik zu leben – also das eigene Sein zu verwirklichen/leben! Die Freiheit besteht darin, dass diese persönliche Ethik nur für mich passen muss, darf und soll! Ob sie für jemanden anderen passt, oder was andere darüber denken ist dabei zweitrangig. Denn das ist meine Freiheit, die ich allerdings (als Minimal-Konsens) auch jedem anderen zugestehen muss!

Basis/Grundlagen.

Wenn man sich vor Augen führt (siehe Kapitel A etc.), dass unser Sein in jeder Beziehung rein subjektiv und auch relativ ist und ich mich auch noch selbst abstrahieren kann, dann bedeutet dies, dass alles im Fluss ist, ein endloser Horizont ohne Fixpunkt. Dies bedeutet wiederum eine unglaubliche Freiheit und damit eine unglaubliche Anzahl von Möglichkeiten! Dies alles obwohl wir in unserem individuellen/subjektiven/relativen Sein gefangen sind (wir leben unseren eigenen Tagtraum) besteht innerhalb dieser Gefangenschaft aber die unglaublichste größte Freiheit, das zu tun oder zu lassen was wir wollen (in Gedanken und im handeln und im festlegen eigener Fixpunkte)! Manchem mag dieses Übermaß an Freiheit beängstigen und als eine orientierungslose, sinnlose Leere erscheinen, weil objektive Fix- und Orientierungs- Punkte fehlen (siehe auch unter B16 Sinn) die Halt und Sinn geben. Doch keine Angst, alles (Halt und Sinn) ist da/vorhanden, zwar nicht immer offen und schnell ersichtlich oder verfügbar, doch stets vorhanden in unserem individuellen Sein! Als Basis, weniger Angst und mehr Raum für Vertrauen! Geben wir uns selbst Zeit, hören wir in uns hinein, hören wir uns selbst zu, um so zu erfahren was wir tief in unserem Sein ganz persönlich wollen. Damit sich unser Sein entfalten kann in all seinen Farben und Formen! Diese Freiheit ermöglicht es (angefangen damit, dass wir sie uns bewusst machen) unserem „Herzen"/individuellen Sein zu folgen und uns nicht in ein vorgefertigten Käfig sperren zu lassen, weder durch andere bzw. unsere Umwelt noch durch uns selbst. Frei sein von einem Käfig (Zwänge etc.), der für alle passend sein soll und zwangsläufig, aufgrund des nicht ausleben könnens der eigenen Individualität (ständiger Kampf gegen sich selbst, man hat sich selbst als Feind) in der Folge, zu Leid/Krankheit führt, also destruktive Wirkungen entfaltet!

Was Freiheit ausmacht.

Freiheit bedeutet für mich auch angstfrei zu sein. Angst entsteht meist nur aus Unwissenheit und Unsicherheit (oft beidem), z. B. Angst vor dem Unbekannten! Freiheit bedeutet, keine Angst zu haben, frei von Angst zu sein. Habe keine Angst! Fürchte nichts im Jetzt und fürchte nichts für die Zukunft! Mach dich frei von Angst! Denn Unwissenheit und Unsicherheit sind der Normalzustand, also nichts das einen übermäßig/besonders belasten sollte. Vielfach führt der Versuch sich aus Ängsten zu lösen nur dazu, dass alte durch neue Ängste ersetzt werden oder man bekommt im schlimmsten Fall zu den alten Ängsten noch neue dazu. Eine ständige Beschäftigung mit Ängsten macht sie durch die ständige Beschäftigung nur noch immer wichtiger und stärker/mächtiger und nimmt sich jeden Tag ein Stück mehr von unserer Lebensqualität!

Auch wenn ich keinen freien Willen habe (siehe Kapitel A), so habe ich doch einen Willen. Ich habe die Freiheit diesem Willen nachzugehen. Meine Freiheit ist, dass ich mir die Welt machen darf, wie sie mir gefällt, wie es mir Freude macht. Niemand kann mir die Welt in mir nehmen. Diese ist mein wahrer, mein einziger Besitz und ich nehme mir die Freiheit sie so zu gestalten wie es mir passt!

Freiheit (siehe auch Nihilismus) bedeutet auch sich davon zu lösen, das Gleiche haben und sein zu wollen wie die anderen. Freiheit bedeutet sich vom ständigen Werten und Urteilen zu trennen, sich auch von Vorurteilen zu lösen und möglichst unbefangen/unvoreingenommen zu sein. Freiheit bedeutet auch, nicht so sein zu wollen wie andere – den gerade meine individuellen Unterschiede zeichnen mich aus, machen mich einmalig!

Sein wie die anderen, nach der Devise, wenn ich bin wie die anderen, dann gehöre ich dazu und bin respektiert – ist das wirklich so und macht mich das „bedingungslose" (egal ob erfolgreich oder nicht) streben danach nicht unglücklich!? Wobei Vorbilder durchaus sinnvoll sind. Freiheit bedeutet also die eigene Individualität zu leben und sich selbst zu erkennen bzw. zuzulassen.

Mögliche Umweltreaktion auf meine individuelle Selbstverwirklichung: Je mehr sich mein Sein entwickelt, je individueller ich ganz nach meinen inneren Bedürfnissen/Erkenntnissen lebe, umso mehr werde ich scheinbar von meiner Umwelt bestraft. Bestraft, weil ich nicht passe, vom sog. Mainstream abweiche. Siehe soziale Kontrolle, die normierende Kraft jeder Gesellschaft/Gesellschaftsordnung! Es kann aber auch genau das Gegenteil der Fall sein!

Merke: Meine Freiheit hört da auf, wo die Rechte anderer beschnitten/eingeschränkt werden bzw. wo ich anderen schade. Immer auch gilt – Freiheit ist immer die Freiheit des Anders-Denkenden! Mit Freiheit ist hier nicht gemeint, eine hedonistische Lebenseinstellung zu vertreten, zumindest nicht in einer/seiner rücksichtslosen Form! Siehe hier auch unter Ethik.

Fazit: Aus Kapitel A wissen wir, dass unser Sein relativ und subjektiv ist. Dies bedeutet eine unglaubliche, endlose Freiheit unser individuelles Leben so zu gestalten wie es uns gut tut bzw. wie wir es wollen. Ich mach mir die Welt wie sie mir gefällt (Quelle: Astrid Lindgren – Pippi Langstrumpf Lied) und ich muss mich dabei niemandem gegenüber rechtfertigen. Ich darf das weil ich es so will, bzw. das ist meine ganz persönliche Freiheit!

B10. Verantwortung.

In Kapitel A haben wie u. a. auch erfahren, dass unser Sein auf den Kriterien Biologie und Umwelt basiert. Biologie und Umwelt definieren unser Sein, wir sind das Produkt von Biologie und Umwelt. In den Kapiteln über unser Handeln (Abschnitt A) haben wir erfahren, auf welcher Basis und wie unser Handeln funktioniert. Es wurde u. a. thematisiert, dass wir keinen freien Willen haben. Zusätzlich sind wir, was die Folgerungen aus Abschnitt A betrifft, in diesen Gesichtspunkten alle gleich und hier gibt es keine Wertung und insofern/dementsprechend kann eine Verantwortung grundsätzlich nicht hergeleitet werden.

Außerdem sind wir gleichzeitig aber auch (und gerade auch deshalb) frei, und können uns die Welt in uns so machen/gestalten, wie es für uns passt. Ständig auf der Suche nach passenden Puzzle-Teilen.

Daraus ergeben sich u. a. die Fragen: Was ist mit der Verantwortung des Einzelnen für sein Handeln? Verantwortung, Rechenschaft und Strafe? Was wenn wir gegen Ethik (und Gesetze etc.) verstoßen, rücksichtslos sind (uns rücksichtslos verhalten) und anderen Schaden zufügen?

Verantwortung ein Thema erst auf der Ethik-Ebene, nicht vorher.

In diesem Kapitel betrachten wir das Thema Verantwortung aus ethischer, bzw. einer wertenden Sichtweise. Erst auf ethischer/wertender Ebene tritt das Thema Verantwortung auf den Plan – vorher gibt es sie nicht und wird sie auch nicht benötigt! Ethik und Verantwortung etc. sind insbesondere bei sozialen Lebensformen (wie dem Menschen) die in Kleingruppen oder größeren Gemeinschaften mit anderen zusammenleben wichtig. Bereits beim Entstehen von Gemeinschaften entsteht zwangsläufig auch eine Gemeinschafts-Logik/Ethik/"Gesetz" für das zusammenleben. Diese Gemeinschafts-Logik/Ethik/"Gesetz" wandelt/entwickelt sich ständig, damit diese Gemeinschaft/Gesellschaft/Gruppe als solche bestehen und handeln (handlungsfähig ist) kann.

Gesetze und Strafen bzw. das Recht, die Justiz sind definitiv keine Instrumente der Rache sondern des Schutzes einzelner Mitglieder und damit der gesamten Gemeinschaft vor destruktivem/übergriffigem Verhalten, damit die jeweilige Gesellschaft weiter auf Basis gemeinschaftlicher Regeln weiterbestehen kann. Gesetze und Strafen geben dem Täter außerdem die Möglichkeit seinen Weg (Grenzen des eigenen Handelns zu erkennen/akzeptieren) zu korrigieren oder/und einen Ausgleich für seine Tat zu leisten, z. B. durch gemeinnützige Arbeit etc.!

Verantwortung Grundlagen.

Wir alle sind Menschen, wenn wir handeln (mit handeln ist hier immer auch das nicht handeln gemeint, auch wenn es nicht nochmals explizit angegeben ist) hat das Wirkung/Folgen auf unsere Umwelt/Umgebung. Verstoßen wir gegen Regeln (Ethik, Gesellschaftsregeln, Verhaltensregeln, Gesetze etc.) hat das Folgen für uns bzw. haben wir mit Konsequenzen zu rechnen. Fehlverhalten wird also individuell geahndet – mein „falsches" Verhalten korrigiert, damit ich mich wieder regelkonform und damit gesellschaftskonform verhalte.

Individuelles Handeln/Verhalten → gesellschaftliches erkennen als Fehlverhalten → Korrektur/Konsequenzen durch Gemeinschaft/Gesellschaft → alles läuft wieder weiter entsprechend der gemeinschaftlichen/gesellschaftlichen Norm-Begriffe (Gesetze, Ethik etc.).

Bei Verantwortung bzw. den Konsequenzen, die zu tragen sind, ist es unwichtig/egal ob und welcher Minderheit, Mehrheit, sozialen Gruppe etc. einer Gesellschaft etc. der einzelne Mensch angehört! Es gilt der Grundsatz der Gleichheit vor dem Gesetz!

Vor dem Gesetz sind alle Menschen gleich und demzufolge muss die Konsequenz für gleiches handeln die gleiche sein – ohne Vorbehalte ohne Ansehen der Person! Es gilt nur die Handlung zu beurteilen (bzw. die Tat oder unterlassene Tat bzw. die Folgen davon) und ggf. zu bestrafen (verantwortlich zu machen), dabei darf und kann es nicht sein, dass die Person als solche aufgrund irgendwelcher Merkmale, Zugehörigkeiten z. B. zu einer Minderheit, Mehrheit, diskriminiert oder bevorzugt wird! Bzw. noch schlimmer, wenn im weiteren verlauf Pauschal auch eine Minderheit oder Mehrheit der der Täter angehört diskriminiert wird – also der Täter als „typisches" Beispiel für ganze Menschen-Gruppen missbraucht (instrumentalisiert) wird, um diese Menschen-Gruppen noch zusätzlich/weiter auszugrenzen und zu diskriminieren.

Vorverurteilung und Diskriminierung.
Fehlverhalten eines einzelnen Menschen, bloß weil dieser z. B. eine andere Hautfarbe oder Herkunft hat (zu einer Minderheit gehört etc.) wird dazu missbraucht/instrumentalisiert eine gesamte Minderheit etc. weiter zu diskriminieren, diskreditieren und immer weiter aus der Gesellschaft auszustoßen. Dies ist besonders auffällig/schlimm/krass wenn Menschen die zu gesellschaftlichen Randgruppen/Minderheiten (wegen sozialem Status, sexuelle Orientierung, Hautfarbe etc.) gehören und sowieso unter tagtäglicher Diskriminierung zu leiden haben, auch noch für das Fehlverhalten eines anderen pauschal und rücksichtslos vorverurteilt ja geradezu mitverurteilt und damit noch stärker diskriminiert werden als vorher! Bei Regelverstößen, Fehlverhalten etc. kann/darf es nur um das Fehlverhalten als solches gehen! Welcher ethnischen Gruppe etc. jemand angehört spielt keine Rolle bzw. darf keine Rolle spielen, ist also definitiv unwichtig/kontraproduktiv und nicht des Erwähnens wert! Keine „Sippenhaft", keine Doppelbestrafung! Als Extrembeispiel siehe hierzu Flüchtlings-Diskriminierung!

Im Kontext Verantwortung, verantwortlich machen und bestrafen kommt es nur auf die Tat/Handlungen als solche an, es ist unerheblich/unwichtig wer der Täter ist bzw. seine Stellung innerhalb der Gesellschaft etc.!

Gesetze und Strafen – Wozu?
Stellen wir uns also einmal die Frage – warum gibt es Gesetze, Strafen und warum gibt es Gefängnisse? Wie schon zuvor gehört sind Gesetze und Strafen und damit auch Gefängnisse keine Instrumente der Rache, sondern Instrumente zum Schutz vor übergriffigem/destruktivem Verhalten. Um die Übeltäter zur Verantwortung zu ziehen, um im schlimmsten Fall die Gesellschaft, die anderen vor ihnen zu schützen. Und um mit Hilfe der Gesetze für die Opfer einen angemessenen Ausgleich für erlittenes Unrecht zu ermöglichen. Den Täter weg zu sperren hat drei Seiten. Erstens wird die Gesellschaft geschützt, zweitens weiß der Täter, dass er für sein Handeln/Fehlverhalten bestraft wird und drittens besteht die Möglichkeit während der Zeit in Haft in Rückschau und Selbstbetrachtung/Auseinandersetzung mit dem eigenen Sein (mit Hoffnung auf Besserung) zu reflektieren. Verantwortung und Strafe haben also nicht den Zweck bzw. das Ziel der Rache (sich das Recht zu nehmen, das zuvor als Böse, „unmenschlich" diffamierte vernichten zu dürfen, weil es ja böse also nicht mehr menschlich ist), den anderen „unmenschlich" zu Quälen (weil er ja anderen auch „unmenschliches" angetan hat), oder ihm gleiches mit gleichem heimzuzahlen!

Verantwortung dem Täter gegenüber bedeutet u. a. nicht selbst zum Täter zu werden.
Ein Gesetz, das den Täter genauso rücksichtslos behandelt wie der Täter handelt/handelte, widerlegt sich selbst, da es für sich selbst etwas beansprucht, was es anderen verbietet – nämlich rücksichtsloses, zerstörerisches, „unmenschliches" Verhalten! Folter und Todesstrafe sind somit ein Akt der Rache (Hass, Gerechtigkeitswahn) und deshalb abzulehnen! Rache hat nichts mit Gerechtigkeit zu tun!

Verantwortung gilt auch dem Täter gegenüber und darf nicht nur einseitig vom Täter gefordert werden. Wie ich will, dass der Täter handeln sollte, so muss ich mich auch gegenüber dem Täter verhalten! Fehlverhalten des Täters setzt diesen Grundsatz nicht außer Kraft, oder rechtfertigt gar mein Fehlverhalten gegenüber dem Täter! Ausgleich und Entschädigung als Verantwortung des Täters.

Weil jemand sich ins Unrecht gesetzt hat, gibt dies dem Opfer (und anderen) keinen Freibrief zu dessen Vernichtung, bzw. entbindet die Gesellschaft nicht von ethischen/rechtlichen und humanistischen Grundsätzen/Verantwortung. Es sind Ethik, Humanismus und Verantwortung die von allen Beteiligten (Recht, Täter, Opfer und Gesellschaft) gefordert werden und somit Grundpfeiler einer glaubwürdigen, und nicht mit zweierlei Maß messenden Gesellschaft sind!

Verantwortung im Kleinen/Alltag.

Wir können füreinander Verantwortung tragen, auch und insbesondere für/bei den kleinen Dingen des Alltags, wo wir alle jeden Tag unseren Teil beitragen können. Indem wir anderen helfen und für den in Not und Hilfsbedürftigkeit befindlichen Nächsten eintreten, zeigen wir Verantwortung für unser eigenes Wohlergehen und das der anderen. Diese Verantwortung im Kleinen hat viele Gesichter und kann mit den Worten Hilfsbereitschaft, Herzlichkeit, Nächstenliebe, Respekt, Toleranz, Zivilcourage etc. beschrieben werden! Im kleinen Verantwortung tragen mit Wirkung bis hinein ins Große kann man auch wenn man sich z. B. für Umwelt und Natur verantwortlich fühlt und entsprechend handelt/einsetzt!

Verantwortung auch des Stärkeren gegenüber dem Schwächeren. Ich als der Stärkere muss die Grenze setzen um zu vermeiden, dass aus Beschäftigung Ausbeutung wird. Dies auch insbesondere dann, wenn selbst/sogar die Gesetze Ausbeutung zulassen. Dies auch insbesondere dann wenn der Schwächere seiner eigenen Ausbeutung zustimmt – ich kann die Verantwortung nicht abschieben, schon gar nicht auf Schwächere.

Kann ich die Verantwortung für mein Handeln abgeben?

Ich kann eine Verantwortung für mein Handeln nicht an andere abgegeben und andere können diese Verantwortung nicht an meiner Stelle bzw. für mich übernehmen oder mir abnehmen. Weil es immer und letztendlich um mein persönliches Handeln, mein Gewissen (Wertesystem) also meine Entscheidung/Betroffenheit/Verantwortung geht. Nichts, kein Gesetz, Institution etc. und keine Person (Vorgesetzter etc.) kann mich davon entlasten bzw. kann mir dies abnehmen. Keine noch so hohe Autorität kann mich entlasten, mir diese „Bürde" abnehmen. Deshalb sollte ich stets nach meinen eigenen, ganz persönlichen Gewissen/Wertesystem/Ethik etc. handeln und auch dazu stehen, ohne irgendwelche Ausreden. Letztlich, wenn es darauf ankommt Verantwortung zu übernehmen, übernimmt sowieso niemand die Last meiner Verantwortung (oder steht mir bei), sondern diese Last wird u.U. ganz im Gegenteil noch durch zusätzliche Schuldzuweisungen (z. B. „Sie hätten doch wissen müssen, dass ...") verstärkt etc. Für Fehler des Systems (Beruf, Gesellschaft etc.) werden gerne die verantwortlich gemacht bzw. zur Verantwortung gezogen, die die Tätigkeiten ausführen (also handeln). So wird Verantwortung gerne abgewälzt. In diesem Bewusstsein handle lieber gleich entsprechend deinem ganz persönlichen Sein, damit wirst du zumindest der Verantwortung dir selbst gegenüber gerecht.

Übrigens auch die Ausrede „aber die anderen (z. B. Unternehmer, Kollegen, Nachbarn etc.) handeln doch auch so ... " befreit dich nicht von der Verantwortung für dein Handeln!

Handle wie du es ganz persönlich für richtig empfindest, und nicht so wie andere sagen. Einzige Ausnahme, dein persönlich als richtig empfundenes Handeln deckt sich mit dem der anderen bzw. mit dem was andere von dir erwarten. Achtung: Hier ist nicht gemeint ich halte ein bestimmtes Handeln für Richtig weil ich ja dazugehören will, nicht ausgegrenzt werden will, oder Karriere machen will, sondern es geht um spezifische Handlungen (jede Handlung unabhängig/für sich betrachtet) an sich. Also die Frage wie Handle ich und welche Wirkung hat mein Handeln. Dies besonders in Fällen wo ich „nicht" betroffen bin (keine/kaum Vorteile oder Nachteile davon habe), aber andere z. B. Nachteile durch mein Handeln haben werden. Dies bedeutet, dass ich so handle wie mein Gewissen/Wertesystem/Ethik es als für mich ganz persönlich, als richtig akzeptieren kann. Dies bedeutet aber auch, dass ich u.U. Kritik und Ausgrenzung (aber auch Lob etc.) ausgesetzt sein kann/werde.

Opportunismus.
Opportunismus kann dazu führen, dass ich nur noch ein beliebiges austauschbares Werkzeug bin – mit allen positiven und destruktiven Seiten. Ein Werkzeug das vielleicht einigen Erfolg haben wird, aber seine eigenes Sein, jenseits des Opportunismus nur schwer leben kann.

Handle ich also so wie es mir entspricht, wie es meine Natur ist – auch wenn es schwer fällt, oder handle ich so wie andere es wollen und von mir erwarten, wobei ich zum Ziel meiner Handlungen bzw. deren Hintergrund, folgendes Prinzip mache: Maximaler Erfolg durch maximale Angepasstheit (maximaler Opportunismus)! Das mit dem Erfolg ist so eine Sache, denn man wird mir so oder so die Verantwortung („Selbst Schuld" etc.) für mein Handeln anlasten/zuschieben, wenn etwas schiefgeht. Ich trage in jedem Fall die Verantwortung für mein handeln, egal ob mein handeln auf max. Angepasstheit als Richtlinie basiert oder ob mein handeln irgendwelchen anderen Richtlinien folgt! Trage ich also für mein Handeln, „erhobenen Hauptes" die Verantwortung, ohne zu versuchen mit Ausreden, Ausflüchten und Schuldzuweisungen an andere, die Verantwortung für mein Handeln – das mir andere „diktiert" haben, abzuwälzen, um nur irgendwie zu „überleben"!? Mein Handeln bleibt mein Handeln (ich bzw. mein Sein will es so), egal aus welcher Motivation heraus und damit bin und bleibe ich auch verantwortlich für mein handeln.

Zwangslagen, Gewissensentscheidung.
Was wenn ich zu Handlungen gezwungen wurde oder gezwungen bin, aus Angst um mein Leben oder das Leben meiner Angehörigen? Jeder kann nur individuell, aus seinem Sein heraus entscheiden, ab wann eine Zwangslage vorliegt, bzw. was für ihn persönlich eine Zwangslage ist. Das vorliegen einer Zwangslage die mir also/demnach mein Handeln und damit meine Verantwortung diktiert/aufzwingt, verlangt von mir eine ganz persönliche Gewissensentscheidung. Eine Entscheidung mit der ich den Rest meines Lebens klarkommen muss – ganz egal wie diese Entscheidung ausfällt! Ich muss mich für meine Entscheidungen gegenüber anderen nicht rechtfertigen, ich muss aber selbst mit meinen Entscheidungen in meinem inneren Sein klarkommen.

Die Wille-Handlung-Verantwortung Bedingtheit.
Also, auch wenn mir Gesetze, Vorgesetzte, „Höhere" Mächte, Weltanschauungen etc. erlauben bzw. den „Auftrag", die Weisung, für irgendein Handeln geben (direkt oder indirekt bzw. von mir so angenommen/interpretiert), so entbindet mich dies nicht von der Verantwortung – weil ich ja derjenige bin der handelt, bzw. ohne mich wäre dieses Handeln nicht passiert! Mein Handeln aufgrund meines Wollens (ggf. 2-faches Wollen, zu gehorchen und zu handeln), ist demnach meine Verantwortung! Ich kann Verantwortung nicht abwälzen! Auch derjenige der mir z. B. eine Anweisung gibt, muss seine ganz persönliche individuelle Verantwortung für sich tragen!

Dies gilt ganz grundsätzlich für alle meine Handlungen auch und gerade wenn jemand/etwas höheres (eine höhere Instanz/Macht) es so will. Ich bin nicht einfach ein Unbeteiligter (das geht mich nichts an) nur weil ich z. B. den Willen anderer ausführe, oder in deren Auftrag handle, oder jemandem/etwas diene und deshalb entsprechend handle! Ich bin keine willenlose Drohne – ganz im Gegenteil – jedes Handeln bedarf zuallererst meines ganz persönlichen Wollens (auch mein Wollen den Willen anderer umzusetzen)! Wenn Wollen und Handeln mein sind, dann ist auch die Verantwortung mein!

Es gilt:

Mein Wille – zu dienen/gehorchen oder/und mein Wille auf eine bestimmte Weise zu handeln. Ganz egal durch was oder durch wen motiviert. Grund und Ursache meines Wollens ist mein Sein, in meinem Sein entsteht bzw. ist alles Zugrunde gelegt. Wir wollen immer auf Basis unseres Seins, egal was wir wollen es kommt immer aus uns! Unser Wollen zu differenzieren, werten und zu erklären findet erst auf einer nächsten Ebene (Bewusstwerdung, Vernunft) unseres Seins statt!

= Mein Handeln

= Meine Verantwortung

Ohne mich passiert nichts – alles meins!

= Keine Schuld bzw. nicht meine Schuld!
Weil es den freien Willen nicht gibt bzw. mein Wille nicht frei ist! Eine Verantwortung zu tragen ist etwas ganz anderes wie eine Schuld auf sich zu laden – das ergibt sich bereits aus den jeweiligen Begriffs-Definitionen! Ich bin keine schuldige mit Schuld beladene Existenz! Eine Schuld die ich ein Leben lang mit mir herumtrage und die ggf. auch noch immer mehr wird, oder sogar über meinen Tod hinaus bestehen soll usw., gibt es aus vielerlei Gründen nicht!

Das ist der Zusammenhang von Wille, Handlung und Verantwortung, das ist die Wille-Handlung-Verantwortung Bedingtheit!

Fazit: Eine Verantwortung des Individuums aus Sichtweise des Abschnitts A (unser Sein als Produkt von Biologie und Umwelt, kein freier Wille etc.) ist nicht gegeben/vorhanden/existent! Es ergibt sich aus ethischer/wertender/"gesetzlicher" Perspektive der Bedarf, bzw. die Notwendigkeit den Begriff der Verantwortung speziell für diese Perspektive/Ebene genauer zu betrachten. Ich kann aus ethischer Sicht die Verantwortung für mein Handeln grundsätzlich nicht abwälzen (ich muss in der Familie, Gesellschaft etc., dafür gerade stehen etc.), weil ich der handelnde bin, auch und obwohl ich grundsätzlich so wie mein Sein definiert ist, nicht verantwortlich bin bzw. sein kann!

Gesetze und Strafen bzw. das Recht, die Justiz sind definitiv keine Instrumente der Rache, sondern Instrumente des Schutzes einer Gemeinschaft vor destruktivem Verhalten.

Der Grundsatz „Vor dem Gesetz sind alle gleich" ist der wesentliche. Vor dem Gesetz/Recht etc. darf es nur auf die Tat/Taten als solche ankommen. Es spielt grundsätzlich keine Rolle welcher Mehrheit oder Minderheit der Täter angehört. Die Person des Täters also seine Stellung innerhalb der Gesellschaft (welcher Minderheit, Mehrheit etc. er angehört) etc. ist absolut unerheblich und spielt keine Rolle. Ohne Ansehen der Person, ist für die gleiche Tat/Taten das gleiche Urteil zu fällen – unabhängig von der Person.

Es ist besonders auffällig/schlimm/krass wenn Menschen, die zu gesellschaftlichen Randgruppen/Minderheiten gehören und sowieso unter tagtäglicher Diskriminierung zu leiden haben, auch noch für das Fehlverhalten eines anderen pauschal und rücksichtslos vorverurteilt ja geradezu mitverurteilt und damit noch stärker diskriminiert werden als vorher! Bei Regelverstößen, Fehlverhalten etc. kann/darf es nur um das Fehlverhalten als solches gehen! Welcher ethnischen Gruppe etc. jemand angehört spielt keine Rolle, bzw. darf keine Rolle spielen, ist also definitiv unwichtig und nicht des Erwähnens wert! Keine „Sippenhaft", keine Doppelbestrafung! Als Extrembeispiel siehe hierzu Flüchtlings-Diskriminierung!

B11. Angst.

Beim Thema Angst stellen sich viele Fragen wie z. B. - was ist Angst, wozu brauche ich Angst, wie funktioniert Angst, ab wann lasse ich Angst mein Leben bestimmen? Diese und andere Fragen zum Thema Angst werden her beantwortet.

Sinn und Funktion von Angst.

Angst ist wie z. B. Unzufriedenheit, Vertrauen und Liebe eines der Gefühle, das für das Mensch-Sein definiert/vorhanden und auch wichtig ist. Angst ist wichtig um in entsprechenden Situationen das richtige zu tun bzw. um überleben zu können. Angst ist wie alle anderen Gefühle etc. ein Teil von uns der seinen Platz hat. Wenn z. B. aktuell eine Gefahr droht durch eine Schlange, die vor mir im Gras liegt, bekomme ich Angst den Weg weiter zugehen und ich suche einen anderen Weg. So vermeide ich die Konfrontation also Verletzungen etc.! Angst als Reaktion auf eine aktuelle/momentane Gefahr funktioniert bzw. ist angebracht. Ängste in Bezug auf Dinge die unspezifisch/fiktiv/imaginär sind, also unter Umständen passieren könnten, führen dazu (bzw. haben eine verstärkte Tendenz dazu), bzw. werden übersteigert und können dann dazu führen, dass man sich permanent div. Gefahren ausgesetzt sieht. Dies obwohl aktuell/momentan doch keine Gefahr (und damit Grund zur Angst) besteht. Eine Begründung/Rechtfertigung von Angst über das anführen von sog. Fakten/Tatsachen funktioniert nicht, weil schon das was individuelle als Tatsache/Fakt/Sachverhalt anerkannt wird, eben individuell/subjektiv verschieden ist – somit also kein absoluter Wert bzw. absolute/objektive Aussage. Weiterhin werden sog. Fakten/Tatsachen auch in einen individuell verschieden Kontext/Zusammenhang gestellt und individuell interpretiert (bzw. als nachgewiesen oder anerkannt erklärt) – dies alles auf Basis des jeweils eigenen individuellen/persönlichen Wertesystems/Seins und damit auch auf Basis der individuell bevorzugten Quellen. So gesehen gibt also keine absoluten/objektiven/wahrhaftigen Fakten, sondern sie stehen wie viele Dinge für sich. Erst eine individuelle/subjektive Interpretation und damit Wertung machen Dinge/Sachverhalte für mich ganz persönlich zu Fakten, oder eben nicht zu Fakten.

Persönlicher/Individueller Standpunkt/Sein = individueller Blickwinkel, individuelle/selektive Wahrnehmung, individuelle/subjektive Realität, individuelle Fakten, individuelle Ängste!

Anteil der Angst an meinem Leben.

Angst sollte angemessen und im Rahmen bleiben weil sie sonst unsere Lebensqualität auf vielerlei Arten einschränkt, oder uns sogar lähmt vor Angst. Wenn die Angst in meinem Leben einen übermäßigen Anteil einnimmt (der ihr nicht zusteht), merke ich das daran, dass meine Entscheidungen/Handlungen (Dinge zu tun oder zu lassen etc.) zunehmend von meiner Angst vor irgendwelchen Dingen etc. diktiert werden. Ich traue mich z. B. nicht unter Menschen, weil ich Angst habe bestohlen zu werden etc.! Wenn ich Entscheidungen von Angst anhängig mache, dann diktiert meine Angst mein Leben, womöglich solange und mit zunehmender Tendenz, bis ich sogar Angst davor habe Angst zu haben. Dadurch werden meine sozialen Kontakte weniger, ich beschäftige mich nur noch damit meine Angst zu verringern, indem ich meine Sicherheit mein Sicherheitsgefühl (Schlösser, Überwachungsanlagen etc.) erhöhe. Ich unterhalte mich mit anderen nur noch über Sicherheit, bzw. meine Ängste und Befürchtungen – andere Themen treten zunehmend in den Hintergrund. Ich bin immer mehr bereit meine eigenes Sicherheitsbedürfnis (auf Angst basierend) über die Interessen anderer zu stellen, ich bin sogar bereit deren Freiheit zu beschränken damit mein Sicherheitsgefühl mehr wird und damit meine Angst weniger wird! Angst kann also, wenn sie übertrieben wird zu Übergriffigkeiten also zum eingreifen in die Rechte anderer führen, bzw. zur Beschränkung von Rechten anderer. Die eigene Angst ist keine Rechtfertigung für Intoleranz, Ausgrenzung und Diskriminierung anderer!

Aber selbst wenn ich übergriffig werde, oder/und in die Rechte anderer eingreife, dadurch werde ich die Angst nicht los, sondern ganz im Gegenteil, durch die übermäßige/ständige Beschäftigung mit ihr, werte ich sie ständig weiter auf (mache sie wichtig und wichtiger). Mein Interesse wird mehr und mehr einseitig auf Angst-Bezug getrimmt, weil ich auch z. B. aus Medien (Internet, Fernsehen etc.) nur verstärkt Berichte in Bezug auf Angst und Sicherheits-Themen, als für mich wichtig selektiere/wahrnehme.

Und wenn ich „nur noch" solches wahrnehme, dann besteht für mich die ganze Welt demzufolge (für mich logischerweise) nur noch aus Angst (und Schrecken) und Unsicherheit. Das ist dann die destruktive Spirale der Angst, wo Angst rücksichtslos/übergriffig/selbstgerecht wird, wo Angst doch vom Grundsatz her (so ist sie gedacht) etwas positives ist das uns schützen sollte. Aber gewinnt die Angst zu viel Anteil an unserem Leben, wird der Selbstschutz zur Selbstzerstörung bis hin zu Übergriffen auf andere.

Verselbstständigung der Angst.
Fiktive/Spekulative Ängste, Vermutungen, Spekulationen, Unterstellungen, Vorurteile und Schuldzuweisungen basieren auf anderen fiktiven/spekulativen Ängsten, Vermutungen usw., die als Begründung angeführt werden. Und so weiter. So baut Befürchtung auf Befürchtung und alles was diese in irgendeiner Form bestätigt wird genutzt. Selbstverstärkender Effekt der Angst! Sich von Angst zu befreien wird immer schwieriger. Der eigene Schutz und die eigene Sicherheit immer wichtiger. Die Bereitschaft anderen Rechte vorzuenthalten, die man für sich selbst in Anspruch nimmt, immer größer.

Ein Übermaß an Angst äußert sich (bzw. ist bemerkbar/spürbar) auch in ständigen Misstrauen gegenüber anderen (Erwartungshaltung) – besonders wenn die anderen auch noch anders aussehen, aus einem anderen Kulturkreis kommen etc.! Hinzu kommt noch das ständige Bedürfnis sich mit Verbündeten zu umgeben, die gleicher Meinung (gleiche Ängste, gleiches Schutzbedürfnis) etc. sind, um das eigene Sicherheitsgefühl zu erhöhen. Jeder „Fremde" etc. wird primär als potenzielle Gefahr (Erwartungshaltung) wahrgenommen und es wird mit Misstrauen auf ihn regiert. Ein „Fremder" muss sich quasi erst rehabilitieren und so zum Verbündeten werden, um akzeptabel zu sein. Jedes Vertrauen in das Leben geht so am Ende verloren. Denken wir also primär darüber nach wozu Angst in seiner Wirkung auf mich und andere führen kann. Angst führt zu diffusen Befürchtungen und Misstrauen und letztendlich zur Diskriminierung anderer. Angst führt zu Diskriminierung, wobei sich für das eigene Unwohlsein immer sog. Fakten (siehe oben) als Begründung finden. Wenn ich selbst diskriminiert werde und ich übermäßig Angst habe, dass es u.U. zu Übergriffen (Beleidigungen, Mobbing etc.) gegen mich kommt, kann dabei dieses Übermaß an Angst dazu führen dass ich selbst (als Opfer von Diskriminierung) zum Täter werde und andere (insbesondere sind hier Gruppen anderer, die ein gemeinsames Merkmal haben gemeint) diskriminiere. Wer also nicht meiner Meinung ist, wer nicht für mich ist, wer nicht mein Verbündeter ist, der ist eine potentielle Gefahr – wer nicht für mich ist, der ist automatisch gegen mich – das ist Intoleranz in Reinkultur! Siehe zum Begriff Diskriminierung etc. auch unter Kapitel B5 Abgrenzung, Ausgrenzung, Diskriminierung, Fanatismus.

Ein Übermaß an Angst tritt oft zusammen mit einem Mangel an Vertrauen auf, bzw. fehlendes Vertrauen, ist die Ursache von einem Übermaß an Angst. Siehe hier auch das Kapitel B8 Vertrauen.

Darüber dass ein zufiel oder/und lange anhaltende Angst unseren Körper krank macht (Stresshormone usw. wegen z. B. Armutsstress (auch eine Form von Angst)) als Folge dessen, dass unser Geist/Denken bereits zu lange leidet bzw. die Lebensqualität beeinflusst ist, gibt es bereits genug Informationen, Belege etc. in anderen Publikationen. Deshalb sei dies an dieser Stelle nur kurz als weiterführender Hinweis erwähnt! Angst macht unser ganzes Sein krank!

Angst und das Gefühl von Gefährdung macht Menschen manipulierbar/steuerbar, bzw. menschliches handeln vorhersehbar. Man muss nur den „Knopf" Gefahr/Angst „drücken" um die entsprechende Reaktion zu erhalten. Und schon kaufen wir vermehrt sog. Sicherheitsprodukte (Überwachungskameras etc.) und Fanatismus gewinnt mehr und mehr an Raum!

Angst als Hilfsmittel zur Manipulation von anderen.

Angst bewusst als Hilfsmittel einzusetzen, um anderen ein bestimmtes Verhalten „aufzuzwingen" (Nötigung) ist nicht ethisch sondern destruktiv! Dies gilt ohne Ausnahme! Es gibt hierfür auch keine Rechtfertigung wie z. B. „man will ja nur das Beste" für die anderen oder „man will die anderen bzw. deren Gesundheit schützen" (Bsp.: ARTE Doku, „Corona: Sicherheit kontra Freiheit" ab Min.6:36), usw.!

Volle Transparenz, Information und das bewusste Zulassen von Kritik (um weitere Fragestellungen klären zu können etc.) sind hier gefragt! Mit offenen Karten spielen! Auch das zugeben können, dass man keine Ahnung/Information hat ist OK! Nicht OK ist aber Teil-Information und wilde Spekulationen und bewusste Übertreibungen und Schwarzmalerei, bloß um Angst zu schüren! Angst zur Manipulation einzusetzen kommt einer Entmündigung der anderen gleich. Außerdem zeugt dies von mangelndem Vertrauen in die Urteilskraft der anderen. Die anderen sind also keine Gleichberechtigten, sondern „Kinder" die man manipulieren darf und muss, zu ihrem eigenen besten – solch eine Einstellung ist überaus destruktiv, insbesondere dann, wenn es sich um Regierungen und deren Bürger handelt! Angst als Erziehungsmethode, das ist Missbrauch! Aber eine Manipulation mit Angst ist kurzsichtig gedacht. Eine einmal erzeugte Angst wird in der Regel nicht so einfach wieder verschwinden und es wird deshalb weitere destruktive Handlungen und Folgen auf Grund der Angst geben. Was ist Richtig und was ist Manipulation, wo ist die Grenze, wo geht das eine in das andere über?

Wer hat noch die Kontrolle? Manipulation zerstört Vertrauen! Wie werde ich dann die einmal „gerufene" Angst wieder los!? Gegenbewegungen entstehen sowieso ganz automatisch, auch ohne Ängste noch zusätzlich künstlich zu puschen. Auch bei den Gegenbewegungen meint man es nur gut und manipuliert entsprechend mit Angst, um die anderen auf den richtigen Weg zu bringen! Weil Angst, weitere/neue Angst gebiert usw.! Eine Angst bewirkt/triggert bei einem anderen Menschen, oder einer anderen Gruppe, andere Ängste. Also steht am Schluss nur Angst gegen Angst und jedes noch so weit hergeholte Argument wird übernommen, solange es nur Angst befeuert und die jeweilige Gruppe stärkt! Aus Angst und Gegen-Angst wird Fanatismus und Suche nach Schuldigen! Grundsätzlich versperrt Angst neue Wege, bzw. reduziert Möglichkeiten und führt in Richtung Schwarz-Weiß-Denken. Schwarz-Weiß-Denken und Fanatismus ziehen ihrerseits weitere altbekannte Probleme/„Schatten" an bzw. nach sich, die das ursprüngliche Problem „klein" erscheinen lassen! So entsteht ein eigen dynamisches und aufgeladenes Chaos – dabei meinten/meinen es alle Beteiligten doch nur gut und handeln zum Wohle aller!? Muss das sein!?

Siehe zum Thema Angst auch den Dokumentarfilm „Bowling for columbine" von Michael Moore!

Zusammengefasst kann man sagen: Angst ist das Fehlen von Licht (Information etc.) das die Dunkelheit beleuchtet und Dinge dadurch sichtbar und begreifbar macht!

Fazit: Angst hat seinen Platz in unserem Sein und hilft uns bei Gefahren zu überleben. Ein zu viel an Angst führt aber auf einen destruktiven Pfad, für mich selbst und meine Umwelt. Lebe ich also mit zunehmender Tendenz in meiner eigenen Angstblase (Angst und Gefahr Themen haben bei meiner Wahrnehmung oberste Priorität – selektive Wahrnehmung), bestätigt sich das Gefühl Angst/Gefahr permanent selbst in seiner Wichtigkeit. Beachte, auch sog. Fakten/Tatsachen sind keine absoluten/objektiven Festlegungen, sondern rein persönliche/individuelle Einordnungen/Zuordnungen/Interpretationen/Konstrukte bzw. Erkenntnisse, die jeder individuell auf Grund seines individuellen/subjektiven Wertesystems/Seins als solche anerkennt/benennt. Puscht mich mein eigenes Wertesystem, meine eigene/individuelle selektive Wahrnehmung zu dem Punkt, ab dem meine Lebensqualität leidet und ich ohne weiteres bereit bin, die Rechte/Freiheiten anderer einzuschränken oder gar zu streichen (ich werde übergriffig) und andere/"Fremde" nur noch als potentielle Gefahr wahrgenommen werden, dann ist dies die destruktive Spirale der Angst. Eine Art von Angst deren Ursache fehlendes Vertrauen in sich und andere ist. Dieser destruktive Zustand lähmt nur und hilft letztlich niemandem!

Angst ist ein fehlen von Licht ("Erleuchtung" in Form von Information/Wissen). Licht kommt wenn ich ganz persönlich, Dinge in die eigene Hand nehme und damit buchstäblich begreife, Dinge also selbst erfahre und damit aus der imaginären/unspezifischen/fiktiven Schwarzmalerei herausnehme!

B12. Sowohl als auch.

Für die Dinge des Lebens gibt es keine „Entweder-Oder"-Lösungen/Entscheidungen (Destruktiv), sondern nur Sowohl-als-auch-Lösungen. Alles existiert in der Koexistenz des Lebens. Für alles und jeden gibt es einen eigenen Weg. Auf der Suche nach einem Weg wird man täglich vor Entscheidungen gestellt, die nicht immer einfach zu treffen sind. Aber man hat Alternativen viele Alternativen. Eine suggerierte Entweder-Oder-Lösung bzw. Entscheidung ist nicht konstruktiv. Insbesondere solch eine Entscheidung verbunden mit einem Ultimatum (Drohung) z. B. „Du musst … „ oder „wenn du nicht für mich bist, dann bist du gegen mich" oder „das hat die und die Konsequenz wenn du dich nicht so oder so entscheidest" ist nicht sinnvoll. Jeder kann (und hat das Recht und muss dies nicht rechtfertigen/begründen) seinen ureigensten Weg, in Koexistenz und Toleranz, im gegenseitigen Sowohl-als-auch Leben. Denn es gibt nicht nur 1ne einzige richtige Lösung, wie uns diejenigen welche einen vor eine Entweder-Oder-Entscheidung stellen, gerne suggerieren möchten. Leben und Leben lassen!

Aussagen wie „wenn du nicht für mich bist, dann bist du gegen mich" etc., suggerieren lediglich eine Wahlmöglichkeit. Hierbei handelt es sich aber nur um eine scheinbare Wahlmöglichkeit, weil durch diese Aussage andere genötigt und gezwungen werden sollen, bestimmte Entscheidungen zu treffen – aus Angst vor Konsequenzen! Hier fordert jemand in solcherlei Aussagen verpackt, eine komplette, bedingungslose Unterordnung und Unterwerfung des anderen! Dabei werden andere Meinungen - zu welchem Thema auch immer – als Angriff/Verstoß (gegen ein Dogma oder/und eine Person etc.) eingeordnet und entsprechend sanktioniert! Um andere in „alternativlose" Entscheidungen zu nötigen und zu manipulieren, werden diese vor eine reduzierte und verfälschte Wahl bzw. Wahlmöglichkeit gestellt, die so nicht existiert. Diese „Wahlmöglichkeit" hat nur den Zweck andere rücksichtslos behandeln zu können/dürfen, wenn sie nicht tun was man will und ihnen zusätzlich auch noch selbst die Schuld („du hattest ja die Wahl" etc. als pseudoethische Rechtfertigung) für diese Behandlung geben zu können! Dabei wird vernachlässigt, dass ich gleichzeitig/sowohl solidarisch, konstruktiv und tolerant sein kann, sowie trotzdem/gleichzeitig anderer Meinung als ein spezifisches Dogma sein kann, oder/und anderer Meinung als eine Person/Gruppe sein kann! Toleranz und verschiedene Ansichten zu verschiedenen Themen sollen durch Unterordnung unter ein Dogma oder/und eine Person oder Gruppen verhindert bzw. unterdrückt werden! So etwas ist Manipulation, Zwang und Machtmissbrauch!

Fazit: Es gibt nicht nur eine Lösung und es gibt kein entweder oder, sondern es gibt das Prinzip des Sowohl-als-auch – individuelle/subjektive Wege/Möglichkeiten sind OK und dürfen, sollen gesucht und gegangen werden und müssen nicht gerechtfertigt/begründet werden!

B13. Gut und Böse.

Gut und Böse und Ähnliches/Dergleichen sind ganz persönliche, subjektive, individuelle Festlegungen, Wertungen, die dem eigenen Wertesystem und Sein entsprechen/entspringen. Diese Festlegungen/Wertungen sind zudem auch noch Situationsabhängig und werden von mir ganz individuell und von meiner Umgebung (den anderen) ebenfalls ganz individuell wahrgenommen. Der gleiche Sachverhalt bzw. das gleiche Geschehen/Ding wird von unterschiedlichen Menschen, auch unterschiedlich und subjektiv, als gut oder böse etc. beurteilt!

Gut und Böse, Richtig und Falsch etc. sind Begriffe/Gedankenwelten, die Aufgrund unseres Mensch-Seins (die Art Mensch als soziales Wesen etc.) in uns entstehen, bzw. durch Interpretation, Bewertung von Sachverhalten innerhalb unseres Seins/Wertesystems entstehen, um Sachverhalte klassifizieren und einordnen zu können. Gut und Böse existieren (sind greifbar/"definiert") nur/ausschließlich in uns, in unserer Mensch/Art-spezifischen Gedankenwelt, und sonst nirgends! Dies gilt auch für alle weiteren menschlichen Begrifflichkeiten. Aus dem Gesamtspektrum Mensch einzelne Teile herauszugreifen und diese z. B. als animalisch/böse zu bezeichnen, ist durch nichts gerechtfertigt, sondern es entfernt von einer ganzheitlichen Sichtweise auf unser Sein. Einen Teil unseres eigenes Seins unserer Persönlichkeit als schlecht/böse zu diffamieren, führt nur zu selbstzerstörerischen Versuchen, dieses „Böse" wegsperren oder unterdrücken zu wollen. Wir kämpfen dann gegen uns Selbst. Schließen wir stattdessen Frieden mit dem gesamten Spektrum unseres Seins. Gut und Böse gibt es objektiv nicht, dies sind nur subjektive Wertungen/Einschätzungen von mir und anderen, also der Art Mensch!

Die Begriffe Gut und Böse werden gerne im Zusammenhang mit spirituellen Dingen bzw. Glaubensdingen angeführt. Gut und Böse werden hier zusätzlich überhöht und als absolut dargestellt. Insbesondere die Diffamierung anderer (einzelne oder Gruppen) als Böse hat destruktive Wirkung (Diskriminierung etc.)! Solcherlei ist aus humanistischer und ethischer Sicht abzulehnen, weil Ausdruck von extrovertiertem Fanatismus und in in seiner Wirkung destruktiv!

Was fangen wir also mit Gut und Böse an, bzw. wie ist es zu verstehen? Sei gut, um des gut seins willen. Das gut sein ist in sich Lohn genug, weil es mir ganz persönlich gut tut, gut zu sein. Deshalb muss bzw. sollte es nicht extra belohnt werden (auch nicht nach dem Tod). Gut zu sein bzw. sein zu wollen ist ein rein egoistisch Akt meinerseits (siehe auch unter Egoismus), es ist in sich Lohn genug. Strafe für schlechtes, „böses" Verhalten kann es, dieser Logik folgend auch nur zu Lebzeiten geben.

Der Mensch ist also einfach Mensch, und als Mensch sind wir, wie wir sind – alles was das Mensch-Sein (die Art Mensch) beinhaltet. Der Mensch ist nicht Gut oder Böse (und schon gar nicht von Natur aus) – er ist keines von beidem, er ist einfach Mensch.

Dass du, du bist, ist kein Fehler, sondern ein Vorteil ein Bonus, für dich und andere. Wir alle, jedes Sein ist Teil eines Puzzles. Tun wir uns also zusammen, helfen wir uns. Denn dadurch kann jeder wachsen. Nicht Uniformismus und Gleichschaltung, sondern der Sieg des Individualismus.

Fazit: Gut oder/und Böse etc. sind rein subjektive, individuelle Wertungen von Dingen/Sachverhalten, also Mensch gemachte Konstrukte! So gesehen gibt es Gut und Böse etc. nur subjektiv, aber nicht objektiv und damit losgelöst von unserem individuellen Mensch-Sein, bzw. losgelöst von unserem Mensch-Sein an sich!

B14. Hierarchie/Rangordnung/Wertigkeit.

Jeder Mensch hat Fähigkeiten und Talente, die ein anderer, in dieser individuellen Kombination und Ausprägung, nicht hat. Bloß weil z. B. der IQ einer Person sehr hoch ist, von solch einem Menschen als Elite zu sprechen, greift zu kurz, weil aus der komplexen Gesamtheit und Vielfältigkeit des Menschen nur ein Teil herausgegriffen wird. Was ist mit einer ganzheitlichen Sicht? Was ist mit persönlichen Kompetenzen (Charakter) und vielem anderen, das zusammen mehr ist als die Summe der einzelnen Komponenten? Also gibt es keine Elite und damit auch keinen Führungsanspruch der sich daraus herleiten lässt, bzw. einen Führungsanspruch einer sog. Elite, ganz egal ob sich dieser „Anspruch" auf IQ oder irgend etwas anderes beruft/begründet!

Es spricht nichts dagegen z. B. den IQ von Menschen festzustellen und IQ mit IQ zu vergleichen. Etwas ganz anderes ist es aber, auf einen Eliteanspruch z. B. in Abhängigkeit vom IQ zu schließen! Das ist wie wenn man abhängig von der Haarlänge auf intellektuelle Fähigkeiten schließen wollte! IQ oder/und „Erfolg haben" etc. sind immer nur einzelne Aspekte unseres Mensch-Seins und wir sind weit mehr als die Summe unserer Teile! Warum IQ etc. eigentlich als wichtiger/höher bewerten wollen als Empathie etc.? Warum will man, bzw. sollte man überhaupt Menschen bewerten und klassifizieren? Menschen bewerten und klassifizieren kann unserem ganzheitlichen Mensch-Sein grundsätzlich nicht gerecht werden, bzw. wird unserem ganzheitlichen Mensch-Sein niemals gerecht! Denn wir sind alle gleich – Gleiche unter Gleichen!

Die selbsternannte Elite könnte z. B. sagen: „Wir haben gekämpft und es geschafft, bis hier her ins Establishment. Wir haben es also verdient uns Elite zu nennen, weil wir besser sind als die anderen! Und jetzt sind wir hier um zu bleiben, von Generation zu Generation". Zur „Elite" zu gehören ist aber weder Verdienst noch Schuld, sondern Zufall – niemand kann z. B. etwas für seine Biologie und die Umwelt in die er geboren wurde – niemand kann etwas dafür der Mensch zu sein der er ist! Menschen die sowieso zu den Gewinnern bzw. dem Establishment einer Gesellschaft gehören, sehen und definieren sich gerne auch noch zusätzlich selbst als Elite – die Gewinner belohnen/"krönen" sich zusätzlich auch noch selbst!

Es gibt gewachsene Strukturen unter Lebewesen aller Art, also auch beim Menschen. Das kann man als Hierarchie bezeichnen, aber es steht bei gewachsenen Strukturen etwas anderes im Vordergrund: Jeder findet und nimmt den Platz ein, an dem er seine Fähigkeiten einbringen kann und jeder fühlt sich dabei geachtet und respektiert. Gewachsene Strukturen kennen keine Gewinner und Verlierer. Es gibt keine Meister und keine Schüler – nur Gleiche unter Gleichen. Niemand besitzt Niemanden, keiner besitzt keinen. Dies gilt für alles Leben. In einer gewachsenen Struktur/Hierarchie sind alle Gleiche unter Gleichen. Keine Sklaven, keine Herren, keine Eliten!

Alle künstlichen Hierarchien vernachlässigen die Prinzipien gewachsener Strukturen/Hierarchien. Hier geht es „nur" um Unterdrückung und Ausbeutung anderer. Hierarchie wird Rücksichtslos als „Recht des Stärkeren" missverstanden und entsprechend praktiziert, indem z. B. Abhängigkeiten (Globalisierung etc.) verstärkt werden, damit Ausbeutung möglich wird und bleibt!

Fazit: Es gibt Fähigkeiten und Talente aber keine Hierarchien. Es gibt vielmehr Gleiche unter Gleichen. Das gilt für Menschen, für alle Arten von Leben und keine Art steht über oder unter einer anderen! Es gibt keine Eliten, Herren, Sklaven oder/und dergleichen!

B15. Unzufriedenheit/Leid.

Der Mensch leidet, ist unzufrieden, - so scheint es. Sein Wille treibt ihn an und er versucht, durch das Erreichen seiner Wünsche/Ziele, Erfüllung, Erfolg, Befriedigung (Selbstverwirklichung) zu finden. Erst wenn alles Wollen und alle Wünsche befriedigt sind, leiden wir nicht mehr, haben wir nicht mehr das Gefühl, dass uns etwas fehlt. Und somit sind wir zufrieden, und das Leiden hat ein Ende?

Mein Wille/Wollen an sich ist nicht die Ursache für Unzufriedenheit/Leid.

Das Ende der Unzufriedenheit, des Leids, des Unglücklich-Seins, liegt nicht in der Befriedigung unseres Willens und liegt nicht im nicht mehr Wollen. Die Lösung liegt (wie so oft) in unserem Inneren bzw. Sein. Die eigene Mitte (mit sich selbst im Reinen, in Frieden sein etc.) gefunden zu haben, oder zumindest dorthin auf dem Weg zu sein, ist entscheidend für unsere Zufriedenheit. Wenn ich also meinen Willen, auf die Welt in mir (auf mich selbst), bzw. auf die Suche nach mir selbst, meinem individuellen Sein und meiner „Mitte" richte, dann habe ich die Chance aus dem Kreislauf des äußerlichen ständigen noch mehr haben Wollens und ständiger Willensbefriedigung auszubrechen. Ich habe die Chance zu erkennen wer ich eigentlich bin, und was ich ganz persönlich wirklich will.

Vermeidung von Leid durch Meditation/Askese mit dem Ziel der Unterdrückung des Willens/Wollens kann das Leiden abschwächen, aber es gilt doch vielmehr die Ursachen des Leids zu erkennen, diese zu vermeiden und damit das Leid, die Unzufriedenheit, auf „normalem"/erträglichem Maß zu halten. Unser Wollen ist untrennbar mit uns verbunden und unerlässlich. Der Wille begleitet uns ein Leben lang. Wer also nicht mehr will (willenlos/wunschlos ist), nicht mal mehr willenlos sein will, der ist Tod. Die Ursache des Leids ist nicht das Wollen oder der Wille an sich!

Grundsätzlich kann alles, was ich will, erreichen will, sein will etc., je nachdem wie mein Sein konditioniert ist und damit umgeht, bzw. wie die Wesenszüge meines Seins mit meinem Wollen, dessen Durchsetzung/Erreichung und dessen Scheitern umgehen, zu Unzufriedenheit und Leid führen! Die Gründe/Ursachen liegen also in meinem Sein – wie mein Sein mit meinem Wollen und allem was damit zusammenhängt umgeht! Wie wichtig ist es für mich z. B. bestimmte Ziele zu erreichen? Versuche ich mir bewusst zu machen, dass es für die Wertigkeit mir selbst gegenüber also mein Selbstwertgefühl „keine" Rolle spielt bzw. nicht wesentlich ist bzw. nichts ändert, dann bin ich bereits gut gewappnet um mein Erreichen, mein Scheitern und nicht erreichen von Zielen etc. nicht zu tragisch/überheblich zu nehmen – so kann ich Leid vermeiden! Das mit dem Bewusst machen etc., funktioniert aber nur wenn mein Sein bereits in diese Denkrichtung konditioniert bzw. dafür empfänglich ist! Wer will ich sein? Was erwarte ich von mir?

Für den folgenden Abschnitt und das weitere Verständnis bitte, ggf. nochmals das Kapitel A3 über unser Handeln, insbesondere Kapitel A3b Unser Ich und Sein, als Einstieg in dieses Kapitel lesen. Es bildet die Grundlage bzw. ist zum weiteren Verständnis des Folgenden wichtig und ist hilfreich zur Vermeidung von Missverständnissen.

Das Leiden meines Seins.

Laut den Aussagen aus Kapitel A3b Unser Ich und Sein, kann in Bezug auf das Leid das folgende gesagt werden. Wenn ich leide dann leide ich nicht an der Umwelt (also den Untaten bzw. dem Nicht-Helfen von anderen) sondern ich leide an mir selbst. Mein Leid ist abgesehen von materieller Not von Verelendung und ähnlichen Dingen, mein ganz persönliches/individuelles Leiden. Diese Leiden hat damit zu tun, wer ich geworden bin (Biologie und Umwelt) bzw. aktuell bin. Darin und daran bin ich in keiner weise selbst schuld. Ich leide sozusagen an mir und in mir selbst.

Mein Leiden ist Teil meines Seins. Obwohl es mein Leid ist, bin ich nicht (selbst) schuld daran weil ich keinen Einfluss darauf hatte, der zu werden/sein der ich bin. Dies gilt im Übrigen für mein gesamtes Sein, also solches und in Teilen, das weder meine Schuld noch mein Verdienst ist. Mein Sein leidet an sich selbst. Leiden ist zuzusagen einfach nur ein Wesenszug meines Seins, wie jeder andere Wesenszug auch!

Aber nochmal langsam der Reihe nach und am Anfang die Frage gestellt: Wie wird Leid überhaupt verursacht und welchen Anteil haben dabei Umwelt und mein eigenes Sein? Die Welt bzw. unsere Umwelt ist, wie sie ist, die Dinge geschehen oder/und geschehen eben nicht. Alles ist eine unendliche Folge von Geschehnissen. Dies Geschehnisse/Ereignisse sind einfach nur Ereignisse an sich. Auch hier gilt, erst der Mensch bewertet Ereignisse, um mit ihnen umgehen zu können. Die Ereignisse an sich sind Wertneutral also ohne Bewertung. Die Wertung/Bewertung (zur Gewinnung von Erkenntnissen) passiert ausschließlich in unserem Sein.

Dies führt zu dem Schluss: Es kommt also darauf an, auf welches Sein/Individuum ein Ereignis trifft bzw. einwirkt, nicht aber darauf, um was es sich für ein Ereignis handelt. Jedes Sein/Individuum bewertet das gleiche Ereignis sehr subjektiv/individuell bzw. spezifisch, so dass jedes Individuum, andere Schlüsse/Erkenntnisse aus dem gleichen Ereignis zieht. Was das Ereignis als solches, in mir (meinem Sein) vorfindet und damit in mir triggert/auslöst (Glücksempfinden, Trauer, Leid etc.), welche Verhaltensmuster abgerufen werden, ist also vollkommen bzw. zu 100% vom Aussehen meines Seins abhängig. Wenn ich also Glück oder/und Leid etc. empfinde, bin ich dann auch zu 100% selbst Schuld daran? Unsinn, und eben gerade dies nicht! Schuld, Verdienst und Verantwortung etc. haben damit nichts zu tun. Sondern ich bin, wie ich bin und darin liegt weder Schuld noch Verdienst, weil es außerhalb meines Einflusses liegt/lag. Ich bin ein Individuum geprägt aus Biologie und Umwelt, also ein Produkt dessen. Darin liegt weder Verdienst noch Schuld/Verantwortung, ich hatte auf die mich prägenden Faktoren keinen Einfluss, es ist geschehen was geschehen ist. Das Ergebnis bin ich, bzw. mein Sein. Ob ich also z. B. Glück oder Leid empfinde ist vollkommen von meinem individuellen Sein, abhängig bzw. wird von diesem (limbisches System etc.) bestimmt. Das beschreibt einfach das was in mir passiert. Diese passieren ist bewertungs- neutral, es passiert einfach.

Was aber tun, wenn in mir der Anteil des Leidens dermaßen überwiegt, so dass ich an meinem Leiden leide? Was tun wenn in meinem Sein Zustände wie Leid, Angst, Minderwertigkeit, Hass, Nachdenken über die bösen anderen, etc. (und den davon ausgelösten Depressionen) dermaßen überwiegen und stark sind, dass meine Lebensqualität immer schlechter wird und ich nur noch unglücklich bin? Natürlich kommt es auch auf meine Umwelt bzw. Umwelteinflüsse an, ob ich Leide. Habe ich kein oder kaum Geld weil ich z. B. arbeitslos bin, dann zermürbt mich der ständige Geldmangel also die ständige/allgegenwärtige Frage, werde ich eine bestimmte Rechnung bezahlen können und werde ich dann noch genug Geld für Essen haben? Zermürbende Sorgen und Situationen (also Leid) die auf ungünstige/lebensbedrohliche Umweltbedingungen beruhen, fallen weg wenn die Umweltbedingungen sich ändern. Hat man also z. B. wieder mehr Geld (eine neue Arbeit, raus aus der Armutsfalle etc.) entfällt auch automatisch das permanente Sorgen und das Leid das mit „Geldmangel" zusammenhängt bzw. davon verursacht wurde. Es ist also so, dass mein Sein je nach Lebenssituation/Umweltbedingung leidet oder glücklich ist. Leid kann sowohl umweltabhängig sein, als auch umwelt- unabhängig. Die 1ste Form des Leids ist also die Umweltabhängige. Die 2te Form des Leids ist die Umwelt- unabhängige. Besonders die umwelt- unabhängige Form des Leids, die mich unabhängig von meiner Lebenssituation leiden lässt, ist extrem viel schwerer zu beheben als die 1ste Form des Leids (umweltabhängige Form).

Schwer zu beheben, weil sich hier nicht äußere Bedingungen ändern müssen, sondern vielleicht sogar innere Bestandteile, meines persönlichen Seins. Individuell verschieden ist die Reaktion auf günstige/ungünstige Lebensbedingungen, ja insbesondere auch schon das Empfinden dessen was als günstig/lebenswert oder ungünstig, individuell wahrgenommen wird. Individuell verschieden sind auch die Anteile und Übergänge von umweltabhängigem und umwelt- unabhängigem Leid. Dies alles gilt im Übrigen nicht nur für das Leid, sondern für alle Gefühlszustände und damit für unser gesamtes Sein. Beim verstehen und ggf. auflösen von Leid kommt es also zuallererst darauf an festzustellen, um welche Form des Leids es sich handelt.

Eine Möglichkeit ist Ursachenforschung, also die Frage: Wer bin ich und warum bin ich wie ich bin? Um diese Frage/Fragen zu beantworten, bitte als Grundlage die in Abschnitt A gemachten Thesen berücksichtigen. Ich kann diese Frage/Fragen des weiteren sehr individuell auf mich bezogen, in meinem persönlichen Umfeld versuchen zu klären.

Dieses Abhandlung bietet Antworten zu diesen Fragen auf „allgemeingültiger" Ebene an, um die Möglichkeit zu haben, das was ich/wir sind und warum ich/wir so sind wie ich/wir sind, zu verstehen.

Diese Abhandlung bietet Grundlagen an – es ist ein Angebot. Über Psychologie, Therapie etc. um z. B. Mittel und Wege aus übermächtigem Leid zu finden wurde (und wird), von anderen und an anderer Stelle vielerlei hilfreiches gesagt und geschrieben. Letztlich mündet Leid etc. in die Frage – kann ich mein Sein „ändern"/modifizieren/"optimieren", oder kann ich sogar ein „anderes" weniger leidendes Sein werden? Oder reicht z. B. ein Wechsel der Umgebung (Umwelt- und Lebensbedingungen) aus, bzw. eine Veränderung meiner individuellen Lebensumstände?

Das hier zum Thema Unzufriedenheit/Leid gesagte gilt uneingeschränkt auch für alle anderen Empfindungen wie z. B. Glück!

Ursachen für Unzufriedenheit und Leid sind z. B.:

a. Sich mit anderen zu vergleichen.
Vor allem mit denen, die reicher, größer, schöner usw. sind. Lies keine Modezeitschriften und ähnliches! Du wirst dich hinterher nur hässlich finden und leiden. Auch ich will für schön, fit, jung und erfolgreich gehalten/eingestuft werden. Weil ich dann mehr Chancen und Anerkennung (in Liebe und im Beruf) habe und dadurch mein Leben erfolgreicher zu sein verspricht. Werde ich den Idealen und Normen des Mainstream gerecht, dann empfinde ich mich selbst als Teil des Mainstream – ich gehöre dazu! Aber diese Ideale und Normen der Gesellschaft führen nur zu Selbstausbeutung, Selbstbetrug, Scham in Bezug auf den eigenen Körper und Stigmatisierung, Diskriminierung und Ausgrenzung aller, die diesen Idealen und Normen nicht entsprechen! Erschwerend kommt manchmal hinzu, dass diejenigen die dem „Ideal" z. B. in Bezug auf den Körper zufällig entsprechen, dies auch noch als ihre ganz persönliche Leistung betrachten (weil sie sich ja fit halten etc.), obwohl das nicht ihr Verdienst ist, sondern zufälliges Ergebnis des Zusammenspiels von Biologie und Umwelteinflüssen – wie bei uns allen! Wir sind wie wir sind, es ist weder ein Verdienst noch eine Schuld, so zu sein wie man ist – auch das gilt für uns alle!

Riesige Industrien der Bereiche Mode, Fitness, Zeitschriften, Medikamente, Wellness etc., verdienen daran, dass du so sein willst, wie sie es dir suggerieren bzw. vorschreiben! Die so genante Leistungsgesellschaft bzw. Mainstreamgesellschaft, in der wir heutzutage leben, braucht leistungsgerechtes fittes Personal das sich willig Normen und Vorgaben unterwirft und starke egozentrische Einzelkämpfer, mit dem Ziel noch mehr zu wollen. Andere Lebens- und Gesellschafts- Entwürfe fallen scheinbar nicht mehr ins Gewicht!? Will ich mich ganz persönlich den Idealen und Normen der Mainstreamgesellschaft unterwerfen, nur um „erfolgreich" zu sein? Ist der Preis dafür, für mich ganz persönlich, nicht zu hoch bzw. unbezahlbar!?

Fühle ich mich unattraktiv, schäme ich mich für meinen Körper und glaube ich selbst, dass z. B. Dicke weniger leistungsfähig, weniger willensstark und deshalb schwache, erfolglose Menschen sind? Wenn ich diese Frage mit ja beantworte, dann habe ich bereits etwas verinnerlicht, was meine Lebensqualität und meine Persönlichkeitsentwicklung, nachhaltig beeinträchtigt! Ich bestrafe mich selbst dafür, dass ich nicht so bin, wie die anderen bzw. wie das „Ideal" - Beispiel Body Shaming, als Beispiel für Selbstbestrafung und Selbstzerstörung! Aber, ist es nicht ein Bonus, ein Vorteil, ein Geschenk des Lebens, nicht identisch zu sein, sondern einmalig zu sein!? Diese Einmaligkeit und Einzigartigkeit dessen was ich bin, gilt es zu entwickeln und authentisch zu leben! Influencer und dergleichen braucht keiner. Ich bin einmalig und wunderschön so wie ich bin, ich liebe mich – ohne wenn und aber!

Faustregel: Je größer die sozialen Unterschiede in einer Gruppe (z. B. Stadt, Verein, Nachbarschaft) um so größer auch die Unzufriedenheit innerhalb dieser Gruppe. Unzufriedenheit basierend auf der ständigen Anwesenheit von anderen, denen es besser geht. Die ständige Anwesenheit von anderen denen es schlechter geht, stört uns dagegen weniger!

b. Zu hohe Erwartungen.

Überhohe und hohe Erwartungen an Dinge, Menschen, das Leben und an sich selbst zu stellen, beinhaltet zwangsläufig die Enttäuschung. Idealisierung führt automatisch zu Leid, weil das tatsächlich Erreichte fast nie der Erwartung gerecht werden kann. Also stelle keine oder zumindest keine zu hohen Erwartungen, und alles, was du bekommst/erreichst, wird wie ein Geschenk (du wirst dich freuen) sein!

Wenn du ständig Dinge erreichen willst die jenseits deiner aktuellen Talente und Fähigkeiten liegen, anstatt deine Einzigartigkeit zu erkennen und zu nutzen (und damit Erfolg auf Gebieten zu haben, die deinen Talenten und Fähigkeiten entsprechen) wirst du leiden und vielleicht unglücklich sein. So sehr, dass du für dein „versagen" anderen die Schuld gibst, die dir z. B. nicht geholfen haben, oder dich „betrogen" haben etc., was alles letztlich nur dein Leid weiter vergrößert. Du projizierst deine Unzufriedenheit mit dir selbst, dein persönliches Versagen (das du dir nicht eingestehst) und die daraus resultierende „Selbstverachtung" auf andere und straft diese mit Verachtung etc.! Versuche auch einmal deine verborgenen Talente zu erkunden und diese zu fördern. Wenn du deine persönlichen Talente erkennst und diese förderst, wirst du zwangsläufig erfolgreich auf deinen ureigensten Gebieten/Talenten sein. Das soll andererseits nicht heißen, dass du nicht weiter versuchen kannst/sollst Dinge zu erreichen die jenseits deiner aktuellen Talente und Fähigkeiten liegen – vielleicht klappt es ja doch, sei beharrlich und lerne. Versuche es sportlich zu sehen. Vermeide aber daraus (aus dem nicht gelingen) persönliches Leid zu generieren, indem du ein Scheitern persönlich nimmst, es dir also selbst als unverzeihliches Versagen ankreidest, um dieses dann auch noch nach außen auf andere zu projizieren. Mach dich nicht selbst zum Opfer.

c. Dazu gehören wollen (soziale Wesenheit verwirklichen wollen).

Der Mensch als soziales Wessen lebt/schöpft aus dem Kontakt und der Anerkennung mit/von anderen. Als soziale Wesen (soziale Wesenheit) wollen wir in unserer Familie/Gemeinschaft z. B. integriert, anerkannt, respektiert und geachtet sein. Wir wollen unsere soziale Wesenheit in allen Facetten ausleben können – eine erfülltes Leben führen. Gelingt dies nicht bzw. in einem zu geringen Ausmaß, dann empfinden wir Unzufriedenheit/Leid!

Wenn ich in irgendeiner Form vom Mainstream, also dem was die Mehrheit macht und für Richtig hält abweiche, dann mache ich mich angreifbar bzw. werde zum Ziel von Anfeindungen, sozialer Kontrolle etc., und wer will das schon? Die Gesellschaft und auch kleine soziale Gruppen (Freundeskreise etc.) generieren/definieren ganz automatisch und bewusst oder unbewusst einen „Kosmos", der das für sie normale/main-streamige definiert. Heule also mit den Wölfen und du gehörst dazu. Dann bist du zumindest solange integriert solange du die Regeln befolgst. Zeige Individualität und es kann sein, dass du raus bist z. B. gemobbt wirst etc.! Es findet also sozusagen eine Bestrafung für Individualität statt und eine Belohnung für Opportunismus (Anpassung). Aber gerade Individualität ist innerhalb einer Gruppe/Gemeinschaft die größte denkbare Bereicherung/Ressource und der Garant für eine positive/bunte/tolerante Gesellschaft/Gemeinschaft in/an der alle teilhaben!

d. Leistung als oberstes Dogma der sog. Leistungsgesellschaft.

Eine Gesellschaftsform die Leistung als oberstes Ideal zelebriert hat Folgen, auf und für alle Ebenen und Teile dieser Gesellschaft. Sprüche wie „nur das Ergebnis zählt, Ergebnis orientiert bzw. pragmatisch arbeiten etc., wer zahlt bestimmt, man hat etwas auf den Weg gebracht, wer nicht arbeitet soll/braucht auch nichts essen, hast du was dann bist du was, es geht doch sowieso nur um fressen und gefressen werden", etc. sagen schon einiges aus!

Leistung als Sinn der Lebens!

Ich arbeite/leiste nicht um zu leben, sondern ich lebe um zu arbeiten bzw. Leistung zu bringen. Als höherer Sinn meines Lebens bin ich dann ein wertvolles Mitglied und Teil dieser Gesellschaft und bin stolz darauf, weil ich mich so (durch meine Leistung) mit dieser Gesellschaft identifizieren kann und vieles mehr – das macht mich stark, weil ich (glaube) den Rückhalt durch die Gesellschaft habe, weil ich quasi die Gesellschaft bin!

Arroganz der Leistung bzw. der sog. Leitungsträger!

Zurschaustellung der vermeintlichen eigenen Leistung durch Besitz, damit alle auch sehen können wie Leistungsfähig man ist und wie gut man in der Gesellschaft etabliert ist (=Vorteile bei der Partnersuche, Erfolg/Leistung macht sexy). Ich bin Leistungsträger = ich gehöre dazu. Dies in der festen Überzeugung „das habe ich mir alles selbst erarbeitet, das ist alles mein Verdienst meine Leistung „ohne" Hilfe anderer, alles meins"!

Freie Bahn für Leistung = Ellenbogenverhalten, Rücksichtslosigkeit gegen Schwächere. Ich muss die anderen klein halten, weil alle ja mögliche Konkurrenz sind. Die kleinen/schwachen müssen klein und schwach bleiben, dann sind sie keine Konkurrenz und können niemals zu Konkurrenz werden! Der/Mein Erfolg/Leistung gibt mir recht! Erfolg/Leistung als hinreichende Rechtfertigung für unethisches/rücksichtsloses Verhalten. Selbst aber rege ich mich auf und leide unter dem rücksichtslosen Verhalten von anderen! Ich brauche nichts abgeben oder teilen weil ja alles meine ganz persönliche Leistung ist! Somit ist Steuern zahlen Diebstahl dessen was ich erarbeitet habe und das nur mir zusteht!

Ich als selbst ernannter Leistungsträger/Stütze der Gesellschaft denke und sage:
Andere sollen erst einmal so hart arbeiten wie ich damit sie mitreden können, denn ich habe mir alles mit harter Arbeit erarbeitet und habe dafür auf viel (Freizeit, Freunde, Kinder etc.) verzichten müssen um z. B. Karriere zu machen! Damit sage ich quasi zwischen den Zeilen: Ich habe gelitten und das sollen/müssen die anderen genauso, das fordere ich von allen anderen! Nicht irgendwo herum hängen und Geld für „nichts" tun bekommen – dadurch fühle ich mich persönlich beleidigt!

Ich als Leistungsträger der Gesellschaft will auch etwas dafür. Ich will belohnt werden (es reicht mir nicht, dass es mir gut geht und ich zu den Gewinnern der Gesellschaft gehöre) in Form von Steuervorteilen, Subventionen, Soziale Stellung, mehr Bestimmen (z. B. politisch), entsprechend meinem mehr an Leistung, als andere.

Wer nicht/nichts leistet ist nichts wert!

Alle die Hilfe brauchen und gerade „nichts" leisten (zu dieser Gruppe gehören wir alle im Lauf unseres Lebens früher oder später) werden als Belastung, als Kostenfaktoren ohne Nutzen, oder gar als Schmarotzer diffamiert und diskriminiert! Denn diese „Leute" wollen ja nur mein Geld (ohne etwas dafür zu leisten), bzw. leben von meinem Geld bzw. meiner Leistung.

Erlernter Leistungsdruck!

Wird einem das Leistungsprinzip schon als Kind vorgelebt und von meiner Umwelt entsprechend eingefordert, dann werde ich selbst sehr schnell dieses übernehmen und z. B. ein schlechtes Gewissen haben, wenn ich nicht die erwartete Leistung bringe. Dann ist der Punkt erreicht an dem nicht nur die anderen Leistung von mir fordern, sondern ich diesen Leistungsdruck von außen verinnerlicht habe, als einen Teil von mir und ich mich selbst unter Leistungsdruck setze! Dann ist auch der Punkt erreicht, dass ich von anderen Leistung fordere und ich andere nach Leistung Bewerte. Damit schließt sich der Kreis, ich bin Opfer und Täter des Leistungsprinzips. Je mehr der Einzelne sich selbst und andere den Leistungsprinzipien unterwirft, um so weniger bleibt Zeit sich um anderes zu kümmern. So bleiben z. B. politische Interessen, die Beziehungspflege innerhalb der Familie etc. buchstäblich auf der Strecke, werden also dem Leistungsprinzip untergeordnet!

Beurteilung und Bewertung nach Leistung!

Ständig werde ich von anderen abhängig von meiner Leistung beurteilt und bewertet. Nur meine Leistung zählt. Nur meine Leistung wird wahrgenommen und man manipuliert mich und ich manipuliere mich selbst, um noch mehr Leistung zu bringen! Ich leiste (Zusammenhang Leistung bringen und sich etwas leisten!) mir immer mehr, um es den anderen zu zeigen; den anderen zu zeigen wie toll ich bin. Aber was ist eigentlich Leitung? Leistung als Ergebnis einer Arbeit/Tätigkeit wird nicht einheitlich beurteilt/bewertet. Auch wenn ein gewisser gesellschaftlicher Konsens darüber besteht was Leitung ist, so wird sie doch individuell je nach Person (ich bewerte oder die anderen) anders bewertet/beurteilt.

Leistung ist relativ und immer von vielen Komponenten und einem Zusammenspiel vieler indirekter Dinge/Bestandteile (Infrastruktur, Mitarbeiter etc.) abhängig. Leistung ist also gar nie nur mein Verdienst, bzw. nur der Verdienst meiner persönlichen Leistung. Sondern ich profitiere indirekt und direkt von der Leistung anderer – ohne andere ist meine Leistung nicht möglich, ich profitiere also von anderen (beute andere u.U. sogar aus), bin also selbst ein „Schmarotzer"! Zur richtigen Zeit am richtigen Ort (geboren etc.) zu sein, also zu profitieren von dem was vor mir schon da war, ist keine Leistung, kein Verdienst von mir, sondern Zufall!

Das große Aber, offene Fragen! Folgende und ähnliche Fragen könnte ich mir stellen:
Wo bleibe ich als Mensch? Wer oder was bin ich eigentlich? Wer oder was bin ich jenseits von Leistung? Kann ich mich selbst überhaupt akzeptieren, so wie ich wirklich bin? Liebe ich mich so wie ich bin, mit allen „Unvollkommenheiten" (den ich bin vollkommen) = bedingungslose Akzeptanz meines Seins? Liebe ich nur meine Leistung? Kann ich überhaupt andere (jemand anderen) wirklich lieben, wenn ich mich selbst nicht voll akzeptiert (mit allem Frust und Fehlern) habe und liebe so wie ich bin? Solche und ähnliche Fragen stellen sich meist erst im Zusammenhang mit einer Lebenskrise, die einen buchstäblich aus der „Leistung´s"-Bahn wirft. Dadurch ist man dann quasi auf sich selbst zurückgeworfen und muss sich mit sich selbst (ohne Ablenkung) auseinander setzen.

Ich liebe mich gerade weil ich so bin wie ich bin, denn auch meine „Fehler" sind ich, machen mich aus, ohne meine Fehler wäre ich nicht der, der ich bin = ganzheitliche Sichtweise! Wie sollen mich andere lieben können, wenn ich selbst es nicht tue, wenn ich nicht selbst zu mir stehe/halte – ohne wenn und aber, bedingungslos!

Im Übrigen gilt: Wem meine Arbeit/Leistung zu wenig, nicht gut genug oder zu teuer ist, der hat sie nicht verdienst, bzw. ist sie nicht wert! Soviel bin ich mir wert!

Eigen-Liebe nicht als eine Protz-Liebe, die auf andere wirken soll, mir Vorteile bringen soll, sondern als Liebe zu meinem Selbst/Sein, als bedingungslose Akzeptanz – ich bin der, der ich bin und das ist gut so! Gerade diese Form der Eigenliebe/Akzeptanz befriedet mich selbst und kann aus mir heraus (Liebe, Friede etc.) auch auf meine Umwelt wirken. Für jede Gesellschaft ist eine Vernachlässigung dieses „Liebe dich selbst" ein immenser Verlust, der in seiner Tragweite nicht hoch genug bewertet werden kann, bzw. zu vielen sozialen etc. Problemen führt!

e. Konsum als Pseudo-Befriedigung.
Ich habe etwas geleistet, ich bin wer, also kann ich mir auch etwas leisten! Tue ich dies um mir und den anderen durch meinen Konsum (oberflächlich) zu zeigen, dass ich jemand bin, dann läuft etwas schief. Solange bis ich nur noch dann glücklich bin, wenn ich konsumiere. Wenn ich nicht konsumiere und dadurch nicht die damit zusammenhängende Selbstbestätigung erhalte, dann bin ich unzufrieden und leide. Ich werden also tendenziell immer mehr konsumieren, damit ich immer weniger unzufrieden bin. Dafür bin ich bereit alles zu opfern/geben. Erst wenn ich mein tun hinterfrage und versuche mich selbst jenseits von Leistung, Konsum und Angabe zu erkennen, bin ich auf dem Weg einer kurzfristigen (von Kick/Kauf zu Kick/Kauf) Pseudo-Befriedigung und damit dem Leid zu entkommen. Siehe auch Z6 Der Konsum-Tsunami.

f. Unnötige Abhängigkeiten.
Stelle ich mir doch einmal folgende Frage: Von was bin ich abhängig, bzw. was brauche ich um glücklich/zufrieden zu sein? Ich brauche z. B. Kleidung, Essen, Freunde! Aber muss ich mich deshalb abhängig von Modetrends machen, um glücklich zu sein?

Bin ich nur zufrieden wenn ich im Nobellokal esse? Bin ich nur glücklich wenn meine Freunde beliebt sind und ich bei meinen Schickeria Freunden mithalten kann? Das alles nur weil ich selbst anerkannt sein will und eine hohe gesellschaftliche Position haben will, um deren Vorteile zu genießen? Wenn ich z. B. solche Fragen mit „Ja" beantworte, dann ist es kein Wunder dass ich „ständig" unzufrieden bin und leide.

g. Sinnlosigkeit des Lebens, innere Zerrissenheit und Resignation.

Das Empfinden eigener innerer Zerrissenheit, Resignation und das empfinden der eigenen Existenz als sinnlos ist wie wenn ich schon Tod bin, aber Schmerz und Leid noch leben. Eigene innere Zerrissenheit, Verletzung, Kränkungen, Leid können nicht einfach aufgelöst, ausgeschaltet und relativiert werden. Leid/Schmerz kann nicht einfach abgeschaltet werden, was auch immer die Gründe dafür seien. Wut, Verachtung, Hass auf sich selbst und die ganze Welt finden Raum. Jemand in dessen Inneren es kein „Licht", keine Hoffnung und Vertrauen mehr gibt und alles der Resignation gewichen ist, der ist buchstäblich am Ende.

Für die Welt (Familie etc.) in die man hinein geboren wurde kann man nichts, man kann nichts für die eigene Biologie (das Aussehen etc.) und Umwelt, man kann nichts dafür der Mensch zu sein, der man ist. Ich bin der, der ich bin und ich kann nichts dafür, es ist nicht mein Verdienst und nicht meine Schuld. Ich bin einfach der der ich bin und das ist gut so!

Versuche deinen eigenen Weg und Sinn etc. ohne Rücksicht auf andere oder deren Erwartungen zu finden und dann zu leben. Das Gestern gibt es nicht mehr, das Heute/Morgen gehört dir. Was kann man tun, wie kann man sich selbst und anderen helfen? Wie kann ich anderen beistehen?

Siehe auch unter B16 Sinn.

h. Nicht loslassen können.

Wenn man sich von Wünschen, Dinge und Menschen etc. nicht trennen kann, also nicht loslassen kann, obwohl man doch offensichtlich sieht dass z. B. der Wunsch nicht erfüllbar ist, ich mit dem Menschen den ich sehr mag nicht (mehr) zusammenleben kann, dann leidet man. Man leidet aber auch generell, wenn man seine eigene Vergangenheit nicht loslassen kann. Ständiges hadern mit vergangenen Dingen/Ereignissen etc., ständige Schuldzuweisungen an andere (Eltern, Partner etc.), das lässt uns leiden!

Ein Weg heraus aus diesem Leid führt über die absolute Akzeptanz dessen der ich bin und zwar ohne wenn und aber. Gemeint ist eine Versöhnung mit mir selbst, mit dem eigenen Sein und mit der Vergangenheit, die so war wie sie war und nicht mehr zu ändern ist! Dadurch gewinne ich Raum und werde frei vom Leidensdruck und kann mich auf das hier und jetzt konzentrieren und dieses leben.

i. Inakzeptanz des Leids als Teil unseres Mensch-Seins.

Unzufriedenheit und Leid sind menschliche Gefühlszustände die ihre Berechtigung haben. Die Tatsache, dass es sie gibt beweist, dass sie gebraucht werden also zu unserem Leben und damit Überleben wichtig sind. Sonst gäbe es Unzufriedenheit und Leid nämlich nicht! Versuchen wir diesen Teil von uns, unseres Seins nicht zu verleugnen, zu verdrängen oder als schlecht zu diffamieren. Verstehen wir Unzufriedenheit/Leid als Teil unseres Seins, gleichwertig/wichtig wie alles andere was uns ausmacht und verabschieden wir uns davon unser Sein in gute und schlechte Dinge zu Bewerten/Trennen. Akzeptieren wir das was da ist, einfach weil es da ist in unserem Sein und weil es deshalb seine Berechtigung hat. Ohne Grund wäre es ja nicht da – um schwere Zeiten zu überstehen/überleben etc. Hier ist also Akzeptanz gefragt, um nicht jede Unzufriedenheit/Leid als Bedrohung zu erkennen, denn diese Diskriminierung und Angst vor dem Leid führt nur zu noch mehr Unzufriedenheit und Leid!

j. Andere belehren, Objektivität/Subjektivität meines „Wissens".

Halte ich mich und mein „Wissen", meine Erkenntnisse für so objektiv und absolut, dass ich andere belehren muss? Die anderen machen ja aus meiner objektiven Sicht heraus ständig Fehler, die korrigiert werden müssen. Stehe ich über den anderen? Will ich „herrschen"? Wenn ich versuche die anderen zu belehren, dann ernte ich selbst dabei nur Unzufriedenheit und Leid, einfach aus dem Grund, weil die anderen sich diese Belehrung nicht gefallen lassen, bzw. es unangebracht und respektlos finden wie kleine Kinder behandelt zu werden. Es könnte z. B. auch sein, dass die anderen ihre Erkenntnisse/Wahrheiten/Wissen für genauso objektiv halten, wie ich das für meine Erkenntnisse etc. in Anspruch nehme!

Das Bedürfnis andere belehren/aufklären zu wollen, basiert meist auf der Überzeugung selbst über objektive Erkenntnisse/Wissen/Wahrheiten zu verfügen, die von den anderen nicht begriffen werden, weil sie z. B. dumm sind oder von den Medien belogen werden etc.! Aus Sichtweise dieser Überzeugung wird dann weiter wie folgt argumentiert: Wenn die anderen sich „dumm" stellen und die „objektive" Wahrheit nicht begreifen/akzeptieren wollen, dann sind sie selbst schuld, wenn sie die Konsequenzen zu tragen haben. Um Leid (in Bezug auf uns selbst und andere) zu vermeiden sollten wir gegenseitige Bevormundungen und Besserwisserei vermeiden!

Anstatt andere Schulmeistern zu wollen und Höchstleistungen und Perfektion von ihnen zu verlangen (damit sie so „perfekt und objektiv" sind wie wir), sollten wir uns lieber gegenseitig in unseren Defiziten/"Schwächen" aushelfen bzw. der „Starke" hilft dem „Schwachen". Wobei jeder auf irgendwelchen Gebieten Schwächen hat, genauso wie jeder auf irgendwelchen Gebieten „Stärken" hat. Wer definiert hier eigentlich was eine Schwäche oder ein Defizit ist, kann es sein, dass ich Schwächen und Defizite meist nur bei anderen sehe/wahrnehme und immer die anderen Schwächen und Defizite haben? Grundsätzlich gilt: Schwächen/Defizite haben nichts mit Schuld oder ähnlichem zu tun! Helfen wir uns also gegenseitig aus und unterstützen wir uns und stehen wir uns bei. Dies aber keinesfalls nach der Methode „du kannst das nicht, lass mich das machen" usw. sondern ganz ohne Überheblichkeit (immer sich auch der eigenen „Schwächen" bewusst sein) und ohne sich aufzudrängen! Nur helfen wenn es sich ganz natürlich ergibt anderen zu helfen, bzw. wenn andere signalisieren, dass Unterstützung gewollt ist. Ein Defizit, eine Schwäche ist kein Grund und keine Rechtfertigung, dies anderen zum Vorwurf zu machen. Ebenso wenig wie es kein Grund und keine Rechtfertigung ist, andere anzugreifen und belehren zu wollen! Ganz im Gegenteil ist ein „Defizit/Schwäche" die Gelegenheit einander bzw. sich gegenseitig beizustehen!

Meine Wahrnehmung (selektiv etc.), Erkenntnisfähigkeit, Erkenntnisse und meine gesamtes Wertesystem/Weltanschauung/Sein sind nicht objektiv/absolut, sondern nur subjektiv und relativ! Dies bedeutet, dass mein gegenüber genauso recht hat wie ich und genauso aus seiner persönlichen Logik heraus, richtig argumentiert und handelt wie ich. Siehe hierzu Abschnitt A. Wenn ich das akzeptieren kann, dann werde ich andere nicht mehr belehren wollen. Ich bringe dann nur noch meine persönliche/subjektive Sicht als Möglichkeit in die Diskussion ein. Dadurch vermeide ich wiederum Unzufriedenheit und Leid! Je mehr ich mein „Wissen" für objektiv halte umso mehr werde ich selbst und die anderen frustriert sein und leiden!

k. Mehreren/fremden „Herren" dienen wollen.

Tja, man will es allen recht machen, so dass alle zufrieden sind, und man selbst geliebt und geachtet wird, man also ein wertvolles Mitglied der Gemeinschaft/Gesellschaft ist. So will man es z. B. den Eltern, dem Chef, den Kollegen, dem Partner/Partnerin, dem Verein, der Partei und sonstigen Gemeinschaften recht machen und vergisst dabei vor lauter akzeptiert werden wollen (und arbeiten an der gesellschaftlichen Stellung und an der eigenen Karriere); wer man selbst ist bzw. was man selbst will.

Die innere Stimme kommt vor lauter Beschäftigung/Lärm nicht zu Wort. Das individuelle Sein kann sich vor lauter Äußerlichkeiten, dem Lärm der Welt gar nicht erst entwickeln. Wer bist du? Du darfst du sein! Je mehr „Herren" du es recht machen willst, um so mehr ist die Sache von vorneherein zum Scheitern verurteilt. Du musst es nur einem recht machen – und zwar dir selbst! Alles andere zehrt dich aus, macht krank, weil du dein Inneres entwickeln solltest, anstatt fremden „Herren" zu dienen, die sich für dich doch nur so lange interessieren, solange du funktionierst und solange sie von dir profitieren können! Vermeide Zusammenbruch, Frustration und einen Bruch mit dir selbst, weil du deine Anforderungen an dich selbst, letztlich NICHT erfüllen kannst, sei authentisch du. Stehe zu dir, denn du kannst es sowieso nicht/nie allen recht machen!

l. Das Müssen.

Ständig nimmt man sich selbst in Pflicht und Verantwortung irgendwelche Dinge (weil vernünftig, weil „alle" es so machen, weil …) zu tun. Man muss diese Dinge tun, fordert diese Dinge unter Verwendung des Begriffes muss, als wichtig/unabweisbar/alternativlos und damit „gnadenlos/rücksichtslos" von sich selbst ein.

Ein Nichterfüllen des müssen´s bedeutet den Absturz und totalen Gesichtsverlust vor sich selbst.

Wenn ich auch bei positiven Dingen wie „mehr Sport machen" die Benutzung des Wortes muss vermeide und eine positive Formulierung wähle, erziele ich eine positive Selbstmotivation und vermeide Absturz und Katzenjammer. Formulierung wie ich muss glücklich sein, oder ich muss mein Leiden beenden, helfen also nicht weiter. Die Grundmotivation für das Müssen ist Angst. Die Angst nicht dazuzugehören, Angst vor Liebesentzug, Angst angreifbar zu werden, Angst ausgegrenzt und angegriffen zu werden, Angst zu versagen, Angst vor Selbstwertverlust und viele anderen Ängste. Wer das Müssen „besiegen" will, kommt also um einen Dialog mit seinen Ängsten nicht herum.

m. Angst.
Siehe unter B11 Angst.

n. Liebe, Hass.
Je nach Art und Weise wie ich ganz persönlich diese Gefühle lebe, können sie für mich oder/und meine Umwelt, Unzufriedenheit und Leid bedeuten. Stelle ich mir also die Fragen: Was ist Liebe, wie verstehe ich sie und wie lebe ich sie? Was hat Liebe für einen Sinn? Hasse ich Dinge/Ideologien etc. und andere Menschen? Warum hasse ich überhaupt, was macht Hass mit mir? Wozu ist Hass gut? Warum kann aus Liebe z. B. Hass werden?

o. Erwartungshaltung.
Wenn ich z. B. von anderen grundsätzlich bzw. primär negatives/destruktives erwarte, ich also das Handeln der anderen zu aller erst als negativ/destruktiv sehe (mögliche Gefahr), dann führt diese meine Erwartungshaltung (Selbstkonditionierung) dazu, dass ich auch entsprechend auf die anderen reagiere bzw. handle. Wodurch die anderen wiederum ihrerseits u.U. negativ z. B. mit Zurückweisung auf mein handeln reagieren. Dies bedeutet, dass ich mit meiner Erwartungshaltung als Ausgangsbasis, anschließend durch meine Handlungen, meine Umwelt in das Verhalten hineinzwinge/nötige, das ich laut meinem Sein, unbewusst haben will! Dies bedeutet: Ich konditioniere/"forme" meine Umwelt durch meine Erwartungshaltung, Wertung und mein Handeln so wie ich sie haben will – ich mache mir also wirklich die Welt (zumindest teilweise) so wie sie mir gefällt und dies gilt selbst dann, wenn ich mit dem Ergebnis bzw. dieser Welt nicht zufrieden bin oder/und ich leide! Will also mein Sein leiden? Wurde mir das in meiner Familie, von meiner Umwelt so vorgelebt?

So weit meinerseits zum Thema „Ursachen für Unzufriedenheit und Leid". Kenne ich die Ursachen oder zumindest einen Teil der Ursachen für Unzufriedenheit und Leid, dann kann ich mir im Folgenden unter anderem folgende Fragen stellen:

Was kann ich also tun um zufriedener zu werden, damit Unzufriedenheit und Leid nicht mein Leben bestimmen? Frage und Hinterfrage ich mich selbst ganz von Anfang an z. B. folgendes: Was macht mir Spaß, woran habe ich Freude, wann bin ich zufrieden, wann geht es mir gut bzw. wann bin ich glücklich? Was ist die Antwort, meine ganz persönliche Antwort auf diese Fragen? Für mich ganz persönlich sind z. B. folgende Dinge in meinem Leben wichtig; Freude, Vertrauen und Achtsamkeit und der Wille diese Dinge einen größeren Anteil an meinem Leben haben zu lassen. Darauf achte ich bewusst. Nicht mich auf das konzentrieren und es damit ständig aufzuwerten (dadurch, dass ich mehr Zeit dafür verwende steigt es auch der Wichtigkeit/Wertigkeit für mich), was mir nicht gefällt bzw. mich traurig, wütend und unglücklich macht. Wenn das Unglücklich-Sein an meinem Leben mehr Anteil hat, als das Glücklichsein dann bin ich so sehr unzufrieden dass ich leide. Und dann bin ich (in der Wirkung) destruktiv/selbstzerstörend gegen mich selbst, weil ich, je mehr ich unglücklich bin, ich mich selbst noch mehr unter Druck/Zwang setze, doch endlich glücklich zu sein bzw. sein zu müssen!

Dadurch leide ich auch unter ständigem Selbstzweifel und Selbst-Respektlosigkeit/Selbst-Verachtung. Dies alles führt wiederum dazu, dass ich noch mehr unglücklich bin und noch mehr Leide etc. - und so weiter.

Anderen für mein Leid/Unglücklich-Sein (in kleinen wie in großen Dingen) die Schuld/Verantwortung (sozusagen in Notwehr meines Seins) zu geben, bringt nur scheinbar eine Erleichterung für das eigene Sein. Letztlich verstärken diese Schuldzuweisungen aber nur mein Leid, weil man selbst aus dem Grübeln nicht mehr herauskommt (man sieht überall nur noch Feinde) und die Reaktionen der Umwelt auch nicht gerade positiv sind. Damit sind wir wiedereinmal bei der Frage „wer bin ich und warum bin ich wie ich bin?" Diese Frage/Fragen habe ich versucht in Abschnitt A dieser Abhandlung zu beantworten. Als Schlussfolgerung sei gesagt: Konzentriere ich mich lieber auf das, was mir in meinem Leben Freude/Glück (hier sind gerade auch die kleinen und kleinsten Dinge gemeint) bereitet und lasse alles andere Ziehen. Damit kann ich unter Umständen meine ganz individuelle Mitte und meinen eigenen Weg finden. Finde ich also mich selbst und erkenne/respektiere/achte/liebe ich mich selbst in „guten" wie in „schlechten" Tagen. Ich weiß auch, dass so etwas leichter gesagt ist als getan und Änderungen brauchen lange Zeit. Selbst sich auf den Weg zu machen, einen ersten Schritt zu tun, ist eigentlich unmöglich. Aber es besteht Hoffnung indem ich versuche neue Wege zu gehen, neue Leute kennenzulernen mir ein neues Hobby zulegen etc.! Gestern gibt es nicht mehr, es lässt sich nicht ändern. Ich bin auf meinem eigenen Weg und meiner individuellen Suche. Stehe ich zu mir selbst wie ich bin, mit all meinen Unzulänglichkeiten, denn letztlich zeichnen auch sie mich aus und sind gleichberechtigter/wichtiger Teil meines persönlichen Seins bzw. meiner Persönlichkeit.

Wesentliche Frage ist also nicht, was macht mich unglücklich und wie bekämpfe/vermeide ich dieses in Zukunft, sondern was macht mich froh/glücklich und wie genieße ich es im hier und jetzt des Augenblicks. Dies gilt gerade zuallererst für die kleinen Dinge bzw. Glücksmomente in meinem Leben.

Hier angekommen stellen sich u.U. noch folgende Fragen:
Wie vermeide ich, dass Unzufriedenheit und Leid mein Leben zu stark beeinträchtigen oder gar bestimmen? Was kann ich tun um mehr Unabhängigkeit von Unzufriedenheit und Leid zu gewinnen? Antwort: Ich hole mir mein Leben zurück!

Versuche deine eigene individuelle/innere Mitte zu finden, den Ruhepol oder das Auge des Sturms (in dem es windstill ist). Das geht über die bedingungslose Akzeptanz deiner selbst, ohne wenn und aber. So wie du jetzt gerade bist, nicht so wie du sein willst etc.! Lerne dich selbst zu lieben so wie du bist, akzeptiere dich selbst, „vergebe" dir selbst den anderen und den Umständen, denn ohne deine „Fehler" wärst du nicht du. Du bist so wie du bist OK und liebenswert. Anregung: Schreibe doch mal einen Liebesbrief an dich selbst! Ein Liebesbrief in dem es nicht um Überheblichkeit, Eigenlob im Vergleich zu anderen und Selbstüberhöhung geht, sondern in dem es um Respekt, Akzeptanz und um zu sich selbst stehen geht!

Fazit: Unzufriedenheit und Leid hat viele Ursachen. Mein Wille/Wollen an sich hat damit aber nichts zu tun, Ursache von Unzufriedenheit und Leid ist vielmehr das was ich will. Ich kann Unzufriedenheit und Leid nur dadurch herabsetzen/vermeiden indem ich zuallererst, die Wirkung dessen was ich will auf mich erkenne! Wenn es sich dabei um Dinge etc. handelt die Unzufriedenheit und Leid förderlich, kann ich versuchen entsprechend zu wollen/handeln und versuchen diese Dinge etc. vermeiden. Bei diesem Prozess werde ich mehr und mehr über mich selbst erfahren und darüber was ich wirklich will. Es gilt also: Minimierung von Unzufriedenheit und Leid, durch Suche und Erreichen der eigenen Mitte. Im Einklang mit sich selbst sein = Wissen wer man ist und was man wirklich will, wollen zu können ohne unzufrieden zu sein, leiden zu können ohne daran zu leiden/verzweifeln, wollen zu können ohne leiden zu müssen. Anregung: Schreibe doch mal einen Liebesbrief an dich selbst! Einfach spaßeshalber mal ausprobieren!

B16. Sinn.

Man will dem eigenen Leben ein Ziel, einen Sinn geben. Warum lebt man? Warum lebe speziell ich überhaupt? Womit kann ich meiner Existenz einen Sinn geben? Die Frage nach einem Sinn des Lebens ist eine der ältesten Fragen der Menschheit. Jeder Mensch versucht diese Frage für sich zu beantworten, trotz der Zerbrechlichkeit und scheinbaren „Unvollkommenheit" (den ich bin vollkommen) des eigenen Lebens und trotz der um uns herum tobenden Welt, die uns vieles als geradezu sinnlos erscheinen lässt. Sinnvoll handeln/leben zu wollen, was davon liegt sozusagen in unserer Natur und was hat unsere Umwelt entsprechend in uns geprägt?

Aber muss ein Sinn wirklich sein? Oder ist er uns nur wichtig, weil alle anderen es für wichtig halten und es deshalb wichtig sein muss und wir dieses Denken einfach erlernt/übernommen haben? Alles muss einen Sinn haben, ein Ziel haben, erfolgsorientiert sein und sich lohnen etc.?

Gehen wir also einmal davon aus, dass es wichtig ist dem eigenen Leben einen Sinn zu geben. Ohne Sinn kann uns ein Gefühl der Verlorenheit übermannen. Was kann aber ein Sinn sein, der meine ganz individuelle Frage nach dem Sinn des Lebens beantwortet? Dennoch, eine krampfhafte Suche nach Sinn ist nicht sinnvoll. Dann doch lieber keinen Sinn, kein Ziel oder einfach der Weg ist das Ziel bzw. der Sinn.

Das Bedürfnisse (für uns als soziale Wesen) nach Zugehörigkeit, Gemeinschaft, Integration, Verbundenheit und Anerkennung etc. sind wesentlich für unser Empfinden von Sinn/Sinnhaftigkeit. Wenn ich z. B. zu einer (möglichst großen) Gemeinschaft/Gruppe gehöre, mit der ich mich identifiziere (gemeinsames Streben nach gemeinsamen Zielen), stärkt dies (die Gruppe/Gruppenzugehörigkeit) zusätzlich einen ggf. gefundenen Sinn bzw. macht dadurch diesen erst zu etwas das für mich als Sinn attraktiv bzw. wählbar wird. Als Sinn attraktiv, weil dieser Sinn schon viele Anhänger hat – denn ich will ja zu einer Gemeinschaft gehören bzw. einfach nur dazugehören „egal" um was es geht.

Sinn, Selbstverwirklichung, Erfolg und Zufriedenheit – Zusammenhänge.

Das was in meinem Leben Sinn macht, seht in direkter Verbindung und Wechselwirkung mit meiner Selbstverwirklichung, dem was ich als Erfolg empfinde und mit meiner Zufriedenheit. Selbstverwirklichung, ist die Verwirklichung bzw. das Ausleben von dem, was mein Sein als sinnvoll empfindet. Selbstverwirklichung ist also die Verwirklichung des eigenen Seins. Kann ich mein Sein, meinen Sinn, mein Wertesystem und Weltbild, in meiner Umwelt verwirklichen, dann empfinde ich mich als erfolgreich. Siehe hierzu auch unter A3e Erfolg!

Das tiefe empfinden sich selbst verwirklichen zu können, also erfolgreich zu sein, bewirkt wiederum ein empfinden von Zufriedenheit, Ausgeglichenheit und Selbstbewusstsein! Dabei kommt es nicht darauf an, was ich als Sinn bzw. sinnvoll in meinem Leben betrachte. Es kommt „nur" darauf an, wie sehr ich mich damit selbst verwirklichen bzw. durchsetzen kann. Klappt die Selbstverwirklichung nur sehr eingeschränkt oder überhaupt nicht, dann bedeutet dies, dass ich keinen Erfolg habe, bzw. ich mich selbst als „Verlierer" empfinde und es kommt letztlich auch nicht zu Zufriedenheit etc.! Statt zu Zufriedenheit etc. kommt es zu Unzufriedenheit, Frustration, Fanatismus, Stagnation, Resignation etc., die meine Lebensqualität wiederum erheblich beeinträchtigen! Dies wiederum behindert/hemmt mich dabei, erfolgreich sein zu können!

Deshalb ist das, was für mich ganz persönlich Sinn macht (mein Wertesystem, Weltbild etc.) mit entscheidend, bzw. die Basis für Zufriedenheit, Erfolg etc. in meinem Leben! Dabei ist das was für jemanden Sinn macht sehr individuell/subjektiv, also je nach Individuum sehr verschieden. Gleichzeitig wollen aber alle Menschen sich selbst verwirklichen, Erfolg haben und zufrieden sein! Ist mein Sinn (Wertesystem, Weltbild etc.) in meinem Sein erst einmal festgelegt und verankert, dann ist es sehr schwierig diese Sinnhaftigkeit meines Seins zu ändern, selbst wenn ich dies will, weil ich damit keinen Erfolg habe und ich unzufrieden bin! Entscheidend bei der Sinnfrage ist das, was meine Umwelt mir vorgelebt hat, mir vorlebt und was ich erlernt habe. Denn der Sinn „entscheidet" über meine Zufriedenheit, Selbstverwirklichung, Erfolg etc. und umgekehrt!

Viele Antworten und Angebote zum Thema Sinn.
Eine Suche nach Sinn ist eine Suche nach Antworten. Oft wird die Frage nach dem Sinn noch verkompliziert, weil manchmal auch noch nach einem tieferen/höheren Sinn gefragt wird. Die Welt ist voll mit vielen und den verschiedensten Antworten auf unsere Fragen. Es gibt für eine bestimmte Frage sogar viele verschiedene Antworten. Es gibt ein riesiges Angebot an Sinn machendem, alle wollen dir ihren Sinn „verkaufen". Viele Fragen sind aber auch noch ohne Antwort. Machen diese Antworten auf meine Fragen aber ihrerseits Sinn (sind sie sinnvoll), oder beruhen sie auf Spekulation und Fehlinterpretation? Grundsätzlich gilt: Es dürfen Fragen offen bleiben, es muss nicht reflexhaft die erstbeste Antwort als gegeben/korrekt akzeptiert werden. Dies gilt besonders für Dinge die wir nicht wissen können bzw. für Dinge die außerhalb unserer Erkenntnisfähigkeit liegen. Man darf Spekulieren (gerne mit viel Fantasie) aber nicht in den Irrtum verfallen dies für Wissen zu halten. Besser keine Antwort als eine Antwort die ihrerseits wiederum einen eigenen Kosmos an Spekulationen/Fantasien erschafft, der mit Wissen nichts zu tun hat. Dies führt nur zu noch mehr Verwirrung, dabei ist noch nicht einmal die ursprüngliche, erste Frage (Ausgangsfrage) wissenschaftlich/"abschließend" geklärt.

Die Erklärung des Unerklärlichen:
Der Mensch ist ständig auf der Suche nach Antworten/Erklärungen und damit Lösungen, unter anderem um aus der Unsicherheit heraus, eine Klarheit also einen gangbaren Weg zu finden. Dabei scheint er auch/selbst die Dinge, die am unerklärlichsten sind (z. B. was ist nach dem Sterben, metaphysische Dinge) und worauf er keinen Zugriff/Wahrnehmung (z. B. durch unsere Sinne) hat, nicht nur erklären zu wollen, sondern geradezu erklären zu müssen.

Dinge erklären, nach dem Grundsatz, egal wie oder was die Erklärung auch immer ist (hier ganz wertneutral, ohne Wertung gemeint), Hauptsache ich habe eine Erklärung. Das ist besser als ständige Unsicherheit oder sogar Angst. Sie gibt mir eine Erklärung des Unerklärlichen u. U. Sicherheit und Trost, wodurch ich Orientierungslosigkeit und ggf. Angst überwinde bzw. überwinden kann.

Um als Orientierung dienen zu können wird das eigene Handeln und Sein mit dieser Erklärung des Unerklärlichen verknüpft/verbunden, bzw. mit meinen/menschlichen Denkmustern/Werten verbunden. So, dass es für uns eine „natürliche/logische" Einheit bildet oder zumindest unter bestimmten Blickwinkeln als solche erscheint! So wird dieses menschliche Bedürfnis (die Suche nach Antworten/Erklärungen) befriedigt und der Mensch kann sich wieder den Alltagsgeschäften zuwenden. Da die Erklärung des Unerklärlichen eben das Unerklärliche erklärt, kann diese Erklärung auch nicht widerlegt werden, weil man dazu/dann ja ebenfalls zugriff auf Bereiche des unerklärlichen haben müsste. Genau wie die Erklärung, ist die Widerlegung dieser Erklärung nicht zu beweisen, unter wissenschaftlichen Gesichtspunkten. Die Erklärung wird weitergegeben von Generation zu Generation und dadurch von Menschen, ähnlich wie ein sozialer Verhaltenskodex erlernt/verinnerlicht, also als wichtiger Teil des eigenen Seins empfunden. Dieses erlernen/verinnerlichen/integrieren bewirkt, dass die Erklärung schließlich als objektives Wissen gilt bzw. wahrgenommen wird. Dass dieser eben beschriebene Ablauf so funktioniert, bzw. funktionieren kann, liegt an unseren Art-spezifischen Wesensmerkmalen über die wir als Mensch verfügen und die sich im Rahmen der Evolution bei uns herausgebildet haben - weil es einen evolutionären Vorteil darstellt! Siehe hierzu auch Grundlagen z. B. in Kapitel A1 Erkenntnisfähigkeit.

Das Bedürfnis nach einem höheren Sinn (als Leitbild/Orientierung) des eigenen Seins.
Dem menschlichen Sein (ganzheitliche Sicht) eigen, ist/scheint das Bedürfnis nach einem ihn selbst übersteigendem höheren (das er an Wichtigkeit/Wertigkeit über sich selbst stellt), nach etwas an dem er sich orientieren kann – das er als Sinn bezeichnet bzw. als Sinn Verwendung findet. Ein Etwas das „außerhalb" seines eigenen Seins liegt (obwohl doch gerade Dinge wie Sinn und Spiritualität innerhalb des menschlichen Seins definiert/lokalisiert sind), etwas wie Sterne an denen sich die Seefahrer orientieren!

Etwas was das eigene Sein/Selbst übersteigt, etwas höheres/wichtigeres kann z. B. eine hohe Autorität sein, ein Leitbild in Form von Personen (z. B. König, Kanzler, Rockstar), oder Verbindungen von Personen und ideellen Leitbildern (z. B. Partei, Ideologie), oder auch etwas das sich im metaphysischen Bereich (z. B. Spiritualität, Glaube) befindet. Hierbei sind Mischformen möglich, sodass man sich z. B. auf politischem Gebiet an einer Partei orientiert, als persönliches Vorbild das angestrebt wird, eine historische Person ausgewählt hat, usw. Die Suche nach Sinn ist auch immer eine Suche nach Autorität, Ziel, Orientierung, Aufgabe, Identität/Identifikation, Führung etc., alles fest verbunden/basierend auf das Bedürfnis nach Erfolg/Zuhause und die dementsprechende Suche nach Zugehörigkeit. Alles gleichzeitig und immer mit individuell verschiedenen Schwerpunkten/Gewichtungen, bzw. jeder Lebt diese Punkte auf individuelle Art und Weise. Der Sinn, also wie ein Stern über uns, oder ein „Licht" ganz tief in uns in der Mitte unseres Seins, jedenfalls wichtiger/höher als wir selbst bzw. als wir uns selbst sind. Dadurch wird der sog. Sinn zu etwas wie eine äußere Form, die wir anstreben bzw. ausfüllen wollen. Eine Form die uns halt gibt, wie ein Glas einer Flüssigkeit halt gibt. Die Suche nach Sinn ist also auch eine streben/suchen nach Form! Diese Form hat aber auch an sich, durch ihre Definition/Begrenztheit Nachteile, eine Entfaltung außerhalb der Form erscheint/wird problematisch.

Eine Sinnsuche kann man sowohl in Richtung, eines das eigene Selbst übersteigenden höheren Etwas (das im Außen liegt), als auch in Richtung des eigenen/persönlichen tieferen/inneren Etwas/Wertigkeit betreiben. Gehen wir also auf Entdeckungsreise in unser tieferes, inneres Sein, lassen wir uns fallen und fallen wir zurück auf uns selbst.

Orientierung quasi vor Ort finden, im eigenen innersten Sein, anstatt in etwas außerhalb des eigenen Seins das scheinbar größer und deshalb wichtiger ist. Auch das innerste Sein kann ich als groß und genauso wichtig sehen (wie z. B. einen Stern) und mich darauf als Orientierung/Sinn ausrichten. Ganz egal ob ich dieses innere Sein, diesen „Stern" je erreichen oder verstehen werde, so kann er mir doch Orientierung geben.

Dadurch gebe ich mir selbst (mit meinem eigenen Selbst/Sein) Halt und Sicherheit in meinem innersten Sein. Mein Fixstern (wie die Seefahrer zu früheren Zeiten, die sich zu Orientierung nach den Sternen richteten) ist also mein eigenes Sein, die Wirklichkeit (nach meiner Wahrnehmung) meines Seins – meine pure Existenz. So/Hier kann ich 100% ich sein, hier muss ich nirgendwo reinpassen oder mich anpassen/unterordnen etc.. Hier wo ich sein darf so wie ich bin, ohne wenn und aber, das ist mein Zuhause, mein Halt, Respekt vor mir selbst und mein unerschütterliches Vertrauen in mich und das Leben an sich. Hier kann ich tun was ich will, einfach weil ich es so will und muss mich nicht für mein Sein rechtfertigen oder für das was ich will. Hier bin ich ohne Verdienst oder/und Schuld. Hier in meinem innersten Sein, darf ich sein wie ich bin, darf ich auf der Suche nach mir selbst sein - darf ich „unfertig" und auf dem Weg sein. Hier bin ich frei, den hier stehe ich zu mir, als mein wichtigster Freund. Frei alles zu denken und zu wagen. So ist mein Innerstes mein Äußerstes (weil mein Inneres durch meine Taten (Tun oder Nicht-tun) in meine Umwelt/Umgebung wirkt), also ist mein kleinstes mein Größtes – so bin ich eins, ganz und heil! Mein innerstes Sein, das ist mein Land und meine Welt, ungeschminkt und offensichtlich, mal Freude mal Leid, aber immer mein und immer mein bedingungsloses Zuhause. Der Ort an dem ich willkommen bin und so wie ich bin angenommen bin, vom ersten Tag meiner Existenz. In meinem innersten Sein bin ich der König, hier herrsche ich an allen Tagen, uneingeschränkt. Hier darf nur rein was mir gefällt. Oder ganz einfach gesagt, hier mache ich mir die Welt wie sie mir gefällt! Denn letztendlich muss diese meine Welt (mein privater Ort) nur mir gefallen und das ist so OK. Achtung Missverständnis: Das eben gesagte hat nicht im entferntesten mit selbstgerechter Arroganz und Ignoranz zu tun (weder im Inneren noch Äußeren), sondern ganz im Gegenteil mit Respekt/Achtung und offener Wahrnehmung/Toleranz/Sensibilität/Achtsamkeit ja mit Zärtlichkeit, zuallererst sich selbst gegenüber. Nur wenn ich dies in und an mir selbst praktiziere und erfahre, dann lebe ich es und werde es auch so im Äußeren durch mein Handeln, leben/bewirken können. So ist Innen und Außen eins, das nennt sich authentisch sein und authentisch handeln.

Es gibt endlose Möglichkeiten und Angebote, die sich dem Thema Sinn widmen. Letztlich muss und darf und sollte jeder auf ganz individuelle/persönliche Art und Weise mit diesem Thema umgehen. Dies ist eine große Chance und dadurch beantwortet jeder die Frage/Suche nach Sinn auf individuelle/persönliche Weise, ebenso werden Sinn und Sinnhaftigkeit in ihrer Wertigkeit sehr persönlich bewertet und belegt. Zweifel am persönliche Sinn (bzw. am persönlichen Sein) etc., wird insbesondere dann, wenn Zweifel etc. von außen kommen, automatisch/reflexhaft als Angriff auf die eigene Person, als persönlicher/unsachlicher Angriff gewertet! Dies führt zu den entsprechenden Abwehr-Reaktionen. Eigene Zweifel (Selbstzweifel) am persönlichen Sinn, führen dementsprechend zu tiefen Konflikten in unserem Sein bzw. unseres Seins. Wir werden orientierungslos und verlieren unsere Form. Solange, bis wir z. B. einen neuen Sinn (oder eben „keinen" Sinn mehr) gefunden haben. Dogmatismus/Fanatismus (Handeln/Verhalten gegenüber meiner Umwelt) wirkt destruktiv, sowohl für mich als auch für andere. Ein persönlicher Sinn (in meinem Sein) sollte demnach nicht mit Dogmatismus/Fanatismus nach außen vertreten werden!

Sehr wichtig im Zusammenhang mit Sinn, ist die Wirkung, also Untersuchung der Wirkung eines Sinns, auf mich und meine Umwelt! In einer Bewertung der Wirkung von Sinn kann neben wichtigen Punkten, die unsere innersten Bedürfnisse als Mensch befriedigen, auch destruktives, sich selbst und andere zerstörendes (wie z. B. Fundamentalismus) auftreten.

Die Sinnfrage und damit der Wunsch nach sinnvollem Handeln (auch in Alltagsdingen z. B. Bio-Lebensmittel kaufen, wenig wegwerfen, wegen Umweltschutz (als höheren Sinn/Ziel) etc.) ist ein wichtiger Bestandteil eines sozialen in Gruppen lebenden Lebewesens, wie es der Mensch ist.

Leben mit allen Sinnen.
Also lieber ein Leben mit allen Sinnen (Achtsamkeit), als zu sehr auf einen Sinn fixiert zu sein. Denn dies kann zu Scheuklappen führen, welche die Sicht auf alles andere einschränken. „Fällt" z. B. wegen einer Lebenskrise dieser eine Sinn weg (bzw. entstehen Zweifel und Unsicherheit), dann kann dies sehr destruktive Folgen für mich haben. Je mehr verschiedene Sinnhaftigkeiten man lebt um so standfester ist die eigene Existenz.

Auch ein Leben nach Prinzipien der Ethik zu führen ist eine weitere Möglichkeit bzw. kann Sinn machen. Sinn bleibt Sinn, jeder bestimmt dabei individuell die Wertigkeit bzw. den Stellenwert dessen was für ihn Sinn macht.

Grundsätzlich kann/sollte doch jeder selbst wählen/entscheiden, ob er einen sog. Sinn überhaupt braucht und wenn ja welchen Sinn, oder welche Sinne ganz den eigenen Bedürfnissen entsprechen. Das kann sich im Laufe eines Lebens auch ändern und ein Sinn ist grundsätzlich so gut wie jeder andere (was es auch sei). Keine Rechtfergung erforderlich. Na – das macht doch Sinn!?

Fazit: Sinn oder kein Sinn egal, Hauptsache offen bleiben und mit allen Sinnen leben. Egal ob sinnvoll im Alltag (bei Kleinigkeiten) handeln oder einem „tieferen"/„höheren" Sinn folgen oder weitgehend frei von Zwängen/Dogmen leben, das bleibt jedem selbst überlassen.

Grundsätzlich ist es aus der Sicht unseres Seins, sowieso nicht möglich sinnlos bzw. ohne Sinn zu handeln, weil all unser Wollen nicht grundlos ist, sondern einen Grund hat (manchmal im verborgenen/unbewussten) und damit/dadurch einen Sinn - denn der Grund ist der Sinn!

Bei der Wahl eigener Ziele/Sinnhaftigkeiten immer auf deren Wirkung auf mich und meine Umwelt achten, es kommt immer darauf an wie ich ganz persönlich meinen Sinn lebe, bzw. was ich subjektiv unter einem sinnvollen Leben verstehe! Dabei ist zu beachten, dass das was in meinem Leben Sinn macht, in direkter Verbindung und Wechselwirkung mit meiner Selbstverwirklichung, dem was ich als Erfolg empfinde und mit meiner Zufriedenheit, steht.

B17. Weltbürgerschaft.

Noch ein paar Gedanken und Worte zu Themen wie Heimat, Volk etc.! Die Erde ist unser aller Heimat! Wir sind alle ein Volk, das Volk der Erde! Wir sind eine Nation, die Nation Erde! Wir sind ein Blut, das Blut der Erde, das Blut von allem was lebt!

Heimat:
Meine Heimat ist die Erde, ich bin ein Teil davon!

Volk:
Mein Volk sind alle Menschen, alles was lebt, ich bin ein Teil davon!

Blut:
Wir alle sind von einem Blut, alles was lebt ist ein Blut, ich bin ein Teil davon!

Stolz:
Ich bin stolz darauf ein Teil der Erde sein zu dürfen!

Verantwortung:
Meine Verantwortung gilt gegenüber allem lebenden, ja gegenüber dem gesamten Planeten Erde, den ich bin ein Teil davon!

Wir sind alle Menschen, überall auf der Welt und wir sind alle gleich. Wir alle sind Weltbürger, bzw. wir alle sind Bürger der Welt! Es gibt keine Länder und Nationen, das ist nur eine ständig wandelnde Illusion. Der Mensch steht an erster Stelle, weit vor Nationalismus, Politik und weitere Ideologien. Menschen zu lieben die gleicher Anschauung wie man selbst sind, oder/und so zusagen zur Familie gehören ist einfach. Anderen Menschen vorbehaltlos zu begegnen, egal wo sie herkommen und jemanden zu respektieren oder gar zu lieben, der anderer Meinung ist, oder sogar ein Feind, das ist eine Herausforderung und die Prüfung/Bewährungsprobe schöngeistiger Sonntagsreden über Ethik und Menschenrechte – das ist die Einforderung theoretischer Werte, die solange sie nur Theorie sind nichts kosten, in die Praxis des Alltags! Das ist die ethische Verantwortung im Alltag!

Hass, Verachtung und Unterdrückung andersdenkender etc., ist kein Zeichen von Stärke, sondern ein Zeichen von individueller/subjektiver Angst, „Schwäche" und Orientierungslosigkeit (es fehlt Vertrauen, Geborgenheit etc. in sich selbst und die anderen), die ihresgleichen sucht, um sich in der Menge sicher, stark, und geborgen zu fühlen! Individuelle „Schwäche", die auf unspezifischen/fiktiven Ängsten, Misstrauen, Neid etc. basiert und nur in der Bestätigung durch andere, bzw. eine Gruppe gleichgesinnter eine Begründung/Rechtfertigung findet. Das gemeinschaftliche zelebrieren von Feindbildern/Ängsten/Verbundenheit etc. führt nicht zu deren Verringerung, sondern zur weiteren Steigerung dieser Ängste/Feindbilder etc. Siehe auch unter B11 Angst.

Wenn eines Tages, sogenannte Aliens bzw. fremde außerirdische Lebensformen entdeckt werden, oder diese uns entdecken, dann bitte den Begriff Erde/Welt auf Universum erweitern! Danke!

Fazit: Wir sind alle eins, auf der Erde und im Universum/Kosmos, wir sind ein Organismus eine Welt also auch ein Volk (alle Menschen) und eine Heimat (die gesamte Erde) etc.! Wir alle sind Weltbürger!

B18. Woher – Wohin.

Wo kommen wir her (was ist die Ur-Ursache dass es uns gibt, bzw. was war vor dem Urknall etc.)? Was ist nachdem wir gestorben sind? Als Menschen haben wir keinen Zugriff bzw. keine Wahrnehmung, Erfahrungsmöglichkeit und Erkenntnisfähigkeit um diese Fragen (und viele weitere Fragen in diesem Zusammenhang) beantworten zu können. Dennoch wollen wir, bzw. ist es ein menschliches Bedürfnis, eben diese nicht beantwortbaren Fragen zu beantworten. Wir sind also auf Gedankenspiele, Gedankenmodelle, Thesen, Spekulationen (die uns in irgendeiner Form als logisch erscheinen) und Ableitungen/Weiterentwicklung angewiesen. Basis hierzu ist unser aktuelles Wertesystem/Weltbild bzw. unser Sein. Wesentlichen Einfluss auf die Beantwortung dieser Fragen hat dabei meine Umwelt – was mir von anderen/Lehrern etc. vermittelt/vorgelebt wurde/wird.

Wie in den Grundlagen (gesamtes Kapitel A) zu beweisen war, sind wir alle gleich, haben wir alle den gleichen Ursprung und sind alle Teil eines Organismus etc.. Wir sind alle egoistisch und opportunistisch. Das Streben nach Erfolg treibt uns an. Den freien Willen gibt es nicht. Wir haben die absolute Freiheit, das zu tun was wir wollen! Gut und Böse gibt es nicht - nur als subjektive Wertung aber nicht objektiv! Alles ist subjektiv und nichts ist objektiv. Wir leben und Sterben und folgen dabei alle (jeder auf seinem individuellen Weg) den gleichen Strömen (wie Fische in einem Fluss) wie alles was lebt/ist. Wir kommen aus einem Ursprung und wir erreichen alle das gleiche Ziel (früher oder später). Der Weg ist das Ziel. Auf dem Weg sein, möglichst mit allen Sinnen und dies unvoreingenommen und unbefangen, soweit möglich. Aus den Grundlagen ist ersichtlich wer wir sind, bzw. was der Mensch ist.

In der Umsetzung (gesamtes Kapitel B und folgende) haben wir uns und werden wir uns, mit dem machbaren beschäftigen und der Praxis zuwenden. Vertrauen und handeln auf Basis der Ethik als Alltagspraxis für das tägliche Leben, gerade eben nicht nur in der Gemeinschaft mit gleichgesinnten sondern gerade da wo es schwierig wird – wo uns andere angreifen und aus der Ruhe bringen. Dies als Grundlage für unser Handeln zu Lebzeiten also für die Zeit in der wir auf dem Weg sind.

Ich mache mir meine spirituelle Welt so wie sie mir gefällt – so wie es für mich passt.
Hier noch ein paar Thesen/Gedanken zu spirituellen Themen. Da unsere Erkenntnisfähigkeit grundsätzlich durch unsere Sinne/Wahrnehmung und geistigen Fähigkeiten (Vernunft//Verstand) sehr eingeschränkt und im weiteren, auch noch individuell sehr selektiv/spezifisch/subjektiv ist, können wir grundsätzlich in Bezug auf spirituelle Fragen nur vermuten. Demzufolge kann ich mir ganz persönlich auch die Vermutung bzw. Antwort aussuchen/konstruieren, die mir am besten gefällt, die am besten zu mir passt, bzw. die mir Trost gibt. Der folgende Abschnitt ist auf Basis dieser Logik entstanden.

Eine einfache spirituelle Frage. Gibt es die Seele – und wenn ja wo ist sie und wie sieht sie aus? Der Wunsch, dass wir oder ein Teil von uns in irgendeiner Form den Tod unseres Seins überlebt ist groß, und eng an die Angst vor dem Tod gekoppelt. Aber es findet sich meist etwas das, wenn auch nicht wissenschaftlich greifbar, in unserer Vorstellungswelt existieren kann und uns Trost geben kann. Jede Suche nach Antworten in solcherlei Bereichen ist auch stets eine Suche nach Trost und weg von imaginären Ängsten (der Angst vor dem Unbekannten). Gehen wir dabei aber nicht zu weit, versuchen wir nicht unerklärliches durch wildes Mutmaßen greifbarer zu machen, indem Mutmaßungen auf weitere Mutmaßungen aufbauen und so weiter und so weiter. Dieses hat nämlich genau die entgegengesetzte Wirkung, man entfernt sich mehr und mehr vom eigentlichen Thema und man wiegt sich in einer Pseudo-Sicherheit. Es darf/muss auch Fragen geben die offen bleiben, und das ist gut so. Der Rest ist wie bei vielen Dingen einfach Vertrauen. Wo Fragen offen bleiben diese mit Vertrauen „beantworten". Angst/Ängste durch Vertrauen reduzieren/"ersetzen"! Siehe auch unter B8 Vertrauen.

Hier aber trotzdem meine bevorzugte Vorstellung von einer Seele (für den Fall dass es jemanden interessiert). Ich sehe mich selbst als Agnostiker (Unwissender) und Atheist (Ungläubiger).

Ich ganz persönlich gehe von folgender Basis aus: Nicht der Körper hat eine Seele, sondern die Seele hat einen Körper. Konsequent zu Ende gedacht heiß dies. Mein Sein (Ich-Bewusstsein, Gefühle, Vernunft, Körper etc.) ist nicht meine Seele! Meine Seele benutzt mein gesamtes Sein, als/wie ein Werkzeug. Die Seele ist nicht Bestandteil meines Seins, sondern etwas externes, das mein Sein benutzt. Mein Sein ist nicht Bestandteil meiner Seele, genauso wenig, wie irgendein Werkzeug Bestandteil meines Seins ist. Alles was lebt hat eine Seele (nicht nur der Mensch!). Durch den Tod erlischt das individuelle/persönliche Sein. Was eine Seele nun aber genau ist kann ich genauso wenig wissen, wie ob es überhaupt eine Seele gibt! Ich weiß nichts, ich vermute lediglich in eine Richtung die mir bzw. meinem Sein gefällt! Eine weitere Aufstellen wilder Vermutungen auf Basis von Unwissenheit hilft hier nicht weiter. Mache ich dies trotzdem, muss ich mir stets bewusst sein, dass die Basis auf die ich aufbaue nur bloße Vermutung, Wunschvorstellung und Spekulation ist!

Der Tod ist wie eine Tür die von allem was lebt durchschritten wird. Was nach dem Tod/Sterben kommt ist für uns alle gleich. Dabei gibt es keine Ausnahme, keine Bevorzugung oder Benachteiligung, niemand wird zurückgelassen, niemand geht verloren, niemand wird vergessen, kein Lohn oder/und Strafe, keine Erhöhung oder Erniedrigung für irgendjemand! Was auf den Tod folgt ist für alle gleich und mit unseren Maßstäben bzw. den Grenzen unserer Erkenntnisfähigkeit, zu Lebzeiten nicht zu erkennen!

Der Tod beendet mein aktuelles, individuelles Sein. Der Tod beendet meine komplette, gesamte Existenz. Der Tod beendet das, was Leben genannt wird. Bleibt etwas von meinem Sein? Was bleibt nach dem Tod von meinem Sein? Vielleicht so etwas wie eine Erinnerung – etwas an das sich die Seele erinnert? Meine Seele „erwacht" nach dem Tod (bzw. durch den Tod) aus dem Tagtraum des Lebens, das ist das nächste „Level" (etwas neues/anderes/fremdes, eine „Weiterentwicklung"), das ist Nirwana bzw. der Zustand des Erwachten (etwa so wie das Neugeborene aus dem Mutterleib in eine neue unerklärliche Welt gelangt)!? Den Zustand eines Erwachten zu Lebzeiten zu erreichen, ist meiner Meinung nach aus vielerlei Gründen nicht möglich – weil dies in etwa so wäre, wie wenn ich gleichzeitig eine Wolke und ein Tier bin – siehe auch unter A2 Wir sind alle gleich! Auch die Grenzen meiner Erkenntnisfähigkeit (siehe auch unter A1 Erkenntnisfähigkeit) widersprechen der Möglichkeit eines Erwachens zu Lebzeiten!

So, das muss reichen, denn es gilt: Je mehr ich versuche die Seele zu erklären/beschreiben, um so mehr werde und muss ich mich geradezu, weiter und weiter (Aufgrund meiner beschränkten Erkenntnisfähigkeit/Sinne etc.) davon entfernen. Weil diese Vorstellung zu mir passt (mir ganz einfach gefällt), deshalb habe ich sie angenommen/entwickelt. Die Vorstellung von Reinkarnation gefällt mir ebenfalls sehr und ich habe diese deshalb in meinem Sein als Sinnvoll/Möglich/Wunsch integriert. Mit Reinkarnation ist hier nicht eine Wiedergeburt des individuellen Seins gemeint, sondern ein neues individuelles Sein, das meiner Seele auch wieder als Werkzeug (zu welchem Zweck auch immer) dient. Reinkarnation auch nicht auf Basis, bzw. abhängig von Dingen die in früheren Leben passiert sind, oder von meinem Verhalten in früheren Leben etc., oder ggf. als Strafe, Belohnung oder dergleichen. Man kann durch kein Verhalten und keine Handlung, die/seine Reinkarnation beeinflussen. Reinkarnation die für alle gleich geschieht unabhängig von Belohnungs- bzw. Bestrafungs- Ideologien/Thesen. Dies gilt auch für den Wechsel der Lebensform/Art von einem zu einem anderen Leben – also z. B. Tier ↔ Mensch – auch dies hat mit Strafe oder Belohnung nichts zu tun!

Wozu meine Seele das brauchen sollte? Keine Ahnung. Der Gedanke der Reinkarnation ist auch in Hinblick auf seine Wirkung auf eine Gesellschaft sehr interessant. Glaube ich an eine Wiedergeburt dann gehe ich eher achtsamer mit mir und meiner Umwelt um, ich werde die Welt so verlassen wollen wie ich sie in einem anderen Leben bzw. anderen Sein wieder vorfinden will. Aber auch das bewegt sich außerhalb von Wissenschaft und unserer Erkenntnisfähigkeit.

Fazit: Der Weg ist das Ziel. Gehen wir den Weg mit einem positiven Plan (siehe Ethik etc.) und mit Vertrauen, auch wenn Dinge wie „was war vor dem Urknall und was kommt nach dem sterben?", außerhalb unserer Erkenntnisfähigkeit liegen. Erklären wir uns das Unerklärbare und beantworten wir die Unbeantwortbaren Fragen auf eine Weise, die in unser Wertesystem/Sein passt, bzw. wie es uns gefällt, aber seinen wir uns dabei stets unseren Grenzen (Erkenntnisfähigkeit etc.) bewusst. Und somit bewusst, dass Antworten in diesem Bereich individuelles Wunschdenken und reine Spekulation sind!

Wir alle sind frei. Machen wir uns also unsere spirituelle Welt, so wie sie uns gefällt! Ich selbst denke, dass es eine Seele gibt, die getrennt von unserem Sein existiert und unser Sein benutzt, so wie wir ein Werkzeug benutzen. Allerdings kann ich die Fragen, was eine Seele ist und wozu es sie geben sollte, nicht beantworten. Das sind einfach Dinge die außerhalb meiner/unserer Erkenntnisfähigkeit liegen!

B19. Ethik nochmals zum Abschluss als die größte Herausforderung.

Hier folgt unter Berücksichtigung der Kapitel A und B, der Härtetest bzw. die Prüfung im Echteinsatz – die Bewährungsprobe für das bisher gesagte. Um zu beleuchten ob und was das alles bringt, bzw. bringen kann, würde dieses Kapitel geschrieben.

Ethik auf dem Prüfstand im Härtetest der Alltags-Praxis.

Viel wurde seit Ewigkeiten über Ethik geredet und geschrieben. Viele Punkte wurden auch hier angesprochen. Das sind schöne Gedankenspiele die nichts kosten. Die größte Herausforderung ist aber die tägliche Praxis. Sie ist der Prüfstand/Härtetest für jegliche Gedankenspiele. Die größte Herausforderung an mich ganz persönlich ist es also (unter Berücksichtigung aller aus A und B gewonnenen Erkenntnisse), alle Menschen alles Leben nach den ethischen Grundsätzen zu behandeln bzw. nach den Grundsätzen der Ethik zu handeln. Weil ich ja selbst ganz persönlich auch nach diesen ethischen Grundsätzen behandelt werden will – in Respekt und Brüderlichkeit. So weit , so gut. Diese Aussage steht und ist keine Herausforderung wenn es sich dabei z. B. um Menschen handelt, die sind wie ich z. B., aus dem gleichen Kulturkreis/Familie (von denen und auf die ich ja geprägt wurde) kommen, politisch etc., usw. sowieso das „gleiche" denken und tun. Eine Herausforderung und damit Bewährungsprobe werden ethische Grundsätze erst, wenn ich z. B. auf Menschen treffe, die anders sind wie ich (denen z. B. meine Grundsätze egal sind), oder mich sogar beleidigen, beschimpfen, mobben oder mich sonst wie auf verletzende/zerstörerische Weise angreifen, verachten oder/und respektlos behandeln – also in Opposition zum mir stehen.

Meine persönlichsten individuellen ethischen Grundsätze gelten eben gerade dann, wenn ich auf ein Gegenüber treffe, das meine ethischen Grundsätze, Respekt etc. als blanken Unsinn und weltfremd/unrealistisch bezeichnet – mich damit auch ganz persönlich angreift. Denn hier und in diesem Moment werden diese ethischen Grundsätze gebraucht. Zwischen Gleichgesinnten brauche ich „gar keine" ethischen Grundsätze, sie sind sowieso (weil in diesem Kreis erlernt) irgendwie vorhanden/gegeben. Unter Gleichgesinnten ist Ethik keine Leitung, also nichts wert. Darüber zu Diskutieren ist nur Zeitvertreib/Müßig. Achtung! Ethik ist kein Selbstzweck!

Ethik brauche ich zunächst einmal ganz persönlich/individuell/egoistisch für mich zur Selbstdefinition, zur Entwicklung meines Wertesystems. Ethik wächst aus der persönlichen Anwendung, aus der Interaktion mit anderen, aus Überlegungen und aus dem eigenen Selbstverständnis. Ethik entsteht erst (wird Realität) aus den Praxiserfahrungen, aus dem nicht praktizieren von Ethik. Hierfür ist Ethik gedacht, für das Vakuum wo sie fehlt, nicht für den Ort wo sie schon da ist. Ethik lebt und erblüht nur in der Anwendung. Ethik ist keine graue Theorie, sondern sie ist das erlebte/gelebte Leben selbst. Ethik ist nicht wie ein Stück Seife das in der Ecke liegt und nur nachdenklich betrachtet wird. Ethik lebt aus der Tag-täglichen Anwendung. Ethik zeigt erst bei Anwendung Wirkung, hat in der Anwendung ihren Platz und damit erst dann/hier Sinn – genau wie das Stück Seife. Und so wie die Seife in der Anwendung ihre Stärke/Wirksamkeit erst zeigen kann und muss, so gilt das ebenso für die Ethik. Erst in der Anwendung kann ich feststellen ob überhaupt irgendeine Wirkung besteht, oder ob es sich nur um einen Papiertiger handelt.

Eine Ethik die ich ganz persönlich NICHT anwende/umsetze/einsetze, eben gerade da wo sie nicht vorhanden ist, ist NICHTS wert sondern nur blabla. Ethik ist kein schöngeistiges Spielzeug von und für Leute die im „Elfenbeinturm" leben, denen es gut geht und die sonst keine Sorgen haben. Ethik ist ein wildes unerzogenes Kind der Praxis, das fordert und gefordert und gefördert werden will.

Der erste ethische Grundsatz überhaupt lautet demnach: Ethik ist gemacht für den Ort des stärksten Widerstandes in uns selbst und anderen, den Ort des stärksten persönlichen Angriffs auf mich/uns. Eben dies ohne wenn und aber anzuerkennen und Ethik trotzdem, gerade dann erst recht anzuwenden, ohne wenn und aber, ohne Einzubrechen ohne Ausreden oder Ausflüchte vorzuschieben, dafür ist die Ethik gemacht!

Versuche dies zu verinnerlichen und anzuwenden, zu Leben. Du ganz persönlich ohne von anderen in Bezug auf Ethik irgendwas (auch nur das geringste) zu erwarten oder zu fordern. Ethik ist gemacht für Dich ganz persönlich. Du musst es tun, nur auf Dich kommt es an, es ist unwichtig was die anderen tun oder lassen. Ethik kann nur sein wo Du sie zur Tat werden lässt!

Der zweite ethische Grundsatz lautet: Wer sich ethisch verhält bzw. Ethik anwendet, um sich selbst aufzuwerten oder/und wer glaubt dadurch ein höherwertiger, besserer oder wichtigerer/wertvollerer Mensch zu werden, sein oder werden zu wollen, handelt Pseudoethisch also nicht mehr authentisch sondern gewinnorientiert. Ethik ist nicht dazu da Eitelkeiten zu befriedigen oder/und deinem Ego zu schmeicheln!

Ethik entsteht erst bzw. wird erst real in der Hitze des Feuers (hier sieht man was sie wert ist), erst wenn Ethik im Feuer trotzdem bzw. erst recht existiert ist sie Real geworden, greifbare Wirklichkeit, alles andere ist blabla und nichts wert – weil nur Theorie die nie zur Tat/Wirklichkeit wurde.

Hierzu ein Beispiel: Ich werde ganz persönlich angegriffen, diskreditiert, beschimpft und beleidigt. Die Wirkung von so etwas auf mich bzw. mein Sein, ist Verteidigung, Zurückschlagen und Rache üben wollen, weil ich mich zu Recht zutiefst gekränkt und verletzt fühle. Die **1ste Frage** ist also ob man das Erlittene dem anderen heimzahlen soll, sich rächen soll und damit an Intensität nochmals ein Stück drauf zulegen (Öl ins Feuer gießen)? Die **2te Frage** ist ob mein Gegenüber durch seinen Angriff quasi automatisch (weil er sich selbst durch seine Tat ins Unrecht gesetzt hat) alle Rechte auf faire Behandlung, auf Brüderlichkeit verloren hat und ich selbst quasi automatisch alle Rechte bzw. die moralische und rechtliche Freigabe dadurch habe, in zu vernichten? Weil der andere ist ja böse und das Böse darf vernichtet werden!? Oder anders gefragt, bedeutet also Angriff/Fehlverhalten den Verlust von (allen) Rechten, für den der dies tut, mit gleichzeitig zusätzlich neuen Rechten für den/die Betroffenen (Opfer) des Angriffs/Fehlverhaltens?

Aus den Fragen 1 und 2 ergibt sich also letztendlich **die eine große Frage:** Verliert ein Angreifer durch einen Angriff seine Menschenrechte/Menschenwürde/Menschlichkeit und ist dadurch automatisch nicht mehr Teil der Menschheit, also kein Mensch mehr; und weil er nun kein Mensch mehr ist braucht man ihn auch nicht mehr menschlich entsprechend Menschenrechte/Ethik behandeln, sondern kann ihn einfach rücksichtslos vernichten? Wenn ich diese Frage mit Ja beantworte führt das bzw. ist die Wirkung von diesem Ja eine Eskalationsspirale, in der jeder Versucht den anderen an „Unbarmherzigkeit" zu übertreffen – also Krieg mit all seinem Wahnsinn, einem Weg auf dem es nur Verlierer gibt! Dies gilt im kleinen Streit, bzw. gilt für kleine Übergriffigkeiten unter Freunden/Nachbarn bis hin zu großen weltpolitischen Themen. Wenn mein Gegenüber diese Frage bereits mit Ja beantwortet hat (durch sein Reden und Handeln sichtbar) habe nur noch ich die Möglichkeit den Krieg zu vermeiden, Lösungen zu finden um mich zu Schützen bzw. zu Verteidigen, ohne dem anderen nachhaltig zu schaden oder vernichten zu wollen. Die Möglichkeiten die Eskalation zu vermeiden nutzen, stets im Bewusstsein, dass mein Gegenüber ohne wenn und aber ein Mensch ist, also einer wie ich selbst und nicht mehr oder weniger Wert wie ich!

Es ist sehr hilfreich wenn ich mir bewusst mache, dass nicht nur ich die anderen aushalten/ertragen muss, sondern dass auch die anderen mich aushalten/ertragen müssen! Aus der Sicht jedes einzelnen anderen, bin auch ich ein anderer! Aus der Sicht jedes einzelnen anderen, sind auch meine Meinungen und Handlungen, die Meinungen und Handlungen der anderen – also manchmal unverständlich, unlogisch und destruktiv! Man kann also sagen, ich bin ein anderer und jeder andere ist ich bzw. bin ich!

So verteidige ich mich also auf Basis meiner persönlichen für mich gültigen Ethik und gestehe meinem Gegenüber diese Ethik ohne wenn und aber (in vollem Umfang) zu und damit auch Respekt und Brüderlichkeit. Dies weil wir, obwohl auf verschiedenen individuellen Wegen, doch alle gleich sind! Bleiben wir uns selbst, unseren ethischen Grundsätzen treu, auch und gerade im Feuer des „Gefechts". Denn wir sind alle gleich, ganz ohne irgendeine unterschiedliche Wertigkeit etc.!

Dies bedeutet in letzter Konsequenz:

Ich bin Du und Du bist Ich!

Erst wenn ich mein Gegenüber (Mensch,Tier …) rückhaltlos/vorbehaltlos als mir gleich wahrnehme bin ich frei! Ich bin frei, ganz automatisch und selbstverständlich frei von Verachtung, Rücksichtslosigkeit und Krieg in meinem ganz persönlichen inneren, in meinem ganz persönlichen Sein! Diese Freiheit lässt mich in jedem Weinen mein persönliches Weinen fühlen, denn es fühlt sich gleich an. Diese Freiheit lässt mich in jedem Lachen mein eigenes Lachen fühlen, denn es fühlt sich gleich an.

Mein Gegenüber ist ich und ich bin mein Gegenüber, ich und mein Gegenüber IST Wir. Wir IST verletzlich, leidensfähig, dumm, froh hat Spaß und ist auf der Suche nach Glück/Geborgenheit. Wir ist EINS.

Ich liebe mein Gegenüber so wie ich mich selbst liebe. Und das ist plötzlich ganz einfach weil ich und mein Gegenüber gleich sind bzw. eins sind. Weil mein Gegenüber ich ist und ich mein Gegenüber bin.

Handeln aus dem Bewusstsein heraus, dass ich an der Stelle des anderen (ohne wenn und aber) genauso wie er handeln würde bzw. werde. Weil ich ja dann er wäre. Ich sehe in den Handlungen eines anderen also immer mich, diese Handlungen als meine Handlungen.

Aus den in Kapitel A2 „Wir sind alle gleich" gewonnenen Erkenntnissen, wie z. B. den Kriterien des Lebens (Biologie und Umwelt) und der 3-fachen Relativität (unseres Seins, unseres Seins in sich (das Sein im Lauf unserer Lebenszeit veränderlich bzw. ein anderes) und von allem was ist) ergibt sich eine grenzenlose Freiheit des Individuums die u. a. Trennung/Entfremdung des Menschen von der Natur widerlegt und vielmehr eine grenzenlose Verbundenheit mit allem Leben, mit allem an sich bewirkt! Diese Verbundenheit, diese Zugehörigkeit ja Geborgenheit/Urvertrauen, befreit von Angst und ist Sinn an sich. Und macht damit auch frei von einer zwanghaften Sinnsuche, Sinnkrise und dergleichen. Dies umzusetzen und damit zur gelebten Wirklichkeit werden zu lassen gelingt über die Ethik. Somit ist die Ethik quasi die Krönung der aus Kapitel A gewonnenen Erkenntnisse.

Gedankenspiele zum ausprobieren: Stell dir vor du bist dein gegenüber – z. B. wenn du gerade mit jemanden redest. Stell dir vor der Mensch (egal ob lebender, oder bereits toter Mensch) zu sein den du am meisten hasst, verachtest, liebst etc.! Stell dir vor du bist der Hund, die Katze oder die Kuh der du gerade begegnest. Stell dir vor alles zu sein und gleichzeitig ein Teil von allem zu sein.

Aber Achtung! Jemandem zu unterstellen oder vorzuwerfen niedere Ziele zu verfolgen oder/und unethisch zu handeln funktioniert nicht. So einfach ist das nicht. Auch wenn jemand meine Ethik nicht akzeptiert, so denkt und handelt er doch selbst mit Sicherheit aufgrund seiner eigenen, in seinem Wertesystem genau so hoch stehenden Ethik. Mein Gegenüber/Mitmensch verfolgt also genau so wichtige, positive Anschauungen und Ziele, also hohen Ideale wie ich. Und es ist nur logisch, dass diese genauso vehement und nachdrücklich (insbesondere bei Angriffen darauf) verteidigt/vertreten werden, wie ich meine Ideale vertrete.

Andere greifen mich also an weil ich aus ihrer Sicht Ideale und auch konkrete Dinge in Gefahr bringe oder sogar vernichte/zerstöre. Ich kann anderen egal was sie vertreten, nicht das Denken und Handeln aufgrund ethischer Grundsätze absprechen, sie diskreditieren oder dergleichen. So gesehen ist auch das eine ethischer Grundsatz, den anderen (egal was sie sagen und wie sie handeln und ohne wenn und aber) moralisches, ethisches Handeln nicht abzusprechen! Dass meine Ethik und die Ethik von anderen nicht Deckungsgleich ist ändert daran nichts!

Es stellt sich also letztendlich nur eine Frage! Wie weit bin ich bereit zu gehen, um meine Werte/Ideale/Ethik/Ziele etc. durchzusetzen, zu verwirklichen oder/und zu verteidigen – will ich „herrschen" oder will ich „dienen"?

Bin ich bereit bzw. gehe ich soweit die Rechte anderer (aus meiner Sichtweise) zu beschneiden, oder/und ethischen Rechte (Menschenrechte etc.) die ich mir selbst zugestehe bzw. haben will, bei anderen als nicht gültig zu erklären?

Bin ich bereit meine Ethik die ich für mich und meine Freunde anwende und einfordere, gegenüber anderen, andersdenkenden, einzuschränken oder gar außer Kraft zu setzen? Dies z. B. mit der Begründung, die anderen verhalten sich unethisch/unmenschlich oder ich werden ja von „denen" genauso sanktioniert.

Bin ich bereit andere zu bestrafen oder müssen die anderen sogar bestraft werden, für ihr aus meiner etc. Sicht destruktives/übergriffiges und verabscheuungswürdiges Verhalten? Bin ich bereit sie zu bestrafen für ihre „Gesetzesbrüche" um aus meiner Sicht andere zu beschützen? Wie weit bin ich bereit zu gehen bei der Bestrafung?

Zusammengefasst ist das die Frage – bin ich bereit meine Ideale/Ethik über andere zu stellen – was kommt an erster Stelle die Ethik/Ideale, das „Gesetz"/Politik oder der Mensch bzw. das Leben?

Meine Antwort: **Zuerst kommt der Mensch bzw. das Leben, alles was lebt. Denn das ist das oberste Ziel der Ethik – der Mensch, das Leben!** Setze ich den Menschen bzw. das Leben an die erste Stelle dann ist damit auch automatisch das oberste Ziel der Ethik gewährleistet. Definiere ich Ausnahmen oder/und grenze ich irgendjemand davon aus, dann verstoße ich im Prinzip gegen meine eigene Ethik und setze sie damit außer Kraft! Also: Heiße Diskussionen, Streit, Uneinigkeit, gewaltlosen Widerstand aber immer auf Augenhöhe und dem Bewusstsein, dass wir alle gleich sind! Alles andere ist übergriffig und destruktiv!

Menschen-Sorge.
Gefragt ist eine ganzheitliche Sichtweise auf den Menschen. Ganzheitliche Hilfe und handeln mit Wirkung (Raum zum Leben schaffen), statt nur auf einzelnen Aspekten unseres Seins, durch Kritik, Vorwürfe, Schuldzuweisungen und Zwang herumzureiten und dadurch Schuldgefühle und Probleme nur zu vergrößern – Hilfe nach der Devise „Du bist selbst Schuld" oder „Du musst/tust jetzt …" (Zwang, Druck und Nötigung ausüben mit der „Berechtigung" „Ich meine es ja nur gut mit Dir!" bzw. „der Zweck rechtfertigt die Mittel"), ist keine Hilfe sondern das genaue Gegenteil! Ganzheitlich Sorge um Menschen bedeutet Nächstenliebe, Mitgefühl usw.! Der Begriff Menschen-Sorge fasst das ganzheitliche Prinzip und eine Hilfe auf Augenhöhe (Gleiche unter Gleichen), Hilfe in Respekt und Achtsamkeit (im Umgang mit sich selbst und anderen) ohne Vorbedingungen, ohne Ansehen der Person, ohne Kritik, ohne Überheblichkeit und ohne Schuldzuweisungen, zusammen! Menschen-Sorge drängt nicht (setzt keine Ultimaten) sondern gibt und lässt Zeit, Zeit für einen individuellen Rhythmus, damit Dinge wachsen (Vertrauen etc.) und reifen können!

Menschen-Sorge basiert auf der Erkenntnis, dass ich anderen helfe aus Egoismus (ich tue es weil ich es für wichtig halte und es mir gut tut und meine Hilfe kein Verdienst ist und ich deshalb kein besserer Mensch bin als irgend jemand anders oder dergleichen) – mein Gegenüber, der Mensch der meine Hilfe annimmt, tut damit in erster Linie mir ganz persönlich einen Gefallen, er hilft also mir - ich bin also stets der erste dem geholfen wird!

Wer anderen hilft und dafür/deshalb Dankbarkeit erwartet oder gar fordert, oder/und Vorbedingungen, sonstige Bedingungen stellt, der verkauft seine Hilfe! Dies weil er eine Gegenleistung erwartet, wie ein Händler/Verkäufer der für x-beliebige Waren als Gegenleistung Geld bekommt! Wer seine Hilfe verkauft, der hilft nicht – das hat nichts mit Hilfe zu tun! Wer seine Hilfe verkauft sorgt nur für zukünftige Frustration, Enttäuschung und Streit auf beiden Seiten!

Wer seine Hilfe verkauft bewirkt destruktives und schadet damit mehr als eine solche Hilfe bringt, wirft also den Hilfesuchenden noch weiter zurück in Richtung Hoffnungslosigkeit und Verzweiflung! Hier gibt es nur eine Ausnahme und diese Ausnahme ist das verleihen von Geld bzw. das verleihen/hergeben von Dingen die man wiederhaben will, bzw. entsprechend/"gleich" wiederhaben will, logisch dass man hier ein Rückzahlung/Rückgabe vereinbart und erwartet. Im Bereich Vorbedingungen gibt es eine Ausnahme bei medizinischen Sachverhalten wie Sucht also z. B. Alkoholsucht. Entzug des Suchtmittels als Vorbedingung um den Therapieerfolg zu ermöglichen/gewährleisten! Nur wenn Hilfe sozusagen umsonst ist kann sie grundlegende und langfristige positive Wirkungen entfalten und hilft wirklich!

Aber Achtung! Missbrauch der Ethik! Destruktives, übergriffiges, unethisches Verhalten unter Vorgabe ethischer Gründe ist Missbrauch von Ethik. Gemeint sind hier unter anderem folgende Dinge bzw. folgendes verhalten/handeln:

- Anderen Angst zu machen (z. B. durch Androhung einer Bestrafung) um bestimmtes Verhalten zu „erzwingen" bzw. sie dazu zu nötigen!

- Ethik, ethische Grundsätze als Waffe (Totschlagargumente etc.) gegen andere zu verwenden! Will man z. B. ein bestimmtes „alternativloses" Handeln von anderen erreichen, wird es als Solidarisch bezeichnet! Also sind alle die nicht so handeln wie ich will unsolidarisch. Aber es ist genau andersherum, weil dies ein Missbrauch von Ethik ist. Wer andere als unsolidarisch beschimpft verhält sich selbst unsolidarisch und pseudoethisch!

- Sozialen Druck auf andere ausüben, Gewissenskonflike etc. verursachen durch Anwendung von Ethik!

- Einen Alleinvertretungsanspruch (nur meine/unsere Wahrheit ist die eine höhere/ethische Wahrheit) gegenüber anderen (insbesondere Andersdenkenden) vertreten/vermitteln!

- Vorschieben ethischer Gründe zur Verhinderung, dass andere ihre Rechte (Menschenrechte etc.) einfordern und wahrnehmen = Hinhalten, Vertröstung!

- Pauschale Verunglimpfung des Mensch-Seins, unserer Existenz, indem man das Mensch-Sein pauschal als schlecht oder böse diffamiert! Indem man z. B. sagt, dass der Mensch von Natur aus böse sei! Letztlich dienst dies nur dazu um begründen zu können, dass der Mensch angeblich gerettet werden muss. Wobei uns in diesem Zusammenhang auch gleich noch die „Rettung" mit verkauft wird! Tiere werden in diesem Zusammenhang gern als rein Instinkt gesteuert diffamiert. Denn wer würde z. B. behaupten wollen, dass Hunde, Katzen (Haustiere) oder auch Wildtiere etc. von Natur aus schlecht/böse seinen? Warum dies also für den Menschen behaupten, wegen angeblich freiem Willen oder weil angeblich „über" den Tieren stehend? All dies auch noch unter Anführung ethischer/höherer Gründe, warum dies so ist oder sogar sein muss.

- Andere in Richtung Fanatismus erziehen, gehüllt in ein Mäntelchen aus höheren Werten oder/und ethischer Grundsätze!

- Vorgabe höherer Werte/Ziele/Ethik als Rechtfertigung für unethisches Handeln! Frei nach der Devise - der Zweck rechtfertigt die Mittel! Sichtweise hierbei: Ich muss es also nur gut meinen (hoher ethischer Anspruch als Rechtfertigung), dann darf ich bzw. habe ich das Recht andere in Gewissenskonflikte, soziale Konflikte, Leid etc. zu stürzen oder andere zu nötigen, das zu tun was ich für richtig halte bzw. „gut" ist! Gut gemeintes Handeln gekoppelt mit Zwang, Druck, Nötigung, Rücksichtslosigkeit, Vorwürfen usw., ist in seiner Wirkung destruktiv.

Obige Punkte führen zu folgendem bzw. ist gemeinsam: Ausgrenzung, Diskriminierung, seelische Konflikte, individueller und gesellschaftlicher geistiger Auffälligkeit/Verrohung/Verwahrlosung und dergleichen! Obiges befindet sich jenseits einer Ethik mit humanistischem Selbstverständnis bzw. widerspricht jeglichem Humanismus und stellt einen Missbrauch von Ethik etc. dar!

Aber Achtung! Menschen die auf Grundlage der Ethik handeln, werden aufgrund dessen für schwach gehalten. Manche meinen sogar, dass solche Leute ein „Helfersyndrom" oder ähnliches haben, das man auch noch nach Herzenslust ausnutzen kann. Hilfsbereitschaft, Brüderlichkeit sei also ein „Defekt" der sogar verachtet und ausgenutzt werden darf – denn es ist Schwäche und das Schwache braucht keinen Respekt. Insbesondere dann, wenn andere ihre Interessen rücksichtslos durchsetzen wollen, appellieren sie an das ethische Verhalten anderer, bzw. werfen anderen unethisches Verhalten vor. Aber aus Kapiteln A und B sehen wir dass die Anwendung von Ethik nicht bedeutet, dass man sich selbst zum „Opfer" macht. Sondern vielmehr resultiert daraus auch ein Respekt vor sich selbst, eine „Liebe" zu sich selbst, die dazu führt dass man achtsam mit sich selbst umgeht. Weil, das bin ich mir Wert! Wenn ich diese Wertschätzung die ich mir selbst entgegenbringe auch auf andere übertragen kann bzw. allem Leben entgegenbringe, dann habe ich das mit der Ethik verstanden und umgesetzt – zumindest bin ich auf dem Weg dazu.

Also ihr Leute, lasst euch mit Ethik nicht unter Druck setzen (wenn da nur jemand auf eure Kosten handeln/"leben" will), ihr seid ganz und gar frei und euer eigener Maßstab. Lasst euch mit Ethik nicht (auf keine Weise, in keinem Fall) vertrösten bzw. daran hindern euch das zu holen was euch (ebenfalls auf Ethik-Grundlage) zusteht – wenn nicht jetzt wann dann? Ethik ist keine Waffe die man gegen sich selbst richtet um sich selbst zu kasteien, zu bestrafen etc.! Ethik ist nichts für Masochisten. Ethik ist Freiheit!

Achtung vor pseudoethischen Spielereien, anderen die Schuld geben für das eigene Versagen - Thema Ausreden! Das Totschlagargument (z. B. bei Umweltschutz) „Ja wenn die anderen nichts tun (z. B. USA, China, gesamte EU, Russland), dann ist das was wir tun können sowieso nur ein Tropfen auf den heißen Stein, bzw. wirkungslos/umsonst!" Übersetzt bedeutet dies: Erstens, wir brauchen nichts zu tun/ändern, alles kann so bleiben wie es ist! Zweitens, ich habe einen „guten" Grund bzw. eine „ethische" Rechtfertigung dafür, nichts zu tun! Drittens, wir können ohne schlechtes Gewissen so weitermachen wie bisher! Viertens, die anderen sind Schuld an den Problemen, weil sie nichts tun! Zusammenfassung: Ich selbst tue NICHTS, aber die anderen sind Schuld - weil sie NICHTS tun! Geht's noch!?

Wegen Ethik wird/ist man kein besserer Mensch als andere, aber auch kein Schlechterer. Denn wir sind alle gleich (siehe Abschnitt A)! Ethik ist kein Hilfsmittel um andere Abzuwerten oder zu belehren (weil da irgendwer nicht ethisch handelt), oder/und sich selbst Aufzuwerten (weil man ja ethisch handelt). Dies würde ethischem Verhalten, so wie es diese Abhandlung versteht, Wiedersprechen! Ethik macht uns nicht zu besseren Menschen, aber das daraus resultierende wie u. a. Freiheit, gibt uns auf verschiedensten Ebenen neue Möglichkeiten unser individuelles Leben ganz für uns selbst, weniger Leidvoll zu gestalten. Kleine Gedanken-Reise zum mitmachen: Angenommen du bist mein größter Feind und erzählst nur Unsinn etc., dann schließe ich meine Augen und verschließe meine Ohren. Was sehe uns höre ich dann von dir? Ich sehe ein helles Licht, das ohne mich zu blenden in allen Farben leuchtet, ich höre die schönste Musik nicht zu laut und nicht zu leise. Und blicke und höre ich umher, dann erkenne ich, dass wir alle so sind (alles was lebt)! Wir sind alle gleich! Dies gelingt nur mit einem Wechsel der Blickrichtung von außen nach innen. Dies mache ich mir stets bewusst (oder versuche es zumindest) wenn meine Augen und Ohren wieder offen sind! Diese Sichtweise drückt sich auch in folgendem Spruch aus: Man sieht nur mit dem Herzen!

Fazit: Ethik ist nichts für Träumer und Philosophen die nur Luftschlösser um ihrer selbst willen bauen wollen. Ethik ist für die Praxis, hier wird sie gelebt. Frei nach dem Grundsatz, was nicht zur Tat wird, hat keine Wirkung bzw. bewirkt nichts. Quelle: Gustav Werner - was nicht zur Tat wird, hat keinen Wert. Ethik dient zur Selbstbefreiung und Selbsterkenntnis, insbesondere in der täglichen Praxis. Ethik ist nichts für „Weicheier" sondern bedarf Respekt und Wertschätzung, zuallererst sich selbst gegenüber und auch allem anderen Leben gegenüber – denn wir sind alle gleich. Nicht nur ich muss die anderen aushalten, auch die anderen müssen mich aushalten! Dass andere uns beleidigen/diffamieren entbindet uns nicht von der Anwendung ethischen Verhaltens (bzw. ist keine Entschuldigung), sondern ganz im Gegenteil – im „Feuer" zeigt sich ob die Ethik die ich lebe einen Wert hat. Machen wir uns auf den Weg – wenn nicht jetzt wann dann?

B20. Unser Handeln – die Folgen, metaphysische Zusammenhänge.

In Kapitel A haben wir einiges erfahren über unser Handeln (egal ob aktives tun oder passives nichts tun). Handeln nur als handeln bzw. nicht handeln gemeint, ganz unabhängig von irgendeinem zugrundeliegenden Willen, Grund oder einer Absicht! In diesem Kapitel wollen wir unser Handeln in Bezug auf Folgen/Wirkungen/Konsequenzen etc., auf metaphysischer, spirtueller, und esoterischer Ebene, für uns ganz persönlich betrachten. Hat unser handeln also Wirkungen und Folgen in Bereichen die sich unserer Erkenntnisfähigkeit entziehen? Dies immer vor dem Hintergrund bzw. auf Basis von Kapitel A.

Grundsätzlich betrachtet führt Handeln zu Zwangsläufigkeiten, Kausalitäten. In das Handeln kann man auch die Natur z. B. Naturgewalten miteinbeziehen. Unser Handeln und auch das was in der Umwelt, in der Natur passiert, bzw. wie die Natur handelt, ist ein Handeln, eine Abfolge von Geschehnissen. Man kann auch für beide Fälle von Evolution sprechen, weil Meere, Berge, Planeten, Gesellschaften, Individuen etc. sich durch Ereignisse/Handlungen (auch Zeit ist damit gemeint) ständig verändern.

Alles Geschehen ist wertfrei, es geschieht einfach, Wertungen sind aufgesetzt/hinzugefügt.

Alles Geschehen/Handeln ist wertfrei. Erst der Mensch urteilt und wertet, weil es ein Teil seines Seins ist und Urteil und Wertung erforderlich ist, um sich zu orientieren und um in der Welt zurechtzukommen bzw. sich zurechtzufinden – um zu überleben, sonst gäbe es kein urteilen und werten. Wir urteilen und werten also, weil sich dies im Laufe der Evolution als erforderlich herausgestellt hat - wobei jeder subjektiv auf Basis seines individuell Seins, urteilt und wertet - aber das ist auch schon alles, mehr steckt da nicht dahinter. Alles was das Mensch-Sein ausmacht, alles was uns ausmacht, existiert so und in dieser Form, weil es so und in dieser Form gebraucht wird, bzw. weil es sich im laufe der Evolution als nützlich bewährt und deshalb manifestiert hat. Einen Teil oder Teile unseres z. B. Mensch-Seins als schlecht oder böse zu bezeichnen/bewerten (und damit auszugrenzen bzw. zu diskriminieren) widerspricht damit allem Sein an sich! Wir sind mehr als die Summe unserer Teile. Etwas wegzulassen oder zu verneinen hieße, nicht mehr Mensch zu sein bzw. sein zu wollen.

Wirkung/Folgen unseres Handelns und deren Betrachtung.

Es ist durchaus so, dass alles was wir tun oder nicht tun, also unser handeln, Wirkung und Folgen hat. Die ausgelösten Folgen haben wiederum weitere Folgen und so weiter und so fort. Wobei auch die erste Handlung bereits Folge einer anderen (vorherigen) ist. So gesehen ist alles handeln nur handeln und alle Folgen sind nur Folgen, ganz und gar wertneutral/wertfrei – es ist das Geschehen an sich. Die Ebene der Wertung kommt erst durch die menschliche sehr individuelle Beurteilung hinzu – wird also nur aufgesetzt, bzw. ist nur subjektive Interpretation! So wird z. B. die gleiche Handlung von unterschiedlichen Personen unterschiedlich beurteilt und bewertet. Was der eine als konstruktiv/positiv/gut bewertet, wird von einer anderen Person ggf. als destruktiv/negativ/schlecht bewertet. Um selbst angemessen/entsprechend handeln zu können, muss ich die Wirkung/Wirkungen von Handlungen beurteilen/bewerten. Das ist bereits im alltäglichen Bereich schwierig genug. Siehe hierzu auch B2 Handeln – Wertung nach Wirkung.

Fluch+Segen aus metaphysischen Welten und deren Bedeutung im alltäglichen Leben.

Noch viel komplexer wird es, wenn wir unser alltägliches handeln auch noch in metaphysische, spirituelle und esoterische Ebenen/Welten/Konstrukte - die jenseits unserer Erkenntnisfähigkeit liegen – hinein projizieren, heraus interpretieren, bzw. unser denken und handeln mit solchen Ebenen verknüpfen und sogar in Wechselwirkung sehen! Begriffe aus metaphysischen etc. Ebenen/Welten sind z. B. Sünde, Schuld, Paradies, Fluch, Segen, Karma, Gesetz von Ursache+Wirkung, Gesetz der „Resonanz", Schwingungen, Energiekörper/Aura, Hellsichtigkeit, Verschwörungstheorien und vieles andere dergleichen.

Manchmal werden metaphysische etc. Dinge, gerade deshalb als echt und wahr betrachtet, weil diese sich unserer Erkenntnisfähigkeit „entziehen" und gerade deshalb etwas „höheres/größeres" sein müssen, das wir nicht begreifen können und das deshalb wichtiger als wir sein muss!? Dies bedeutet, dass mein Sein in solchen Fällen, das „Problem" von „ich weiß nichts" durch „genau das ist der größte, absolute Beweis dafür" löst! Mein Sein will bestimmte Dinge für wahr halten und findet deshalb „immer" eine passende Erklärung – unser aller Sein sucht immer nach einer passenden Erklärung/Lösung, für das was wir bzw. unser Sein, für richtig halten wollen – darin sind wir alle gleich – das gilt also auch für mich! So wird „nicht wissen" zu „wissen", bzw. Unwissenheit ist „Wissen"! Siehe auch unter A3b Unser Ich und Sein!

All diesen metaphysischen etc. Welten und Begriffen ist gemeinsam, dass sie uns gute und schlechte Dinge etc., OHNE wirklich vorhandenen realen Bezug im hier und jetzt, zuschreiben, vorwerfen und anhängen, UM unser Befinden und Handeln in Bedingtheiten/Abhängigkeiten zu sehen/stellen/zwingen, UM uns selbst als die Verantwortlichen/Verursacher/Schuldigen für unser Sein/Befinden hinzustellen und damit als belohnt (gut) oder bestraft (böse) durch „höheres" etc. hinzustellen und klassifizieren zu können, UM dadurch Kontrolle auszuüben und Macht über andere zu haben, UM mehr Macht für deren Vertreter (und damit über andere) zu generieren, dies alles und noch viel mehr, NUR wegen einer willkürlichen Verknüpfung des hier und jetzt, mit Geschichten, die jenseits unserer Erkenntnisfähigkeit und damit außerhalb unserer Erkenntniswelt liegen! Dies führt zu vielfältigen problematischen/destruktiven Handlungen und Wirkungen. Abhängig davon, welches Individuum (Charakter etc.) solche metaphysischen etc. Welten als real erachtet und subjektiv lebt, bzw. praktiziert/umsetzt, führt dies zu Missbrauch, der insbesondere die Schwächeren trifft! Im folgenden wird für metaphysische etc. Welten und Konstrukte, pauschal der Begriff „Fluch+Segen" verwendet. Um Fluch+Segen entsprechendes Gewicht/Wertigkeit und Wichtigkeit/Richtigkeit zu geben, wird in solchen Zusammenhängen gerne von einem „Natur"-Gesetz gesprochen. So z. B. als Gesetz von Ursache und Wirkung, hiermit werden Sachverhalte aus der Naturwissenschaft/Physik bedenkenlos in die Welt der Metaphysik etc. übernommen/uminterpretiert/hineininterpretiert. Oder es werden einfach Dinge und Zusammenhänge behauptet/erfunden, die sich (vorzugsweise) wissenschaftlich weder beweisen noch widerlegen lassen und diese dann als „naturgegeben" oder Gesetzmäßigkeit propagiert!

Die vielfältigen, eigendynamischen Wirkungen dieses Vorgehens und von Fluch+Segen, sollten Berücksichtigung finden, zumal/weil all diese Dinge grundsätzlich außerhalb unserer Erkenntnisfähigkeit liegen und zumal/weil sich metaphysisches/spirituelles/esoterisches nicht auf wissenschaftlichem Weg beweisen lässt und dogmatische Interpretation (destruktive Wirkungen) deshalb, grundsätzlich vermieden werden sollte! Was bei Fluch+Segen wirkt (wirken kann) bzw. Erfolge zeigt (oder auch nicht) gehört bestenfalls in den Bereich Psychologie (z. B. als Positives Denken, wenn ich ein Problem/Prüfung etc. habe und ich gehe es positiv an, im Vertrauen und Zuversicht und damit weitgehend frei von Angst die mich ggf. nur noch zusätzlich blockiert) und nicht in den Bereich Metaphysik/Spiritualität/Esoterik. Was bei Fluch+Segen auch noch wirkt, sind Vorteile (wie z. B. Geld, Ansehen, Macht über andere) für diejenigen die Fluch+Segen propagieren, vorantreiben und vermarkten!

Fluch+Segen, Achtung Missbrauch.
Fluch+Segen mit Erfolg oder Misserfolg in der realen Welt zu verknüpfen ist Missbrauch! In keiner Weise gerechtfertigt ist es, wenn Fluch+Segen unser Sein als solches, unser Handeln und dessen Folgen/Wirkungen, als eine Art guten oder schlechten Fluch bezeichnet/bestimmt/verurteilt, oder als ursächlich in einem guten oder schlechten Fluch begründet sieht. In keiner Weise gerechtfertigt ist es, diesen guten oder schlechten Fluch, sogar über den Tod hinaus, oder sogar über ganze Familien, Generationen etc., hinweg aufzubauen bzw. als vorhanden/wirksam hochzustilisieren! Das ist willkürliche Benachteiligung und Bevorzugung einzelner Personen und von Familien/Gruppen (in der realen Welt), nur weil irgendwelche Aussagen von Fluch+Segen das angeblich so wollen!

All dies ist in keiner Weise gerechtfertigt, weil hier auf Basis von Mutmaßungen, von Dingen die jenseits unsere Erkenntnisfähigkeit liegen, Verurteilung, Diffamierungen und Diskriminierungen Tür und Tor geöffnet wird, nur um die Gemeinschaft, von denen die an Fluch+Segen glauben, zu stärken oder/und soziale Kontrolle und Macht/Herrschaft über andere ausüben zu können, bzw. über andere zu herrschen! Siehe auch unter Gruppendynamik.

Ein guter oder schlechter Fluch ist Missbrauch (von Ethik etc., widerspricht dem Humanismus etc.), weil auf diese weise, demjenigen dem es eh schon schlecht geht (schlechter Fluch) gesagt/vermittelt wird, dass er auch noch selber schuld an seiner schlechten Situation ist, wegen seinem „schlechten" handeln, oder wegen seinem „schlechten" handeln in einem „früheren Leben", oder wegen dem „schlechten" handeln seiner Vorfahren usw.! Und dem/denen denen es Gut geht, wird gesagt, du bist OK mach weiter so – du/ihr seid reich und schön weil du/ihr es durch gutes Handeln (= guter Fluch) verdient (es ist eure Leistung, oder aus einem „früheren Leben", oder wegen eurer Vorfahren usw.) habt.

Das geht soweit, dass sogar Gedanken diesen guten oder schlechten Fluch z. B. positiv beeinflussen können sollen, indem sog. positive Gedanken wiederum andere positive Gedanken von außen anziehen können sollen.

Solcherlei Gedankenspiele sind müßig und letztlich sinnlos und Missbrauch in Form ungerechtfertigter Benachteiligung und Bevorzugung! Bloße Gedanken die nicht zum Handeln werden verändern gar nichts, auch nicht einmal auf geistiger Ebene. Auch positive Gedanken müssen im aktiven Dialog mit der Umwelt erst greifbar werden und erst durch handeln eine Wirkung entfalten, sonst verpuffen sie einfach – bleiben wirkungslos!

Die Freiheit (frei und unbelastet) meines Handelns.
Ich bin also vollkommen frei/unbelastet zu handeln, es gibt diesen/diese/einen wie auch immer gearteten guten oder schlechten Fluch nicht! Ich bin eine Individuum und handle auf Basis meines Wertesystems, meines Seins. Jedes Handeln hat Folgen aber jedes Handeln steht auch für sich als einzelne Handlung. Als Beispiel sei genannt, ein Stein der ins Wasser geschmissen wird – das hat Folgen, aber kurz danach ruht der See (als wäre nichts geschehen), ich kann/muss wieder einen neuen Stein schmeißen (neu Handeln um Wirkung zu entfalten) und so weiter und so weiter. Natürlich bin ich (durch Reaktionen meiner Umwelt) mit den Folgen meines Handelns konfrontiert, muss mein weiteres Handeln darauf einstellen usw.! Dies ist aber eine wertfreie/wertungsfreie Kette von Handlungen/Zwangsläufigkeiten/Kausalitäten.

Die Wirkung meiner Handlungen auf meine Umwelt ist vielfach (z. B. zwischenmenschlicher Bereich) schwer oder nicht vorhersehbar. Außerdem wird eine Wertung meinst von anderen, in Form von Lob und Tadel vorgenommen. Ganz natürlich handle ich wie ich handele, weil ich eben bin, wie ich bin – weil ich, ich bin. Ich mache aus Wertungssicht manche Dinge falsch und manche Dinge richtig, ich muss jeden Tag viele Entscheidungen treffen. Weil ich, ich bin, fallen diese Entscheidungen und damit mein Handeln eben so aus wie es ist. Es ist mein persönliches/individuelles handeln, einmalig so wie nur ich es kann und mache. Ich bin, wie ich bin und ich handle entsprechend – das ist das was passiert, nicht weniger aber auch nichts mehr!

Einen guten oder schlechten Fluch konstruieren zu wollen, der auch noch in Richtung folgender Aussagen geht, „du bist wie du bist und das ist falsch bzw. du bist falsch und du bist auch noch selbst schuld", ist ein fantasieren jenseits unserer Erkenntnisfähigkeit und hat mit dem Geschehen an sich nichts mehr zu tun – weil bloß aufgesetzt/hineininterpretiert! Das ist an sich kein Problem. Zu einem Problem wird es durch Missbrauch und die dadurch ausgelösten negativen, destruktiven und kontraproduktiven Wirkungen/Folgen! Solch ein guter oder schlechter Fluch wird vielfach als Macht-, Kontroll- und Unterdrückungs- Instrument in destruktiver Weise (Wirkung!) benutzt und genutzt! Hier erheben sich Menschen über andere und leben damit auf Kosten von „Schwächeren", bzw. gründen ihren Erfolg auf die Unterdrückung (siehe auch Missbrauch von Ethik, Vertröstung etc.) anderer!

Man gewinnt an Macht indem man anderen etwas vorenthält oder/und sogar wegnimmt, und dies wiederum gelingt am Besten, wenn man dazu das Werkzeug/Instrument Fluch+Segen konstruiert und entsprechend einsetzt bzw. missbraucht!

Somit kann man also sagen, wir sind frei in unserem Handeln. Wir sind frei zu Handeln. Dieses Handeln hat Folgen, weitere Handlungen, Entscheidungen usw. Wir sind absolut frei zu entscheiden und frei zu handeln, jeden Augenblick aufs neue ganz ohne guten oder schlechten Fluch. Weitere aufgesetzte Ebenen die aus Entscheidungen/Handlungen, einen wie auch immer gearteten guten oder schlechten Fluch konstruieren wollen, haben damit (unserem Handeln und dessen Folgen) nichts mehr zu tun. Aufgesetzte Ebenen und Fluch dienen nur dem Zweck zu Herrschen, indem man schwächeren Dinge vorenthält bzw. Dinge wegnimmt, um sich selbst zu bereichern! Wir sind frei und unbelastet, also ohne Belastung/Wirkung etc. durch „Schatten" aus der Vergangenheit oder aus metaphysischen etc. Welten. **Wir und unser handeln ist frei und unbelastet, bei jeder neuen/einzelnen Entscheidung/Handlung jeden Augenblick!**

Außerdem ist eine Wertung meines persönlichen Handelns primär zuerst und nur für mich ganz persönlich wichtig, weil es hier um mein individuelles Sein geht – um meine persönliche Befindlichkeit, Wertigkeit und Gewissen, mir selbst gegenüber. Wertungen anderer (Freunde, Familie, Gesellschaft etc.) haben auch ihren Wert und ihre Wichtigkeit für die Entwicklung meines/eines Seins, spielen aber nur eine untergeordnete Rolle.

Unser Handeln erfolgt frei und unbelastet. Es gibt keine Art Bankkonto auf einer imaginären „höheren" Ebene das ich durch mein Handeln ins Plus oder Minus buchen kann. Und dies gibt es schon gar nicht mit Vererbung auf nachfolgende Generationen (so werden nur die Reichen immer reicher und die Armen ...). Unser Handeln ist eben unser Handeln, es ist unbelastet! Das entspricht auch den unter Kapitel A gewonnenen Erkenntnissen. Niemand kann etwas dafür in welche Umwelt und mit welcher Biologie er geboren wurde. Niemand kann etwas dafür in welcher Umwelt er aufwächst und lebt. Niemand kann etwas dafür, dass er der ist der er ist. Hierin liegt weder Schuld noch Verdienst und weder Fluch noch Segen! Dies auch unter Berücksichtigung der Erkenntnis, dass es einen freien Willen nicht gibt. Jeder hat einen individuellen/einmaligen Weg zu gehen, weil jeder ein Individuum ist. Ich kann meinem Sein nicht entfliehen, weil ich eben nur als ich denkbar bin und nicht als ein anderer. Hier ist keine Schuld oder/und Lohn, sondern hier ist absolute, unbelastete Freiheit - jeden Augenblick aufs neue!

Kurz gesagt unser Handeln ist gleich! Unterschiede treten erst auf individueller Ebene auf und die Beurteilung/Wertung ist ebenfalls rein subjektiv und individuell (von mir selbst wie auch von anderen). Ich handle auf Basis meines ganz persönlichen Seins. Ob ich mit meinem Handeln Erfolg im Leben habe oder nicht ist nicht mein Verdienst oder meine Schuld, weil ich nichts dafür kann, bzw. nichts dazu beigetragen habe, der zu sein der ich bin. Wie meine Biologie aussieht und damit z. B. meine Hautfarbe und ob dies in der Gesellschaft in der ich lebe, Vor- oder Nach-Teile bringt, ist die erste Weichenstellung.

Die zweite Weichenstellung für mein Leben bzw. für Vorteile oder/und Nachteile ist das familiäre und gesellschaftliche Umfeld (Umwelt-Einflüsse), das mir Möglichkeiten (Wohlstand, individuelle Freiräume, Bildung, Erziehung etc.) bietet/eröffnet (ich passe in meine Umwelt) oder eben nicht (ich passe nicht in meine Umwelt). Diese zwei Kriterien/Weichenstellungen prägen/definieren mein sein und dies bereits lange bevor ich weiß, dass ich bin oder was ich bin. Mein Sein kann ich nicht einfach abschütteln/ändern, bloß weil ich selbst mit mir unzufrieden bin, oder weil andere die etwas können das ich nicht kann (das nicht in meiner „Natur" bzw. meinem Sein liegt), meinen ich solle es doch einfach wie sie machen. Und wenn ich das dann nicht mache, nicht kann oder einfach nicht umsetzten kann, dann bin ich auch noch selbst schuld. Schlimm genug wenn andere so denken, oder mir so etwas sagen. Niemals aber darf ich so etwas selbst zu mir sagen, oder von mir denken. Als Begründung siehe die Kapitel A und B. Unser Sein ist nicht einfach eindimensional oder schwarz/weiß.

Unser Sein ist ein komplexes, vielschichtiges und buntes Universum an und in sich. Ich kann nicht einfach irgendetwas in meinem Sein „einschalten" oder „abschalten", so wie es mir passt. Die Weichen auf Erfolg/Misserfolg und glückliches/zufriedenes Leben oder unglückliches/unzufriedenes Leben sind ohne mein Zutun, ohne mich zu Fragen, gestellt worden. Ich bin „nur" das Ergebnis/Produkt aus Biologie und Umwelt.

Die 2 Ebenen/Sichtweisen von Erfolg/Glück, Misserfolg/Unglück.

Es gibt 2 Ebenen der Erfolg/Glück, Misserfolg/Unglück Thematik. Erstens, die Sicht der anderen. Wie nimmt meine Umwelt (Familie, Gesellschaft usw.) diese Thematik in Bezug auf mich war – wie werde ich beurteilt, was hält man von mir in dieser Hinsicht. Was sagen die anderen, bin ich ein „Gewinner" oder ein „Verlierer"? Zweitens, meine Sicht auf mich, meine Selbstbeurteilung. Halte ich mich selbst für einen „Gewinner" oder „Verlierer"? Die zweite Ebene/Sicht, meine ganz persönliche Sicht ist die Entscheidende/Ausschlaggebende, alles andere ist nahezu zu vernachlässigen/unwichtig bzw. spielt nicht die Hauptrolle. Es ist dabei zu Berücksichtigen, dass die erste Ebene natürlich in die 2te Ebene hineinwirkt (und umgekehrt) und unser Selbstbild sehr erheblich, von der Bestätigung durch die anderen abhängig sein kann. Diese Abhängigkeit/Koppelung unseres Selbstbildes von dem was andere über uns denken kann selbstzerstörerische Formen annehmen – also Achtung.

Die primäre Frage ist also. Bin ich für mich selbst OK oder/und bin ich für die anderen OK, wie bewerte ich beides, was ist mir wichtig/wichtiger, wo ziehe ich die Grenze?

Kleines Gedanken-Experiment: Greifen wir als Beispiel eine x-beliebige Person aus der gesamten Menschheit heraus, unbesehen wer sie ist. Egal welches Geschlecht, welcher persönliche Werdegang etc.! Nehmen wir nun also diese x-beliebige Person und setzen sie nun in unterschiedliche Umwelten/Gesellschaften/Familien hinein, und setzen sie damit den unterschiedlichsten Lebensumständen aus. Was wird das Ergebnis sein, bzw. was ist festzustellen? Unabhängig/Unbesehen davon wie das individuelle Sein dieser x-beliebigen Person auch immer sein mag, sie wir in einem Teil der Umwelten/Umgebungen Erfolg haben und in einem anderen Teil Misserfolg/Scheitern. Egal wie oft ich dieses Experiment wiederhole, das Ergebnis wird immer in etwa gleich sein, weil zwangsläufig, weil unsere Biologie und Umwelt unser Sein individuell machen und anderswo andere Biologie und Umwelt vorhanden sind die wiederum das dortige Sein individuell machen. Dabei ist die Bandbreite des Seins so gewaltig, dass wechselnde Teile mal passen und mal nicht passen, je nachdem welches Individuum/Sein sich in welcher Umwelt bewegt. **Daraus ergibt sich die Schlussfolgerung, dass Erfolg oder/und Misserfolg im Leben, ebenfalls wie das Leben selbst relativ sind (weil von dynamischen/veränderlichen/variablen Kriterien abhängig, die zudem außerhalb unseres Einflusses liegen)!**

Fazit: Unser Handeln ist jeden Augenblick aufs neue, frei und unbelastet, immer wieder neu. Es gibt kein metaphysisches etc. „Bankkonto" des Handelns, das ins Plus oder Minus gebucht werden kann, in Abhängigkeit von unserem Handeln. Handeln wir als frei, so wie es unserem persönlichen/individuellen Sein entspricht – unabhängig/frei von Wertungen und frei von Fluch+Segen also frei vom Einfluss konstruierter metaphysischer etc. Welten, die jenseits unserer Erkenntnisfähigkeit liegen, insbesondere dann wenn Wertungen von anderen kommen. Erfolg oder/und Misserfolg im Leben sind ebenfalls relativ und sind weder Verdienst noch Schuld, oder in irgendeinem Zusammenhang mit einem guten oder schlechten Fluch bzw. Fluch+Segen!

C. Politik – eine neue Perspektive.

Armes Land oder/und reiches Land oder/und welche Regierungsform, ganz egal, es gibt immer eine Schicht von benachteiligten, armen und unterprivilegierten. Industrialisierung und Globalisierung produzieren bzw. bilden die Grundlage für Benachteiligung, Armut etc., in einem zuvor nie gekannten Ausmaß und in einer nie gekannten Brutalität und Rücksichtslosigkeit! Täter und Opfer kennen sich nicht, alles ist anonymisiert und funktioniert mit einer tödlicher Sicherheit, die nur noch das Recht des stärkeren/rücksichtsloseren/brutaleren kennt! Ellbogenverhalten, maximaler Opportunismus (Anpassung und Unterwerfung) und Leistung bringen, sind Verhaltensmaxime! Alles andere wird der Verhaltensmaxime geopfert! Was für eine Art von Zusammenleben produzieren wir hier eigentlich? Wollen wir das wirklich? Egal was „wir" wollen – ich will so etwas nicht!

An den Benachteiligten, Armen etc. wir gespart bzw. es wird ihnen das Nötigste vorenthalten. Sie werden von der jeweiligen Gesellschaft (egal welche Nation, welche Regierungsform etc.) aussortiert und dafür auch noch bestraft. Bestraft per Willkür, per Gesetz, national und international (z. B. auch per EU-Gesetzgebung). Egal ob „rechte" oder „linke" Regierung, für die Armen änderst sich nichts (bzw. läuft es immer auf das selbe heraus – sie bleiben arm), bzw. fast nur hin zu noch mehr Armut und Verwahrlosung. Und dies über ganze Familien und Generationen hinweg. Egal ob Flüchtling, Arbeitsloser, Migrant, Sozialhilfeempfänger, Minderheit (z. B. Roma) etc., es trifft alle Gleichermaßen!

Destruktive Seiten der „modernen"/industriellen Gesellschaft ab Mitte des 19 Jahrhunderts.

Die modernen Gesellschaftsformen, in denen inzwischen fast alle Menschen auf der Erde leben, oder zumindest davon betroffen sind, haben in fast 200 Jahren nicht nur negatives für die Menschheit gebracht! Es gibt auch viele positive Entwicklungen z. B. in den Bereichen Medizin, Wissenschaft, Aufklärung, Demokratie, Kunst! Auch gab es im Laufe der Zeit und auch Regional starke Schwankungen in Bezug auf konstruktive und destruktive Entwicklungen. Das eigentliche Problem ist also nicht die moderne Gesellschaft an sich, sondern es ist die Art und Weise wie wir alle diese Gesellschaft leben! Oder noch genauer gesagt, das Problem sind die Folgen/Wirkungen der Art und Weise wie wir die Gesellschaft leben! Die hier folgende Aufzählung soll destruktive Folgen/Wirkungen bewusst machen, damit wir gemeinsam achtsamer/bewusster auf Dinge/Entwicklungen reagieren können, die destruktive Folgen/Wirkungen haben, um diese möglichst zu vermeiden, bzw. um diesen entgegenzuwirken! Eine Aufzählung, destruktiver und vernetzter, sich gegenseitig verstärkender Dinge!

a. Bedingungsloser Raubbau und Ausbeutung von Umwelt, Natur und des Menschen, durch den Menschen, ohne Hemmungen bis zur totalen Zerstörung!

b. Permanentes Ernten, ohne neu zu Sähen, ohne Nachhaltigkeit, weil Raubbau schneller geht und Rücksichtslosigkeit nichts kostet! Wachstum und Konsum als oberste Dogmen!

c. Missbrauch von Umwelt und Natur als Müllkippe!

d. Weltweite unumkehrbare Vergiftung und Vernichtung unserer Lebensgrundlagen!

e. Immer neue und stärkere Verflechtungen, Vernetzungen und damit als Folge, Abhängigkeiten aus denen wir uns nicht mehr lösen können oder wollen! Wir „herrschen" bzw. „beherrschen" nicht länger, sondern sind zu Sklaven geworden, die nur noch zu funktionieren haben! Wir reagieren nur noch auf/unter Druck, anstatt frei und ohne Abhängigkeit/Zwang zu agieren/gestalten!

f. Der Mensch dient den Maschinen denn, der Mensch arbeitet mit Maschinen um Maschinen zu bauen, damit er anschließend mit dem verdienten Geld Maschinen kaufen kann!

g. Wenige z. B. in den westlichen Ländern leben auf Kosten von vielen in anderen Ländern, z. B. Afrika, und auch innerhalb einzelner Länder gibt es ein erhebliches Gefälle!

h. Verhinderung bzw. Zerstörung einer menschenwürdigen Zukunft für unserer Kinder, über viele Generationen! „Vererbte" Armut!

i. Das „Recht" des Stärkeren, fressen und gefressen werden, statt Leben und Leben lassen, bzw. WIN-WIN für alle!

j. Bedingungsloser und erzwungener Opportunismus, rücksichtsloser Egoismus, Ignoranz, übergriffiger/extrovertierter Fanatismus, Rücksichtslosigkeit, Raubbau und Ausbeutung, als neue gesellschaftliche Tugenden! Hauptursachen sind Anonymisierung und Entfremdung!

k. Verrohung und Verwahrlosung in Wort und Tat!

l. Lebenseinstellung „nach mir die Sintflut"!

m. Wahrnehmung von anderen nur noch als Konkurrenz oder mögliche Konkurrenz!

n. Ständig mit Vollgas auf der Überholspur, starr auf das Ziel fixiert, alles andere ist unwichtig!

o. Immer neue Verschwörungstheorien und asoziale Netzwerke!

p. Marketing (auch Selbst-Marketing, Selbstausbeutung, Selbstversklavung) steht im Vordergrund, der Schein entscheidet nicht das Sein!

q. Erfolg wird nur noch in Geld, Aufmerksamkeit, Einschaltquoten, Abbonentenanzahl und Anzahl der Follower gemessen!

r. Geld als Rechtfertigung und Entscheidungsgrundlage für jedes Handeln! Wer zahlt hat Recht! Alles muss sich rentieren/lohnen!

s. Der Wert des Menschen wir daran/darin gemessen, wie viel Geld er hat! Hast Du nichts, dann bist Du nichts!

t. Je mehr Geld, um so mehr Macht, Rechte! Geld = alle Rechte, kein Geld = entrechtet/rechtlos!

u. Wer viel hat wird belohnt wer nichts hat wird bestraft! Siehe Rabatte, Subventionen, Steuern, Teilhabe, Gesetze, Gesundheit, Lebensqualität etc.!

v. Was sich nicht rechnet bzw. kein Geld bringt ist nichts Wert, überflüssig, sinnlos!

w. Krieg! Krieg in Gedanken, Krieg in Worten, Krieg im Handeln, Krieg als Geschäftsmodell!

x. Immer mehr Wohlstand, Wachstum und noch mehr Konsum, als oberste Dogmen, denen alles andere untergeordnet wird – systemischer Fehler! Statt einer Verteilung eines verantwortlichen und regenerativen Wohlstands (ohne Luxus-Wahnsinn) und Konsum-Verzicht, aus dem Wissen heraus dass jeder Luxus und jeder Konsum unsere Lebensgrundlagen vernichtet!

Zusammengefasst bzw. in Kurzform ausgedrückt kann man sagen:

Moderne Gesellschaft = Selbst-Zerstörung!
Die moderne Gesellschaft muss zerstören/fressen, ständig und permanent ohne Unterlass! Denn wenn Zerstörung und das Fressen enden würden, dann wäre das auch das Ende der modernen Gesellschaft – zumindest wie wir sie bisher kennen! Wenn am Ende nichts mehr zum zerstören/fressen übrig ist, dann werden wir als letztes unsere eigenen Eingeweide zerstören/fressen! Manchmal kommt es mir so vor, als hätten wir schon damit angefangen unseren eigenen Eingeweide zu zerstören/fressen (gemessen an dem was wir aktuell verbrauchen, bräuchten wir schon jetzt zwei Erden, weil wir doppelt so viel verbrauchen wie nachwächst etc.)!

Wirtschaftshörigkeit und Wachstumshörigkeit.

Die Annahme, dass es allen automatisch gut/besser geht (Wohlstand für alle), wenn es nur der Wirtschaft gut geht, - eine Annahme die von Generation zu Generation quasi als gegeben vermittelt wird – ist grundsätzlich falsch! Diese Annahme mag im Rahmen einer nachhaltigen, humanen und sozialen Wirtschaft eine Berechtigung haben, aber seit langem sind wir weltweit, längst bei den schlimmsten Formen einer ASOZIALEN Wirtschaft angelangt! Diese Annahme und die damit begründete Unterordnung und Unterwürfigkeit gegenüber der Wirtschaft, führt nur zu Ausbeutung und Verarmung der Massen und unser aller Umwelt, durch Wirtschaftshörigkeit (siehe Politik+Lobbyismus etc.), die dem Wachstum und dem Wohlergehen der Wirtschaft, alles andere unterordnet! Wohlstand für wenige und Armut, neue Abhängigkeiten/Zwänge und Verlust der natürlichen Lebensgrundlage, für immer mehr Menschen. Es ist also das Gegenteil der Fall – **je besser es der Wirtschaft geht, um so schlechter geht es den Menschen**! Der unermüdliche und meist ehrenamtliche Einsatz von vielen weltweit operierenden NGO's (Nicht-Regierungs-Organisationen) auf humanitärer Ebene und im Bereich Umwelt, können der asozialen Wirtschaft und deren Folgen oft nur wenig entgegensetzen und können nur einen Teil der Auswüchse kompensieren. Aber wo währen wir, ohne diese täglich erkämpfte Schadensbegrenzung! Ein Umbau der Wirtschaft ist also mehr als überfällig und dringend notwendig! Beenden wir die weltweite Wirtschaftshörigkeit und stoßen wir den „Götzen" Wirtschaft vom Thron, indem wir nicht mehr dienen, sondern gestalten und mitbestimmen/„herrschen"!

Vorenthaltenes Existenzrecht.

Menschen die immer ums tägliche Überleben kämpfen, bangen und fürchten müssen (ein Leben in Angst) und immer nur von der Hand in den Mund leben, leiden massiv an diesem Zustand. Sie sind immer nur die gejagten ihrer bloßen Existenz! Dieser Zustand macht Ihr gesamtes Sein krank, setzt ihre Lebensqualität nachhaltig herab auf vielfache Weise. Ein menschenwürdiges Leben wird ihnen verunmöglicht und aktiv vorenthalten.

Hält dies über Jahre an führt dies zu einem Verlust von Vertrauen (in sich selbst und andere), zu einem Verlust der individuellen Freiheit, der Freiheit sich selbst zu verwirklichen, der Freiheit man selbst zu sein! Dies führt dazu, dass selbst der eigene Wille gebrochen ist und man nur noch erduldet! Alles wird immer eingeschränkter, die Welt um einen herum wird immer enger und enger!

Dieses Heer an Menschen wurde und wird in jedem Augenblick, aktiv die Freiheit vorenthalten/genommen Mensch zu sein! Dieses ist bei der ganzen Sache das größte Verbrechen! Des Menschen (allen Lebens) ureigenstes Recht, ihr Existenzrecht (Recht auf Selbstverwirklichung etc.) wird ihnen beschnitten, genommen und vorenthalten! Und warum? Letztlich nur weil sie nicht als Reich in den Wohlstand (z. B. Familie, Europa) einer entsprechenden Umwelt geboren wurden, oder nicht über sonstige Mainstream Privilegierungen verfügen oder Schicksalsschlägen ausgesetzt waren oder/und dergleichen! Wir sind alle ein Produkt unserer Umwelt, unserer Lebensumstände, unserer aktuellen Lebensbedingungen, alles zeigt Wirkung in jeder sozialen/gesellschaftlichen Schicht, mit allen positiven und negativen Wirkungen und Randerscheinungen! Einfach zur falschen Zeit am falschen Ort und du bist raus, oder du kommst ein ganzes Leben lang nie „rein"! Und verantwortlich dafür sind bestimmt nicht die anderen Gruppen von Menschen (Ausgegrenzte, von der Gesellschaft vergessene), die genauso wenig Möglichkeiten haben/hatten wie du selbst, denn diese sitzen mit dir zusammen in einem Boot und du sitzt mit ihnen zusammen in einem Boot!

Die Ausgegrenzten der Gesellschaft diskriminieren sich gegenseitig.

Aber was passiert tagtäglich? Arbeitslose schimpfen über Flüchtlinge, Migranten schimpfen über Sozialhilfeempfänger, usw., usw., usw.! Man ist selbst so diskriminiert, gejagt und in Not, dass man dem anderen, dem es im übrigen genauso geht (bzw. nicht besser geht), das wenige neidet was er bekommt. Nach der Devise da bekommt einer was, das ich doch bekommen sollte, etwas das ich dringender brauche, bzw. wo ich doch mehr Recht darauf habe, weil „ich schon länger hier bin", …!

Wie wenn z. B. ein Arbeitsloser auch nur einen Cent mehr bekommen würde, wenn es keine Flüchtlinge etc. gäbe (und umgekehrt)! Dieses ist nämlich nicht der Fall.

Und währen sich die Armen um Knochen streiten (und damit letztlich, die Stellung der Gewinner stärken/schützen und gleichzeitig ihre eigene Situation noch aussichtsloser machen) verteilen die Reichen/Gewinner der Gesellschaft den Kuchen ungestört unter sich. So schützen/verteidigen/helfen, paradoxerweise die „Verlierer" den „Gewinnern"! Dabei sitzen doch alle Armen bzw. „Verlierer" einer Gesellschaft alle im gleichen Boot. Also erkennen wir (die Armen) doch, dass wir alle (alle Gruppen), die benachteiligen und ausgegrenzten der Gesellschaft in einem Boot sitzen! Hören wir endlich auf mit dem Unsinn uns gegenseitig zu terrorisieren/beneiden/beharken! Lernen wir stattdessen uns gegenseitig zu respektieren und aufeinander zu achten!

Sehnsucht nach Zugehörigkeit.

So positiv oder negativ eine Gesellschaftsform auch sein mag, die „Verlierer", die Ausgegrenzten, die an den Rand gedrängten, diejenigen die in dieser Gesellschaft fast nur negative Erfahrungen gemacht haben und machen, wollen aber dennoch nichts anderes, als in eben dieser Gesellschaft aufzusteigen/dazugehören erfolgreich sein und respektiert werden.

Um dies zu erreichen wird gegen die Flut von anderen denen es genauso geht (die genauso ausgegrenzt sind) besonders wenn sie einer anderen „Verlierer"-Gruppe angehören, aggressiv in Wort und Tat angekämpft. Verdrängungswettbewerb anstatt Solidarität!

Man versucht sich vorzudrängen (der erste am „Futter" zu sein), um als erster aufsteigen zu können, anstatt sich mit der Flut zu solidarisieren (und damit die anderen zu respektieren) und die Energie der Flut zu nutzen, um die Gesellschaft zu ändern, weiterzuentwickeln in Richtung Chancengleichheit und Teilhabe.

Siehe Stellungnahme zur Leistungsgesellschaft etc. auch unter Kapitel B15 Unzufriedenheit/Leid, insbesondere Abschnitt d Leistung als oberstes Dogma der sog. Leistungsgesellschaft.

Eine Gesellschaft, die andere (einen Teil von sich selbst) als ineffektiv, als defekt, als unwirtschaftlich definiert und so/damit ausgrenzt/diffamiert/diskriminiert, sollte versuchen diesen selbstzerstörerischen Mechanismen innerhalb der Gesellschaft entgegenzutreten, anstatt gerade die Menschen die aktive Hilfe brauchen, auch noch zusätzlich zu stigmatisieren und auszugrenzen. Bleiben wir im Gespräch als Menschen mit Achtsamkeit in gegenseitigem Respekt!

Eine „verrückte" Idee?!

Ich habe da eine „verrückte" Idee. Tun wir uns doch zusammen und erkämpfen uns (auf Grundlage der Demokratie) gemeinsam die uns vorenthaltenen Rechte/Leistungen, um alle ein menschenwürdiges Leben (soziale Teilhabe, raus aus der Verwahrlosung, raus aus geerbter Armut, etc.) führen zu können! Als einzelne oder jede einzelne Gruppe für sich, haben wir kaum eine Stimme, tun wir uns aber zusammen (auch international) sind wir eine Größenordnung an der man nicht vorbeikommt! Streiten wir nicht länger, neiden wir uns nicht gegenseitig das Wenige, sondern setzen diese/unsere Energie dort ein, wo sie nicht verpufft, sondern Wirkung (Wirkung durch Mitsprache/Beteiligung) zeigt – für, in und durch eine Politik mit neuen/geänderten Gesetzen und Verordnungen!

Unsere Würde als Mensch zu verlieren, vor dem Gesetz nicht mehr gleich zu sein, drittklassige medizinische Versorgung hinzunehmen, zu verwahrlosen etc. - soll es das gewesen sein? Erkämpfen (mit demokratischen Mitteln) wir uns unsere Rechte zurück, von denen die diese beschnitten haben, von denen die die Reichen immer reicher machen und von denen die die Armen immer ärmer machen! Nehmen wir endlich gemeinsam Einfluss auf Politik, Wirtschaft und Gesellschaft!

Streiten und kämpfen wir gemeinsam für ein neues Miteinander. Immer und unabdingbar auf Basis des demokratischen Staatsmodells! Demokratie hat nichts mit Harmonie zu tun. Wenn in einer Demokratie Harmonie herrscht, und sich „alle" einig sind, dann ist es keine Demokratie mehr!

Je mehr Diskussion und Uneinigkeit, um so mehr Vielfalt in Meinung und Handeln, um so mehr hat jeder die Chance zu Wort zu kommen und gehört zu werden etc.! Auch das ergibt sich aus der Erkenntnis dass wir alle gleich sind! Streiten und kämpfen, natürlich unter Beachtung ethischer Grundsätze! Siehe auch unter B3 Diskussions- Streit- Kultur.

Nicht zu wählen ist schlimm, wenn man wählt dann ausgerechnet, die zu wählen welche dem eigenen destruktiven (Verachtung, Intoleranz etc.) Empfinden/Weltbild Nahrung geben, bzw. mein destruktives Weltbild bestätigen, ist auch schlimm – denn dann wählt man diejenigen welche die Bedingungen für alle verschlechtern, die nicht ihrer Meinung sind – gerade hier werden die sowieso schon Ausgegrenzten, schnell zu Opfern (wie uns die Geschichte gelehrt hat) und als „Schädlinge" und „Schmarotzer" diffamiert!

Auch wenn der Weg mühsam und lang ist, machen wir uns endlich auf den gemeinsamen Weg! Klären wir auf, nutzen wir dazu Organisationen wie Amnestie International, ArBi, div. Soziale Organisationen und viele weitere! Raus aus der Ecke des sich minderwertig fühlen"s und minderwertig gemacht werden"s, und ab in den Ring!

Die Gesellschaft suggeriert uns, dass wir nur Bittsteller sind, und grenzt uns damit aus, aber erst wenn wir uns selber ausgrenzen (auch gegenseitig, auch andere) und für asozial halten, haben wir verloren und sind am Ende! Lassen wir uns nicht länger bestrafen und in die Ecke drängen, ohne etwas verbrochen zu haben!

Lassen wir uns nicht von asozialen Gesetzen der asozialen Wirtschaft etc. suggerieren, dass wir asozial sind! Klären wir auf, zeigen wir auf, dass es Alternativen gibt, die allen Menschen ein Leben in Würde ermöglichen!

Was ist z. B. mit der Verantwortung des Stärkeren gegenüber dem Schwächeren? Mehr Stärke/Macht bedeutet automatisch auch mehr Verantwortung, insbesondere gegenüber Schwächeren! Das bedeutet, dass ich Schwächere nicht maßlos/rücksichtslos (über Gebühr) ausbeute/belaste, oder/und Schwächere nur als Ressource oder Mittel zum Zweck sehen darf!

Andere beschäftigen, aber niemals ohne gerechte/menschenwürdige Gegenleistung – selbst wenn der Schwächere damit einverstanden ist. Gerade dann wenn der Schwächere seiner eigenen Versklavung zustimmt, ist die Verantwortung des Stärkeren gefragt, bzw. hätte diese Verantwortung bereits vor der Versklavung, vom Stärkeren erkannt und wahrgenommen werden müssen! Um es ganz klar zu sagen, die Zustimmung des Schwächeren entbindet den Stärkeren nicht von seiner Verantwortung - ganz im Gegenteil. Leben und leben lassen!

Es gab einmal den Spruch „Proletarier aller Länder vereinigt euch". Wir brauchen keine kommunistische, rechte oder sonstige Diktatur oder dergleichen. Aber wir brauchen einen Aufbruch in Richtung Chancengleichheit und Teilhabe für ALLE. Deshalb sage ich:

Entrechtete, Unterdrückte, Ausgebeutete, Missbrauchte, an den Rand gedrängte, Unberührbare, Minderheiten u.v.m. aller Länder vereinigt euch!

Machen wir uns also auf den Weg!

Beenden wir die Kriegsführung gegen die von der Gesellschaft an den Rand gedrängten. Beenden wir die Bestrafung! Unterstützen wir nicht länger die destruktiven Kräfte in Regierungen/Parteien und Wirtschaft und viele mehr, die in weltweitem Ausmaß jeden Tag, Armut, Abhängigkeit und Entrechtung bewirken, fördern und teilweise absichtlich herbeiführen!

Schaffen wir stattdessen Aufklärung und Bewusstsein in einer Gesellschaft, die uns noch nicht bzw. falsch und zu wenig wahrnimmt. Gewaltfrei und demokratisch mit Mahnwachen, Demos etc., zeigen wir selbstbewusste Präsenz! Schaffen wir vor allem unter uns, ein Bewusstsein für unsere individuelle Wertigkeit als Mensch und unsere Rechte auf Teilhabe und Respekt. Werden wir uns dessen bewusst und kämpfen wir gemeinsam mit erhobenem Haupt, nicht als Bittsteller, für das was uns vorenthalten wird, obwohl es uns gleichberechtigt zusteht. Schluss mit Diffamierung Versklavung und Ausgrenzung!

Schlagen wir uns nicht darum, einen Platz im Establishment einer Gesellschaft zu ergattern, kämpfen wir nicht gegeneinander (werten wir uns gegenseitig nicht ab bzw. beenden wir Misstrauen und Missgunst), um zu Gewinnern in einer Gesellschaft zu werden, die uns zu „Verlierern" gemacht hat – denn damit ist das Problem nicht gelöst, denn damit werden wir lediglich zu einem Teil des Problems!

Siehe auch unter Pauperismus (Massenverelendung …) und Austerität (restriktive Sparpolitik ...) etc. im Kommunistischen Manifest und in Amnestie International Jahresberichten!

In diesem Zusammenhang, hier noch ein paar Gedanken in Richtung Ethik und Spiritualität. Falsch verstandene (und auch manchmal leider auch so vermittelte) Ethik (und div. Spirituelle Richtungen), führt oft dazu, dass Menschen und hier insbesondere Menschen denen es schlecht geht (die zu den „Verlierern" einer Gesellschaftsform gehören), davon überzeugt sind, dass sie selbst schuld sind an ihrer Situation und dass man ja irgendwann nach dem Tod für die Leiden (die einem u.U. auch andere angetan haben) belohnt wird, solange man nur ein lieber, nachsichtiger Mensch ist. Und dabei fühlt man sich ggf. als Armer komischerweise auch noch als besserer Mensch, weil man ja soviel erträgt ohne zu rebellieren, obwohl die anderen (Gesellschaft, Reichen, das System etc.) einem ständig Unrecht tun.

Diese Sichtweise (Selbst Schuld und die „Guten/Braven " kommen in den „Himmel") hat die folgenden Wirkungen bzw. bewirkt folgendes:

1. Vertröstung und „gute" Ratschläge bzw. Belehrungen wo konkrete Lebenshilfe gebraucht würde!

2. Die Armen bleiben Arm und werden sogar immer noch Ärmer!
Man schlägt sich um die Krümel die vom Tisch fallen, anstatt sich zu solidarisieren und an den Tisch zu setzen – wo alle Platz haben!

3. Die „Gewinner" einer Gesellschaftsform bleiben unbehelligt und können so weiter machen wie bisher!

4. Div. weitere Wirkungen auch auf die Gesamtgesellschaft!
Die eine Gruppe (z. B. Sozialhilfeempfänger) von Armen/Benachteiligten/Verlierern verachten (Missgunst) etc. eine andere Gruppe (z. B. Asylbewerber) von Armen/etc.! Dadurch bedingt bzw. dies führt wiederum zu folgendem: Die Armen etc. sich mit sich selbst beschäftigt und neiden sich ggf. irgendwelche Leistungen, anstatt sich zusammenzuschließen und gemeinsam ihre Forderungen/Rechte zu definieren und einzufordern!

Also was tun wir von hier aus? Sollen wir überhaupt etwas tun? Wie wäre es z. B. eine Wählervereinigung/Wählergruppe oder Partei zu gründen? Wenn ja, wer tut/gründet etwas, wer ergreift die Initiative bzw. wer macht mit?

Grundsatzprogramm bzw. Wahlprogramm könnte z. B. folgendes beinhalten:
- „Klassenloses" Schulsystem (keine Eliteschulen, Einführung der Schuluniform etc.)!

- „Klassenloses" Gesundheitssystem (Verstaatlichung Krankenhäuser etc.)!

- Soziales Jahr als Pflicht für alle (auch im Ausland ableistbar)!

- Steuerreform, mit dem primären Ziel, Arbeit weniger und Kapital/Zinsen mehr zu besteuern!

- Grundversorgung und Grundrente mindestens verdoppeln!

- Tarifverträge als Allgemeinverbindlich (auch Länderübergreifend)!

- Schluss mit Billigproduktion und Raubbau/Ausbeutung im Inland und Ausland, insbesondere bei der Produktion von Dingen, die hier verbraucht werden!

- Wachstum und Konsum nicht mehr als oberste Dogmen und Rechtfertigung (Todschlagargumente z. B. Wirtschaft, Arbeitsplätze) bzw. Zweck, der alle Mittel erlaubt! Ende von Wachstum und Konsum! Konsumverzicht als Befreiung vom Konsumzwang! Keine Produktion mit „programmiertem" Verfallsdatum bzw. künstlich reduzierter Haltbarkeit! Keine Produktion von Wegwerfartikeln (z. B. Dekoartikel) für einmalige Gelegenheiten usw. - oder nur unter besonderen Auflagen (z. B. Oster-Deko-Artikel muss voll kompostierbar sein)! Keine Produktion für den Müll!

- Jegliche Verpackungen müssen unmittelbar in der Natur kompostierbar/verrottbar sein, ohne Giftstoffe oder sonstige Reste zu hinterlassen! Verpackungen also nicht nur recyclebar durch weitere Industrielle Prozesse, sondern direkt verrottbar, egal wo die Verpackungen auch immer landen! Zur Reduzierung von Verpackungsmüll ist es primär wichtig, Mogelpackungen (viel verpackte Luft, aber wenig Inhalt) zu vermeiden!

- Erhöhung Mindestlohn!

- Mehr sozialen Wohnungsbau und keine Umwandlung/Verkauf von Sozialwohnungen! Orientierung am Bedarf! Wenn gleichzeitig, Sozialwohnungen gebaut werden und die Sozialbindung anderer Wohnungen aufgehoben wird, dann bleiben unter dem Strich immer weniger geeignete Wohnungen. Wobei gleichzeitig erschwerend hinzukommt, dass der Bedarf auch noch weiter steigt – dadurch sind die Betroffenen doppelt bestraft, das darf nicht sein! Eine eigene Wohnung ist ein Menschenrecht!

- Keine Wohnungsleerstände ohne zwingende Gründe!

- Deckelung Mieten, insbesondere in Ballungsgebieten – keine Ausbeutung für Wohnraum!

- „Klassenlose" Lebensmittel (Bio für ALLE, keine krankmachenden Ersatz- und Zusatz- Stoffe)! Keine Erlaubnis für Gifte z. B. in Lebensmittel, Kosmetika und Kinderspielzeug, über den Umweg von Grenzwerten! Gift bleibt Gift, und bei Hunderten von verschiedenen Gift-Stoffen die bereits heute in uns allen nachgewiesen werden können, sind die sich potenzierenden Folgen (Immunsystem etc.) für uns alle unabsehbar! Z. B. Verbot von Weichmachern!

- Keine genveränderten Lebensmittel! Keine Patente auf Leben!

- Beweislast für neue Zusatzstoffe, Herbizide, Fungizide, Medikamente usw., muss so sein, dass über mehrere, vom Produzenten unabhängige Studien, ein Nutzen und eine Unbedenklichkeit bewiesen werden muss, bevor diese in Verkehr gebracht werden dürfen! Ist ein Nutzen oder/und eine Unbedenklichkeit nicht festzustellen erfolgt keine Zulassung! Weltweite Aufsicht!

- Steuerschlupflöcher schließen (Versteuerung z. B. in Deutschland wenn in Deutschland verkauft)!

- Nachhaltigkeit als Grundprinzip für landesweites und weltweites Wirtschaften – Raubbau beenden!

- Emissionshandel beenden!

- Grundsätzliche Umwandlung von Geldstrafen (z. B. ab 500 Euro in Sozialarbeit wobei Geldstrafe geteilt durch Mindestlohn = Anzahl Sozialstunden)!

- Glücksspiel-Möglichkeiten stark begrenzen (weil Glücksspiel macht nur die Armen noch Ärmer)!

- Übernahme positiver Maßnahmen aus anderen Ländern soweit möglich!

- Trennung von Staat und Wirtschaft/Industrie/Geld! Leute die mit der Wirtschaft/Industrie und dem Geld verflochten sind und gleichzeitig für den Staat arbeiten, befinden sich ganz automatisch/grundsätzlich in einem Interessenkonflikt! Es kann nicht sein, dass ich für alle Bürger arbeite (und auch Geld bekomme) und gleichzeitig für meine eigene Firma arbeite und gleichzeitig mein eigener Lobbyist bin! Ein politisches Amt ist keine Lizenz zum Geld drucken!

- Der Staat muss seine Verantwortung auch und gerade für die Schwächeren wahrnehmen. Also mehr soziale Verantwortung des Staates und nicht immer weniger – das „rechnet sich" langfristig für uns alle! Je mehr sich der Staat seiner Verantwortung entzieht und damit eine bewusste Verknappung erzeugt, um so mehr führt das zu einem Krieg unter den Betroffenen, im Kampf um immer weniger Ressourcen (Wohnungen, Notunterkünfte, Tafeln usw.) bei steigendem Bedarf!

- Keine Möglichkeit für Zusatzeinkünfte, Firmen, Nebenjobs, Provisionen, Lobbyarbeit für Politiker bzw. Mandatsträger in der Politik! Aufnahme von wirtschaftlichen Tätigkeiten frühestens 3 Jahre nach Ende der politischen Tätigkeit möglich! Alles zur Vermeidung von Interessenkonflikten!

- Keine weitere rücksichtslose Abwälzung von staatlicher Verantwortung auf überlastete Ehrenamtliche, die dem steigenden Bedarf nicht alleine aus eigenen Mitteln und Möglichkeiten nachkommen können!

- Unternehmensstrafrecht (wie z. B. in den USA) auch in Deutschland, um gegen Unternehmen Ermittlungen aufnehmen zu können, um z. B. Unternehmen als solche wegen Korruption (ganz unabhängig von einer einzelnen Person), Umweltvergehen und Betrug zu belangen!

- Bau und Baubeginn von Fabriken (incl. Rodung der vorgesehenen Flächen) etc. immer erst nach erteilter kompletter Baugenehmigung! Keine Möglichkeiten mehr um Vorab vollendete Tatsachen zu schaffen – die nicht mehr rückabwickelbar etc. sind!

Dies alles und viele weitere Punkte im ständigen Austausch mit den Betroffenen und Sozialen Einrichtungen etc.! Die Umwelt in die wir hinein geboren werden und in der wir leben hinterlässt Spuren (prägt uns). Ganz egal ob wir reich oder arm sind, beinhalten diese Spuren/Prägungen immer auch konstruktive und destruktive Seiten – keiner steht dabei hinter dem anderen zurück – wir sind alle gleich und wir sind alle gleichermaßen Betroffene!

Fazit: In allen modernen Gesellschaftsformen gibt es „Verlierer", solche die die Gesellschaft scheinbar nicht braucht bzw. nicht haben will. Diese „Verlierer" die nicht in die richtigen sozialen Schicht etc. hineingeboren wurden, werden auch noch zusätzlich Diskreditiert/Diskriminiert für etwas wofür sie nichts können. Genauso wenig wie es für einen „Gewinner" der Gesellschaft dessen Leistung/Verdienst ist ein „Gewinner" zu sein, genauso wenig ist es die Schuld eines „Verlierers" zu den „Verlierern" zu gehören – es ist schlicht Zufall! Erkennen wird dies und verbünden wir uns, anstatt uns um die Krümel die vom Tisch der „Gewinner" fallen zu streiten. Nur zusammen sind wir in der Lage unsere Position positiv auf demokratischem Weg zu verändern. Wenn die Ausgegrenzten, Schwachen, „Verlierer" einer Gesellschaft sich miteinander solidarisieren, anstatt sich gegenseitig voll Neid und Respektlosigkeit klein zu halten und damit noch kleiner zu machen, dann sind wir auf dem Weg, die Fähigkeiten aller, positiv zum Nutzen der gesamten Gesellschaft einzusetzen. Es geht hier nicht um Kommunismus, in keiner Weise, es geht hier um Humanismus, Teilhabe und dergleichen! Es ist ein langer Weg! Wer macht den nächsten Schritt?

R. Referenz zu „neuen" Thesen/Begriffen.

Von mir verwendete, definierte und neue bzw. eigene Begriffe, dieser Abhandlung werden hier aufgelistet/referenziert und mit teilweise entsprechender Kurzerklärung aufgeführt. Auflistung in alphabetischer Reihenfolge. Die jeweilige Herleitung siehe in den entsprechenden Kapiteln.

Für bereits bekannte Begriffe wie z. B. Handeln, Sein und Ich sind Definitionen angegeben, welche diese Begriffe entsprechend meinem Verständnis bzw. entsprechend meiner Auslegung beschreiben.

- A.

Abgrenzung. Siehe B5 Abgrenzung, Ausgrenzung, Diskriminierung, Fanatismus.

Abgrenzung ist das was mich zum Individuum macht. Ganz simpel fängt es damit an, dass ich einen eigenen Namen habe. Abgrenzung ist immer Ich-bezogen bzw. Abgrenzung wirkt nach innen, ich zeige mit dem Finger auf mich (nicht auf andere). …

Abstraktion. Siehe A2 Wir sind alle gleich.

Abstraktion (lateinisch abstractus = „abgezogen", „entfernen", „trennen"): …
Abstraktion ist also das Erkennen eines allgemeinen/vereinfachenden/zugrundeliegenden Prinzips. Abstraktion = Unabhängigkeit, Vereinfachung!

Abstraktion meines individuellen Seins, 3 fache. Siehe A2 Wir sind alle gleich.

Die 3 fache Abstraktion meines individuellen Seins: …

Achtsamkeit ein Grundpfeiler der Ethik. Siehe B1 Ethik.

Achtsamkeit, das ist achtsam sein, das ist Aufmerksamkeit, Geistesgegenwart, der Geist bzw. mein Sein ist mit allen Sinnen im hier und jetzt – ohne zu bewerten was ist oder/und passiert! Achtsamkeit ist eine spezielle Art und Weise von Wahrnehmung und Umgang, mit mir selbst und der Umwelt! Achtsamkeit schenkt alle Aufmerksamkeit dem Weg und kennt kein Ziel. Ein Ziel würde nur meine Aufmerksamkeit ablenken. Der Weg entsteht beim gehen, Schritt für Schritt – also ist die Art und Weise wie ich den Schritt genau jetzt mache, das allerwichtigste und benötigt somit meine volle und ungeteilte Aufmerksamkeit. …

Angst, destruktive Spirale der. Siehe B11 Angst.

Puscht mich mein eigenes Wertesystem meine eigene/individuelle selektive Wahrnehmung zu dem Punkt, ab dem meine Lebensqualität leidet und ich ohne weiteres breit bin die Rechte/Freiheiten anderer einzuschränken oder gar zu streichen (ich werde übergriffig) und andere/"Fremde" nur noch als potentielle Gefahr wahrgenommen werden, dann ist dies die destruktive Spirale der Angst.

Außersinnliche Wahrnehmung etc., Schlussfolgerung und Definition. Siehe Z9 Erkenntnisfähigkeit – Außer-Sinnliche Wahrnehmung.

Menschliche Sichtweisen und Weltbilder werden in ein/das „außen" (Bereiche außerhalb unserer Erkenntnisfähigkeit) hinein projiziert – wie Bilder in einem Spiegel oder ein Film auf der Leinwand etc. – wobei wir unser eigenes Spiegelbild bzw. diese Bilder/Filme, für das real existierende „außen" halten! Aber, egal wohin wir uns auch wenden etc., wir erkennen/sehen etc., immer nur uns selbst!

Ausgrenzung. Siehe B5 Abgrenzung, Ausgrenzung, Diskriminierung, Fanatismus.

Ausgrenzung verweigert Individuen oder Gruppen die Zugehörigkeit bzw. den Zutritt zu anderen Individuen oder Gruppen. Ich zeige mit meinem Finger auf einen einzelnen anderen. Richtet sich die Ausgrenzung auf eine Gruppe (z. B. wegen Hautfarbe, sozialer Zugehörigkeit etc.) handelt es sich um Diskriminierung! …

- B.

Blut. Siehe B17 Weltbürgerschaft.

Wir alle sind von einem Blut, alles was lebt ist ein Blut, ich bin ein Teil davon!

- C.

- D.
Destruktiv. Siehe B2 Handeln - Wertung nach Wirkung.
Destruktiv: Destruktiv bedeutet für mich insbesondere pauschale Angriffe, Diskreditierungen, Ausgrenzungen, Hetze, Diskriminierungen, Verunglimpfung und dergleichen von Gruppen bzw. pauschal aller Personen mit einer bestimmten Gruppenzugehörigkeit (Minderheiten etc.) und von einzelnen Personen z. B. durch Mobbing und üble Nachrede. …
Oder in Kurzform ausgedrückt: **Destruktiv/Zerstörerisch = es gibt Opfer (Leidtragende/Verlierer (hiermit sind nicht nur Menschen gemeint!) und Gewinner/Profiteure die den anderen etwas vorenthalten, wegnehmen egal ob ideell oder finanziell, oder sich selbst nur aufwerten bzw. besser fühlen oder machen wollen als andere), aus welchen Gründen auch immer!**

Diskriminierung. Siehe B5 Abgrenzung, Ausgrenzung, Diskriminierung, Fanatismus.
Diskriminierung richtet sich pauschal destruktiv/negativ auf alle Menschen die ein bestimmtes Merkmal bzw. Gruppenzugehörigkeit haben. Ich zeige mit meinem Finger auf eine ganze Gruppe anderer. Es wird nicht das Verhalten des einzelnen Individuums betrachtet, sondern ein Individuum ohne weiteres Ansehen der Person, und nur Aufgrund bestimmter Merkmale etc. beschimpft, verunglimpft, gemobbt etc. …

- E.
Erfolg/Glück, Misserfolg/Unglück, die 2 Ebenen/Sichtweisen von. Siehe B20 Unser Handeln – die Folgen, metaphysische Zusammenhänge.
Es gibt 2 Ebenen der Erfolg/Glück, Misserfolg/Unglück Thematik. Erstens, die Sicht der anderen. Wie nimmt meine Umwelt (Familie, Gesellschaft usw.) diese Thematik in Bezug auf mich war – wie werde ich beurteilt, was hält man von mir in dieser Hinsicht. Was sagen die anderen, bin ich ein „Gewinner" oder ein „Verlierer"? Zweitens, meine Sicht auf mich, meine Selbstbeurteilung. Halte ich mich selbst für einen „Gewinner" oder „Verlierer"? Die zweite Ebene/Sicht, meine ganz persönliche Sicht ist die Entscheidende/Ausschlaggebende, …

Erfolgsmaximierung. Siehe A3e Erfolg.
Meinen Erfolg kann ich weiter maximieren, indem ich am Erfolg anderer teilhabe bzw. den Erfolg anderer für mich nutze. Dies funktioniert besonders effektiv, wenn ich den Erfolg von etwas das größer (möglichst groß) ist als ich, ganz einfach dadurch auf mich übertrage, indem ich mich mit dem größeren solidarisiere (mich anpasse, mich opportunistisch verhalte) und dadurch zu einem Teil des größeren und seines Erfolges werde! …

Erkenntnis, der erste Weg. Siehe A Grundlagen Allgemeines.
Der erste Weg beantwortet Fragen ganz pauschal gesagt wie folgt: Ich und Gleichgesinnte sind quasi die geistige Elite (wir definieren uns einfach als solche) – wir haben recht (alles Tatsachen und Fakten basierend) und sind die Inhaber der objekttiefen/absoluten/offensichtlichen Wahrheit, welche für alles und alle richtig ist! …

Erkenntnis, der zweite Weg. Siehe A Grundlagen Allgemeines.
Der zweite Weg beantwortet obige Fragen ganz pauschal gesagt wie folgt: Ich versuche mich selbst zu relativieren und stelle dabei fest, dass ich nichts anderes bin wie meine Gegenüber/Mitmenschen. Meine Sein ist das eines Menschen genauso wie bei meinem Gegenüber/Mitmenschen – ohne wenn und aber! …

Erkenntnis, die erste Richtung. Siehe A Grundlagen Allgemeines.
Die erste Richtungen ist **von oben nach unten** bzw. vom großen ins keine bzw. von außen nach innen. Wenn ich auf der Suche nach Erkenntnis bin, also etwas wissen will dann gehe ich quasi vom Endergebnis aus und versuche mir den Werdegang, die Vorstufen und Bestandteile, auf Basis des Endergebnisses/Fertigen/Großen zu erklären. …

Erkenntnis, die zweite Richtung. Siehe A Grundlagen Allgemeines.

Die zweite Richtung ist **von unten nach oben** bzw. vom kleinen zum großen bzw. von innen nach außen. Ich versuche zuerst kleinste Bausteine/Teile zu verstehen. Anschließend nutze ich diese Erkenntnisse um mir Dinge die eine Ebene höher liegen, zu erklären. …

Erkenntnisfähigkeit, Beispiel 1. Siehe A1 Erkenntnisfähigkeit.

Frage: Wie sieht/erkennt/interpretiert ein Vogel die Welt, seine Umwelt? Antwort: Natürlich Vogel-spezifisch! Frage: Wie sieht/erkennt/interpretiert ein Fisch die Welt, seine Umwelt? …

Erkenntnisfähigkeit, Beispiel 2. Siehe A1 Erkenntnisfähigkeit.

Versuchen wir einmal folgende Sätze zu vervollständigen: Die Welt ist …! Der Mensch ist …! Egal welche Antwort/Vervollständigung wir angeben, du kannst immer sagen/fragen – und was noch – und was bedeutet/heißt meinst du mit deiner Antwort/Vervollständigung? In unserem Beispiel lassen sich also die Welt und der Mensch nicht erfassen, egal wie viele Begriffe du als Antwort/Vervollständigung verwendest. …

Erklärung des Unerklärlichen, die. Siehe B16 Sinn.

Der Mensch ist ständig auf der Suche nach Antworten/Erklärungen und damit Lösungen unter anderem um aus der Unsicherheit heraus eine Klarheit also einen gangbaren Weg zu finden. Dabei scheint er auch/selbst die Dinge die am unerklärlichsten sind (z. B. was ist nach dem Sterben) und worauf er keinen Zugriff/Wahrnehmung (z. B. durch unsere Sinne) hat, nicht nur erklären zu wollen, sondern geradezu erklären zu müssen. …

Erwartungshaltung gegenüber meiner Umwelt. Siehe A3a Wertesystem.

Mein Wertesystem/Weltanschauung/Sein ist Ausgangspunkt für mein Handeln und damit für den Umgang mit meiner Umwelt. Der Umgang mit meiner Umwelt bzw. mein Verhalten gegenüber meiner Umwelt ist wiederum grundlegend abhängig von meiner Erwartungshaltung (die Basis der Erwartungshaltung ist das was ich von anderen vorgelebt bekommen habe). …

Ethik, was ich darunter verstehe. Siehe B1 Ethik.

Nach meinem Verständnis liegt Ethik ein humanistisches Weltbild und das Streben danach zugrunde. …

Ethischer Grundsatz, erster. Siehe B19 Ethik nochmals zum Abschluss als die größte Herausforderung.

Der erste ethische Grundsatz überhaupt lautet demnach: Ethik ist gemacht für den Ort des stärksten Widerstandes in uns selbst und anderen, den Ort des stärksten persönlichen Angriffs auf mich/uns. Eben dies ohne wenn und aber anzuerkennen und Ethik trotzdem, gerade dann erst recht anzuwenden, ohne wenn und aber, ohne Einzubrechen ohne Ausreden oder Ausflüchte vorzuschieben, dafür ist die Ethik gemacht.

Ethischer Grundsatz, zweiter. Siehe B19 Ethik nochmals zum Abschluss als die größte Herausforderung.

Der zweite ethische Grundsatz lautet: Wer sich ethisch verhält bzw. Ethik anwendet um sich selbst aufzuwerten oder/und wer glaubt dadurch eine höherwertiger, besserer oder wichtigerer/wertvollerer Mensch zu werden, sein oder werden zu wollen, handelt Pseudoethik also nicht mehr authentisch sondern gewinnorientiert. Ethik ist nicht dazu da Eitelkeiten zu befriedigen oder/und deinem Ego zu schmeicheln!

- F.
Fanatismus. Siehe B5 Abgrenzung, Ausgrenzung, Diskriminierung, Fanatismus.

Fanatismus ist ein Extrembeispiel für Ausgrenzung und Diskriminierung anderer. Was ist Fanatismus und woran erkenne ich Fanatismus? …

Fanatismus, extrovertierte und introvertierte Formen. Siehe A3f Individualität, Fanatismus und Hyperreaktivität.

Fanatismus (extrovertierte Formen) z. B. in Form von Diskreditierung, Diskriminierung, Ausgrenzung und Hass sind keine geeigneten Mittel, um meine Individualität und Subjektivität auszuleben, bzw. genauso ungeeignet um Gruppen/Länder-Identitäten auszuleben! Fanatismus in diesen Formen blockiert und emotionalisiert nicht nur mich, sondern auch andere – ganz unabhängig davon welcher Meinung die anderen sind! ...

Fanatismus (introvertierte Formen) z. B. in Form von Beharrlichkeit, Dickköpfigkeit, Unnachgiebigkeit und Unbeugsamkeit, sind nicht darauf gerichtet anderen auch noch zusätzlich/primär, aktiv/direkt zu schaden, oder sie zu „vernichten", sondern ...

- G.

Gleich aber nicht identisch (identisch = völlig übereinstimmend, dasselbe), Wir sind. Siehe A2 Wir sind alle gleich.

Wir sind gleich und gleichzeitig individuell verschieden. ...

Was uns unterscheidet macht uns gleich – alle „oberflächlichen" Unterschiede basieren auf der gleichen Basis nämlich dem Leben selbst. **Ich bin (wie) Du und Du bist (wie) ich** – nicht austauschbar weil einmalig/individuell aber eins im Leben. ...

Gruppendynamik, ein paar Gedanken. Siehe A3g Selbstbeobachtung/Selbstkontrolle.

Wird von einer Gruppe/Gesellschaft etc. ein als Problem (etwas „schlechtes", „böses" und dergleichen) empfundener Sachverhalt als ursprünglich oder überhaupt von außerhalb der eigenen Gruppe etc. (Selbstverständnis jeder Gruppe, ganz egal welcher ist in der Regel, wir sind die Guten, wir sind im Besitz der objektiv richtigen Wahrheit) dargestellt, begründet (von wem auch immer) und auch letztlich auch so von der eigenen Gruppe etc. so wahrgenommen und empfunden (denn dies entspricht der kollektiven Erwartungshaltung der Gruppe – wie könnte es auch anders sein – denn wir sind ja die Guten!) dann hat dies Gruppen-Intern mehrere Wirkungen, wie z. B.: ...

- H.

Handeln. Siehe B2 Handeln - Wertung nach Wirkung.

Handeln: Mit Handeln meine ich was in meiner Umwelt Wirkung hat bzw. meine Umwelt betrifft. Wenn in dieser Abhandlung das Wort Handeln vorkommt ist damit reden, tun/handeln und auch nicht reden, nichts tun bzw. nicht handeln gemeint!

Heimat. Siehe B17 Weltbürgerschaft.

Meine Heimat ist die Erde, ich bin ein Teil davon!

Hyperreaktivität (Überempfindlichkeit und Überreaktion). Siehe A3f Individualität, Subjektivität und Fanatismus.

Alles, insbesondere auch Angst und Fanatismus haben ihre spezifischen Momente, Fälle bzw. „Anwendungen" wofür sie gedacht/gemacht sind und gebraucht werden und sogar überlebenswichtig sind! ...

- I.

Ich und Ich-Sinn. Siehe A3b Unser Ich und Sein.

Unser Ich bzw. Ich-Bewusstsein ist ein zusätzlicher Sinn:

Unser ich ist die Kommunikationsplattform unseres Seins und besonders wichtig für die Selbst/Interne-Kommunikation unseres Seins – also die Kommunikation unseres Seins mit unserem Sein! ...

Idealisierung. Siehe B2 Handeln - Wertung nach Wirkung.

Idealisierung: Überhöhung von Dingen, Theorien, Ideologien etc. auf eine Ebene der Unantastbarkeit, auf der nur noch objektive, unzweifelhafte Wahrheiten/Tatsachen etc. existieren.

Idee, eine „verrückte". Siehe C Politik – eine neue Perspektive.

Ich habe da eine „verrückte" Idee. Tun wir uns doch zusammen und erkämpfen uns (auf Grundlage der Demokratie) gemeinsam die uns vorenthaltenen Rechte/Leistungen, um alle ein menschenwürdiges Leben (soziale Teilhabe, raus aus der Verwahrlosung, raus aus geerbter Armut, etc.) führen zu können! Als einzelne oder jede einzelne Gruppe für sich haben wir kaum eine Stimme, tun wir uns aber zusammen (auch international) sind wir eine Größenordnung an der man nicht vorbeikommt! ...

Individuelles Sein als Ursache meins Handelns. Siehe B2 Handeln - Wertung nach Wirkung.
Mein individuelles Sein als Ursache meines Handelns:

Wie sieht mein Wertesystem/Sein aus, was ist mir wichtig, welche „Weichen" sind gestellt? Es werden hier Punkte aufgeführt die nicht zwangsläufig zu destruktivem Verhalten führen oder an sich destruktiv sind, aber aus meiner Sichtweise (insbesondere bei gleichzeitigem vorkommen mehrerer Punkte) trotzdem zumindest besonderer Aufmerksamkeit wegen einer Tendenz in destruktive Richtung bedürfen. ...

- J.

- K.

Körper und Geist sind eins. Siehe A3b Unser Ich und Sein.

Manchmal wird unser Ich/Sein als getrennt in Körper und Geist (und ggf. Seele etc.) betrachtet. Dies ist z. B. zur Abgrenzung von körperlichen oder geistig/seelischen Befindlichkeiten/Erkrankungen etc. sinnvoll, um Dinge spezifischer benennen zu können. Körper und Geist (etc.?) sind aber eins und getrennt voneinander, zumindest in der vorliegenden Form unserer Existenz, nicht denkbar.

Ein Individuum ist ein spezifischer/individueller Organismus. Genauso wenig wie das Herz ohne Lunge funktioniert bzw. sein kann, genauso wenig kann der individuelle Geist ohne Körper sein. ...

Kriterien des Lebens. Siehe A2 Wir sind alle gleich.

Leben wird nach/durch 2 Kriterien definiert (Grundlage des Lebens): 1. Die Biologie (Genetik etc.) 2. Der Ort bzw. die Umwelt (Umgebungs-Bedingungen, Sozialisation etc.) ...

- L.

- M.

Maximal-Toleranz. Siehe B1 Ethik.

Maximal-Toleranz = Meine Toleranz anderen (deren Meinungen, Thesen, Taten etc.) gegenüber hört da auf wo diese in die Rechte/Unversehrtheit dritter eingreifen bzw. dritten geschadet wird (z. B. Beschimpfung/Verunglimpfung von ganzen Menschengruppen/Minderheiten)! Keine Toleranz für Übergriffigkeiten! Dabei aber immer den Minimal-Konsens einhalten!

Menschen-Sorge. Siehe B19 Ethik nochmals zum Abschluss als die größte Herausforderung.

... Der Begriff Menschen-Sorge fasst das ganzheitliche Prinzip und eine Hilfe auf Augenhöhe (Gleiche unter Gleichen), in Respekt und Achtsamkeit (im Umgang mit sich selbst und anderen) ohne Vorbedingungen, ohne Ansehen der Person, ohne Kritik, ohne Überheblichkeit und ohne Schuldzuweisungen, zusammen! ...

Minimal-Konsens. Siehe B1 Ethik.

Minimal-Konsens = Wir sind alle gleich und begegnen uns entsprechend mit Respekt, vorbehaltlos und ohne Misstrauen! Aus dem Bewusstsein heraus, dass ich weder schlechter noch besser bin als andere – also Begegnung ohne zu werten bzw. sich selbst und den anderen zu bewerten und damit Verzicht auf Vorurteile, persönliches diskreditieren oder persönliches überhöhen. Wir sind alle gleich! Begegnung auf Augenhöhe.

Mitte, Definition der individuellen. Siehe B2 Handeln - Wertung nach Wirkung.
Definition der individuellen/inneren Mitte:
Ausgangsbasis ist die Feststellung, dass meine aktuelle persönliche Befindlichkeit (himmelhoch jauchzend oder zu Tode betrübt) mein Handeln stark beeinflusst. Ich kann also mein Handeln nie unabhängig/getrennt von meiner Befindlichkeit sehen bzw. werten und damit ist in Folge auch die Wirkung meines Handelns nicht unabhängig von meiner Befindlichkeit. …

Moderne Gesellschaft = Selbst-Zerstörung! Siehe C Politik – eine neue Perspektive.
Die moderne Gesellschaft muss zerstören/fressen, ständig und permanent ohne Unterlass! Denn wenn Zerstörung und das Fressen enden würden, dann wäre das auch das Ende der modernen Gesellschaft – zumindest wie wir sie bisher kennen! …

- N.
Nirwana. Siehe B18 Woher – Wohin.

- O.
Offenen Arme, Praxis der. Siehe B3 Diskussions- Streit- Kultur.
Diese Taktik hat bei mir geholfen weil es meine Taktik ist die von mir angewendet wird. Wie gut oder schlecht diese Taktik bei jemand anderem funktioniert oder funktionieren kann, vermag ich nicht festzustellen. Jeder muss da leider seinen eigenen Weg gehen und seine eigene passende Taktik entwickeln. Diese Abhandlung ist ja auch kein „Ratgeber für Lebensfragen". Aber vielleicht kann meine Taktik doch zumindest einen Hinweis geben aus dem sich was machen lässt. …

Opfer. Siehe B2 Handeln – Wertung nach Wirkung.
Grundsätzlich geht es hierbei um tatsächlich bereits passierte Handlungen! Die Wirkung dieser Handlung muss bereits eingetreten sein bzw. zumindest der Beginn einer Wirkung muss eingetreten sein, …
Also nochmal zusammengefasst: **Opfer = Handlung bereits passiert, Wirkung passiert/entfaltet sich ebenfalls gerade, Wirkung ist überwiegend Destruktiv, es gibt aktuelle Gewinner und Verlierer!**

Opportunismus, Gravitation unseres Mensch-Seins. Siehe A3d Opportunismus.
Opportunismus ist eine vielgestaltige und vielfach verwobene Kraft, die bei uns (als soziale Wesen) in vielfacher Hinsicht, für gegenseitige Anziehung und Bindung sorgt! Opportunismus ist die Gravitation unseres Seins, Opportunismus ist das, was uns „auf Gedeih und Verderb" zusammenhält! Oder anders ausgerückt, wie in einem Songtext (Gruppe: Cheap Trick von 1979) "ich brauche dich, damit du mich brauchst, ich liebe dich damit du mich liebst, ...". Gebraucht und geliebt werden sind Beispiele für …

Optimist. Siehe B8 Vertrauen.
Ein Optimist (ein positiv eingestellter, offener Mensch) ist jemand der Vertrauen hat – Vertrauen in das Leben selbst.

- P.
Pessimist. Siehe B8 Vertrauen.
Ein Pessimist (ein destruktiv eingestellter, misstrauischer, ängstlicher Mensch) ist jemand der „jegliches" Vertrauen verloren oder nie besessen hat. Er vertraut weder seinen Mitmenschen noch dem Leben, er fühlt sich ausgesetzt/ausgeliefert. …

Position der Abhängigkeit, Position der Unabhängigkeit. Siehe A3g Selbstbeobachtung/Selbstkontrolle.
Betrachte verschiedene Entscheidungen, Handlungen und Wege die gegangen werden. Dabei kann man feststellen, dass vielfach aus einer „Position der Abhängigkeit" heraus entschieden und gehandelt wird. Unter „Position der Abhängigkeit" verstehe ich Handeln (incl. nicht handeln) das z. B. auf folgenden Umständen/Situationen und Dingen basiert, herrührt oder sogar von diesen diktiert wird und also nicht eindeutig ist, sondern abhängig von eben diesen Umständen etc.: …

- Q.

- R.
Reinkarnation. Siehe B18 Woher – Wohin.

Relativität. Siehe A2 Wir sind alle gleich.
Relativität (lateinisch relatus, PPP referre = „sich beziehen auf", „beurteilen nach", „zurücktragen"
davon abgeleitet relativus - sich beziehend auf etwas, bezüglich): ...
**Relativität ist also das erkennen von Beziehungen/Abhängigkeiten bzw. sich gegenseitig
bedingenden Zusammenhängen. Relativität = Abhängigkeit, Komplexität!**

Relativität des Seins, 3 fache. Siehe A2 Wir sind alle gleich.
Die 3 fache Relativität des Seins bzw. unserer Existenz an sich, in Kurzform: ...

Relativität des Seins, Beispiel. Siehe A4 Die Relativität des Seins anhand eines Beispiels.

- S.
Sein, Entstehung und Definition des Seins-Begriffes. Siehe A3b Unser Ich und Sein.

Sein, oberstes Prinzip des Seins. Siehe A3b Unser Ich und Sein.
Bedingungslose Selbst-Konsistenz ohne Rücksicht auf Verluste!

**Sein, Was das Sein will bzw. die Funktionsweise unseres Seins. Siehe A3b Unser Ich und
Sein.**

Sein, Funktionsweise unseres Seins – Kurzfassung. Siehe A3 Unser Handeln.
Das Fundament unseres Seins, bestehend aus Art-spezifischer und Individuum-spezifischer
Erkenntnisfähigkeit, Individualität, Subjektivität, Opportunismus, Egoismus, Fanatismus,
Wertesystem, Emotion als solches (als Grund/Auslöser/Antrieb zur Ermöglichung unseres
Wollens) und das Wollen als solches (als Grund/Auslöser/Antrieb zur Ermöglichung unseres
Handelns), ist auf Erfolg, Sinn und Selbstverwirklichung ausgerichtet/fixiert und findet seinen
Ausdruck/Umsetzung/Verwirklichung in unserem handeln (incl. nicht handeln)!

**Selbstbeobachtung und Selbstkontrolle, Beispiel aus meiner täglichen Praxis. Siehe A3g
Selbstbeobachtung/Selbstkontrolle.**
Mir fiel und fällt auf dass manche Personen in Bezug auf die Themen über die sie sprechen
zwischen 2 Extremen (und dies nahezu ohne Zwischenstufen) hin und her wechseln. Entweder
wird in Bezug auf sich selbst angegeben (geprotzt und geprahlt etc.) oder in Bezug auf andere
gelästert (geschimpft und verächtlich geredet etc.)! ...

**Sinn (als Leitbild/Orientierung) des eigenen Seins, Das Bedürfnis nach einem höheren.
Siehe B16 Sinn.**
Dem menschlichen Sein (ganzheitliche Sicht) eigen, ist/scheint das Bedürfnis nach einem ihn
selbst übersteigendem höheren (das er an Wichtigkeit/Wertigkeit über sich selbst stellt), nach
etwas an dem er sich orientieren kann – das er als Sinn bezeichnet bzw. als Sinn Verwendung
findet. ...

Sinn, Selbstverwirklichung, Erfolg und Zufriedenheit – Zusammenhänge. Siehe B16 Sinn.
Das was in meinem Leben Sinn macht, seht in direkter Verbindung und Wechselwirkung mit
meiner Selbstverwirklichung, dem was ich als Erfolg empfinde und mit meiner Zufriedenheit. ...

Stolz. Siehe B17 Weltbürgerschaft.
Ich bin stolz darauf ein Teil der Erde sein zu dürfen!

- T.
Tagtraum. Siehe A3a Wertesystem, und weitere Textstellen.

Tagtraum. Siehe B Umsetzung Allgemeines – die Praxis – Was bleibt bzw. was tun.
Alles scheint Relativ und Vage, ein leben im Tagtraum. Was bleibt, wenn man all die Thesen der Grundlagen berücksichtigt bzw. umzusetzen versucht? ...

Tagträumer. Siehe B3 Diskussions- Streit- Kultur.

Transzendenz. Siehe A1 Erkenntnisfähigkeit.
Hier noch ein paar Worte zum Thema Transzendenz (übersteigen der möglichen/endlichen Erfahrungswelt unserer Sinne als zusätzliche Erfahrungs- Erkenntnis- Ebene die über uns (unser Sein) hinausgeht) und Immanenz (das in den Dingen bzw. uns vorhandene und daher ohne Transzendenz erfahrbare). ...

Türsteher, der. Siehe A3g Selbstbeobachtung/Selbstkontrolle.
Mein „Über"-Ich als Türsteher meines Seins. Beobachte dich selbst, stelle dich neben dich und beobachte! Steuerndes Eingreifen als „Geistespflege"/Reinigung für den Geist. Das Ich als Türsteher meines Seins ...

- U.
Unzufriedenheit und Leid, Ursachen für. Siehe B15 Unzufriedenheit/Leid.
Ursachen für Unzufriedenheit und Leid sind z. B.:
a. Sich mit anderen zu vergleichen. ...
b. Zu hohe Erwartungen. ...
c. Dazu gehören wollen (soziale Wesenheit verwirklichen wollen). ...
d. Leistung als oberstes Dogma der sog. Leistungsgesellschaft. ...
e. Konsum als Pseudo-Befriedigung. ...
f. Unnötige Abhängigkeiten. ...
g. Sinnlosigkeit des Lebens, innere Zerrissenheit und Resignation. ...
h. Nicht loslassen können. ...
i. Inakzeptanz des Leids als Teil unseres Mensch-Seins. ...
j. Andere belehren, Objektivität/Subjektivität meines „Wissens". ...
k. Mehreren/fremden „Herren" dienen wollen. ...
l. Das Müssen. ...
m. Angst. ...
n. Liebe, Hass. ...
o. Erwartungshaltung. ...

Urvertrauen. Siehe B8 Vertrauen.

- V.
Verantwortung. Siehe B17 Weltbürgerschaft.
Meine Verantwortung gilt gegenüber allem lebenden, ja gegenüber dem gesamten Planeten Erde, den ich bin ein Teil davon!

Verstärkung. Siehe B2 Handeln - Wertung nach Wirkung.
Verstärkung: Verstärkung meines individuellen Seins (Selbstbestätigung, Selbstverstärkung) auf zwei Wegen. Erstens durch innere Mechanismen des Seins wie subjektive, selektive Wahrnehmung! Dabei nehme ich verstärkt das wahr was mich interessiert (mein Weltbild bestätigt) und mein Sein bestätigt/aufwertet, alles andere „existiert" nicht bzw. ist unglaubwürdig! ...

Volk. Siehe B17 Weltbürgerschaft.
Mein Volk sind alle Menschen, alles was lebt, ich bin ein Teil davon!

Vollkommen bzw. perfekt, wir alle (hier und jetzt) sind,
alles Leben ist, ja das ganze Universum ist vollkommen bzw. perfekt! Alles ist vollkommen/perfekt, ohne Ausnahme und ohne wenn und aber! Siehe A3b Unser Ich und Sein.

Vollkommenheit - Seins-Vollkommenheit, Wertungs-Vollkommenheit.
Siehe A3b Unser Ich und Sein.

- W.
Was will ich glauben. Siehe A3a Wertesystem.
Was will ich glauben (auch ohne wissenschaftlichen Beweis, bzw. ich suche mir halt irgendwelche passenden „Beweise") weil es zu meinem persönlichen Wertesystem passt (wie ein fehlendes Puzzleteil) und dieses also/damit stärkt. **Was will ich nicht glauben** weil …

Werkzeugkiste, ein Gedankenexperiment. Siehe A3f Individualität, Fanatismus und Hyperreaktivität. Als erstes stelle ich mir vor, dass ich selbst eine Werkzeugkiste bin. Ich stelle mir vor, dass z. B. Egoismus, Opportunismus und Fanatismus, verschiedene Werkzeuge und Materialien in dieser Werkzeugkiste sind. …

Wertesystem - Aufbau und Funktionsweise. Siehe A3a Wertesystem.
Differenzen z. B. bei einem Streit entstehen/basieren nicht auf sog. Fakten, sondern auf der unterschiedlichen Wertung (Einordnung, Relativierung etc.) der Fakten, bzw. der unterschiedlichen Wertung meiner ganz individuellen/subjektiven als Fakten anerkannten Werte. Was ist für mich ganz persönlich Wichtig, was ist Vernachlässigbar. Hier streiten also NICHT Fakten, sondern es kollidieren Weltanschauungen/Wertesysteme. …

Wertung nach Wirkung – Grund-Voraussetzungen und Ablauf. Siehe B2 Handeln - Wertung nach Wirkung.
Um ein „Wertung nach Wirkung" überhaupt vornehmen zu können braucht es also folgende Grund-Voraussetzungen: **(1)** Es geht grundsätzlich/immer um eine einzige, einzelne/bestimmte Person die handelt (nicht um eine Gruppe etc.)! **(2)** Eine Handlung muss bereits passiert sein! **(3)** Eine Wirkung dieser Handlung muss bereits eingetreten sein bzw. beginnen, also erste Wirkung zeigen! **(4)** Es gibt aktuell/bereits Betroffene! **(5)** Habe ich diese Grund-Voraussetzungen festgestellt, **(6)** dann kann ich davon ausgehend die Wirkungen bewerten (gibt es Opfer etc.) und **(7)** anschließend entsprechend handeln! Es geht also immer um einen tatsächlichen, passierten, aktuellen Fall und die Folgen des Handelns einer einzelnen/einzigen Person!

Wille-Handlung-Verantwortung Bedingtheit, die. Siehe B10 Verantwortung.
Also, auch wenn mir Gesetze, Vorgesetzte, „Höhere" Mächte, Weltanschauungen etc. erlauben bzw. den „Auftrag", die Weisung für irgendein Handeln geben (direkt oder indirekt bzw. von mir so angenommen/interpretiert), so entbindet mich dies nicht von der Verantwortung – weil ich ja derjenige bin der Handelt bzw. ohne mich wäre dieses Handeln nicht passiert! …

Wirkung. Siehe B2 Handeln - Wertung nach Wirkung.
Wirkung: Jedes Handeln (Definition siehe oben!) hat Folgen. Mit Folgen sind hier direkte Wirkungen (z. B. aktueller Streit bei einem spezifischen Thema) und bereits beginnende, indirekte/verzögerte Langzeitwirkungen (z. B. Soziales etc. Klima in einer/der Gruppe/Gesellschaft, Beeinflussung von Hemmschwellen, der Erwartungshaltung gegenüber anderen und unterschwellige Langzeit-Konditionierung) gemeint, die tatsächlich und aktuell bereits Wirkung zeigen! …

Wirtschaftshörigkeit und Wachstumshörigkeit. Siehe C Politik – eine neue Perspektive.
Die Annahme, dass es allen automatisch gut/besser geht (Wohlstand für alle), wenn es nur der Wirtschaft gut geht, - eine Annahme die von Generation zu Generation quasi als gegeben vermittelt wird – ist grundsätzlich falsch! …

- X.

- Y.

- Z.

Z. Schlussbemerkungen.

Wie zu erfahren war, gibt es keine objektive Sichtweise, alles wird durch das individuelle Sein definiert, bewertet und ist dadurch automatisch begrenzt/subjektiv. Alles ist subjektiv und nichts ist objektiv. Unser Sein ist außerdem auf verschiedenste Weise relativ! Wir sind alle gleich weil wir alle, bzw. alles Leben auf den zwei Kriterien Biologie und Umwelt basiert, etc.! Was uns unterscheidet macht uns gleich! Jeder lebt in seinem individuellen Tagtraum. Den freien Willen gibt es nicht! Jeder hat recht (z. B. bei einem Streit) denn jeder argumentiert etc., auf Basis seines individuellen/subjektiven Seins und deshalb logisch etc. richtig (in sich schlüssig)! Wir selbst, das Individuum ist der Ausgangspunkt für alles – alles, egal ob „gut" oder „schlecht" existiert nur dann und nur dadurch, dass es durch ein Individuum gelebt wird! Wir sind alle stets Gleiche unter Gleichen! Niemand kann seinem individuellen Sein bzw. sich selbst entfliehen. Das einzig greifbar im täglichen Leben, an dem wir uns orientieren können, ist der Humanismus bzw. die Ethik, basierend auf dem Grundsatz – behandle andere (bzw. deine Umwelt) so wie du selbst behandelt werden willst!

Dies als Basis schafft unendliche Freiheit und Möglichkeiten, so sein zu dürfen/können wie man will. Alles individuelle ist relativ, also nur im Bezug zum jeweiligen Individuum vorhanden/existent. Du bist, wie du bist und das ist gut so, darin ist weder Schuld noch Verdienst, denn Individualität ist ein Privileg. Nimm dir also die Freiheit und mach dir doch die Welt wie sie dir gefällt. Auch wenn dein Wille nicht frei ist. Da wir also auch darin alle gleich sind, bleibt uns als gemeinsamer Halt in unserem Sein, nur die Ethik als unmittelbar Erfahrbar und Anwendbar. Habe Vertrauen in dich und nutze deine Freiheit.

Hier zum Schluss möchte ich beispielhaft und zum besseren Verständnis unseres Mensch-Seins, eine der Erklärungen zur Funktionsweise unseres Mensch-Seins (siehe Kapitel A3 Unser Handeln), wiederholen: => **Funktionsweise unseres Seins - Kurzfassung.**
Das Fundament unseres Seins, bestehend aus Art-spezifischer und Individuum-spezifischer Erkenntnisfähigkeit, Individualität, Subjektivität, Opportunismus, Egoismus, Fanatismus, Wertesystem, Emotion als solches (als Grund/Auslöser/Antrieb zur Ermöglichung unseres Wollens) und das Wollen als solches (als Grund/Auslöser/Antrieb zur Ermöglichung unseres Handelns), ist auf Erfolg, Sinn und Selbstverwirklichung ausgerichtet/fixiert und findet seinen Ausdruck/Umsetzung/Verwirklichung in unserem handeln (incl. nicht handeln)! **<=**

Sei auf dem Weg, stets Aufmerksam. Du bist Gleicher unter Gleichen, niemand ist mehr oder weniger Wert etc. als du! Fürchte nichts und niemand. Du bist frei und das Zentrum des (deines) Universums. Alles ist relativ, auch die Relativität ist relativ. Deine Meinungen und Werte sind nicht mehr, aber auch nicht weniger wert/wichtig als die Meinungen und Werte irgendeines anderen.

Zum Schluss möchte ich gerne Rückmeldungen (Anregungen, Kritik usw.) von euch, insbesondere zu folgenden Fragen:

- Ist etwas unverständlich bzw. was ist unverständlich?

- Wo fehlen Herleitungen, Beispiele und dergleichen?

- Welche Begriffe (wie z. B. Sein) sind nicht verständlich bzw. vollständig oder missverständlich erklärt?

- Gibt es Widersprüchlichkeiten, und wenn ja, wo?

- Welche Erfahrungen habt ihr gemacht mit „Wertung nach Wirkung"?

- Welche Frage(n) wurden noch nicht gestellt oder/und beantwortet?

- Sonstige Fragen, Anregungen oder/und Kritik?

=> Ich bin für Rückmeldungen (ohne Antwortgarantie) erreichbar - speziell für dieses Buch - über meine Email: ullis-tagtraum@gmx.de

Als Inspiration und Quellen, die mir halfen meine Gedanken zu erkennen und in Worte zu fassen, möchte ich beispielhaft nachfolgend einige anführen. Das Studium Ihrer Veröffentlichungen, Erkenntnisse und Gedanken (unabhängig davon ob ich diesen zustimme oder sie ablehne) half mir meine latenten Erkenntnisse zu erkennen, bzw. half meiner Selbsterkenntnis. So wurde es mir möglich Erkenntnisse, die latent/schlummernd in mir auf ihre Entdeckung/Erkennen warteten zu erkennen, bzw. bewusst werden zu lassen und zu formulieren.

Danke an alle, die mir bei der Selbstfindung und Selbsterkenntnis gestern, heute und morgen geholfen haben und helfen werden, und es mir so ermöglichen weiter zu erkennen und zu lernen. Insbesondere ein herzliches Danke an alle mit denen ich „streiten" durfte und musste, danke an Freunde, Mitstreiter, Kritiker und Gegner!

Danke an alle, die mir direkt und indirekt geholfen haben meine Gedanken/Erkenntnisse in dieser Form vorzulegen!

Quellenangabe: Ich habe mich vorwiegend durch Dokumentationen, Sendungen und Berichte von ARTE, BR (Bayrischer Rundfunk Fernseh-Berichte), ARD, ZDF und SWR 1 Baden-Württemberg (Südwestrundfunk), informiert. Schwerpunkt waren dabei z. B. Folgende Themen: Erkenntnisse über unser Bewusstsein, die Entstehung der Art Mensch, Armut in Deutschland, Politik, Psychologie und Philosophie. Außerdem habe ich weitere Dinge, wie z. B. Begriffsdefinitionen, aus Google und Duden. Weitere Quellenangaben siehe auch direkt in den entsprechenden Textsequenzen.

Durch Wikipedia habe ich mich unter anderem über folgende Wissensgebiete informiert:

Arendt, Hanna;
Buddha;
Daoismus;
Fromm, Erich;
Kant, Imanuel;
Konfuzius;
Marx, Karl und Engels, Friedrich;
Michael, Moore; Dokumentarfilm „Bowling for columbine";
Nietsche, Friedrich;
Nihilismus;
Schopenhauer, Arthur;
Spinosa;
Werner, Gustav.

Sollte einmal jemand zu mir sagen, „Du bist ein hoffnungsloser, unverbesserlicher „Tag"-Träumer!", dann kann ich immer antworten, „Das stimmt, toll es freut mich, dass Du mein Buch gelesen hast!".

Hoppla, das hätte ich fast vergessen, hier direkt im Anschluss folgen noch ein paar kleine Kapitel!

Herzlichst

Ulli Bauer

Z1. Faszination Leben.

Die Welt bzw. das Universum hat Aufgrund kosmischer Konstanten und des seit dem Urknall andauernden Zusammenspiels der Dinge, die da sind und geschehen (Kausalitäten) und der Interaktion der Möglichkeiten, in sich selbst und aus sich heraus, im laufe der Zeit, Leben erschaffen! Leben, das ist etwas ganz neues, eine ganz neue Dimension im Universum!

Dieses neue zweite Dimension im Universum beinhaltet alles Leben welches z. B. Wahrnehmung, Emotionen, das Wollen oder nicht Wollen usw. umfasst! Diese Dimension beinhaltet auch die Selbsterkenntnis des individuellen Seins und die Erfindung des Ich. Aber es entstand (eng mit der zweiten Dimension verknüpft) auch noch eine dritte Dimension im Universums – die Dimension der Erkenntnis, Beobachtung und Beschreibung des Universums selbst.

Die drei Dimensionen des Universums in Kurzform:
1. Materie, Energie, Raum, Zeit etc.!
2. Leben!
3. Erkenntnis, Beobachtung und Beschreibung!

Diese drei Dimensionen des Universums existieren gleichzeitig und untrennbar und sich gegenseitig bedingend und im selben Moment an der selben Stelle.

Somit ist im Universum aufgrund des vorhandenen Potenzials, aus sich selbst heraus etwas entstanden, das sich sozusagen selbst erkennen, beobachten und beschreiben kann! Das Universum hat sich sozusagen – aus sich selbst heraus - seine eigenen Beobachter und Beschreibenden, erschaffen, um sich selbst zu erkennen, beobachten und zu beschreiben!? Man könnte auch noch weiter gehen und folgende Aussage machen - **das Universum hat sich aus sich selbst heraus sein eigenes Bewusstsein erschaffen!**

Solch eine Sichtweise ist natürlich nur in der Nachbetrachtung möglich! Bei anderen Voraussetzungen, anderen kosmischen Konstanten etc., hätte es vielleicht max. nur die erste Dimension des Universums gegeben. Auch ist diese Sichtweise wiederum sehr spezifisch, weil auf Basis unseres Mensch-Seins mit daraus resultierender sehr Art-spezifischer Erkenntnisfähigkeit!

Fragen: Zu welchen Dingen ist dieses Universum noch in der Lage bzw. was ist noch alles im Universum vorhanden oder gerade am entstehen? Kann es bzw. wird es noch weitere Dimensionen geben oder gibt es solche bereits? Relativ sicher scheint zu sein, dass alles sich evolutionär entwickelt bzw. dass alles auf etwas vorhergehendes aufbaut!

Z2. Internet, Soziale Medien, digitalisierte Welt – Effekte, Folgen, Konsequenzen.

Das Individuum wird zur öffentlichen Person! Dies geschieht durch totale Überwachung, Kontrolle, Beobachtung, Preisgabe meiner Privatsphäre durch mich selbst, Protokollierung etc.! Dies wird von Fremden und von mir selbst gefördert und vorangetrieben! Konsequenzen!?

Ende des Privatlebens! Online-Exibitionismus durch Veröffentlichung privatester Dinge, zu jeder Zeit und zu jedem Anlass! Alles wie ein öffentliches Tagebuch bzw., Stunden/Minuten-Buch! Das Ganze passiert ohne Grenzen, es kommt sogar zu „Missbrauch" der eigene minderjährigen Kinder indem man sie permanent in Bild und Ton aufnimmt und ab der Geburt ins „Netz" stellt. Konsequenzen!?

Anonyme Täter und Täterinnen! In der digitalen Welt kann ich auch ganz anonym unterwegs sein. Anonym kann ich andere indirekt und direkt (Mobbing, Beleidigung, Bedrohung etc.), angreifen und ihnen Schaden zufügen! Ich kann sogar meine(n) „Ex" bloßstellen, stalken usw.! Und ich kann dies tun, weil ich dabei nicht einmal mit Konsequenzen rechnen muss. Konsequenzen!?

Verlagerung unseres Mensch-Seins immer mehr in fiktive und von anderen Menschen gemachte, aufbereitete, vorgefertigte, künstliche und interpretierte, reduzierte/eindimensionale Welten bzw. Schablonen! Leben und Ausleben in virtuellen Welten! Keine bzw. starke Reduzierung direkter/unmittelbarer/"analoger" Erfahrungen aus erster Hand, die ich selber in der realen/multidimensionalen Welt mit mir und realen/echten Personen mache! Konsequenzen!?

Die direkte/unmittelbare/"analoge" Mensch zu Mensch Kommunikation, ganz ohne Verwendung zwischengeschalteter Medien (Smartphone, Videokonferenz, SMS, Soziale Medien, usw.), wird immer weniger! Konsequenzen!?

Alles geht von Zuhause aus. Man braucht seine Wohnung nicht mehr zu verlassen. Essen, Trinken etc. kann online bestellt werden und der Lieferdienst bringt es zu mir. Egal ob Ämter, Behörden, Banken, Informationen, Unterhaltung/Filme, Soziale Kontakte, „Reden", „Sex", einfach alles geht online! Konsequenzen!?

Das „System" kennt mich, und weiß was mir gefällt! Es wird mir immer mehr das angeboten, was mir gefällt bzw. Beiträge die meiner Meinung und meinem Weltbild entsprechen! Ich werde immer mit dem gleichen gefüttert und mein Ego/Weltbild dadurch immer noch mehr bestätigt und gefestigt! Das ist ein sich selbst optimierendes System! Alles andere interessiert mich ja sowieso nicht und erscheint somit immer weniger, bzw. gibt es einfach nicht, in meiner fokussierten Welt! Konsequenzen!?

Um sich greifendes Schwarz-Weiß-Denken das keine Graustufen etc. mehr zulässt. Wer nicht für mich bzw. meine Gruppe ist, der ist gegen mich bzw. meine Gruppe. Zunehmende Intoleranz, Mobbing, Übergriffe, Diffamierung und Diskriminierung von Einzelpersonen und Gruppen, nur weil diese in bestimmten Punkten eine andere Meinung haben. Konsequenzen!?

Internet, Soziale Medien etc. begünstigen z. B. in USA und Europa die Entwicklung von zunehmend inhomogenen Gesellschaften bzw. Parallel-Gesellschaften! Dies aufgrund einer immer größeren Anzahl kleiner und wachsender Gruppen, die losgelöst vom Rest des Gesellschaft ihren spezifischen Ideen/Interessen nachgehen/entwickeln, ohne zwangsläufige Berührungspunkte mit anderen Personen/Gruppen in der realen Welt, bzw. ohne sich im Austausch mit anderen Personen/Gruppen befinden zu müssen! Relativierung und Erdung (durch Kontakt mit andersdenkenden Freunden) gehen verloren! Konsequenzen!?

Internet, Soziale Medien etc. begünstigen z. B. in China die Entwicklung einer zunehmend homogenen Gesellschaft bzw. gleichgeschalteten Gesellschaft! Dies aufgrund vermehrter Zensur, Propaganda etc.! Totale Kontrolle und Steuerung der Medien. Nur ein Meinungsbild, absolute soziale Kontrolle mit entsprechenden Sanktionsmöglichkeiten und Disziplinierungsmöglichkeiten! Konsequenzen!?

Zunehmende Reduzierung und Auflösung von Hemmschwellen durch immer mehr und härtere Killerspiele, Pornographie und immer mehr Konsum von solchen Dingen! Immer stärkere Reize werden gebraucht. Es kommt zu Wahrnehmungsveränderungen, Verrohung etc.! Konsequenzen!?

Entfremdung von sich selbst und anderen (man versteht sich selbst und andere nicht mehr, wegen Mangel an realer Kommunikation und realem Kontakt etc.) und Selbst-Domestizierung (der Mensch wird eine Art „Haustier" ohne Bezug/Kontakt zur „Realität/Wildbahn")! Konsequenzen!?

→ **Kumulative und multiplikative neue/zusätzliche Effekte, Folgen, Konsequenzen und Nebenwirkungen durch das gleichzeitige auftreten der obigen Punkte!**

Entfremdung und Anonymisierung der Sprengstoff für unser Miteinander – die digitale Revolution als einer der Gründe und Treiber!
Digitale Revolution (z. B. künstliche Intelligenz, Bewertungssysteme, soziale Medien, Microtargeting), **verstärkt Entfremdung und Anonymisierung** (Aufhebung direkter, unmittelbarer, echter, realer Multilevel-Kontakte zu echten Individuen, bzw. zu echtem Leben, als Folgen z. B. Selbstentfremdung, Wahrnehmung nur noch von digital passend gemachtem, vorgefiltertem und vorgekautem – Entfremdung und Anonymisierung nicht „nur" in Wirtschaft und Arbeitswelt, sondern ZUSÄTZLICH bzw. NEU bis hinein in unsere privatesten Kontakte/Dinge – man kennt sich nicht mehr, weil man sich nicht mehr auf herkömmliche Art und Weise kennenlernt etc.), **verstärkt Fanatismus** in all seinen destruktiven, extrovertierten Formen (Intoleranz, Rücksichtslosigkeit, Mobbing, Diskreditierung, Diskriminierung, Ausgrenzung, Rechthaberei usw.)!

Z3. Künstliche Intelligenz, das „neue" Level der digitalen Welt.

Bei künstlicher Intelligenz (Englisch=AI=Artificial Intelligenz) geht es um die Digitalisierung bzw. Automatisierung von menschlichen Eigenschaften und Fähigkeiten! Es geht also um die Herstellung externer, vom Menschen getrennter, unabhängiger und autonom aktiver „menschenähnlicher" Programme etc., die den Menschen unterstützen/ersetzen etc. können! Beispiele sind, autonomes lernen, intelligentes Verhalten, eigenständig Probleme lösen/handeln, Mustererkennung/Abstraktion. Alles auf Basis von Rahmenprogrammen (Zielvorgaben, Algorithmen, „Wertesystemen, Weltanschauungen") die von Menschen einprogrammiert/vorgegeben werden!

Künstliche Intelligenz kommt aber nicht unbedingt, zwangsläufig als ganzes vor, wie bei einem menschlichen Gehirn. Künstliche Intelligenz und deren Fähigkeiten/Teilbausteine, können sich in vielen Anwendungen und unabhängig voneinander befinden. Diese Fähigkeiten etc. arbeiten einander zu, ohne voneinander zu wissen. Bei künstlicher Intelligenz (KI) handelt es sich also auch um komplexe Systeme/Programme/Algorithmen etc., die nicht mehr nur anfallende Informationen sammeln, sondern künstliche Intelligenz ermittelt AKTIV Informationen! Anschließend werden die „abgegriffenen" Informationen durch weitere KI/Programme/Algorithmen interpretiert, um neue Informationen zu gewinnen/generieren! Diese neuen Informationen werden von weiteren KI/Programmen/Algorithmen bewertet etc. um weitere Informationen zu generieren die ein Ziel und eine Absicht in Bezug auf die Steuerung/Manipulation des Benutzers haben/beinhalten. Diese neuen benutzerspezifischen Informationen werden im nächsten Schritt zu neuen „Benutzer verständlichen" Informationen aufbereitet! Diese Informationen werden an den Benutzer geschickt bzw. diesem zur Verfügung gestellt.

Beispiele, wo und wofür künstliche Intelligenz „gebraucht" und eingesetzt wird: Verbraucher-Steuerung, Autonomes Fahren, Industrie 4.0, NAVI, Kreditwürdigkeitsprüfung, Spracherkennung, Gesichtserkennung, Erzeugung/Nutzung von Metadaten (Strukturierte Daten die beschreibende Informationen und Eigenschaften anderer Daten enthalten), Microtargeting, Soziale Medien, Bewertungssysteme (Social Scoring).

Anmerkungen und Fragen:

Alle ermittelten und neu generierten Informationen stehen teilweise denn Benutzern und in vollem Umfang, insbesondere den Auftraggebern/innen zur Verfügung! Künstliche Intelligenz funktioniert ähnlich einem Kreislauf - ohne Ende! Künstliche Intelligenz ist die Verlagerung menschlicher Intelligenz in die digitale Welt! Künstliche Intelligenz ist OUTSOURCING (Auslagerung) Menschliche Intelligenz! Künstliche Intelligenz geht bereits heute soweit, dass sie mir die Welt erschafft, zeigt, manipuliert, vorgaukelt und vorspielt (wie einen Film), die ich sehen will, denn das hat sie aus meinem Verhalten in der digitalen Welt gelernt! Künstliche Intelligenz gibt mir das was ich will, also das was meinem Sein entspricht! Der sich automatisch und selbstverständlich ergebende Austausch und Reibungswiederstand in der analogen Welt, mit analogen Menschen und damit anderen Welten, Sichtweisen, Andersdenkenden etc., findet immer weniger statt. Jede Kommunikation läuft nur noch über zwischengeschaltete Medien und den damit einhergehenden Verlusten! Am Schluss kommunizieren wir nur noch mit uns selbst!? Wenn wir nur noch uns selbst als OK empfinden, was dann? Wer erdet uns dann noch? Wer setzt uns Grenzen? Welcher Freund/in redet mal ein ernstes Wort mit uns? Was passiert mit unseren Beziehungen? Was lernen wir dann noch? Alles von Menschen gemachte lässt den Menschen erkennen, bzw. ist zwangsläufig „menschlich", auch weil es menschliche Aufgaben erfüllt! Dies gilt besonders für künstliche Intelligenz! Es wird immer erst einmal das gemacht, was technisch möglich ist. Für Wirkungen, Folgen und Konsequenzen des neu entstandenen, entwickelt sich immer erst nach und nach ein Bewusstsein. Dies gilt auch für den gesamten Bereich der künstlichen Intelligenz, mit seinen komplexen Zusammenhängen und Wechselwirkungen, wo wir im Bezug auf ein gesellschaftliches Bewusstsein noch ganz am Anfang stehen! Es stellen sie Fragen z. B. nach Ziel und Zweck, ethischer Vertretbarkeit/Grenzen, Kontrollen, gesellschaftlichen Wirkungen und zwischenmenschlichen Folgen!? Sollte man alles machen, bloß weil es machbar ist!?

Z4. Cancel Culture (Diskriminierung als Ausrede für Diskriminierung).

Cancel Culture ist die Diskriminierung, Diskreditierung, Ausgrenzung, Diffamierung etc. (in Worten und Handlungen) von anderen, mit der Rechtfertigung/Ausrede, dass man von diesen anderen selbst auch diskriminiert etc. (ich bin ein Opfer) wurde, wird, oder werden **könnte** (z. B. alleine auf Basis der Hautfarbe)!

Früher einmal war das Ziel das es zu erreichen galt, dass ALLE Menschen ohne ansehen der Person, vorbehaltlos, Meinung´s unabhängig, Standpunkt unabhängig, gleichberechtigt und frei miteinander kommunizieren/diskutieren können! Dabei sollten Dinge wie Alter, Geschlecht, Hautfarbe, Glaube, Herkunft, Bildung und sozialer Status keine Rolle spielen. Diese Dinge sollten nicht dazu missbraucht werden um damit die jeweils anderen zu diskreditieren, diskriminieren und damit von Diskussionen auszugrenzen. Also z. B. zu sagen „da kannst du nicht mitreden – komm erst einmal in meine Situation etc.", „das sagt einem doch der gesunde Menschenverstand", „ du hast nicht meine Hautfarbe", „du bist keine Frau, oder kein Mann usw., also kannst du dabei nicht mitreden", „du bist nicht hier geboren – deshalb kannst du nicht mitdiskutieren wenn es um unsere Probleme geht"! Mein Ziel und Wunsch ist immer noch eine Gesellschaft des Miteinander in gegenseitigem Respekt – Teilhabe für alle! Mein Ziel und Wunsch ist immer noch eine Gesellschaft mit möglichst vielen Meinungen und Weltanschauungen – das macht uns alle reicher und überlebensfähiger! Gedanken von Leuten die anderer Meinung sind, die gerade nicht mein Alter haben, die ein anderes Geschlecht haben, die eine andere Hautfarbe haben, die aus einer anderen gesellschaftlichen Gruppe kommen, die aus einem anderen Land kommen, etc., haben durch ihren spezifischen Standpunkt und ihre spezifische Sichtweise noch immer zur Bereicherung einer Diskussion und unserer Gesellschaft etc. beigetragen! Es ist also ein immenser Verlust und ein Verbrechen, ausgerechnet diese Menschen oder generell andersdenkende, ausschließen zu wollen!

Menschen diskutieren über menschliche Themen. Alter, Geschlecht, Hautfarbe etc., spielen dabei nur insofern eine Rolle, dass je inhomogener (Sicht auf Probleme etc. von möglichst vielen Standpunkten) die Gruppe der Diskutierenden ist, um so vielfältiger, anregender und fruchtbarer ist jegliche Diskussion! Das wichtigste ist dabei, dass man dadurch gemeinsam im Gespräch ist und sich automatisch gegenseitig kennenlernt und sich gegenseitig besser verstehen! Sehen wir die anderen doch grundsätzlich als Bereicherung, ganz speziell auch für uns ganz persönlich! Hören wir endlich auf, andere aufgrund oberflächlicher Kriterien (selbst wenn diese prägenden Einfluss haben, sind wir doch alle Menschen, die weit darüber hinaus unendlich viel gemeinsam haben), auszusortieren und auszugrenzen! Dabei weiß ich noch nicht einmal, wie diese aussortierten und ausgegrenzten anderen denken, bzw. ob sie wirklich anderer Meinung sind, oder ob sie mir sogar zustimmen! Kein Aufbau von Feindbildern aufgrund oberflächlicher Kriterien! Keine Schwarzweißmalerei und Trennung in Freund und Feind! Schluss mit „wer nicht für mich ist, der ist gegen mich"! Ende der zwanghaften Suche nach Feinden und Verbündeten! Wechsle das Thema und schlagartig bzw. zwangsläufig wird es auch einen Wechsel in Bezug auf Freunde und Feinde geben! Hallo, das Leben ist nicht schwarz-weiß!

Unabhängig von Alter, Kultur, Geschlecht, Hautfarbe etc. wird es immer Menschen geben, die automatisch/zwangsläufig, meiner Meinung etc. sind. Selbst in homogenen Gruppen sind niemals alle, bei allen Themen der gleichen Meinung etc., bzw. haben die gleiche Weltanschauung – weil wir als Menschen alle gleich sind und weil wir als Individuen nicht identisch sind!

Diskreditierung und Diskriminierung etc. sollten beendet werden. Aber was passiert stattdessen, jegliche Diskreditierung und Diskriminierung etc. wird mit einer weiteren Diskreditierung und Diskriminierung beantwortet! Es ist also so, dass aus einer Diskreditierung etc. plötzlich zwei plus X werden! Ist es also das neue Ziel, immer mehr Mauern zu bauen und immer mehr Gräben auszuheben und um uns und unsere Gleichgesinnten, Minenfelder anzulegen!? Dabei entstehen laufend auch immer neue und immer kleinere Gruppen, die sich auch noch selbst für die Elite halten, die alle dazu angetreten zu sein scheinen, die Welt und die anderen zu belehren/retten und für/bei „Vergehen" zu bestrafen! Belehren, bestrafen, beschimpfen etc. erfolgt dabei meist auf eine Art und Weise die andere ganz bewusst, persönlich verletzen und schädigen will.

Andere zu belehren, zu beschimpfen und zu bestrafen ist in unserer digitalen Zeit ja auch so einfach geworden. Ohne ein analoges Gegenüber kann ich einfach und mit dem Rückhalt meiner Gruppe, loslegen und Krieg „spielen"! Ich bin also bereit, andere zu schädigen und zu verletzen, bloß weil sie anderer Meinung, Hautfarbe etc. sind (und ich dadurch diskriminiert wurde, werde oder werden könnte) oder eine andere Weltanschauung haben, oder eine andere Herkunft haben etc.! Aber ich kann ja als zusätzliche Rechtfertigung auch noch anführen, dass ich ja ein Opfer bin, ein Opfer von denjenigen, die ich bekämpfe! Oder, die anderen sind sowieso alles Opfer ihrer Herkunft und somit selbst Schuld wie sie sind und dass sie Opfer sind! Hauptsache ich kann mich rächen etc., zumindest fühle ich mich dadurch/danach besser/super!

„Egal", die primären Fragen die sich in diesem Zusammenhang stellen, sind doch: Wohin soll das führen – außer zu noch mehr Krieg, doch zu nichts!? Krieg bestehend aus Fanatismus, Diskreditierung, Diskriminierung, Intoleranz, Rechthaberei, Hass usw.? Das ist Selbstverwirklichung durch aggressive Rücksichtslosigkeit!? Wurde durch Cancel Culture irgendjemand jemals „einsichtig" oder/und auf den „richtigen" Weg gebracht? Oder geht es nur darum andere mit Gewalt zum Schweigen zu bringen?

Sich in Schützengräben mit Gleichgesinnten einzugraben und rundherum alles mit Mienen zu versehen, führt nur zu noch mehr Schützengräben etc.! Konstruktiv verändert und gebessert wird dadurch nichts! Ganz im Gegenteil, Klärung und Aufarbeitung werden aktiv verhindert. Und letztendlich habe ich mich und meine Gruppe dadurch selbst isoliert und begraben – Tod durch geistigen Inzest, statt Leben in geistiger Diversität!

Dabei sind wir doch alle gleich und haben alle recht und handeln alle nach ethischen Grundsätzen etc. – wozu also den anderen das aberkennen wollen, das ich mir und meiner Gruppe als selbstverständlich zugestehe bzw. für mich und meine Gruppe in Anspruch nehme? **Wenn ich von anderen diskreditiert, diskriminiert etc. werde, gibt mir das noch lange nicht das Recht, diese anderen ebenso zurück zu diskreditieren, diskriminieren etc.!** Deshalb, nicht Menschen „canceln", sondern Diskriminierung etc. beenden, auch wenn das schwerfällt!

Grundlagen etc. siehe auch unter A2 Wir sind alle gleich, B3 Diskussions- Streit- Kultur, B19 Ethik nochmals zum Abschluss als die größte Herausforderung!

Z5. Reich und Berühmt.

Hier noch ein Appell und Fragen etc. an alle die Reich und Berühmt (gemeint sind hier besonders Personen wie Unternehmer, Politiker, Funktionsträger, Würdenträger usw. genauso wie Unternehmen, Parteien, Regierungen, Länder/Staaten, Institutionen usw. als solche) werden/sein wollen oder bereits sind und ggf. noch reicher und berühmter werden/sein wollen. Wollen wir das nicht alle mehr oder weniger!?

Ich bin fest davon überzeugt, dass man auch Reich und Berühmt werden kann OHNE Raubbau, ohne Vergiftung+Verstrahlung von Mitarbeitern und Umwelt, ohne dass es Opfer gibt, ohne Ausbeutung, ohne „destroy harmony", ohne Sklaverei, ohne Vergewaltigung, ohne Kinderarbeit, ohne Gewalt, ohne Bestechung, ohne Nötigung, ohne Erpressung, ohne Betrug, ohne Diebstahl, ohne Lügen, ohne „greenwashing", ohne Angstmacherei, ohne Fakenews, ohne Respektlosigkeit, ohne Rücksichtslosigkeit, ohne Erbarmungslosigkeit, ohne Gewinnmaximierung als oberstes Dogma, ohne Tierleid, ohne Tierquälerei, ohne das „Recht" des Stärkeren, ohne …! Ich jedenfalls kenne lokale und überregionale Beispiele die OHNE solche Zerstörung auskommen (oder diese laufend reduzieren) – es geht also und es geht sogar als „win-win" für alle Beteiligten incl. Umwelt! Aber es ist noch viel zu wenig um einen Ausstieg aus der Destruktiv-Spirale absehen zu können! Aber es ist machbar und wir können es schaffen und es fehlt uns an nichts um es zu tun, wir müssen es nur wollen und entsprechend handeln!

Gut, vielleicht wird man nicht ganz so Reich und Berühmt und auch nicht ganz so schnell Reich und Berühmt wenn man OHNE Raubbau etc. arbeitet. Kann einem Reich und Berühmt zu werden oder sein zu wollen wirklich so wichtig sein, dass nur noch verbrannte Erde übrigbleibt? Wenn ja, dann gilt wohl nur diese eine Lebensregel: Der Zweck heiligt ALLE Mittel, kompromisslos und ohne wenn und aber!? Begründet und Ergänzt wird diese Regel, aus Überzeugung und als Rechtfertigung z. B. durch die folgende Aussagen. Das alles mache ich nur, damit meine Familie, meine Kinder es einmal besser haben – das muss sein um Arbeitsplätze zu sichern – das ist alternativlos um unser aller Wohlstand zu bewahren/sichern – wir tun das nur um uns und unsere Familien zu schützen usw.! Diejenigen die so handeln tun das also alles mehr oder weniger in der festen Überzeugung das Richtige zu tun – für sich selbst und andere!? Letzten Endes sind die Gründe für das was geschieht relativ Egal, weil das was schwerer wiegt und das was entscheidend ist und das was bleibt, ist die Zerstörung – die verbrannte Erde!

Grausame Probleme die immer mehr werden (täglich kommen neue Probleme hinzu) und immer schwerer wiegen, weil unsere globalisierte Welt immer kleiner wird. Weil unsere Welt immer kleiner wird sind die Konsequenzen jeder kleinsten Zerstörung immer schwerwiegender! Seit der Industrialisierung können wir durch immer mehr Maschinen und Technik immer mehr und immer schneller und in immer noch entlegeneren Regionen der Erde die Zerstörung vorantreiben! Darin haben wir Übung! Aber jetzt ist Schicht! Die Grenzen des Wachstums, Konsum und des Wohlstands und der damit zusammenhängenden Zerstörung sind erreicht. Wenn alle Quellen die uns ein Leben auf der Erde ermöglichen erschöpft sind und sich nicht mehr regenerieren können und Wasser und sonstige Lebensgrundlagen vergiftet sind (siehe Grenzwerte etc.) was dann? Ich danke, dass wir diesmal nicht um die Lösung unserer Probleme herumkommen! Neben sehr vielen anderen guten Gründen die schon lange dafür sprechen, andere konstruktive Wege zu gehen (die schon lange hätten gegangen werden müssen), kommt diesmal der folgende ultimative/unausweichliche Grund hinzu. Um so weiterzumachen wie bisher ist die Erde ganz einfach zu klein!

Z6. Der Konsum-Tsunami.

Muss es eigentlich sein, dass in der westlichen Welt bzw. den reichen Ländern, pro Kopf, x-fach mehr Ressourcen verbraucht werden, x-fach mehr Energie verbraucht wird, x-fach mehr Müll verursacht wird und jede Person x Sklaven braucht!? Jede einzelne Person der westlichen Welt und ich schieße mich da ganz bewusst mit ein, lebt auf Kosten anderer - insbesondere auch zukünftiger Generationen - denen wir das nötigste aktiv wegnehmen, vorenthalten und verweigern – dies geschieht auch innerhalb der einzelnen westlichen/reichen Länder z. B. durch systematische Benachteiligung und Ausbeutung! Ganz nebenbei zerstören wir durch dieses handeln und wirtschaften, unsere Lebensgrundlagen auf der Erde!

Der Hauptgrund dafür, dass sich unser handeln und wirtschaften immer bedrohlicher und destruktiver auswirkt, ist meiner Meinung nach, nicht die Qualität (z. B. regional, nachhaltig, nicht nachhaltig, Ressourcenverbrauch) dessen was wir konsumieren, sondern die schiere Menge – der Konsum-Tsunami! Die Qualität folgt nach dem Konsum-Tsunami, an zweiter Stelle!

Die Folgen des Konsum-Tsunami werden massiv verstärkt durch die Qualität/Art und Weise, wie Lebensmittel, Waren, Autos, Straßen, Häuser usw. hergestellt werden! Eine Qualität/Art und Weise, die aus Gründen wie, Kosten, Konkurrenzfähigkeit, Preis oder/und Marketing etc., Dinge hergestellt, die noch viel mehr Ressourcen (Energie, Erden, Wasser, Holz, Sand, Luft usw.) verschlingen, als zu deren optimalen, fairen Produktion eigentlich notwendig ist. So werden nicht nur Ressourcen unnötig vernichtet, sondern es gelangen unnötig noch mehr Giftstoffe in die Umwelt! Umweltauflagen etc. werden umgangen, indem man als Investor mit Arbeitsplätzen argumentiert, oder dann gleich im Ausland produziert! Wenn Ressourcen so billig sind, dass man nach belieben darüber verfügen kann, dann sollte sich hier ganz dringend etwas ändern! Es kann nicht sein, dass nur weil Ressourcen „niemandem" gehören, einfach darüber verfügt wird, bzw. man sich Verfügungsrechte genehmigt oder genehmigen lässt! Ressourcen gehören niemanden, keinem Konzern und auch nicht der Industrie.! Ressourcen sind zu bewahren und zu schützen, den sie sind Lebensgrundlage von uns allen! Jede Beeinträchtigung unserer Lebensgrundlage schädigt direkt und nachhaltig die Lebensqualität jedes einzelnen Individuums auf dem Planeten! Wer bezahlt also am Ende die Folgen der Billigproduktion etc., wer bezahlt die Folgen einer Produktion mit möglichst hohen Gewinnspannen? Wir alle!

Die Qualität/Art und Weise, wie Lebensmittel, Waren etc. hergestellt werden und hergestellt werden können, ist grundlegend abhängig von dem was die Politik durch Gesetze, Vorgaben und Regelungen zulässt! Hier sind wir also alle aktiv in Bürgerinitiativen, Parteien etc. und auch als Wähler gefragt!

Es ist jedoch bequem und einfach, für alle möglichen Probleme dem Verbraucher die Schuld zuzuschieben! Weil der Verbraucher ja z. B. möglichst billig einkaufen will etc.! Ist es nicht vielmehr so, dass dem Verbraucher alle möglichen Produkte vorgesetzt werden, die unterstützt durch manipulative/irreführende Werbung, bereits produziert wurden und in Verkehr sind, obwohl dies eigentlich nie hätte sein dürfen!? Wenn also „das Kind schon in den Brunnen gefallen ist", soll der „mündige" Verbraucher auch noch schuld daran sein!? Der Verbraucher hat durchaus die Macht und Möglichkeit das Marktgeschehen zu beeinflussen! Dem Verbraucher, am Ende der Produktionskette, ist es also aufgebürdet die vielen Versäumnisse von Politik und Wirtschaft, seit Produktionsbeginn, aufzuarbeiten und eine weitere Produktion per Nachfrage etc. zu stoppen!?

Die wichtigsten Gründe warum unserem Planeten langsam die Luft etc. ausgeht sind also der Konsum-Tsunami und die Qualität/Art und Weise, wie wir Lebensmittel etc. herstellen/produzieren!

Ein weiterer Grund ist die Überbevölkerung! In erster Linie ist aber nicht die Anzahl der Menschen das Problem, sondern unser Lebensstiel und dessen Folgen! Wir leben über unsere Verhältnisse und das ganz speziell in den westlichen/reichen Ländern! Es ist genug da für uns alle, es ist genug da, für ein menschenwürdiges Leben! Den Entwicklungsländern die Schuld für die „Überbevölkerung" zu geben – hohe Geburtenrate - , bedeutet nur das Problem abzuwälzen auf die Schwächsten, die am wenigsten dafür können.

Wir sind die wirklich verantwortlichen für Überbevölkerung! Weil wir mit unserer Wirtschaftspolitik und unserem Handeln dafür sorgen dass die Armen auch arm bleiben! Es hat sich weltweit gezeigt, dass in den Ländern in denen es den Menschen besser geht, auch ganz automatisch die Geburtenrate rückläufig ist. Lassen wir also den Armen eine Chance auf Teilhabe und hören wir auf so massiv über unsere Verhältnisse zu leben! Und siehe da, es reicht für alle und alle werden ein auskommen haben!

Für mich als Verbraucher bleibt also die Möglichkeit der Schadensbegrenzung – Schluss mit Konsumzwang, Wohlstandverwahrlosung usw.. Je mehr ich konsumiere, um so mehr zeige und beweise ich meine Abhängigkeit vom Konsum, weil ich ohne Konsum nicht mehr zufrieden/glücklich sein kann. Ich hole mir meine Freiheit zurück, damit ich wieder ohne Konsum zufrieden/glücklich sein kann! Als Akt meiner ganz persönlichen Schadensbegrenzung versuche ich z. B. wie folgt zu handeln:

Ich befreie mich vom Konsumzwang der mich zu seinem „Sklaven" gemacht hat und mache Schluss mit meiner Wohlstandverwahrlosung! **Ich beende als erstes den Konsum von Werbung** – egal über welches Medium! Ich versuche z. B. meine impulsiven Einkäufe zu reduzieren und vermehrt das zu kaufen was ich wirklich brauche. Ich will nur Dinge kaufen die ich brauche und nicht Dinge kaufen weil sie gerade billig sind oder trendy sind, oder ein Schnäppchen sind. Warum soll ich ... kaufen, wenn ... noch funktioniert!?

Ich höre und schaue nicht auf so genannt Influencer – auch das ist nur Werbung!

Ich suche nicht weiter nach Ausreden, wie „ist ja ein Elektrofahrzeug, Bioprodukte, Nachhaltigkeit, Elektromobilität usw." um mein Gewissen zu beruhigen – nur damit ich so weitermachen kann wie bisher! Ganz unabhängig vom irgendeinem Bio/Öko-Label oder Umwelt-Siegel, brauche ich eigentlich wirklich soviel Zeug? Einfach versuchen weniger zu konsumieren!

Ich arbeite weiter an Ideen und Lösungen ohne mir von Totschlagargumenten wie „Wirtschaft, Konkurrenzfähigkeit, Arbeitsplätze, Kosten usw." Denk- und Handlungsverbote auferlegen zu lassen, bzw. mich lähmen zu lassen!

Ich tue aktiv und sofort etwas gegen die Erderwärmung, Tierleid und Umweltverschmutzung, indem ich meinen Fleischkonsum reduziere!

Ich werde bestimme Produkte-Gruppen nicht mehr, oder weniger kaufen, z. B. Möbel, Wohnungseinrichtungen, Dekoration, Ambiente, Bekleidung (insbesondere saisonale, modische Wegwerf-Bekleidung), Kosmetik, Fanartikel, bestimmte Lebensmittel (Spargel, Lachs/Tunfisch/Fische etc. aus dem Meer, Fische etc. aus Aquakultur, Mangos etc.), Getränke in Dosen.

Ich kaufe grundsätzlich keine sogenannten Musthaves!

Ich werde weiter Missstände bzw. Dinge bei denen etwas schief läuft erkennen und ganz persönlich versuchen gegenzusteuern – Bürgerbeteiligung etc. !

Ich werde andere als gleich wertschätzen, auch und gerade dann, wenn sie nicht meiner Meinung sind oder meine Weltanschauung nicht teilen – keine Belehrung, ‚keine Missionierung, kein Krieg, keine Diskriminierung, keine Ausgrenzung, kein Mobbing etc. von anderen! Mein persönlicher Weg ist rein subjektiv und mein Verständnis davon etwas zu tun! Selbst etwas zu tun ist wichtig bzw. einfach vorleben und dadurch Beispiel sein – andere als weniger Wert zu betrachten oder ständig über die so genannten anderen, zu schimpfen ist kontraproduktiv! Wenn ich Selbstaufwertung brauche indem ich andere herabwürdige, dann läuft bei mir etwas falsch! Ich bin kein besserer Mensch (oder Teil einer „Elite") oder habe mehr Durchblick etc. als andere – ich handle lediglich individuell etwas anders, so wie jeder von uns individuell etwas anders handelt!

Z7. Kinder und Jugendliche.

Kinder und Jugendliche als nicht vollwertige zu erachten, sie nicht ernst zu nehmen, oder sie zu bevormunden, hat destruktive Wirkungen und Folgen für alle Altersgruppen! Deshalb folgen hier ein paar Anmerkungen zum Thema „Kinder und Jugendliche".

Zeigt Kindern und Jugendlichen, dass sie von euch gebraucht werden und dass sie willkommen sind! Lebt den Kindern und Jugendlichen authentisch vor, dass sie gebraucht werden und willkommen sind – nicht viel darüber reden und es behaupten, sondern vorleben! Wenn Reden und Handeln nicht synchron ablaufen, dann wird stets das Handeln/Vorgelebte erlernt/übernommen und es wird zusätzlich erlernt/abgeschaut, dass lügen und manipulieren OK ist!

Gebraucht werden und willkommen sein, kann man z. B. dadurch zeigen, dass man Kindern und Jugendlichen Beachtung schenkt, sie ernst nimmt, sie teilhaben lässt und Interesse zeigt! Denn Kinder und Jugendliche beachten etc. und interessieren sich genauso für uns! Dabei können wir von den Kindern und Jugendlichen mindestens genauso viel lernen wie sie von uns! Also, Kinder etc. NICHT überreglementieren, belehren, bestimmen und NICHT ignorieren und vernachlässigen – also Kinder etc. nicht überfordern und auch nicht unterfordern - damit sie sich frei entwickeln können!

Anderen zu zeigen, dass sie gebraucht werden und willkommen sind, ist auch ganz altersunabhängig, eine gute Basis für den Umgang mit anderen Menschen etc. und für ein positives Miteinander! Zurückweisung egal in welcher Form (Ausgrenzung, Diskreditierung, Diskriminierung usw.) ist ein großes Problem für uns alle und hat besonders bei Kindern und Jugendlichen nachhaltige und destruktive Folgen.

Ich wünsche uns allen, aber ganz besonders Kindern und Jugendlichen, vielfältige, bunte und analoge Kontakte zu echten Menschen. Kontakte und Interaktionen so bunt wie möglich, z. B. in Bezug auf Geschlecht, Alter, Weltbild, Glaube und sozialem Status. Je mehr bunte Kontakte zu echten Menschen, um so höher ist die Wahrscheinlichkeit (egal bei welchem Thema), immer bei irgendjemandem ein Zuhause, ein passendes Vorbild und einen vertrauensvollen Austausch zu finden und zu haben – also sich angenommen und verstanden zu fühlen, statt sich zurückgewiesen und alleingelassen zu fühlen!

Schluss mit der Infantilisierung (Erziehung zur geistigen Unselbstständigkeit) von Kindern und Jugendlichen!

Dass Kinder und Jugendliche noch unbelastet sind, ist kein Nachteil, sondern ein immenser Vorteil! Kinder etc. sind noch nicht Teil des Establishments! Kinder etc. lassen sich noch nicht von Totschlagargumenten, wie Arbeitsplätze, Wachstum, Kosten und „das geht nicht", von ihrem Weg abbringen – denn es gibt immer einen Weg! Kinder etc. sind noch nicht so sehr in Alltagszwänge eingebunden und gefesselt! Kinder etc. sind noch nicht so sehr durch opportunistische Anpassungen und Rücksichtnahmen in ihrem handeln gefesselt und vorbestimmt! Kinder etc. gehen unbefangener an Dinge heran! Kinder sind noch nicht desillusioniert und abgestumpft! Kinder etc. haben noch nicht resigniert! Kinder etc. sind noch nicht Teil der Wohlstandverwahrlosung! Kinder etc. gehen noch Risiken ein und handeln nicht nur dann wenn der „Gewinn" sicher ist! Kinder etc. sind noch nicht berechenbar! Kinder etc. haben noch „nichts" zu verlieren! Kinder etc. haben noch echtes Interesse und wollen lernen! Kinder etc. können noch zuhören! Kinder etc. sind frei und ungebunden! Erwachsene sind reglementiert, beschränkt und eingesperrt!

Kindern und Jugendlichen gehört die Welt! Erwachsene sind nur noch damit beschäftigt ihr manifestiertes Wohlstands-Gefängnis möglichst schön und beneidenswert zu möblieren/schmücken, alles in der Hoffnung dass alles so bleibt wie es ist - vorausgesetzt sie gehören zu den Gewinnern der Gesellschaft in der sie leben! Und das kuriose daran ist, dass die Erwachsenen glauben, dass all ihr handeln nur zum Wohle der Kinder ist, „damit es den Kindern etc. einmal besser geht" - aber die Erwachsenen bewirken durch ihr handeln genau das Gegenteil!

Z8. Brot und Spiele – Vorsicht Falle.

Im alten Rom wurde bereits vor ca. 2000 Jahren der Satz „Panem et circenses" geprägt (siehe Wikipedia). Dies heißt übersetzt „Brot und Zirkusspiele", bzw. „Brot und Spiele". Man hatte gemerkt, dass das „Volk" sich so lange mit der Regierung solidarisiert, bzw. sich nicht gegen die Regierung auflehnt, solange für genug Brot und Spiele (Nahrung und Unterhaltung) gesorgt ist. Waren Brot und Spiele ausreichend vorhanden, dann verhielt man sich weiterhin opportunistisch (angepasst, bequem etc.) und musste seine Komfortzone nicht verlassen. Aber das war nicht nur vor 2000 Jahren so, das ist auch noch heute so! Und auch diejenigen, die für Brot und Spiele sorgen sind die Gleichen geblieben.

Das Brot (alles was wir in Form von Nahrung und materiellen Dingen wie Mode, Autos etc. konsumieren) wird von modernen Sklaven, im Inland und im Ausland, billigst und für „jeden" erschwinglich, produziert. Prekäre Beschäftigungsverhältnisse, Kinderarbeit, Ausgebeutete Saisonkräfte, Minijobs und Umweltzerstörung sind nur ein paar Beispiele für Sklavenarbeit und deren Folgen!

Für die Spiele (jegliche Unterhaltung die wir direkt per Teilnahme oder über Medien konsumieren) sorgen z. B. Event-Veranstaltungen (Stadtfest, Sport jeglicher Art, wie z. B. Fußball WM), Musik-Veranstaltungen (Rock-Festfalls etc.), Freizeitparks, Radio, Film und Fernsehen, Soziale Medien! Unsere Aufmerksamkeit wird mit Hilfe der Medien auf die Spiele gelenkt. Die Medien wollen mehr Aufmerksamkeit (Marktanteile, Einschaltquoten, Wachstum etc.) und damit Erfolg für sich selbst. Die Medien greifen Ereignisse auf und vermarkten diese z. B. Fußball EM/WM, Stadtfest. Das ist nicht nur Berichterstattung, das ist die Vermarktung und das Hypen (bereits im Vorfeld, durch entsprechende Ankündigungen/Werbung) von Ereignissen. Die Medien generieren deshalb auch eigenständig Events (Grill-Wettbewerb, Hitparade, Garten-Event, Super-Talent-Wettbewerb, Mitmachaktionen etc.), damit das Medium selbst zu einem Event/Ereignis wird. So bleiben die Fans immer dabei und verfolgen ihr Medium (damit sie nichts verpassen)! Wenn es bei einem Event auch noch um einen Wettbewerb geht, dann verstärkt das zusätzlich unser Interesse. So sorgen die Medien dadurch ganz direkt für den Verkauf von Fanartikel, Grillutensilien etc.. Der wichtigste Effekt und gleichzeitig beängstigende Effekt der Spiele ist aber, dass durch das Hypen, vermittelt bzw. suggeriert wird, dass diese Spiele wichtig sind – weil ja „ALLE" darüber reden und sich „ALLE" damit beschäftigen. Somit werden Aufmerksamkeit und Wichtigkeit, hin zu den profansten Dingen verschoben - und wirklich wichtiges bleibt unsichtbar etc., mit allen daraus resultierenden Folgen!

Und auch die Wirkung von Brot und Spiele ist immer noch die gleiche. Solange für ausreichend Brot und Spiele gesorgt ist – „Wohlstand" als Ablenkung – wird niemand seine Komfortzone verlassen um etwas ändern zu wollen – ganz im Gegenteil! Macht uns der Stress der Leistungsgesellschaft – mit immer noch mehr Leistung, Wettbewerb und Erfolg, die/den wir von uns selbst und auch die anderen von uns erwarten - so Tod, dass wir nur noch zu Brot und Spielen fähig sind!?

Durch Brot und Spiele sind wir so beschäftigt, abgelenkt bzw. unterhalten und bemüht mit den anderen Schritt zu halten, dass wir keine Zeit haben, uns auch noch um neue Gesetze, Sklaven, Klimawandel etc. zu kümmern! Denn die nächsten Events in Bezug auf Konsum von Veranstaltungen und neuesten, trendigen Produkten, wird bereits durch die ständig aktive Werbeflut angekündigt, bzw. wird bereits unablässig gehypt – und das will doch keiner verpassen, keiner will doch als Rückständig gelten etc.! Und Brot und Spiele funktioniert für alle Altersgruppen und gesellschaftlichen Gruppen etc. gleichermaßen, den für jede Altersgruppe etc. gibt es ein speziell zugeschnittenes Konsum-Programm! Mit Brot und Spielen werden wir alle bestochen und das Tolle ist, wir merken es noch nicht einmal! Und alles kann so bleiben wie es ist, solange es nur genug an Brot und Spielen gibt!

„Brot und Spiele" und ich sitze mittendrin, gefangen in meiner Komfortzone – ich bin dem Mechanismus/System „Brot und Spiele" in die Falle gegangen!

Z9. Erkenntnisfähigkeit - Außer-Sinnliche Wahrnehmung.

Mit außersinnlicher Wahrnehmung etc. ist jegliches wahrnehmen und erkennen gemeint, das sich außerhalb der Grenzen unserer Art-spezifischen und Individuum-spezifischen Erkenntnisfähigkeit (Wahrnehmung durch Sinne und Wahrnehmung, Interpretation und Einordnung durch geistige Fähigkeiten) befindet! Dies beinhaltet sowohl die Kommunikation von sog. „Medien" mit Verstorbenen oder sonstigen Wesen, sowie Spiritismus, Hellseherei, Hellsichtigkeit, „Wahrnehmung" von Übersinnlichem, Auren, Lichtwesen, feinstofflichen Körpern, paranormale Erfahrungen und Fähigkeiten, usw. usw.!

Innerhalb einer Art besteht die Art-spezifische Erkenntnisfähigkeit, die je Individuum wiederum Individuum-spezifisch ausgeprägt ist. Das begrenzt unsere Erkenntnisfähigkeit und nur innerhalb dieser Grenze können wir erkennen etc.! Niemand von uns hat Superkräfte oder einen zusätzlichen Sinn, oder kann sich solcherlei irgendwie „antrainieren"! Wenn also niemand von uns Superkräfte etc. hat, dann bedeutet dies im Umkehrschluss, dass wir alle „außersinnlich" wahrnehmen können! Wenn etwas von „außerhalb" mit uns Kontakt aufnehmen wollte, dann müsste es dies sowieso/demzufolge auf eine Weise tun, die für unsere „normalen" Sinne und unsere „normale" Erkenntnisfähigkeit, zu erkennen und zu verstehen ist, bzw. auf eine Wiese, die durch unser aller Art-spezifischen und Individuum-spezifischen Wahrnehmung etc. wahrnehmbar ist!

Wir alle können also potenziell „außersinnlich wahrnehmen" und manche Menschen berichten auch über solcherlei Dinge, die ihnen ganz persönlich widerfahren sind. Wie sind diese ungewöhnlichen Wahrnehmungen einzuordnen? Siehe nachfolgende Punkte, die versuchen außersinnliche Wahrnehmung zu erklären bzw. einzuordnen!

Selbst „Medien" etc., die laut Angabe, außersinnliches wahrnehmen, tun dies ja auch (mehr oder weniger) über ihre normalen Sinne (inklusive Intuition etc. als Teile der geistigen Fähigkeiten) – wie wir alle! Es wird ganz normal mit Augen und Ohren etc. wahrgenommen - es wird laut Angabe lediglich mehr oder anders gesehen etc.! Wenn aber etwas mit „normalen" Sinnen wahrgenommen werden kann, dann ist dies nicht nur für „Medien" etc. möglich, sondern alle Beteiligten (in einem Raum etc.) können dann z.B. einen Geist, eine Aura etc. wahrnehmen! Außerdem müssten Dinge von „außerhalb" auch mit wissenschaftlichen Methoden nachweisbar sein, da die Wissenschaft über zusätzliche Möglichkeiten/"Sinne" zur Wahrnehmung verfügt!

Dies bedeutet wiederum, dass der Begriff „außersinnliche Wahrnehmung" falsch ist, weil etwas das unsere Sinne etc. übersteigt, grundsätzlich NICHT wahrnehmbar ist!

Ganz unabhängig von der Frage, ob es Dinge außerhalb unserer Wahrnehmung gibt oder nicht, kann folgendes gesagt werden: Es gibt keine „Medien" oder/und „Sonderbegabte" etc., die etwas von „außerhalb" mit speziellen Supersinnen etc. wahrnehmen können.

Wodurch, bzw. womit ist außersinnliche Wahrnehmung etc. zu erklären, bzw. womit ist zu erklären, dass manche Leute davon überzeugt sind, „außersinnliches" wahrzunehmen?

Erklärungsversuche für außersinnliche Wahrnehmung, Spiritualität, Esoterik etc.:
1. Unterbewusstes Wunschdenken, individuelle Empfänglichkeit – es besteht Bedarf! Je mehr ich mir etwas vorstelle, wünsche und mich nach etwas sehne (in den tiefen meines Seins) – also je wichtiger etwas für mich ist/wird - umso mehr wird mein Sein versuchen mir diesen Wunsch zu erfüllen. Wenn mein Sein etwas in Bezug auf die eigene Seins-Konsistenz für wesentlich erachtet, bzw. als erforderlich/notwendig erachtet, dann wird mein Sein etwas passendes erzeugen (z. B. etwas das meinem individuellen „Wesen"/Sein entspricht, oder als Kompensation für etwas anderes, das vom Sein in meiner Umwelt nicht umgesetzt werden konnte oder werden kann), etwas das mein Sein unterbewusst etc. braucht oder/und will. Ganz egal welche Gründe/Ursachen in meinem Sein dafür die Basis bilden.

2. Erwartungshaltung und Selbst-Konditionierung! Wenn ich es will oder ich damit rechne, dass jemand Verstorbenes etc. mit mir Kontakt aufnehmen will etc., bzw. ich das Gefühl habe, dass Verstorbene etc. in meiner Nähe sind, dann werde ich ggf. entsprechendes wahrnehmen. Ich werde also z. B. Schatten und Geräusche uminterpretieren oder/und diesen Schatten etc., entsprechende Bedeutungen zuordnen, die meiner Erwartungshaltung entsprechen! Solange, bis ich letztendlich „wirklich" Verstorbene etc. sehe!

3. Verstärkende Effekte! Je mehr ich mich mit „außersinnlichen" Dingen beschäftige, um so mehr werden solche Dinge für mich an Priorität/Wichtigkeit gewinnen – insbesondere als scheinbar passende Antwort für offene Fragen, Probleme etc.! Je mehr „Beweise" ich finde, um so mehr ist dies Bestätigung, die aus meiner Suche bzw. meinem „nicht wissen" ein „wissen" werden lässt! Dies gilt auch für verstärkende Effekte durch andere, die mir recht geben oder/und mir Wege in diese Richtung zeigen, etc.!

4. Verwechslung des Ursprungs! Es kommt zu Verwechslung des Ursprungs von Wahrnehmungen. Eine „außersinnliche" Wahrnehmung ist in Wirklichkeit nicht etwas das von außen wahrgenommen und bewusst wird, sondern etwas das von innen (von uns selbst und für uns selbst passend gemacht) in unser Bewusstsein/Ich gelangt! Es kommt also zu einer Verwechslung des Ursprungs „innen", mit dem Ursprung „außen". Etwas das von innen kommt, wird für etwas das von außen kommt gehalten/gedeutet/interpretiert! **„Außersinnliche" Wahrnehmung ist also in Wirklichkeit „innersinnliche" Wahrnehmung!** Siehe auch A3b Unser Ich und Sein, „Das Ich als Kommunikations-Plattform", „Das Ich als zusätzlicher Sinn", „Ich-Sinn".

5. Unantastbarkeit! Bei „außersinnlicher" Wahrnehmung etc. handelt es sich um Themen/Dinge, die wissenschaftlich weder bewiesen noch widerlegt werden können! Warum sollte ich also mir selbst misstrauen, wenn diese Dinge von meinem Sein gewollt sind, bzw. von meinem Sein als passend für mich gemacht/interpretiert werden!

6. Techniken und Methoden! „Medien" etc., zeichnen sich dadurch aus, dass sie z. B. spezielle Rhetorik-Techniken und Methoden erlernt haben (zum Teil in speziellen Schulen), dass sie mit Unschärfe, freiem Assoziieren, Erzeugung grenzenloser Analogien (Erzeugung einer „außersinnlichen" Welt durch Analogien) und Allgemeinplätzen arbeiten, dass sie mit Empathie, Probleme und Sorgen von anderen erkennen können und dadurch, dass sie Menschenkenntnis bzw. eine „Antenne" für das haben, was ihr Gegenüber hören will! Anlagen und Talente werden ausgebildet. Achtung vor möglichen destruktiven Wirkungen durch Kommerzialisierung, Deutungshoheits-Anspruch, Vertrauensbruch und Machtmissbrauch etc.! Die Tätigkeiten eines „Mediums" etc. ist untrennbar mit einer extrem hohen Verantwortung verbunden, da keiner wissen kann, welche Abhängigkeiten und Langzeitfolgen dadurch auftreten! Hier wird aktiv in das Leben von anderen eingegriffen!

7. Erfolg (Sinn, Selbstverwirklichung, Anerkennung, Einkommen etc.)! Wir alle möchten Erfolg haben und unser Leben als sinnvoll empfinden. Außersinnliche Wahrnehmung gibt mir die Möglichkeit/Basis etwas besonderes zu sein (durch meine „Fähigkeiten"), beachtet zu werden, an etwas „größerem" teilzuhaben und damit Erfolg und Sinn zu haben! Wer von uns möchte sich nicht selbst verwirklichen und Erfolg haben?

8. Wirkung! Werden andere von „Medien" etc. beraten etc., dann können sich positive Wirkungen einstellen. Da die beratene bzw. betroffene Person kein „Medium" etc. ist, muss sie einfach glauben was ihr gesagt wird. Eine positive Wirkung beruht auf einer Vorstellung und das bedeutet, dass es sich dabei um einen Placeboeffekt bzw. eine Scheinbehandlung, handelt! Hauptsache es wurde geholfen – wer hilft/„heilt" hat recht, der Zweck rechtfertigt die Mittel?

9. Selbstläufer-Effekt! Je mehr Menschen sich mit außersinnlicher Wahrnehmung, Spiritualität, Esoterik, etc., beschäftigen, um so mehr erscheinen diese Themen für andere interessant und diese Themen werden verstärkt von anderen wahrgenommen etc.! Es bildet sich ein eigenes und ein eigen-dynamisches Universum! Jede Menge „Beweise", Zeugen etc., tauchen „plötzlich" scheinbar aus dem nichts auf!

Außersinnliche Wahrnehmung etc., Schlussfolgerung und Definition.
Menschliche Sichtweisen und Weltbilder werden in ein/das „außen" (Bereiche außerhalb unserer Erkenntnisfähigkeit) hinein projiziert – wie Bilder in einem Spiegel oder ein Film auf der Leinwand etc. – wobei wir unser eigenes Spiegelbild bzw. diese Bilder/Filme, für das real existierende „außen" halten! Aber, egal wohin wir uns auch wenden etc., wir erkennen/sehen etc., immer nur uns selbst!

Zum Abschluss noch ein paar Fragen zum Thema „Außersinnliche Wahrnehmung" etc.. Hätte ich solche Wahrnehmungen, müsste ich mir dann nicht primär Sorgen um mich selbst machen? Mit Dingen etc. zu „kommunizieren, hantieren etc." die sich im „außen" befinden, warum sollten Dinge etc. im „außen" das überhaupt tun/wollen? Unsere individuelle „Realität" könnte dadurch Schaden nehmen, verloren gegen und alles zu einem „Trip" ohne Rückweg werden? Das Risiko, dass wir Dinge etc. von „außen" durch unsere spezifische, subjektive Weltsicht ins Gegenteil verkehren, wäre doch viel zu hoch – mit allen daraus resultierenden negativen Folgen!? Warum soll außersinnliche Wahrnehmung nur für „auserwählte" Personen möglich sein? Es gibt vielleicht positive Wirkungen, die aber von möglichen destruktiven Wirkungen mehr als aufgefressen werden könnten? Wenn ich so etwas könnte, würde ich dann nicht eher den Mund halten, bzw. andere Möglichkeiten ausschöpfen, anstatt auch noch Werbung etc. zu machen? Wird meine „Fähigkeit" nicht alleine dadurch etwas anderes (andere Ziele/Prioritäten/Wertigkeiten etc.), weil/wenn ich mich dafür bezahlen lasse? Wem ist durch „außersinnliche Wahrnehmung" etc. am meisten geholfen, bzw. wem nützt es am meisten? Geht es um die Suche nach Selbst-Erkenntnis oder/und Selbstfindung oder/und handelt es sich hauptsächlich um liebgewonnene „Märchen" für Erwachsene, die das eigene Wohlbefinden steigern? Manches aus dem Bereich außersinnliche Wahrnehmung etc., klingt durchaus interessant und überlegenswert, aber mal ganz unter uns gesagt und gefragt und ohne jemandem zu nahe treten zu wollen, vieles davon ist doch einfach nur blanker Unsinn (meiner unrepräsentativen, subjektiven Meinung nach), oder nicht!? Kann man in diesem Zusammenhang überhaupt noch „Spreu und Weizen" trennen? Es geht bei diesen Fragen nicht darum sie zu beantworten, oder darum wie diese Fragen beantwortet werden, sondern darum sich diese Fragen überhaupt erst einmal zu stellen – und es gibt noch jede Menge weitere Fragen etc.!

Siehe auch A1 Erkenntnisfähigkeit, A3b Unser Ich und Sein.

Fazit: Außersinnliche Wahrnehmung ist uns nicht möglich, ganz unabhängig von der Frage, ob es Dinge außerhalb unserer Wahrnehmung gibt oder nicht! Außersinnliche Wahrnehmung ist in Wirklichkeit innersinnliche Wahrnehmung, die von unserem Sein selbst erzeugt wird und nicht von außen kommt, sondern von innen! Wenn Dinge, Wesen etc. von außerhalb unserer Sinne mit uns kommunizieren wollten, dann müssten sie es auf eine Weise tun, die unsere ganz „normalen" Art-spezifischen Sinne verstehen können! So gesehen können wir alle außersinnlich wahrnehmen und es sollte auf wissenschaftlichem Weg beweisbar sein! Definition für außersinnliche Wahrnehmung etc.: Menschliche Sichtweisen und Weltbilder werden in ein/das „außen" (Bereiche außerhalb unserer Erkenntnisfähigkeit) hinein projiziert – wie Bilder in einem Spiegel oder ein Film auf der Leinwand etc. – wobei wir unser eigenes Spiegelbild bzw. diese Bilder/Filme, für das real existierende „außen" halten! Aber, egal wohin wir uns auch wenden etc., wir erkennen/sehen etc., immer nur uns selbst!

Z10. Mensch und Erde eine vielseitige/vielschichtige Beziehung.

Wir alle haben es geschafft, als Leistung der Menschheit, als Leistung von uns allen ohne Ausnahme, diesen Planeten (unser aller „Mutter") in nicht einmal 300.000 Jahren (Forschungsstand über Existenz des Homo sapiens, von 2020) für uns selbst, immer unbewohnbarer zu machen! Das Problem ist die Art und Weise, wie wir alle leben – wir alle, ohne Ausnahme! Oder noch genauer gesagt, das Problem sind die Folgen/Wirkungen der Art und Weise, wie wir alle leben! Raubbau, Kriege gegen die Natur, andere Länder, Krieg gegen Andersdenkende im Inland und Ausland und vieles andere sind nicht folgenlos geblieben! Und wir kennen diese Probleme auch schon lange Zeit und nicht erst seit gestern oder heute! Noch ist die Erde duldsam und voller Leben, noch haben wir etwas Zeit!

Die Folgen/Wirkungen unseres ganz speziellen Handelns sind bereits seit langem und auch heute für jeden auf dem gesamten Planeten unmittelbar spürbar! Diese zunehmende Selbst-Zerstörung zu stoppen, das ist seit es uns gibt, unsere größte Herausforderung, die größte Aufgabe, die größte Prüfung für die Art Mensch! Aber eigentlich machen wir doch nur das, was wir seit dem es uns gibt (ca. 300.000 Jahre) auch schon (mehr oder weniger) machen! Warum sollte dieses „Erfolgsrezept" jetzt „plötzlich" nicht mehr funktionieren bzw. warum sollten wir nicht so weitermachen können wie bisher, den es hat sich doch bewährt? Wir hatten seit es uns gibt niemals solche fatale Folgen unseres Handelns, wir hatten niemals eine solche Konfrontation mit uns selbst! Wir sind die, die wir schon immer waren, die Art Homo sapiens! Wir wurden nie auf solch eine Aufgabe/Prüfung vorbereitet, wir haben nichts in diese Richtung in unseren Genen, oder erlernt, weil bisher dafür kein Bedarf war!? Ist also die Art Mensch mit dieser gleichsam artfremden Aufgabe überfordert, bzw. hat sie überhaupt eine Chance die Aufgabe/Prüfung zu bestehen? Oder wird der Mensch scheitern und zugrunde gehen, an dem was ihn bisher so erfolgreich sein ließ? Aber Resignation oder/und Fatalismus bedeutet den Kampf ohne zu kämpfen aufzugeben, alles andere ist besser! Kämpfen wir, jeder für sich und auch zusammen mit anderen! Denken wir nicht zu viel darüber nach ob und wie viel wir bewirken können, konzentrieren wir lieber alle Kraft und alle Gedanken darauf zu kämpfen! Haben wir Vertrauen in unser Mensch-Sein, trotzdem und jetzt erst recht!

Wie schön ist es doch, dass täglich neue junge Menschen geboren werden die das was sie für richtig halten respektlos und konsequent (gegenüber Konzernen, Aktionären, Arbeitsplätzen, Kompromissen, dem was machbar ist und dergleichen alte Zöpfe mehr) umsetzen wollen, weil sie noch unbelastet sind und noch Ideale haben und diese auch umsetzen wollen – geht nicht, gibt es nicht, weil sie noch nicht im Netzwerk von Abhängigkeiten und Unterwerfung gefangen sind, weil sie noch nicht desillusioniert und resigniert sind, weil der Alltag und seine Zwänge sie noch nicht „tot" gemacht haben, weil die Erwachsenen/Lehrer/Alten sie noch nicht dumm gemacht/belehrt haben, weil sie noch nicht nach Gründen suchen nur ihre Bequemlichkeit und ihr Vergnügen auszuleben, weil sie noch unverbraucht sind, weil sie sich noch für etwas begeistern können, weil wir Erwachsenen es noch nicht geschafft haben sie zu Entmutigen, Uniformieren und zu einem „wertvollen Mitglied" unserer Gesellschaft zu machen! Respekt vor der Jugend! Wir Alten brauchen sie nur ab und zu etwas zu unterstützen, nichts weiter, und alles wird gut! Warum aber belehren wir sie ständig, warum holen wir sie ständig auf den Boden der „Realität"/"Tatsachen" zurück, warum wollen wir von ihnen nicht gestört werden, warum berichtigen, korrigieren und stutzen wir sie ständig mit psychischer und physischer Gewalt zurecht, warum nehmen wir ihnen Vertrauen und Hoffnung, warum? Die jungen Menschen sollten Herrschen, nicht die verknöcherten Erwachsenen/Alten des Establishment die nur ihr eigenes Wohlergehen (das Erreichte) zementieren wollen!

Wir haben das Wissen und die technischen Voraussetzungen um die Selbst-Zerstörung zu beenden! Das Problem dabei ist aber zuallererst die Wahrnehmung, bzw. das Erkennen, dass eine Veränderung notwendig ist und anschließend das Wollen einer Veränderung (Paradigma-Wechsel, es geht nicht nur einfach um eine einzige Veränderung, sondern es geht um eine vielschichtige Veränderung unseres kompletten Seins, alles was wir sind ist betroffen!)!

Um ein Wollen zu erreichen bzw. das bisherige Wollen zu verändern, muss zuerst eine Wahrnehmungsveränderung stattfinden – und das ist schon schwierig genug und braucht vielleicht viele Generationen! Aber haben wir noch Zeit für solch eine evolutionäre Veränderung, oder braucht es bereits eine schnelle Revolution (durch z. B. eine „heilsamen" Schock) – einer schnellen Veränderung unserer Wahrnehmung, unseres Wollens und unseres Handelns? Ein Paradigma-wechsel ist für eine einzelne Person schon nahezu unmöglich. Wie viel schwieriger muss es also für die „gesamte" Menschheit sein!? Je länger solch eine Veränderung dauert, um so weniger werden wir das was wir durch unser Handeln ausgelöst haben bzw. die Wirkungen/Folgen davon, noch beeinflussen oder kontrollieren können!

Je länger es dauert, um so mehr werden uns die laufend neu entstehenden Zwangsläufigkeiten des Geschehens das „Heft" aus der Hand nehmen! Dies mit dem Ergebnis, dass wir nicht mehr die Handelnden/Bestimmenden sind, sondern nur noch auf das reagieren können bzw. hinnehmen müssen, was die Natur entscheidet und mit uns macht! Veränderungen brauchen Zeit, aber das ist kein Grund Veränderungen von vorneherein als Unmöglich hinzustellen – nichts ist unmöglich! Man muss einfach anfangen, anfangen mit dem ersten Schritt! Z. B. Elektromobilität abzulehnen, aufgrund irgendwelcher Reichweiten Probleme oder, dass wenn alle mit Elektroautos fahren würden, dies ja wiederum dies oder jenes negatives bedeuten würde, hilft nicht – ganz im Gegenteil! Fangen wir doch einfach mal damit an und optimieren und korrigieren das was schief läuft (neue Umweltneutrale Batterien usw.), Schritt für Schritt! Veränderung bedeutet eben Veränderung, neues an das wir noch nicht gewöhnt sind entsteht, aber das ist doch normal! Oder sind wir etwa zu bequem, zu schwerfällig und unfähig zu Veränderung geworden, oder haben wir Angst von Veränderung weil wir davon betroffen sind? Suchen wir alle unbewusst ständig nach Gründen/Entschuldigungen um in unserer individuellen Wohlfühloase bleiben zu dürfen – kein unnötiger Energieaufwand für Dinge die mich „nicht" betreffen, bzw. für Dinge die mich nicht jetzt und hier ganz aktuell zum handeln zwingen!

Aber man kann das alles auch ganz anders sehen! Erstens, glaube ich nicht an z. B. den Klimawandel und seine Folgen etc., oder zweitens, glaube ich bzw. wünsche ich mir z. B. aus esoterischen, spirituellen, metaphysischen Gründen sogar eine Art Apokalypse die die Menschheit vernichtet etc., dann habe ich kein Problem und brauche auch nicht weiter über Lösungen spekulieren, für ein Problem das es nicht gibt! Drittens, die Erde ist ein Brüter, eine Quelle des Lebens! Auf der Erde gab es und wird es immer Leben geben – auch nach uns Menschen! 99% aller Arten die jemals auf der Erde gelebt haben, sind ausgestorben! Stirbt der Mensch dann kommt einfach nur eine weitere Art hinzu die ausgestorben ist! Es werden weiter/zwangsläufig, endlos neue Arten entstehen! Dies aus Sicht der Erde betrachtet ist kein Problem sondern normal und Alltagsgeschehen – bloß weil der Mensch untergeht, geht die Erde noch lange nicht unter!

Laut aktuellen Stand der Wissenschaft ist der Mensch durch Anpassung/Evolution, als Folge eines (oder mehrerer) Klimawandels auf dem afrikanischen Kontinent, entstanden! Wird uns jetzt letztendlich auch ein, diesmal selbstgemachter, globaler Klimawandel vernichten? Damals ging der Klimawandel langsam genug vor sich, sodass die Evolution Zeit hatte und es dem Leben möglich war sich anzupassen – statt auszusterben! Diesmal ist es in vielerlei Hinsicht anders, und obendrein läuft uns auch noch die Zeit davon!

Also, was tun bzw. nicht mehr tun!? Denk daran, wer nichts zur Lösung eines Problems beiträgt der ist Teil des Problems! Wie wird das „Experiment" Mensch weitergehen? Ich sehe viele Wege, viele Möglichkeiten und viele erste und weitere Schritte die schon getan sind! Also kein Grund Mutlos zu sein!

In diesem Sinn, tun wir die nächsten kleinen und großen Schritte voll Zuversicht und Vertrauen! Stehen wir wenigstens nicht im Weg, wenn andere etwas tun wollen!

Das Sein
- definiert durch Biologie und Umwelt -

Gattung: Homo (aus der Familie der Menschenaffen ...)
Art: Homo sapiens - Mensch

spezifische Merkmale:

* **Soziale Wesenheit** (Gemeinschaftssinn etc.)

* **Erkenntnisfähigkeit – Art-spezifisch**
  Wahrnehmung (Sinne)
  geistige Fähigkeiten

* **Individuum - Individualität, Subjektivität, Relativität**
  * **Erkenntnisfähigkeit - zusätzlich Individuum-spezifisch**
    Wahrnehmung (Sinne)
    geistige Fähigkeiten (Verstand, Vernunft etc.)

  * **Erkenntnisse**
    Wertesystem – Einordnung Erkenntnisse nach Wichtigkeit
    Ethik (Anschauungen, Weltbild etc.)

  * **Steuerungselemente**
    Impulse/Trigger als Auslöser von Emotionen (aus den Tiefen des Seins)
    Steuerung des Wollens durch Emotionen (Grund, Auslöser und Antrieb)
    Steuerung des Handelns durch Wollen (Grund, Auslöser und Antrieb)

  * **Verhaltensweisen/Verhaltensbasis**
    Egoismus
    Opportunismus
    Fanatismus

  * **Emotionen/Gefühle**
    Liebe, Angst, Hass, Vertrauen etc.

  * **Ziel bzw. Ausrichtung auf**
    Seins-Konsistenz (Selbsterhaltung)
    Erfolg, Sinn
    Selbstverwirklichung

  * **Handlung bzw. Nicht-Handlung**
    Interaktion, Kommunikation

Impuls-Ablauf/Steuerung, die Kommunikation des Seins mit sich selbst. Impuls aus den Tiefen des Seins (Steuerungs-Impuls, unser Unterbewusstsein etc. möchte, dass wir etwas bestimmtes denken oder tun/nicht-tun) → passende Emotion (Lust, Frust, Hunger etc.) → passende Wille/Bewusstwerdung (ich habe Hunger und will etwas essen etc.) → Handlung/Nicht-Handlung (ich besorge etwas etc.)! Solche Impuls-Abläufe laufen nicht nur nacheinander ab, sondern auch parallel und durcheinander. Dies gilt grundsätzlich und gleichermaßen für profane und komplexe Dinge.

Funktionsweise unseres Seins - Kurzfassung. Das Fundament unseres Seins, bestehend aus Art-spezifischer und Individuum-spezifischer Erkenntnisfähigkeit, Individualität, Subjektivität, Opportunismus, Egoismus, Fanatismus, Wertesystem, Emotion als solches (als Grund/Auslöser/Antrieb zur Ermöglichung/Steuerung unseres Wollens) und das Wollen als solches (als Grund/Auslöser/Antrieb zur Ermöglichung/Steuerung unseres Handelns), ist auf Erfolg, Sinn und Selbstverwirklichung ausgerichtet/fixiert und findet seinen Ausdruck/Umsetzung/Verwirklichung in unserem handeln (incl. nicht handeln)!

Der Mensch - Kurzbeschreibung. Unsere Erkenntnisfähigkeit (Sinne/Wahrnehmung und geistige Fähigkeiten/Vernunft) ist Art-spezifisch und Individuum-spezifisch festgelegt – wie bei allen anderen Lebewesen auch! Wir sind alle gleich, ohne wenn und aber und grundlegender, weitreichender gleich als es z. B. die Menschenrechte ausdrücken! Wir sind alle ein Produkt aus den zwei Faktoren Biologie und Umwelt – dies gilt für alles was lebt – deshalb ist alles was lebt gleich! Unser Ich ist „nur" die Kommunikationsoberfläche unseres Seins (von innen nach außen und von außen nach innen usw.)! All unser Handeln basiert auf Emotionen/Gefühlen. Ohne Emotionen/Gefühle, die ein Wollen (oder Nichtwollen) bewirken, ist Handeln nicht möglich! Nicht unser Wollen an sich bzw. als solches ist also Ursache für Leid und Unzufriedenheit, sondern es ist das was wir wollen!

Wir alle sind perfekt und Vollkommen! Es gibt keine geistige Elite! Unser Sein ist in mehrfacher Beziehung relativ! Jeder lebt seinen subjektiven Tagtraum! Alles ist subjektiv, nichts ist objektiv! Wir sind Gefangene unseres Seins! Tatsachen, Wahrheit, Gerechtigkeit und Objektivität gibt es nicht, weil alles vom Mensch gemachte subjektive Interpretation und Wertung ist! Alle unsere Handlungen sind rein egoistisch, basierend auf Opportunismus (Anpassung) und sind angetrieben vom Willen zum Erfolg bzw. streben nach Erfolg! Den freien Willen gibt es nicht, aber gleichzeitig die grenzenlose Freiheit das zu tun was wir wollen! Freiheit auch in Bezug darauf sein eigener Maßstab zu sein! Als Produkt aus Biologie und Umwelt und ohne freien Willen ist unser Sein u. a. frei von Schuld, Verdienst und Verantwortung (Verantwortung ist, wenn überhaupt, erst auf der wertenden Ebene der Ethik von Interesse) – weil Schuld, Verdienst und Verantwortung einen freien Willen bzw. ein objektives Sein voraussetzen! Wenn zwei sich streiten haben beide recht! Es ist weder Schuld noch Verdienst der zu sein, der man ist bzw. so zu handeln wie man handelt oder etwas im Leben erreicht zu haben bzw. nicht erreicht zu haben! Man muss sich nicht rechtfertigen für das was man will – jeder hat ein Recht auf seinen eigenen Willen! Ethik als Alltags-Handlungs-Basis! Ethik ist nichts für Weicheier sondern gelebte Alltags-Praxis! Ethik ist von mir eben gerade dann anzuwenden, wenn andere mich z. B. persönlich angreifen oder beleidigen! Diskutieren und streiten, aber ohne sich gegenseitig zu diskreditieren oder respektlos zu behandeln! Was in meinem Leben Sinn macht bzw. meinem Leben Sinn gibt, ergibt sich individuell aus ganz persönlicher/subjektiver Betrachtung des eigenen Seins!

Mensch und Natur sind eins, der Mensch ist nicht von der Natur getrennt, der Mensch ist nicht der Natur entfremdet oder etwas anderes etc. sondern er ist eine Art unter vielen! Gut und Böse gibt es nicht (dies sind nur subjektive Wertungen bzw. subjektive Konstrukte)! Belohnung oder/und Strafe gibt es nur zu Lebzeiten! Es gibt kein positives oder negatives Karma, Schuldkonto oder dergleichen! Schuld und Verantwortung sind nur Begriffe die in Gesellschaften dafür definiert wurden und verwendet werden um Übergriffe möglichst zu vermeiden und ggf. für Ausgleich und Schutz zu sorgen! Rache ist nicht ethisch, sondern rein destruktiv und hat nichts mit Gerechtigkeit zu tun! Wir leben und sterben und folgen dabei alle den gleichen Strömen wie alles Leben!